Pleticha
Deutsche Geschichte

Deutsche Geschichte

Band 12

Teilung und Wiedervereinigung
1945 bis heute

Herausgegeben von
Heinrich Pleticha

BERTELSMANN
LEXIKON VERLAG

Die Autoren dieses Bandes:
Dr. Manfred Buchwald, Hartmut Dieckhoff, Dr. Konrad Franke,
Dr. Horst Hübel, Klaus Körner, Dr. Günter Merwald,
Dr. Hanswernfried Muth, Prof. Dr. Heinrich Pleticha, Dietger Reinhold
Christian Roedig, Karl Römer, Winfried Stadtmüller

Zeichnungen und Karten:
Hermann Schäfer

Redaktion der Gesamtausgabe: Erhard Bethke
Schlußredaktion: Birgit Willmann
Redaktion der überarbeiteten Neuausgabe: Annette Grunwald
Graphische Gestaltung: Hans Roßdeutscher

Druck und Verarbeitung: Elsnerdruck - Ein Mohndruck-Betrieb
Printed in Germany · ISBN 3-570-03766-5

Inhalt

HEINRICH PLETICHA

Kriegsgefangene und Flüchtlinge · 55

KLAUS KÖRNER

DIE ÄRA ADENAUER · 71

WINFRIED STADTMÜLLER

Vom »Schwarzmarkt« zum »Wirtschaftswunder« · 109

KONRAD FRANKE

VON DER »SOWJETISCH BESETZTEN ZONE« ZUM EIGENEN STAAT: DIE GESCHICHTE DER DDR · 205

CHRISTIAN ROEDIG

DIE BUNDESREPUBLIK VON DEN SECHZIGER JAHREN BIS ZUM VORABEND DER WIEDERVEREINIGUNG · 245

Sigel:

M. F.	= Manfred Firnkes
K. F.	= Dr. Konrad Franke
K. Kö.	= Klaus Körner
C. R.	= Christian Roedig
G. Schu.	= Dr. Georg Schulz

K: verweist auf Informationskästchen mit Erläuterungen wichtiger und für die Zeit symptomatischer Begriffe und Vorgänge.

Hinter Namen aus Politik und Kultur sind im allgemeinen die Lebensdaten angegeben, gekennzeichnet durch Geburtsjahr (*) und Todesjahr (†). Bei Ausübung eines Amtes wird von Fall zu Fall auch die Dauer der Amtsführung genannt.

Ein Wort zu diesem Band

Der zwölfte und letzte Band der »Deutschen Geschichte« behandelt die jüngste Vergangenheit, also die knapp viereinhalb Jahrzehnte vom Ende des Zweiten Weltkriegs bis zum Beginn der 90er Jahre. Die allgemeine Lage bei der Kapitulation der Deutschen Wehrmacht im Mai 1945 war so ganz anders als am Ende des Ersten Weltkriegs im November 1918. Damals war das Reichsgebiet unberührt von gegnerischen Truppen gewesen, und die eigenen kehrten geordnet in die Heimat zurück. Im Mai 1945 aber trafen sich die Alliierten von Ost und West fast genau in der Mitte des Reiches, Millionen deutscher Soldaten mußten in die Gefangenschaft gehen, die deutschen Städte waren zerbombt, Millionen Flüchtlinge aus den deutschen Ostgebieten hatten schon ihre Heimat verloren oder sollten in den folgenden Wochen und Monaten noch aus ihr vertrieben werden. Hunger und Elend standen am Beginn der neuen Epoche, aber auch das Erinnern an die Toten und Geschundenen des Terrors und der Verfolgungen. Es war die Stunde des Aufatmens und Atemholens, des Erschreckens und Hoffens. Das Wort von der »Stunde Null« konnte aus dieser Sicht kaum zutreffender formuliert werden.

Diese »Stunde Null« ist deshalb auch der Ausgangspunkt für das erste Hauptkapitel über die Lage Deutschlands nach dem Zusammenbruch. Es umfaßt noch alle vier sogenannten »Besatzungszonen« und damit den gesamtdeutschen Raum ohne die bereits abgetrennten Ostgebiete. Die nächsten Hauptkapitel bringen dann getrennte Überblicke über die Entwicklung der Bundesrepublik von ihren Anfängen mit der Kanzlerschaft Konrad Adenauers bis zum Vorabend der Wiedervereinigung und über die Entstehung und Geschichte der DDR. Das letzte Kapitel steht im Zeichen der Wiedervereinigung. Bewußt greift es einleitend noch einmal zusammenfassend einige Aspekte auf, die schon in

den vorangegangenen Kapiteln angesprochen wurden, und wendet sich dann ausführlich dem für die deutsche Geschichte so schicksalhaften Geschehen der Jahre 1989 und 1990 mit ihren Auswirkungen auf unsere heutige Situation zu.
Damit ist dieser letzte Band der »Deutschen Geschichte« selbst schon wieder zu einem historischen Dokument geworden. Als 1984 die 1. Auflage erschien, konnte niemand ahnen, welche Entwicklung die folgenden Jahre nehmen würden, und wohl niemand hat auch nur im entferntesten daran gedacht, daß die Wiedervereinigung der beiden deutschen Staaten schon in einer Neuausgabe des Werkes behandelt werden könnte.
Wieder galt es darüber hinaus in kleineren Abschnitten politische, wirtschaftliche und kulturelle Einzelerscheinungen und -probleme näher zu beleuchten. Ein erster beschäftigt sich mit den Kriegsgefangenen, Flüchtlingen und Vertriebenen, deren Schicksale nicht in Vergessenheit geraten sollten, ein zweiter mit der wirtschaftlichen Lage vor und nach der Währungsreform, mit der Schwarzmarktzeit und dem Wirtschaftswunder. Weitere kleinere Kapitel sind dem Grundgesetz und der Entwicklung der Parteien in der Bundesrepublik gewidmet.
Ein kleinerer Themenkreis umfaßt schließlich die Entwicklung der bildenden Kunst und der Literatur in den Jahrzehnten der Neuordnung und die umwälzenden Ergebnisse naturwissenschaftlicher Forschung, an denen auch deutsche Gelehrte Anteil hatten. Zur Abrundung gehen wir auch auf die Entwicklung und Geschichte der Medien ein, die heute einen so bedeutenden Einfluß auf die politische Entwicklung nehmen.
Mehr noch als beim elften Band ist für die meisten Leser der behandelte Zeitraum nicht Vergangenheit, sondern bewußt erlebte Zeit. Das gilt nicht zuletzt auch für die Autoren der einzelnen Beiträge. Bei allem Bemühen um Objektivität werden ihre Aussagen doch persönlich gefärbt und geprägt sein. Das sollte als ebenso selbstverständlich anerkannt werden, wie die Tatsache, daß sich aus gegensätzlichen Auffassungen von Autor und Leser gelegentlich Spannungen ergeben können.
Probleme bereitete gerade bei diesem Band die Illustration. Einerseits stellte sich die Frage, ob der genauen textlichen Darstellung einer Vielzahl von Ereignissen und Vorgängen oder ihrer bildlichen Präsentation der Vorrang zu geben sei. In vielen Fällen entschied sich die Redaktion für den Text, da vor allem auch für den jungen Leser das Kennenlernen der Zusammenhänge notwendig erscheint, während die Illustration immer nur punktuelle Darstellung sein kann.

So kann die Illustration nur symptomatische Beispiele bringen, Spotlights auf einzelne Ereignisse setzen, sie aus dem Dunkel holen. Das gilt insbesondere auch für die so vielfältigen Erscheinungsformen und Entwicklungen der modernen Kunst. Die ganze Breite moderner Kunst konnte nicht dargestellt werden – sie muß speziellen Kunstgeschichten vorbehalten bleiben.
Ähnliches gilt für den Bereich der Literatur. Es ist unmöglich, in einem Geschichtswerk alle Strömungen modernen literarischen Schaffens darzustellen. So bleibt es in diesem Bereich dem Autor überlassen, aus seiner Sicht eine Auswahl zu treffen und Akzente zu setzen.
Wie in allen Bänden versuchen auch in diesem eine Reihe von Zeichnungen, vor allem Karten und Schemadarstellungen, die politischen und territorialen Vorgänge wenigstens symptomatisch weiter zu verdeutlichen. Die Literaturhinweise bei den einzelnen Kapiteln sollen die Auseinandersetzung mit Einzelfragen und vor allem aktuellen politischen Problemen erleichtern.
Von Karl dem Großen bis heute war es ein weiter Weg durch rund zwölf Jahrhunderte deutscher Geschichte. Die chronologische Ordnung bot dabei für unser Werk den Rahmen, aber es ging hier nicht nur um die sogenannte politische Geschichte, um jene Ereignisse, die auch in den Jahreszahlen fixiert werden. Gewiß sind diese notwendig, und wir haben auch nicht damit gespart, aber Ziel dieses Werkes war es, nicht nur trockene Fakten zu überliefern, sondern die Lebensformen der Vergangenheit lebendig werden zu lassen. Wir wollten damit eine besondere Form der Nationalgeschichte schaffen, denn die Nation ist ja das lebendige Volk und seine Kultur im breitesten Sinne, als Summe aller Individuen und als Ganzes eine Einheit neben anderen Nationen. Auch dieses Nebeneinander galt es zu sehen und gleichzeitig die Gefahren und Nachteile aufzuzeigen, die sich aus nationalistischer Übersteigerung, aus der Überbetonung des eigenen Volkes gegenüber den anderen ergaben.
Herrschern und Politikern wurde in diesem Werk der ihnen gebührende Platz eingeräumt, bestimmten sie doch im guten wie im bösen die Schicksale des Volkes, aber es ging uns nicht allein um sie, sondern vielmehr auch um die Bürger, die Bauern und die Ärmsten, die oft genug Opfer von Herrschsucht und falscher Politik wurden.
Bei allem Bemühen um einen Gesamtüberblick mußte manches verhältnismäßig knapp zusammengefaßt werden und blieben in der Zusammenschau auch Lücken. Niemand bedauert sie mehr als der Herausgeber, die Autoren und die Redaktion. Aber Geschichtsschreibung wird notgedrungen unvollständig und lückenhaft bleiben.
Wenn die Mönche in den Schreibstuben der mittelalterlichen Klöster

ihre Texte in mühseliger Arbeit säuberlich abgeschrieben hatten, setzten sie häufig die eine oder andere persönliche Bemerkung an den Schluß: etwa ein kurzes Gebet, einen humorvollen Stoßseufzer der Erleichterung oder manchmal auch ein paar gute Wünsche an den Leser. Wir sollten ruhig einmal in einem Geschichtswerk diesen schönen Brauch wieder aufnehmen. Nach Jahren sorgfältiger Arbeit ist ein Stoßseufzer der Erleichterung angebracht. Auch die Leser, die dem Gesamtwerk bis zu diesem Band die Treue gehalten und es seit dem Erscheinen mit guten Ratschlägen und sehr viel Lob begleitet haben, verdienen unsere guten Wünsche und vor allem unseren Dank.

Das letzte Wort des Herausgebers aber soll ein Wort des Dankes an alle sein, die zum Gelingen beigetragen haben. Da sind die Autoren, die ihr Material sorgfältig zusammentragen und den Stoff in möglichst lebendiger, ansprechender Art gestalten mußten, die aber auch einer sehr strengen Arbeitsdisziplin unterworfen waren. Da sind die Verantwortlichen für die graphische Gestaltung und die Mitarbeiter der Bildarchive und Bildredaktionen, die alle Ausstattungswünsche verwirklichen sollten. Da sind vor allem aber die Redakteure des Verlages, deren Arbeit sich ja nicht darin erschöpft, Manuskripte zu lesen und bei den Tausenden von Namen und Zahlen dieses vielbändigen Werkes die Zahl der Fehler so gering, wie nach menschlichem Ermessen überhaupt möglich, zu halten, sondern die das Werk in allen Phasen managen müssen und so eine große Arbeitslast und Gesamtverantwortung für Text und Bild, Termine und Kosten trugen und deren Namen doch nur so winzig im Impressum genannt werden. *Heinrich Pleticha*

»Stunde Null«. *Deutschland auf dem Tiefpunkt seiner Geschichte, gezeichnet von Trümmern, Bombenopfern, Flüchtlingen: Flüchtlingsfrau 1945 in den Trümmern von Köln.*

KLAUS KÖRNER

DEUTSCHLAND NACH DEM ZUSAMMENBRUCH: VON DER »STUNDE NULL« ZUM »GRUNDGESETZ«

Das Chaos von 1945 – Tote, Gefangene, Vertriebene, Hungernde – Die Besatzungsmächte – »Potsdamer Konferenz« – Besatzungszonen – Verlust der Ostgebiete – Neubeginn der Politik – Parteien – Information durch Presse und Rundfunk – Wirtschaft und Industrie – Die Arbeit des »Kontrollrates« – Aburteilung von Kriegsverbrechen und Entnazifizierung – Die »Nürnberger Prozesse« – Ostzone – SED – Deutschland lebt sich auseinander – »Eiserner Vorhang« und »Kalter Krieg« – Britisch-amerikanisches Wirtschaftsgebiet: die »Bi-Zone« – Konferenzen – »Eindämmungspolitik« – »Währungsreform« – »Berliner Blockade« – »Parlamentarischer Rat« – Das »Grundgesetz« – Auf dem Weg zur »Bundesrepublik« – Das Problem der Kriegsgefangenen und Flüchtlinge – Eingliederung und »Lastenausgleich« – Rechtsstaatlichkeit durch die Garantien der neuen freiheitlichen Verfassung.

Als der Krieg zu Ende war, herrschte in Deutschland ein schier unbeschreibliches Chaos. Die Zentren der deutschen Großstädte boten das Bild von Trümmerwüsten. Die Menschen hausten in Kellern und Notunterkünften. Der Verkehr stand still. Die Nachrichtenverbindungen waren unterbrochen. Die Lebensmittel wurden knapp. Die Ordnungsmächte von gestern, Partei, Staat und Wehrmacht, waren von der Bildfläche verschwunden. Für Millionen von KZ-Häftlingen, Zwangsverschleppten und ausländischen Kriegsgefangenen hatte mit dem Kriegsende die Stunde der Befreiung geschlagen. Für Millionen deutscher Soldaten begann der Abmarsch in die Kriegsgefangenschaft. Zur Charakterisierung des Zustands der deutschen Nation bei Kriegsende wurde bald das euphemistische Wort »Zusammenbruch« geprägt. Zusammengebrochen war nicht nur die äußere Welt, sondern auch die individuellen Lebenshoffnungen und die kollektive Moral der Deutschen.

Die ersten Pläne und Erklärungen der Alliierten klangen für die Deutschen wenig ermutigend. So heißt es in der Direktive JCS 1067 vom April 1945 an den US-Oberbefehlshaber, General Eisenhower: »Deutschland wird nicht mit dem Ziel der Befreiung besetzt, sondern als eine besiegte Feindmacht.« Die deutsche Wirtschaft solle nur insoweit in Gang gesetzt werden, wie das zur Verhütung von Hungersnot, von Seuchen und Unruhen, die die Besatzungstruppen gefährden könnten, erforderlich sei.

Über die Organisation ihrer Besatzungsherrschaft hatten sich die Alliierten bereits 1943 auf der Konferenz von Teheran und im Frühjahr 1945 auf der Konferenz von Jalta geeinigt. Es fehlte noch ein Abkommen über die politische Zukunft Deutschlands. Der britische Premierminister Churchill wollte die Präsenz der angloamerikanischen Truppen in den für die Sowjetzone vorgesehenen Gebieten Mecklenburgs, Sachsen-Anhalts, Sachsens und Thüringens als Druckmittel in den Verhandlungen mit der Sowjetunion einsetzten. Der neue amerikanische Präsident Truman befahl dagegen den Rückzug der Truppen von der Waffenstillstandslinie auf die vereinbarte Zonengrenze. Im Gegenzug gestattete die Sowjetunion im Juli 1945 den Westmächten den Einzug in die für sie vorgesehenen westlichen Sektoren der Hauptstadt Berlin.

Am 5. Juni 1945 kamen die Oberbefehlshaber der vier Siegermächte in Berlin zusammen, um durch die Abgabe von drei Proklamationen den Beginn der Besatzungsherrschaft über Deutschland förmlich und völkerrechtlich verbindlich bekanntzugeben. In dem ersten Dokument erklären sie die Übernahme der obersten *Regierungsgewalt* durch die vier Mächte. In der zweiten Erklärung wird die Einteilung Deutsch-

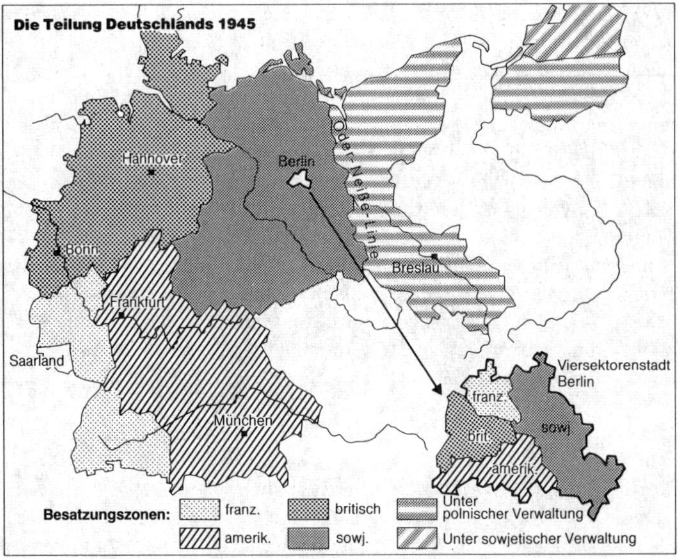

lands in vier *Besatzungszonen* und das gemeinsam besetzte Sondergebiet Groß-Berlin bekanntgegeben. Im dritten Dokument über das *Kontrollverfahren* wird die Einsetzung eines Alliierten Kontrollrats für ganz Deutschland und einer Kommandantur für Groß-Berlin angekündigt.

Deutschland war damit als Objekt fremder Interessen unter internationale Zwangsverwaltung gestellt worden, ohne als Völkerrechtssubjekt beseitigt worden zu sein.

Die »Potsdamer Konferenz« 1945: Verlust der Ostgebiete – Reparationen

Zur Regelung der durch das Kriegsende in Europa entstandenen Fragen tagte vom 17. Juli bis zum 2. August 1945 eine letzte Gipfelkonferenz der »Großen Drei«. Delegationsleiter waren der neue amerikanische Präsident Truman (1945–1953), der sowjetische Generalissimus J. W. Stalin (Parteichef von Ende der 20er Jahre bis 1953) und der britische Premierminister Churchill (1940–1945, 1951–1955), der während der Konferenz die Unterhauswahlen verlor und durch Labourführer Attlee (1945–1951) ersetzt wurde.

Fassungslos. *Eine alte Frau vor den Trümmern ihres einstigen »Zuhause«, zwischen vorrückenden amerikanischen Soldaten – Feinde, die vielfach als »Befreier« empfunden werden. Bensheim, März 1945.*

Die Sowjetunion war aus dem Krieg wirtschaftlich geschwächt und militärisch gestärkt hervorgegangen. Für ihren Sieg hatte sie einen hohen Preis zahlen müssen, 20 Millionen Tote, ganze Landstriche waren verwüstet. Das erste sowjetische Verhandlungsziel war die Sicherheit vor Deutschland. Das hieß neben den mit den Westmächten abzusprechenden Maßnahmen über Entmilitarisierung, militärische Besetzung und innenpolitische Kontrolle, Schaffung einer kurzen und leicht zu verteidigenden Westgrenze Polens. Mit der Übergabe der deutschen Gebiete östlich der Oder-Neiße-Linie an die prosowjetisch ausgerichtete polnische Regierung und der Ausweisung der deutschen Bevölkerung hatte die Sowjetunion schon vor Konferenzbeginn vollendete Tatsachen geschaffen. Das zweite sowjetische Verhandlungsziel lautete: Reparationen von Deutschland. Ihre Reparationsforderungen hatte die Sowjetregierung schon in Jalta beziffert: 50 Prozent einer auf insgesamt 20 Milliarden Dollar nach dem Preisindex von 1938 festzulegenden Gesamtsumme, zu leisten in Form von Demontagen, Entnahmen aus der laufenden Produktion und Einsatz deutscher Zwangs-

arbeiter. Früheren Überlegungen über eine Zerstückelung Deutschlands hatte Stalin bereits in seiner Siegesansprache am 9. Mai 1945 eine Absage erteilt.
Die Westmächte waren inzwischen ebenfalls von den Plänen einer Zerstückelung Deutschlands abgerückt und hatten sich näher mit den Wirkungen der Kriegsfolgen für ihre Zonen beschäftigt. Sie wollten ihren militärischen Sieg über Deutschland nicht nachträglich mit Zuschüssen an ihre Besatzungszonen finanzieren müssen. Ihre Verhandlungslinie lautete: Erhaltung der deutschen Wirtschaftseinheit, Aufstellung eines gemeinsamen Import-Export-Programms für Deutschland, möglichst geringe Gebietsabtretungen im Osten und keine festen Reparationszusagen an die Sowjetunion. Neben fiskalischen Erwägungen spielte bei den Amerikanern die Erwartung eine Rolle, die wirtschaftliche Schwäche der Sowjetunion ließe sich politisch ausnutzen.
Am Vortag des Konferenzbeginns, am 16. Juli 1945, erreichte Präsident Truman das Telegramm über den erfolgreichen Test der ersten Atombombe auf dem Versuchsgelände in New Mexico: »Babies satisfactory born«. Das Gefühl der neugewonnenen Stärke bestimmte nun Sprache und Stil der amerikanischen Verhandlungsführung.
Bei fast allen Themen prallten die Gegensätze zwischen den Westmächten und der Sowjetunion hart aufeinander. Truman und Churchill beanstandeten die eigenmächtige Übergabe der Ostgebiete an Polen und die Vertreibung der Deutschen nach Westen. Stalin entgegnete, die Gebietsabtretungen seien in Jalta grundsätzlich beschlossen worden, für die Flucht der Deutschen sei er nicht verantwortlich. In der Frage der Ostgebiete war die Sowjetunion im Vorteil, weil die strittigen Gebiete zu ihrer Zone gehörten. Umgekehrt stand es in der Reparationsfrage, denn die meisten großen Industriegebiete Deutschlands lagen in den Westzonen. Die Westmächte verweigerten jede Bezifferung der Reparationssumme und beriefen sich dabei auf die seit Jalta veränderten Verhältnisse. Die sowjetische Zusatzforderung nach einer Beteiligung an der Besetzung und Kontrolle des Ruhrgebietes war ungefähr das letzte, wofür sich die Westmächte erwärmen konnten.
Um die Konferenz nicht scheitern zu lassen, brachte US-Außenminister Byrnes einen Doppelvorschlag ein: Die Westmächte nehmen die Abtrennung der Ostgebiete hin und Deutschland wird in zwei Reparationshälften aufgespalten mit dem Recht jeder Macht, ihre Zone auszuschlachten. Die Sowjetunion erhält zusätzlich aus den Westzonen 40 Prozent der demontierbaren Fabrikanlagen, von denen die Ostzone 15 Prozent mit Warenlieferungen vergüten muß. Die Einzelheiten werden binnen sechs Monaten in einem Reparationsplan festgelegt.

Deutsche Geschichte 1945–1949

8. 5. 1945	Bedingungslose Kapitulation der deutschen Wehrmacht
5. 6. 1945	»Berliner Erklärungen« der vier Siegermächte: Einteilung Deutschlands in vier Besatzungszonen, Einsetzung eines »Alliierten Kontrollrats«
2. 8. 1945	Unterzeichnung des »Potsdamer Abkommens«
6. 9. 1946	Außenminister Byrnes (USA) kündigt in Stuttgart neue Deutschlandpolitik an
1. 1. 1947	Vereinigung der amerikanischen und der britischen Zone zur »Bi-Zone«
12. 3. 1947	»Truman-Doktrin«: Eindämmung des Kommunismus
5. 6. 1947	Außenminister Marshall (USA) gibt die Schaffung eines Hilfsprogramms für Europa bekannt (»Marshall-Plan«)
20. 6. 1948	Währungsreform in den Westzonen, danach sowjetische Blockade West-Berlins, »Luftbrücke«
2. 12. 1948	Spaltung der Stadtverwaltung von Groß-Berlin
4. 4. 1949	Abschluß des »Nordatlantik-Pakts« (NATO)
23. 5. 1949	Verkündung des Grundgesetzes für die Bundesrepublik

Die Sowjetunion nahm diesen enttäuschenden Vorschlag notgedrungen an. Die Übertragung der Ostgebiete an Polen und der Stadt Königsberg mit dem nördlichen Ostpreußen an die Sowjetunion wurden zwar unter den Vorbehalt der Bestätigung in einem Friedensvertrag gestellt. Durch den weiteren Beschluß über die Aussiedlung der deutschen Bevölkerung erhielt diese Regelung praktisch aber Dauerhaftigkeit.

Ohne große Debatten nahm die Konferenz einen amerikanischen Vorschlag über die gemeinsame Politik gegenüber Deutschland an, das »4-D-Programm«: *Demilitarisierung, Denazifizierung, Dezentralisierung* und *Deindustrialisierung* Deutschland sollte weiterhin eine Wirtschaftseinheit bilden. Unter der Oberleitung des Kontrollrats sollten deutsche Zentralverwaltungen entstehen, aus denen später deutsche Ministerien hätten hervorgehen können. Den Deutschen sollte die Bildung demokratischer Parteien und freier Gewerkschaften erlaubt sowie Presse- und Versammlungsfreiheit gewährt werden.

Für die Ausarbeitung von Friedensverträgen mit den bisherigen Feindstaaten und die weitere Behandlung der deutschen Frage wurde ein Rat der Außenminister der Großmächte eingesetzt. Die Beschlüsse der »Potsdamer Konferenz« wurden in einem Protokoll zusammengefaßt, dem sogenannten »Potsdamer Abkommen«.

Die Vertreter der Siegermächte in Potsdam, 1. August 1945. Sitzend von links: Premierminister C. R. Attlee (Großbritannien), Präsident H. S. Truman (USA), Generalissimus J. Stalin (UdSSR).

Die »Potsdamer Beschlüsse« stellten einen sowjetisch-amerikanischen Kompromiß dar. Für die Deutschen waren sie hart, aber nicht ungerecht, bedenkt man, was Deutsche in Europa angerichtet hatten. Den europäischen Staaten demonstrierte die »Potsdamer Konferenz«, daß sie nicht mehr Herr ihres Schicksals waren, das jetzt von den bisherigen Flügelmächten Sowjetunion und USA bestimmt wurde.

Wiederbeginn des politischen Lebens 1945: Parteien

Die Besatzungsmächte untersagten in der Anfangszeit den Deutschen jede Art der politischen Betätigung. Dennoch bildeten sich informell die großen politischen Richtungen der Weimarer Zeit wieder heraus: Sozialdemokraten, Kommunisten, Liberale und Christlich-Konservative. Am 10. Juni 1945 beendete die sowjetische Besatzungsmacht die politische Zwangspause mit der Zulassung »antifaschistischer« demo-

kratischer Parteien. Bereits einen Tag später wandte sich die KPD (»Kommunistische Partei Deutschlands«) mit ihrem Gründungsaufruf an das deutsche Volk. Die KPD sprach sich dagegen aus, Deutschland das Sowjetsystem aufzuzwingen und versprach den Deutschen eine parlamentarisch-demokratische Republik mit allen demokratischen Rechten und Freiheiten für das Volk. Die weiteren Programmpunkte enthielten konkrete Aussagen zur Überwindung der aktuellen Notlage, zur Entnazifizierung und zur wirtschaftlichen Neugestaltung. Der Aufruf klang eher gemäßigt und reformistisch, vergleicht man ihn mit den revolutionären Parolen der KPD aus der Zeit vor 1933.
Wenige Tage nach der KPD konstituierte sich in Berlin auch die SPD (»Sozialdemokratische Partei Deutschlands«) neu. Aus ehemaligen Funktionären der Partei bildete sich ein Zentralausschuß, als dessen Sprecher der spätere DDR-Ministerpräsident Grotewohl auftrat. Im SPD-Gründungsaufruf wurden die alten sozialdemokratischen Forderungen nach Demokratie in Staat und Gemeinde sowie Sozialismus in Wirtschaft und Gesellschaft erhoben.
Rechts von der SPD entstand im selben Monat eine neue politische Kraft, die von katholischen Zentrumspolitikern und evangelischen Demokraten aus der Taufe gehoben wurde, die »Christlich-Demokratische Union« (CDU). Der Berliner Gründerkreis um den früheren Reichsminister Hermes und die späteren Bundesminister Kaiser, Lemmer und Krone erstrebte die Bildung einer großen überkonfessionellen, nichtmarxistischen Volkspartei. Die CDU sprach von einem »Sozialismus aus christlicher Verantwortung«. Einzig die vom früheren Reichsminister Külz gegründete »Liberal-Demokratische Partei Deutschlands« (LDPD) stellte im sowjetischen Machtbereich keine Sozialisierungsforderungen auf.
Anders verlief die Entwicklung in den Westzonen. In Hannover hatte der frühere SPD-Reichstagsabgeordnete Schumacher schon im April mit den Vorbereitungen für eine Neugründung der SPD begonnen. Am 6. Mai 1945 fand unter seinem Vorsitz die Gründungsversammlung in Hannover statt. Schumacher wurde bald zum unbestrittenen Führer der SPD in den Westzonen. Er gab die Parole vom Sozialismus als Tagesforderung aus und erhob für die SPD den Anspruch auf die politische Führung im Nachkriegsdeutschland.
Ohne zentrale Leitung wurde die CDU in zahlreichen Städten der Westzonen nebeneinander gegründet, die spätere Bundespartei entstand erst 1950. Dem Kölner Gründungskreis der CDU schloß sich im Herbst 1945 der frühere Oberbürgermeister der Stadt, Konrad Adenauer, an. Mit der Wahl Adenauers zum Vorsitzenden der CDU in der britischen Zone begann sein Aufstieg 1946 bis zur Wahl zum Bundes-

kanzler 1949. Das »Ahlener Programm« der CDU von 1947 enthielt stark antikapitalistische Töne und sozialreformerische Forderungen, von denen die CDU sich nach der Währungsreform 1948 wieder distanzierte. Ähnlich vielgestaltig wie die Gründung der CDU und der CSU (»Christlich-Soziale Union«) in Bayern entwickelte sich der Aufbau der liberalen Partei, die später den Namen »Freie Demokratische Partei« (FDP) annahm. Im südwestdeutschen Stammland der Liberalen wurde sie vom späteren Bundespräsidenten Prof. Theodor Heuss gegründet.

Den überlebenden Kadern der alten KPD gelang auch in Westdeutschland rasch der organisatorische Wiederaufbau der Partei. Der Berliner Gründungsaufruf vom 11. Juni 1945 galt auch für die West-KPD.

Die Bedeutung der Parteigründungen lag zunächst in der Vorbereitung auf die spätere Übernahme politischer Verantwortung. Die politische Gewalt und ihre Kontrolle hingegen blieb allein bei den Militärregierungen und den von ihnen eingesetzten Amtsträgern.

Rundfunk und Presse in der Besatzungszeit

Solange die Deutschen sich nicht regieren durften, sollten sie dafür ausgiebig diskutieren dürfen. Das dezentralisierte System von Landesrundfunkanstalten und die gegenüber Staatseingriffen geschützte Rundfunkfreiheit in der Bundesrepublik sind eine Errungenschaft aus der Besatzungszeit. Nie wieder gab es später ein so vielfältiges, meinungsfreudiges und frei von Gewinnstreben arbeitendes Pressewesen wie unter dem Lizensierungsregime der Besatzungsmächte. Die führende Zeitung der amerikanischen Zone war die »Süddeutsche Zeitung« in München neben der Publikation »Die Neue Zeitung«, einer amerikanischen Zeitung für die Deutschen. Die unter englischer Regie in Hamburg herausgegebene liberale Tageszeitung für die britische Zone »Die Welt« sollte eine deutsche »Times« werden.

Die Vergabe einer Lizenz an einen deutschen Verleger war mit der Bereitstellung von Druckkapazität und der Zuteilung von Papier verbunden. Absatzprobleme gab es keine, der Markt schluckte alles, was gedruckt wurde. Für manchen Verleger war die Lizenz soviel wert wie das Recht, eigene Banknoten zu drucken. Nur die finanzstärksten Zeitungen und Zeitschriften überlebten den harten Wettbewerb nach der Währungsreform 1948 und der Aufhebung der Lizenzpflicht durch die Besatzungsmächte 1949.

Der »Alliierte Kontrollrat« und der »Industrieplan« von 1946

Der »Alliierte Kontrollrat« hatte sich im Sommer 1945 gerade erst konstituiert, da wurde seine Arbeit durch ein Veto Frankreichs gegen die Bildung gesamtdeutscher Zentralverwaltungen im Herbst 1945 grob behindert. Frankreich fühlte sich an die »Potsdamer Beschlüsse« nicht gebunden und versuchte im Wege der Obstruktionspolitik, die anderen Siegermächte für seine deutschlandpolitischen Ziele zu gewinnen. Die von Ministerpräsident de Gaulle (1944–1946, 1958–1969) formulierten Ziele lauteten: Auflösung des Reichs in einen losen Staatenbund, Bildung einer Reihe von Pufferstaaten im Rheinland, Errichtung einer Sonderverwaltung für das Ruhrgebiet und Anschluß des Saargebiets an Frankreich.

Der »Kontrollrat« erließ bis zu seinem Ende im März 1948 62 Gesetze und zahlreiche Proklamationen, Direktiven und Befehle. Am leichtesten konnten sich die vier Mächte über die Aufhebung von nationalsozialistischem Recht verständigen. In begrenztem Umfang gelang die Einigung in der Regelung von Mangelsituationen, etwa bei der Wohnraumbewirtschaftung, der Erhöhung von Steuern, der Verteilung von Flüchtlingen und der Mitbestimmung in Betrieben. Der »Kontrollrat« vermochte es hingegen nicht, Entscheidungen zur Überwindung der Not und zur zukünftigen Wirtschafts-, Währungs- und Sozialgestaltung zu treffen, insbesondere zu einer Währungsreform.

Das »Potsdamer Abkommen« wollte den Lebensstandard in Deutschland auf ein europäisches Durchschnittsniveau senken. Das Hauptgewicht der deutschen Wirtschaft sollte zukünftig auf die Entwicklung der Landwirtschaft und der Friedensindustrie für den inneren Bedarf gelegt werden. Hinter diesen biedermeierlich klingenden Formulierungen verbarg sich eine abgeschwächte Variante des »Morgenthau-Plans« von 1944: Vernichtung der deutschen Schwer- und Exportindustrie, soweit sie nicht für Reparationszwecke demontierbar war. Bei näherer Untersuchung der Kriegsschäden stellte sich heraus, daß die deutsche Industrie in ihrer Gesamtstruktur durch die Bombardierung nur unwesentlich beschädigt worden war. Für die Bestimmung der zur Zerstörung oder Demontage vorzusehenden Industrieanlagen war es erforderlich, zunächst einen Plan für das deutsche Industrieniveau festzulegen. Bei der Ermittlung der statistischen Durchschnittszahlen fanden die Kontrollratsexperten heraus, daß das Ergebnis genau dem Stand des Jahres 1932 entsprach, also des Höhepunkts der Wirtschaftskrise, die Hitler den Weg zur Macht geebnet hatte. In zäher Detailarbeit wurden Schlüsselzahlen für die einzelnen Industriebranchen festgelegt. Deutschlands Industrien wurden in drei Kategorien eingeteilt: 1. zu verbietende Rüstungsindustrien, 2. zu beschränkende, aber für den Zivilbedarf notwendige, wenn auch rüstungsrelevante Industrien, 3. erlaubte, weil militärisch bedeutungslose Industrien. Die Veröffentlichung des »Industrieplans« im März 1946 löste in den USA einen Sturm der Entrüstung aus. In einer Zeit, in der Mangel an vielen Waren in Europa herrschte, mußte es töricht erscheinen, völlig intakte Industriekapazitäten zu beseitigen. Die Briten mochten sich von Demontagen eine Beseitigung deutscher Konkurrenz auf dem Weltmarkt versprechen, die Franzosen und die Sowjets die Lieferung der demontierten Fabriken, die Amerikaner hatten dagegen keine eigenen materiellen Interessen mit dieser Politik, ihnen fiel der Kurswechsel in der Demontagefrage später auch am leichtesten. Der »Industrieplan« strebte an, die deutsche Wirtschaft bis 1949 wieder aus eigener Kraft funktionsfähig zu machen. Bis dahin mußten die Briten und Amerikaner umfangreiche Lebensmittelimporte für ihre Zonen finanzieren, um das Existenzminimum des deutschen »Normalverbrauchers« in Höhe von 1000 Kalorien zu garantieren. Um diese Kosten zu senken, verlangten sie die Aufstellung eines Import-Export-Programms für alle vier Zonen und die Errichtung der deutschen Zentralverwaltungen. Anderenfalls wollten sie keine demontierten Fabrikanlagen mehr nach Frankreich und in die Sowjetunion liefern. Mit dem ihm eigenen Hang zur Dramatisierung verfügte der amerikanische Militärgouverneur General Clay am 3. Mai 1946 die Einstellung aller Reparationslieferungen aus der amerikanischen Zone.

Die »Nürnberger Prozesse« und die »Entnazifizierung«

Die gerichtliche Verfolgung und Bestrafung der deutschen Kriegsverbrecher gehörte zu den erklärten Kriegszielen der Alliierten. Im August 1945 schlossen die vier Mächte in London ein Abkommen über die Errichtung eines »Internationalen Militärgerichtshofes« mit dem Sitz in Nürnberg zur Aburteilung der Hauptkriegsverbrechen, für die kein bestimmter Tatort vorhanden war. Das Kontrollratsgesetz Nr. 10 vom 20. Dezember 1945 schuf vier Verbrechenstatbestände, die das Gericht zu verfolgen hatte: Verbrechen gegen den Frieden, Kriegsverbrechen, Verbrechen gegen die Menschlichkeit und die Zugehörigkeit zu einer Organisation, die vom Gerichtshof als verbrecherisch bezeichnet wird.

Unmittelbar nach Ende der Kampfhandlungen hatten mit »Schwarzen

Listen« ausgestattete amerikanische Sondereinheiten mit der Fahndung nach mutmaßlichen Tätern, der Festnahme von Zeugen und der Sicherstellung von Aktenmaterial begonnen. Nach wenigen Monaten waren die Hauptbelasteten verhaftet, die Zeugen vernommen und das achtzehn Bände umfassende Beweismaterial zusammengestellt. Der Prozeß begann am 20. November 1945 mit der Verlesung der Anklageschrift gegen vierundzwanzig führende Repräsentanten des NS-Staates. Der Prozeß wurde nach angloamerikanischem Strafprozeßrecht geführt. Die Prozeßführung durch die Richter war fair und gewährleistete den Angeklagten alle Möglichkeiten der Verteidigung. Der Prozeß entwickelte sich zu einer schrecklichen Anatomie des NS-Staates. Am 30. September 1946 erfolgte die Urteilsverkündung: Zwölf Angeklagte wurden zum Tode verurteilt, sieben erhielten langjährige Freiheitsstrafen und drei wurden freigesprochen.

»Trümmerfrauen« und Suche nach Angehörigen. *Ohne die Frauen, die unsere Städte enttrümmerten und die Steine zur Wiederverwendung herrichteten, hätte es keinen schnellen Wiederaufbau gegeben. Rechts: Hinweise auf den Verbleib Ausgebombter.*

Neben dem Hauptprozeß wurden zwölf weitere Folgeprozesse vor amerikanischen Militärgerichtshöfen gegen Ministerialbeamte, Offiziere, Ärzte, SS-Vernichtungskommandos und Wirtschaftsführer durchgeführt.
Die Kritik an den Nürnberger Prozessen richtete sich dagegen, daß hier Sieger über Besiegte zu Gericht saßen, daß die Straftatbestände erst nachträglich geschaffen worden waren und die Anklage nur Verbrechen an Alliierten verfolgte, nicht aber Verbrechen an Deutschen. Im Ergebnis ist kein Angeklagter verurteilt worden, der nicht auch nach dem deutschen Strafgesetzbuch hätte verurteilt werden können. Es gab aber damals kein deutsches Gericht, das diese Aufgabe hätte übernehmen können.
Parallel zur strafgerichtlichen Verfolgung der Kriegsverbrechen lief eine Aktion zur politischen Säuberung des deutschen Volkes an, die

»Entnazifizierung«. Alle nicht nur nominellen Mitglieder der nationalsozialistischen Partei sollten aus den öffentlichen Ämtern und den verantwortlichen Posten in wichtigen Privatunternehmen entfernt werden. Jeder über achtzehn Jahre alte Deutsche mußte einen langen Fragebogen ausfüllen. Die Auswertung der Fragebogen bildete die Grundlage für ein gerichtsähnliches Verfahren vor »Spruchkammern«. Zugehörigkeit und Rang in NS-Organisationen begründeten eine Schuldvermutung und führten zur Einteilung in fünf Kategorien: Hauptschuldige, Belastete, Minderbelastete, Mitläufer und Entlastete. Durch den Nachweis der Unterstützung von Verfolgten oder Widerstandstaten konnte man die Einstufung in eine günstigere Kategorie erreichen. Die Massenhaftigkeit der Verfahren führte vielfach zur Solidarisierung der Betroffenen und ihrer Mitbürger. Man half sich gegenseitig durch aufeinander abgestimmte Aussagen und die Verwendung falscher Entlastungszeugnisse, wofür sich bald das Wort »Persilschein« einbürgerte. Die Entnazifizierungsverfahren entwickelten sich so zu Reinwaschungsverfahren, die den Weg ins neue Leben freigaben. Im Frühjahr 1949 wurden die Verfahren überstürzt zu Ende geführt.

Das Auseinanderleben der Besatzungszonen

In allen vier Zonen hatten die Besatzungsmächte 1946 formal einheitliche politische Strukturen geschaffen. Aus ehemals preußischen Provinzen waren neue Länder entstanden, neben den überkommenen Ländern und Stadtstaaten. Die Länderregierungen bestanden in der Regel aus Allparteienregierungen. Die Lähmung des »Kontrollrats« in Berlin führte aber dazu, daß sich die Länder zonenweise auseinanderlebten. Die politischen Grundsätze von Potsdam bedeuteten in jeder Zone etwas anderes. Die weitestgehenden Eingriffe in die überkommene Gesellschaftsstruktur unternahm die sowjetische Besatzungsmacht. Im September 1945 erging die Verordnung über die »Bodenreform«, durch die der Grundbesitz über 100 Hektar entschädigungslos enteignet, aufgeteilt und an Neubauern übereignet wurde. Im Oktober 1945 wurde das Vermögen des Reiches, des Staates Preußen, der NSDAP und führender Nazis beschlagnahmt. Damit begann die Enteignung aller wichtigen Industriebetriebe. Privatbesitz von Produktionsstätten entsprach nicht der kommunistischen Ideologie, doch hütete man sich noch, offen von »Sozialisierung« zu reden. Nach dem Scheitern der gemeinsamen Reparationspolitik der vier Mächte hielt sich die Sowjetunion an ihre Zone und entnahm daraus die von ganz Deutschland geschuldeten Reparationsgüter. Aus dieser Zeit stammt

die Entwicklung des wirtschaftlichen Gefälles zwischen der Ostzone und den Westzonen, das später mit dazu beitrug, einen ständigen Flüchtlingsstrom auszulösen.
Die Amerikaner konnten verständlicherweise am Privateigentum von Produktionsmitteln nichts schlechtes finden, hatte sich das kapitalistische Wirtschaftssystem in ihrem Lande doch so hervorragend bewährt. Industriereform bedeutete für die Amerikaner Entflechtung übermäßig konzentrierter Unternehmensgruppen. Sozialisierungsbeschlüsse (Verstaatlichung) westdeutscher Landtage wurden von den Westmächten aufgehoben. Gegen sowjetische Entnahmen aus der laufenden Produktion protestierten die Westmächte zwar heftig, das hinderte sie nicht daran, Zwangsexporte deutscher Kohle aus dem Ruhrgebiet nach Westeuropa durchzusetzen.
Der Kohlemangel in den Westzonen lähmte die gerade erst wieder in Gang gesetzte Industrieproduktion. Das Volk hungerte und fror im Winter 1946/47 wie nie zuvor. Die Reichsmark hatte ihren Wert als Zahlungsmittel verloren und viele lebenswichtige Güter waren nur auf dem »Schwarzmarkt« zu haben. Die Bilanz des Jahres 1946 wies den Verlust der deutschen Wirtschaftseinheit, unterschiedliche Wirtschaftssysteme und eine allgemeine Notlage aus.

**Deutschland nach 1945
Zonen und Länder**

Die Aufspaltung Deutschlands war ein Werk der Besatzungsmächte und konnte von den Deutschen nicht verhindert werden. Es überraschte aber, wie bereitwillig die Deutschen daran mitwirkten. Den Anfang machten die Sozialdemokraten. Bei der ersten gesamtdeutschen Tagung der SPD nach dem Krieg im September 1945 in Wennigsen bei Hannover lehnte Schumacher nicht nur den gesamtdeutschen Führungsanspruch des Berliner Zentralausschusses ab, sondern jede organisatorische Verflechtung zwischen Ost- und West-SPD. Am Ende der Tagung stand eine Abgrenzungsabsprache zwischen Schumacher und Grotewohl.
Ähnlich verhielten sich die Christdemokraten und die Liberalen im Westen. Auf der ersten gesamtdeutschen Tagung führender Repräsentanten der CDU/CSU Anfang Februar 1947 in Königstein im Taunus versuchten die CDU-Vorsitzenden der Ostzone Kaiser und Lemmer vergeblich, ihren westdeutschen Parteifreunden zu vermitteln, was ihnen der sowjetische Militärgouverneur Marschall Sokolowski mit auf den Weg gegeben hatte: »Es gibt keine Lösung der deutschen Frage ohne Rußland, und es gibt kein Auseinanderbrechen Deutschlands ohne das deutsche Volk.« Kaiser und Lemmer mußten feststellen, daß sie nicht mehr das uneingeschränkte Vertrauen ihrer Freunde im Westen besaßen.

Ostzone und Berlin: Auf dem Weg zur SED

Die alte Aversion der westdeutschen Provinz gegen Berlin und die Angst vor den Russen verdichteten sich zu dem Gefühl des unbestimmten Grauens, das in den nächsten Jahrzehnten die Grundeinstellung der westdeutschen Bevölkerung gegenüber der Sowjetunion ausmachte. Die politische Sonderentwicklung der Ostzone und die Spaltung des Parteiensystems wurden durch die Vereinigung von SPD und KPD zur »Sozialistischen Einheitspartei Deutschlands« (SED) weiter vorangetrieben. Der Ruf nach einer neuen einheitlichen Arbeiterpartei war 1945 populär. Als sich der KPD-Vorsitzende Pieck im Herbst 1945 an den Zentralausschuß der SPD mit dem Vorschlag der Vereinigung beider Parteien wandte, konnte Grotewohl nicht einfach ablehnen. Hilfesuchend reiste Grotewohl zu Schumacher nach Hannover. Schumacher lehnte jede denkbare Vereinigung mit den Kommunisten ab und empfahl Grotewohl, die SPD in der Ostzone notfalls wieder aufzulösen.
In Berlin und in der Ostzone lief derweil eine große Vereinigungskampagne an, die von der sowjetischen Besatzungsmacht nach Kräften ge-

fördert wurde. Die Kommunisten waren auch bereit, allen erfüllbaren Forderungen der Sozialdemokraten zuzustimmen. Mit der Parole der Einheit identifizierte sich bald nicht nur die Mehrheit des Zentralausschusses, sondern auch die große Mehrheit der Parteibasis. Der Widerstand gegen die Vereinigung kam aus dem vielgescholtenen Funktionärskörper. Viele SPD-Funktionäre hatten sich ihre alten Vorbehalte gegen die Kommunisten aus der Weimarer Zeit erhalten und fürchteten überdies um ihre Stellung in der neuen Partei. Nur in Berlin konnte sich der Widerstand unter vorsichtigem Schutz der Westmächte auch öffentlich artikulieren. Auf einer Funktionärskonferenz der SPD-Parteiorganisation von Groß-Berlin meldeten sich die Vereinigungsgegner zu Wort und setzten einen Beschluß durch, der die Vereinigung in Berlin von einer Urabstimmung abhängig machte. Die Stadtkommandanten der Westsektoren Berlins gewährten der SPD-Opposition die Möglichkeit der Urabstimmung. Die große Mehrheit der Abstimmungsteilnehmer stimmte beiden Fragen zu. Wenige Tage später konstituierten sich die Vereinigungsgegner als Berliner SPD. Die Vereinigung von KPD und SPD in der Sowjetischen Zone wurde auf Parteitagen am 19. und 20. April 1946 beschlossen. Zu einem Test für die Stärkeverhältnisse der Parteien kam es bei den ersten Landtagswahlen 1946 und 1947. Bei den Landtagswahlen im Herbst 1946 in der Ostzone erhielten die SED 47,5 %, die CDU 24,5 % und die LDP 24,6 % der Stimmen. Bei den Landtagswahlen im Westen in den Jahren 1946 und 1947 erhielten die CDU/CSU 37,6 %, die SPD 35 %, die Liberalen 9,3 % und die KPD 9,4 % der Stimmen.

»Eiserner Vorhang« und wirtschaftliche Gegensätze: Der Weg in den »Kalten Krieg« und in die Teilung Deutschlands

Stärker als durch die Auseinandersetzungen im »Kontrollrat« über die Besatzungspolitik oder durch die Spaltung des Parteiensystems wurde das politische Schicksal Deutschlands durch den Verlauf des »Kalten Krieges« bestimmt: Zu Unstimmigkeiten zwischen den Großmächten wegen des sowjetischen Vorgehens in Osteuropa war es bereits im Frühjahr 1945 gekommen. Die große Furcht der Briten war aber, daß sich die Vereinigten Staaten, wie nach dem »Ersten Weltkrieg«, erneut aus Europa zurückziehen könnten und die geschwächten westeuropäischen Staaten allein mit der östlichen Großmacht Sowjetunion auskommen müßten. Für das amerikanische Engagement in Europa warb der britische Oppositionsführer Churchill am 5. März 1946 in einer

Rede in Fulton (Missouri). Churchill sprach von dem »Eisernen Vorhang«, der von Stettin an der Ostsee bis nach Triest an der Adria quer über den europäischen Kontinent heruntergegangen sei. Das sei nicht das befreite Europa, für das die Westmächte im »Zweiten Weltkrieg« gekämpft hätten. Die Sowjetunion mußte diese Rede als Kampfansage und als Aufkündigung des Bündnisses auffassen.

Auf den Konferenzen des Außenministerrates im Frühjahr und Sommer 1946 wurde die deutsche Frage nur am Rande behandelt. Um den Stillstand im »Kontrollrat« in Berlin zu überwinden, schlug US-Außenminister Byrnes vor, die hierzu bereiten Mächte sollten ihre Zone an die amerikanische Zone wirtschaftlich anschließen. Zu diesem Vorschlag sagte nur der britische Außenminister Bevin ja. Für die Sowjetunion war der amerikanische Vorschlag unannehmbar. In einer großangelegten Rede, in der er auch um die Zustimmung der Deutschen warb, faßte Sowjetaußenminister Molotow die Vorschläge seiner Regierung zusammen: Herstellung der politischen und wirtschaftlichen Einheit Deutschlands in den »Potsdamer Grenzen«, konsequente Demokratisierung, Ruhrkontrolle und Reparationen in Höhe von 10 Milliarden Dollar.

Die Antwort auf die Molotow-Rede in Paris erteilte Byrnes am 6. September 1946 in einer Rede in Stuttgart. Byrnes faßte noch einmal die

Protest gegen Demontagen und Reparationen, *die Deutschlands wirtschaftliche Situation noch mehr verschlechterten und Arbeitsplätze kosteten. Arbeiter zerstören den Hochofen V der Reichswerke Salzgitter, März 1950.*

amerikanischen Vorschläge der letzten Monate zur deutschen Frage zusammen. Mit der zusätzlichen Feststellung, daß eine funktionierende deutsche Wirtschaft die Voraussetzung für den wirtschaftlichen Wiederaufbau Europas sei, kündigte er den Abschied vom »Morgenthau-Konzept« an. Zur Gründung der »Vereinigten Staaten von Europa« und zur Verständigung zwischen Frankreich und Deutschland rief Churchill am 19. September 1946 in einer Rede in Zürich auf.

»Bi-Zone« und »Eindämmungspolitik«

Am 2. Dezember 1946 unterzeichneten die Außenminister Byrnes und Bevin in New York ein Abkommen über die Verschmelzung der beiden Zonen ihrer Länder zur »Bi-Zone«. Das »Vereinigte Wirtschaftsspiel«, wie das neue Gebilde hieß, erhielt deutsche Verwaltungsräte für Wirtschaft, Landwirtschaft, Finanzen, Verkehr und Post. Diese Dienststellen wurden in verschiedenen deutschen Städten unterge-

bracht, um den Anschein einer westdeutschen Staatsgründung zu vermeiden. Trotz aller Vorbehalte und Vorsichtsmaßnahmen war damit die internationale Verwaltung Deutschlands durch den »Vier-Mächte-Kontrollrat« praktisch gescheitert.
Ihr besonderes Gewicht erhielt die »Bi-Zonen«-Gründung nicht durch ihre wirtschaftlichen Erfolge, sondern durch den Zusammenhang mit dem außenpolitischen Kurswechsel in den USA. Die Ablösung von Außenminister Byrnes durch General Marshall am 7. Januar 1947 symbolisierte den Übergang der Amerikaner zur »Eindämmungspolitik« gegenüber der Sowjetunion. Das Konzept für die neue Politik hatte der Planungschef im amerikanischen Außenministerium Kennan entworfen. Kennan empfahl seiner Regierung, einer weiteren Ausdehnung des sowjetischen Einflusses durch Gewährung finanzieller und wirtschaftlicher Hilfe für die freien Länder zur Herstellung geordneter politischer Verhältnisse und zur Sicherung der wirtschaftlichen Stabilität entgegenzutreten.
Unterstützungsbedürftig waren 1947 das vom Bürgerkrieg erschütterte Griechenland und die von der Sowjetunion bedrängte Türkei. Am 12. März 1947 begründete Präsident Truman seinen Antrag an den Kongreß auf Bewilligung einer Finanzhilfe an die Staaten in einer Botschaft, die später als »Truman-Doktrin« bezeichnet wurde: »Ich glaube, daß es die Politik der Vereinigten Staaten sein muß, freie Völker zu unterstützen, die sich der versuchten Unterjochung durch bewaffnete Minderheiten oder durch Bedrängnisse von außen widersetzen.«

Konferenzen zur »deutschen Frage« 1947

Zwei Tage vor der Verkündung der »Truman-Doktrin« hatte in Moskau eine Konferenz der vier Außenminister über Deutschland begonnen. In den Fragen der Bildung deutscher Zentralverwaltungen, der stufenweisen Einsetzung einer deutschen Regierung und der Grundzüge einer deutschen Verfassung schien ein Kompromiß in greifbarer Nähe zu liegen. In der Frage der Reparationen kam es dann zum Zusammenstoß. Außenminister Marshall hatte es darauf angelegt, die Entscheidung über die deutsche Frage bei der Lösung des Reparationsproblems so oder so herbeizuführen: Marshall wies die sowjetischen Forderungen nach Reparationen in Höhe von 10 Milliarden Dollar, Entnahmen aus der laufenden Produktion und einer Ruhrkontrolle energisch zurück. Molotow wollte die Vertragstreue und den guten Willen der Westmächte an der Erfüllung dieser Forderungen messen. Es kam zu keiner Einigung. Nach sechs Wochen Reden vertagte

sich die Konferenz. Außenminister Marshall kündigte nach der Konferenz an, die Amerikaner wollten keinen Erschöpfungskompromiß abwarten und unverzüglich mit der Stabilisierung der europäischen Wirtschaft beginnen.
Die internationale Entwicklung steuerte auf eine Konfrontation der Großmächte und eine Neuordnung Deutschlands in zwei Teilstaaten hin. Einen letzten Versuch, die drohende Teilung Deutschlands durch eine deutsche Initiative zu verhindern, unternahm der bayerische Ministerpräsident Ehard. Er lud die Ministerpräsidenten aller deutscher Länder zu einer Konferenz nach München ein. Im Einladungsschreiben war das Thema der Beratungen nur vage formuliert. Die Ministerpräsidenten der Ostzone verlangten in einer Vorbesprechung am 5. Mai 1947 als Punkt 1 der Tagesordnung die Bildung einer deutschen Zentralverwaltung durch Verständigung der deutschen Parteien und Gewerkschaften aufzunehmen. Ehard war nicht bereit, seinen unter Druck der SED stehenden Kollegen irgendwie entgegenzukommen, sie reisten noch vor Konferenzbeginn wieder ab. Große Erfolgsaussichten hatte die Konferenz von Anfang an nicht gehabt, denn die Ministerpräsidenten der Französischen Zone hatten von ihrer Militärregierung und die SPD-Ministerpräsidenten von ihrem Parteivorstand die Weisung erhalten, nicht über die deutsche Einheit zu verhandeln. Die Abschlußerklärung der Rumpfkonferenz blieb ohne Wirkung.
Hauptinstrument der amerikanischen »Eindämmungspolitik« bildete ein großzügiges Kreditprogramm für Europa. Außenminister Marshall stellte am 5. Juni 1947 in einer Rede vor Studenten der Harvard-Universität sein Programm zur wirtschaftlichen Wiederaufrichtung Europas vor (»Marshall-Plan«). Dieses Programm sollte auf die Westzonen Deutschlands ausgedehnt werden. Dafür war es notwendig, die Verwaltung der »Bi-Zone« wirkungsvoller zu gestalten. Im Mai 1947 wurden die bisher getrennt arbeitenden Zweizonenämter nach Frankfurt zusammengelegt. Die Amtschefs erhielten die Bezeichnung Direktor, um die Bezeichnungen Minister oder Staatssekretär zu umgehen. Die beteiligten Länderregierungen durften je einen Vertreter in den Exekutivausschuß entsenden, der die Direktoren zu kontrollieren hatte. An die Spitze wurde eine indirekt von den Landtagen gewählte parlamentarische Vertretung mit begrenzter Gesetzgebungszuständigkeit gestellt, der »Wirtschaftsrat« . Im Wirtschaftsrat verfügten die bürgerlichen Parteien über eine knappe Mehrheit. Sie setzten gegen den Widerstand der Sozialdemokraten durch, daß der Direktor für Wirtschaft von der CDU gestellt wurde, die für den Abbau der Zwangswirtschaft eintrat. Die SPD überließ daraufhin aus Protest den bürgerlichen Parteien auch die übrigen Direktorenposten.

Die Reaktion der Sowjetunion auf die Veränderung im Westen ließ nicht auf sich warten. Die bisherigen Zentralverwaltungen der Sowjetischen Zone wurden zur »Deutschen Wirtschaftskommission« zusammengefaßt, der Vorform der späteren DDR-Regierung.
Die sowjetische Antwort auf die von den USA proklamierte »Eindämmungspolitik« wurde im September 1947 vom sowjetischen Politbüromitglied Shdanow formuliert. Shdanow richtete heftige Angriffe gegen das angebliche Weltherrschaftsstreben der USA und zeichnete das Bild von zwei sich unversöhnlich gegenüberstehenden Lagern. In der Ostzone war seit dem Herbst 1947 eine grundlegende Änderung des politischen Klimas zu spüren. Die Sowjetunion zog die Schlußfolgerung aus dem Scheitern ihrer auf Gesamtdeutschland gerichteten Politik und bereitete die Gründung eines »volksdemokratischen« Separatstaates in ihrer Zone vor. Die führenden Politiker der bürgerlichen Parteien wurden bedrängt, öffentlich Stellung gegen die amerikanische Politik zu beziehen und sich an einem »Volkskongreß für Einheit und gerechten Frieden« zu beteiligen. Die CDU-Vorsitzenden Kaiser und Lemmer weigerten sich, sie wurden von der Besatzungsmacht abgesetzt.
Im November 1947 tagte in London noch einmal eine Außenministerkonferenz der vier Mächte über Deutschland, während der Außenminister Marshall die Unvereinbarkeit der Standpunkte von Ost und West betonte. Am 15. Dezember brach er die Konferenz abrupt ab. Ein Ergebnis der Konferenz war, daß Frankreich sich bereit erklärte, an Verhandlungen über die Gründung eines westdeutschen Staates mitzuwirken. Als Zeichen ihres guten Willens gegenüber Frankreich billigten die Angloamerikaner den einseitig vollzogenen wirtschaftlichen Anschluß des Saargebiets an Frankreich.

Die Währungsreform von 1948, »Berlin-Blockade« und der Weg zum Grundgesetz von 1949

Am 1. März 1948 wurde die »Bank deutscher Länder« in Frankfurt gegründet. Zum Direktor des Amtes für Wirtschaft wählte der noch einmal erweiterte Frankfurter Wirtschaftsrat Prof. Ludwig Erhard. Erhard war energischer Befürworter der freien Marktwirtschaft und lag damit voll auf der Linie der amerikanischen Politik. Die drei Militärgouverneure ordneten am 18. Juni 1948 für ihre Zonen mit Wirkung vom 20. Juni eine »Währungsreform« an. Die neue Währung erhielt den Namen »Deutsche Mark« (DM), die alte »Reichsmark« wurde im Verhältnis von 10:1 abgewertet, Zinsen, Löhne, Firmenkapital 1:1 um-

Hunger. *Deutschland, im Krieg u. a. durch seine Ostprovinzen und durch beschlagnahmte Nahrungsmittel aus den besetzten Ostgebieten einigermaßen gut versorgt, konnte 1945–1948 die Menschen in den zerstörten Städten und die Millionen von Flüchtlingen nicht mehr ernähren. – Oben: Hungerdemonstration, Düsseldorf; März 1947. – Unten: Lebensmittelkarte von 1946.*

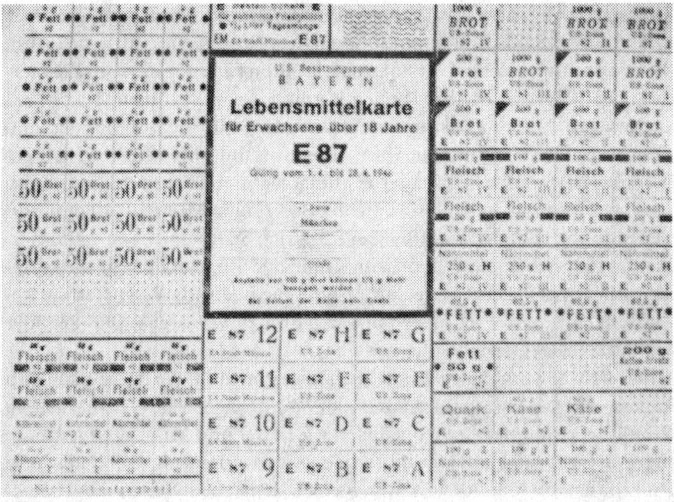

gestellt. Jeder Westdeutsche erhielt am Stichtag eine Kopfquote von DM 40 ausbezahlt.
Erhard nutzte eine gesetzliche Ermächtigung zur Änderung der Preis- und Bewirtschaftungsvorschriften nach der Geldreform zur Aufhebung der meisten Bestimmungen.
Das Geheimnis des Erfolgs der »Währungsreform« lag in den Wirkungen eines an sich unmoralischen und gesetzwidrigen Verhaltens. Fabrikanten und Händler hatten in den vorangehenden Jahren große Warenlager »gehortet«, die sie der Bewirtschaftung und dem Markt entzogen hatten. Bis zum Stichtag gab es in den Geschäften oft nicht einmal die einfachsten Dinge zu kaufen. Für das neue Geld war auf einmal wieder alles da, und es lohnte sich wieder, hart zu arbeiten. Die Währungsreform, die Aufhebung der Bewirtschaftung und die etwa gleichzeitig einsetzende »Marshall-Plan-Hilfe« wurden zur Initialzündung für die Aufwärtsentwicklung der westdeutschen Wirtschaft.
Die »Währungsreform« benachteiligte die kleinen Leute mit ihren Sparguthaben und bevorzugte die Sachwertbesitzer. Diese soziale Ungerechtigkeit sollte durch einen späteren »Lastenausgleich« abgemildert werden.
Die Durchführung der Währungsreform in den Westzonen gab der Sowjetunion den Anlaß zur »Blockade Berlins«, die alle Zufahrtswege zu Land und Wasser sperrte und die Berliner ›aushungern‹ sollte, wenngleich die Sowjets nur von »technischen Störungen« sprachen und Lebensmittellieferungen anboten. Den »Kontrollrat« hatte der sowjetische Vorsitzende, Marschall Sokolowski, bereits am 20. März aus Protest gegen die Verhandlungen der Westmächte über die Gründung eines deutschen Weststaates in London für unbestimmte Zeit vertagt. Die Blockade der Wege nach Berlin traf die Westmächte nicht unvorbereitet. Die Amerikaner richteten mit Hilfe der Engländer und Franzosen die »Luftbrücke« ein, eine bis dahin nicht für möglich gehaltene flugtechnische Meisterleistung. Auf dem Höhepunkt der Krise landeten Flugzeuge im Abstand von nur wenigen Minuten auf den Berliner Flugplätzen (Wasserflugzeuge auf den Seen) und versorgten Berlin von den Lebensmitteln bis zur Kohle und Ersatzteilen für die Industrie mit nahezu allem. So gelang es, die Bevölkerung West-Berlins wenigstens mit dem Wichtigsten aus der Luft zu versorgen. Die Berliner hielten zum Westen.
Unter dem Eindruck der dramatisch zugespitzten Lage in Deutschland kamen die Ministerpräsidenten der Westzonen am 1. Juli 1948 in Frankfurt zusammen, um aus den Händen der drei Militärgouverneure die Aufforderung zur Gründung eines westdeutschen Staates und Richtlinien für die Ausarbeitung einer deutschen Verfassung entge-

Währungsreform.
20. Juni 1948. Das neue, wieder ›wertvolle‹ Geld öffnet die Tore zu den Lagern gehorteter Waren, die die Bevölkerung jahrelang hatte entbehren müssen. Unten: Ausgabe des Kopfgeldes. Oben: Protestdemonstration der Kommunisten unter Max Reimann gegen die »Bevorzugung des Kapitals«, Frankfurt 1948.

genzunehmen (»Frankfurter Dokumente«). Die Ministerpräsidenten beratschlagten ihr weiteres Vorgehen auf einer Konferenz auf dem Rittersturz bei Koblenz. Dabei kamen ihnen schwere Bedenken, ob sie an der Teilung ihres Landes mitwirken sollten. Den Ausschlag gab das Votum des gewählten, aber nicht bestätigten Bürgermeisters der eingeschlossenen Stadt Berlin, Ernst Reuter (SPD). Reuter beschwor seine westlichen Kollegen, im Westen einen staatlichen Neubeginn zu wagen, nur dann bestünde Aussicht, daß eines Tages auch der Osten wieder dazu käme. Die Ministerpräsidenten einigten sich über die Einberufung eines von den Landtagen zu wählenden »Parlamentarischen Rates«, der den Text eines Grundgesetzes ausarbeiten und über dessen Annahme dann die Mehrheit der Landtage entscheiden sollte.
Am 1. September 1948 konstituierte sich der »Parlamentarische Rat« in Bonn. Zum Präsidenten wurde Konrad Adenauer (CDU) gewählt, zum Vorsitzenden des Hauptausschusses, der die eigentliche Formulierungsarbeit vollbringen sollte, Prof. Carlo Schmid (SPD).
Im »Parlamentarischen Rat« bestand entsprechend der Zusammensetzung der Landtage eine schwache bürgerliche Mehrheit. Sollte es nicht zu Kampfabstimmungen kommen, dann mußten Kompromisse gefunden werden oder strittige Fragen offengelassen werden. Die Parteien waren sich darin einig, die Fehler der Weimarer Verfassung nicht zu wiederholen.
Die »Grundrechte« wurden als unmittelbar geltendes Recht an den Anfang der neuen *Verfassung* (Grundgesetz) gestellt. Der Bundespräsident erhielt nur die Rechte eines konstitutionellen Staatsoberhauptes. Die Stellung des Bundeskanzlers gegenüber dem Bundestag wurde gestärkt (»Kanzlerdemokratie«). Als Neuerung gegen Regierungsstürze durch negative Parlamentsmehrheiten und häufige Parlamentsauflösungen wurde das »konstruktive Mißtrauensvotum« eingeführt (der Bundestag kann dem Bundeskanzler das Mißtrauen nur durch die Wahl eines Nachfolgers aussprechen, Art. 67 GG). Die Rechte der Länder gegenüber dem Bund wurden gestärkt. Als Sozialstaat sollte der Staat für soziale Gerechtigkeit eintreten (Art. 20 GG). Zum Schutz der Verfassung wurde ein »Bundesverfassungsgericht« geschaffen.
In der Frage der zukünftigen Wirtschaftsordnung legte sich das »Grundgesetz« nicht fest. Es schützt das Eigentum (Art. 14 GG), läßt aber auch die Möglichkeit der Sozialisierung zu (Art. 15 GG).
In der Präambel des Grundgesetzes und im letzten Artikel sind Bekenntnisse zur Wahrung der staatlichen Kontinuität und zur Wiedervereinigung Deutschlands enthalten.
Im Frühjahr 1949 ließ die Sowjetunion ihre Bereitschaft erkennen, die »Berliner Blockade« aufzuheben, falls die Westmächte noch einmal zu

Die »Rosinenbomber« der »Luftbrücke«, *von den Berlinern liebevoll so benannt, erhielten Berlin während der Blockade durch ihre Transporte am Leben und begeisterten die Kinder durch Abwurf von Süßigkeiten.*

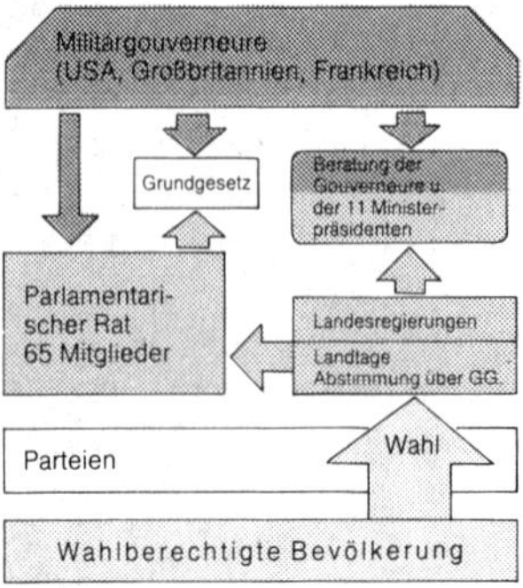

Vorschlag der Alliierten vom 7. Juni 1948

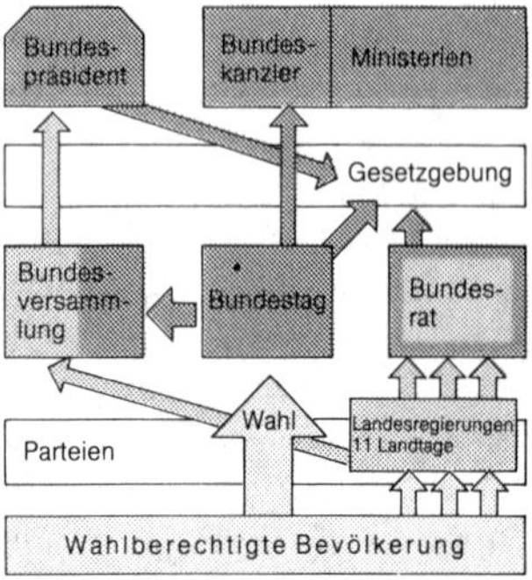

Verfassungsschema des Grundgesetzes vom 23. Mai 1949

Ausarbeitung des Grundgesetzes

Verhandlungen über die deutsche Frage bereit seien. Die Westmächte hatten inzwischen Abkommen über die »Dreimächtekontrolle«, das »Besatzungsstatut«, die »Ruhrkontrolle« und ein »Sicherheitsamt« geschlossen und wollten ihre Weststaatspläne nicht aufgeben. Andererseits waren sie an der Aufhebung der Blockade interessiert.
Das Herannahen der neuen Außenministerkonferenz beschleunigte den Abschluß der Verhandlungen des »Parlamentarischen Rates«. Am 8. Mai 1949 wurde das »Grundgesetz« beschlossen, vier Tage später von den Militärregierungen mit einigen Einschränkungen genehmigt. Am 23. Mai 1949 konnte der Präsident des »Parlamentarischen Rates« die Annahme des »Grundgesetzes« durch die Landtage feststellen. Es trat am folgenden Tag in Kraft.
Am 12. Mai 1949 wurde die »Berliner Blockade« aufgehoben, und am 23. Mai begann in Paris die vorgesehene Außenministerkonferenz der vier Mächte. Die Westmächte waren an keiner Vereinbarung interessiert, die die Gründung der Bundesrepublik in Frage stellte und deren Verwendung als Stationierungsgebiet für die Streitkräfte des gerade von den USA und den westeuropäischen Staaten abgeschlossenen Nordatlantikpakts ausgeschlossen hätte. Der amerikanische Konferenzvorschlag, die Länder der Ostzone sollten doch einfach dem beschlossenen »Grundgesetz« beitreten, war nur propagandistisch ge-

meint und für die Sowjetunion nicht annehmbar. Umgekehrt weigerten sich die Westmächte, zur alten Vier-Mächte-Kontrolle Deutschlands gemäß den bestehenden Abkommen aus der Kriegszeit zurückzukehren. Das sowjetische Konzept für die europäische Sicherheit »Ami go home« stieß auf keine Gegenliebe bei den Westmächten. Am Ende einigte man sich auf eine »kleine Lösung« der deutschen Frage: Die Blockade blieb aufgehoben, die Verkehrsverbindungen zwischen den beiden deutschen Wirtschaftsgebieten sollten verbessert werden, und für den Handel zwischen diesen Gebieten sollte ein »Interzonenhandelsabkommen« sorgen. Die Sowjetunion nahm die Gründung der »Bundesrepublik« hin und die Westmächte die vorgesehene Gründung der »DDR«. Das große Spiel um Deutschland endete vorerst mit der Vereinbarung eines Modus vivendi – einer stillschweigenden Übereinkunft des Zusammenlebens auf der Grundlage des Status quo der deutschen Teilung.

Literatur

Behr, Hermann: Vom Chaos zum Staat. Männer, die für uns begannen. 1945–1949, Frankfurt 1961

Benz, Wolfgang: Potsdam 1945. Besatzungsherrschaft und Neuaufbau im Vier-Zonen-Deutschland, München 1986

Deutschland im Kalten Krieg 1945–1963, hrsg. v. Dieter Vorsteher. Ausstellungskatalog des Deutschen Historischen Museums, Berlin 1992

Eschenburg, Theodor: Jahre der Besatzung 1945–1949, Stuttgart/Wiesbaden 1983

Grosser, Alfred: Geschichte Deutschlands seit 1945. Eine Bilanz, München 1974

Neubeginn und Restauration. Dokumente zur Vorgeschichte der Bundesrepublik Deutschland 1945–1949, München 1982

Winkler, Heinrich A. (Hrsg.): Politische Weichenstellungen im Nachkriegsdeutschland 1945–1953, Göttingen 1979

Zentner, Kurt: Aufstieg aus dem Nichts. Deutschland von 1945 bis 1953. Eine Soziographie in zwei Bänden, Köln 1954

HARTMUT DIECKHOFF

Das Grundgesetz für die Bundesrepublik Deutschland

Die Präambel – Menschenrechte und Grundrechte – Demokratie – Volk, Parteien, Parlament – Bund und Länder – Parlament und Regierung – Gewissensfreiheit und Kontrolle – Bundespräsident und Verfassungsgericht – Grundgesetzänderungen – Verfassungsdiskussion.

Schlüssel zum Verständnis des Grundgesetzes« nannte Carlo Schmid, wie er in seinen »Erinnerungen« berichtet, im »Parlamentarischen Rat« die Präambel. Und in der Tat erschließen sich dem heutigen Leser viele Aussagen des Grundgesetzes erst dann völlig, wenn er dieses »Vorwort« gründlich studiert und sich besonders die damalige Lage Deutschlands und seine jüngste politische Vergangenheit vergegenwärtigt. In der Präambel wird ein langfristiges Programm formuliert, dem die Staatsorgane der Bundesrepublik Deutschland verpflichtet sind: nationale und staatliche Einheit Deutschlands sowie Hineinwachsen in ein vereintes Europa. Für eine »Übergangszeit« soll das »Grundgesetz« das staatliche Leben neu ordnen. Dies schränkt seine Vollwertigkeit als Verfassung nicht ein, sondern verweist auf den letzten Artikel (146), in dem seine Geltungsdauer begrenzt wird. (Die folgenden Ausführungen geben jeweils in Klammern den behandelten Grundgesetzartikel an.)

Die Grundrechte

Die in den Artikeln 1–19 enthaltenen Garantien und Chancen für die Selbstverwirklichung des Menschen in der Gesellschaft (2) gewähren als liberale Grundrechte dem einzelnen (»Alle Menschen«, »Jeder«) einerseits einen absoluten Schutz seiner Privatsphäre vor allem gegen Eingriffe des Staates. Andererseits betonen politische und soziale Grundrechte seine gleichzeitige Bindung an die Gesellschaft (»Alle Deutschen«), bei deren Gestaltung er mitwirken kann. Grenzen, an denen deutlich wird, daß der einzelne Mensch Teil des gesellschaftlichen Ganzen ist, zieht das Grundgesetz u.a. durch die Bestimmungen: »[. . .] soweit er nicht die Rechte anderer verletzt [. . .]« oder »Diese Rechte

***Der »Parlamentarische Rat«,** einberufen von den Ministerpräsidenten der damals elf westdeutschen Länder, während der Vorarbeiten zum Grundgesetz. Erste Reihe u. a.: Max Reimann, Carlo Schmid (3. v. l.), Theodor Heuss (4. v. l.).*

finden ihre Schranken [. . .]«, ferner durch die Sozialpflichtigkeit des Eigentums (14,2) und die Möglichkeit der »Vergesellschaftung« von Grund und Boden, Naturschätzen und Produktionsmitteln (15).

Parlamentarische Demokratie Bundesstaat – Rechtsstaat – Sozialstaat

Zusammen mit den Grundsätzen des Art. 1 bilden die Normen des Art. 20 den sogenannten Verfassungskern des Grundgesetzes, der nach Art. 79,3 nicht geändert werden darf.
Der Demokratiebegriff des Grundgesetzes geht vom Volk als Träger der Staatsgewalt aus (20,2), das Abgeordnete in den Bundestag wählt (38,1), die legitimiert sind, für das »ganze Volk« Entscheidungen zu treffen. Diese Demokratie ist repräsentativ (mittelbar) und parlamentarisch. Der Prozeß der politischen Willensbildung und Entscheidungsfindung soll unter Beteiligung gesellschaftlicher Gruppen (u. a. Parteien, Ver-

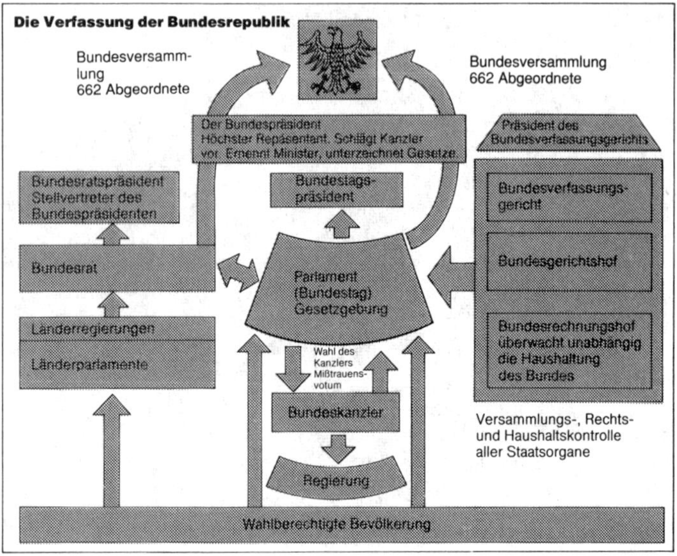

Die Verfassung der Bundesrepublik

bände) ablaufen. Besonders die Parteien (Mehrparteiensystem) wurden in eine verfassungsrechtlich und politisch starke Position gebracht (21). Ein Verbot von politischen Parteien darf nur das Bundesverfassungsgericht aussprechen (sogenanntes Parteienprivileg). Parteien (Fraktionen) beherrschen das Parlament (»Parteienparlament«) und nehmen Einfluß auf viele gesellschaftliche Bereiche (»Parteienstaat«). Die Demokratie ist an eine pluralistische Gesellschaftsordnung gebunden. Gehört dieser Interessenpluralismus auch als Wesensbestandteil zur Demokratie, so will die Verfassung jedoch Bestrebungen nicht dulden, die unter Berufung auf die verbrieften Freiheiten die verfaßte Grundordnung beseitigen wollen. In den Artikeln 18; 9,2 und 21,2 bekennt sich das Grundgesetz zur streitbaren oder wehrhaften Demokratie.

Die Gliederung des Bundes in Länder (Föderalismus) wird vor allem deutlich im Teil IV (Bundesrat), in der grundsätzlichen Mitwirkung der Länder bei der Gesetzgebung des Bundes (79,3) und in den Gesetzgebungsbefugnissen der Länder (70ff.), ferner bei der Wahl des Bundespräsidenten (54) und der Richter des Bundesverfassungsgerichts (94). Die Zusammenarbeit (kooperativer Föderalismus) und die zwischen dem Bund und den Ländern verteilte Staatsgewalt (vertikale Gewaltenteilung/-kontrolle) kennzeichnen das Verhältnis zueinander.

Artikel 20,2 enthält als Element des Rechtsstaats (s. auch 28,1) die (hori-

zontale) Gewaltenteilung, nach der alle Gewalt vom Volke in Wahlen und Abstimmungen ausgeht, ausgeübt durch Organe der Gesetzgebung der vollziehenden Gewalt und der Rechtsprechung. Die Entscheidung für den materialen Rechtsstaat (Ergänzung zum formalen Rechtsstaatsprinzip: »Gesetz ist Gesetz«) bindet staatliches Handeln an Gesetz und Recht und wird u. a. durch folgende Verfassungsnormen belegt: ein Grundrecht darf »in seinem Wesensgehalt nicht angetastet werden« (19,2), die Rechtsprechung ist unabhängig (97) und jedermann hat prozessuale Grundrechte (103 u. 104).
Das Grundgesetz bekennt sich ausdrücklich zum Sozialstaat. Aus Artikel 20,1 und 28,1 leitet sich die Aufforderung an den Staat ab, seine Maßnahmen am Leitbild eines menschenwürdigen Lebens (1) und am Grundsatz der sozialen Gerechtigkeit zu orientieren. Konkrete Auswirkungen des Sozialstaatsprinzips sind u. a. soziale Leistungen (»soziales Netz«) sowie eine auch auf soziale Ziele ausgerichtete Wirtschaftsordnung. Begrenzen sozialstaatliche Maßnahmen auch in gewissem Maße die persönliche Freiheit des einzelnen, so ermöglichen sie jedoch erst die freie Entfaltung der Persönlichkeit in der Gesellschaft.

Bundestag und Bundesregierung

Die Wahlperiode (Legislaturperiode) des Bundestages dauert in der Regel vier Jahre (39). Während in den Plenarsitzungen (»Redeparlament«) vor allem die drei Lesungen einer Gesetzesvorlage (76 f.) stattfinden, vollzieht sich die eigentliche gesetzgeberische Arbeit in Ausschüssen (43 – »Arbeitsparlament«). Für ihre Aufgabe gewährt das Grundgesetz den Abgeordneten den besonderen Schutz der Indemnität (Straffreiheit für Äußerungen; 46,1), der Immunität (Schutz vor Verhaftung; 46,2–4) und das Zeugnisverweigerungsrecht (47). Nach der klassischen Gewaltenteilungslehre obliegt dem Parlament die Kontrolle der Regierung. Da der Bundeskanzler als Regierungschef aber durch die Mehrheit des Bundestages gewählt wird (63), ist die wirksame Kontrolle auf die parlamentarische Opposition beschränkt. Neben dieser Verzahnung von Regierung und Parlamentsmehrheit schließt das Grundgesetz auch die personelle Gewaltenverschränkung (Kompatibilität) zwischen einem Abgeordnetenmandat und einem Regierungsamt nicht aus. Weil der Bundestag nicht die Regierung, sondern nur den Kanzler wählt, richtet sich ein Mißtrauensvotum auch allein gegen ihn; es ist jedoch nur dann erfolgreich, wenn der Bundestag mehrheitlich einen Nachfolger wählt. Dieses »konstruktive Mißtrauensvotum« (67), das Recht, die Vertrauensfrage zu stellen (68), und die »Richtlinien-

Die Arbeit am Grundgesetz
Bericht des Verfassungskonvents

Der Begriff »Grundgesetz« ist vieldeutig. Er kann nach dem Sprachgebrauch eine Verfassung bezeichnen, also das rechtliche Gefüge und die Grundnormen eines Staates. Es ist aber ebenso möglich, daß mit der besonderen Wahl dieser Bezeichnung – anstatt des präziseren Wortes »Verfassung« – von den Ministerpräsidenten zum Ausdruck gebracht werden wollte, daß die Aufgabe des Parlamentarischen Rates nicht darin bestehen solle, die rechtliche Ordnung für einen Staat im vollen und strengen Sinn des Wortes zu schaffen, sondern für ein hoheitliches Gebilde, dem gewisse Merkmale fehlen, die nur Staaten im vollen Sinne des Wortes eigentümlich sind. Bei der Klärung dieser Frage war der Ausschuß auf die Auslegung gewisser Dokumente und Vorgänge angewiesen.

Die Verhandlungen der Ministerpräsidenten mit den Militärgouverneuren endeten damit, daß erstere die Vollmachten annahmen, die ihnen in dem von den Militärgouverneuren überreichten Dokument Nr. 1 (»Frankfurter Dokument«) angeboten worden sind. Sie bestehen in der Befugnis, eine im Gebiet der drei Westzonen gewählte parlamentarische Körperschaft einzuberufen, die als »Verfassungsgebende Versammlung« die Aufgabe haben solle, eine »Verfassung« für das von den drei Westzonen umschriebene Gebiet zu schaffen. Diese »Verfassung« solle u. a. eine »Regierung« und eine »Volksvertretung« vorsehen. Von einem »Staate« spricht Dokument Nr. 1 nirgends. Nun haben aber die Ministerpräsidenten bis zuletzt darauf bestanden, die von ihnen einzuberufende parlamentarische Körperschaft nicht mit der Bezeichnung »Verfassungsgebende Versammlung«, sondern mit dem Namen »Parlamentarischer Rat« zu bedenken; außerdem haben sie den Militärgouverneuren gegenüber darauf Wert gelegt, daß das von diesem Parlamentarischen Rat zu beschließende Gesetz nicht »Verfassung«, auch nicht »Vorläufige Verfassung«, sondern lediglich »Grundgesetz« heißen solle. Daraus muß der Schluß gezogen werden, daß die Ministerpräsidenten mit der Wahl der Bezeichnung »Grundgesetz« zum Ausdruck bringen wollten, daß in dem Gebiet der drei Westzonen zum mindesten kein Staat im vollen Sinne des Wortes zur Entstehung kommen solle. [. . .]

Das durch das Grundgesetz ins Leben zu rufende Gebilde soll nach dem ausdrücklichen Willen der Ministerpräsidenten ein Provisorium sein, das nur so lange dauern soll, bis die endgültige Konstituierung der Deutschen Bundesrepublik aus freiem Willen des deutschen Volkes erfolgen kann. Aus diesem Charakter einer Notlösung, die lediglich den Übergang zu einer gesamtdeutschen Verfassung vorbereiten und erleichtern soll, ergibt sich, daß das Grundgesetz eine Klausel enthalten muß, wonach es seine Geltung an dem Tage verliert, »an dem eine von dem deutschen Volke in freier Selbstbestimmung beschlossene Verfassung in Kraft tritt« (GG Art. 146). Es soll aber weiter ein Provisorium auch insoweit geschaffen werden, als nach dem Willen aller das Grundgesetz nicht endgültig auf das Gebiet der elf Länder der drei Westzonen beschränkt bleiben soll. Grundsätzlich soll jeder Teil Deutschlands auf seinen Wunsch aufgenommen werden können; Groß-Berlin aber, dessen Gebiet nach dem Willen der Militärgouverneure vorläufig nicht unmittelbar einbezogen werden soll, soll nach dem Willen der Ministerpräsidenten [...] eine besondere Berücksichtigung erfahren (GG Art. 23). Durch das Grundgesetz sollen die deutschen Hoheitsbefugnisse auf dem durch die elf Länder der drei Westzonen umgrenzten Teilgebiet Deutschlands auf föderalistischer Grundlage in einer Zentralgewalt vereinigt und bis zur vollen Autonomie in allen inneren Angelegenheiten ausgeweitet werden. Zur Schaffung eines Staates im Vollsinn der Worte würde aber auch die Anerkennung des Rechts der Deutschen durch die Besatzungsmächte gehören, auswärtige Beziehungen aufzunehmen und eine auswärtige Politik zu führen sowie die Fülle der Gewalt ohne Einschränkung durch den hoheitlichen Willen fremder Mächte auszuüben. Diese Rechte werden aber [. . .] von den Besatzungsmächten noch verweigert; offenbar sollen sie, zum Teile wenigstens, bis zum Friedensschluß ausgeschlossen bleiben. Wenngleich also das durch das Grundgesetz zu organisierende Gebilde weithin die üblichen Merkmale eines Staates aufzuweisen haben wird, wenn es ein geeignetes Mittel für die Bewältigung der nunmehr gegebenen Möglichkeiten sein und werden soll, so bleiben ihm doch wesentliche Merkmale echter Staatlichkeit schon bei der Entstehung vorenthalten. Es kann nicht mehr sein als ein Staatsfragment. Über diese Grenzen hinauszugehen, würde einen revolutionären Akt gegenüber den Besatzungsmächten voraussetzen. [. . .]

Ein Staat im vollen demokratischen Sinne des Wortes – d. h. ein Herrschaftsverband, der auf seinem Gebiet die Fülle der Gewalt in eigener Selbstbestimmung in Anspruch nimmt und Einschränkungen zugunsten Dritter nur auf Grund freiwilliger Selbsteinschränkung, also durch Vertrag, auf sich nimmt – kann nur entstehen, wenn ein Volk in voller Freiheit der Willensbestimmung die Formen und Inhalte seiner politischen Existenz gestalten kann; zum mindesten gilt dies für ein Zeitalter und für Völker, die sich der Grundnorm der Demokratie unterstellt haben. Nun ist zwar die Volkssouveränität das unverzichtbare Recht eines jeden Volkes und kann darum der Substanz nach durch fremde Gewaltausübung nicht vernichtet werden. Ein Volk kann jedoch für Zeit durch äußere Gewalt daran gehindert werden, von diesem Grundrecht Gebrauch zu machen. Dieser Zustand ist durch die auf Grund der nationalsozialistischen Zwangsherrschaft und durch die im Gefolge der bedingungslosen Kapitulation der deutschen Wehrmacht eingetretenen Ereignisse geschaffen worden. Zwar haben die Besatzungsmächte schichtenweise die Betätigung der konstitutiven Elemente der deutschen Volkssouveränität freigegeben, zuerst in der Schicht des Gemeindelebens, dann in der Schicht der Gliederung des deutschen Volkes und der Ausübung deutscher Hoheitsbefugnisse in Ländern und nunmehr auf einer überzonalen territorialen Stufe; die von ihnen dabei gemachten Vorbehalte [. . .] zeigen aber, daß sie heute noch nicht allen Elementen der Volkssouveränität in Deutschland die freie Auswirkung gestatten wollen.

Aus: Bericht über den Verfassungskonvent auf Herrenchiemsee vom 10. bis 23. August 1948. München 1948.

kompetenz« (65) kennzeichnen die starke Stellung des Bundeskanzlers im Regierungssystem der Bundesrepublik (»Kanzlerdemokratie«).

Der Bundespräsident

Der Bundespräsident wird für fünf Jahre von der Bundesversammlung gewählt (54). Zu seinen Amtspflichten gehören u. a. die völkerrechtliche Vertretung des Bundes (59), die Ernennung und Entlassung des Bundeskanzlers und der Bundesminister (63; 64; 67) sowie das Begnadigungsrecht (60,2). Wenn er auch im Vergleich zum Reichspräsidenten der Weimarer Verfassung über weitaus geringere Macht verfügt (z. B. 68), so kann er doch vor allem die politische Kultur im Staat fördern.

Gang der Gesetzgebung

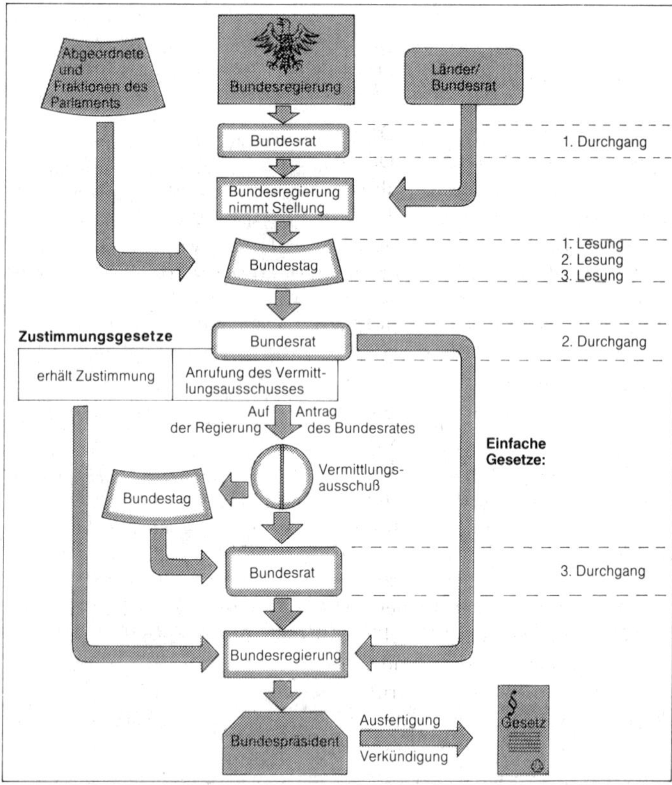

Das Bundesverfassungsgericht

An der Spitze des Katalogs von Aufgaben und Zuständigkeiten des Gerichts stehen die Verfassungsbeschwerde und die Normenkontrolle. Jeder Bürger kann das Gericht anrufen, wenn er sich durch Gesetze, Verwaltungsakte und Gerichtsentscheide in seinen Grundrechten verletzt fühlt (93,1 Nr. 4a). Bei der abstrakten (93,1 Nr. 2) und der konkreten (100) Normenkontrolle wird geprüft, ob ein Gesetz mit dem Grundgesetz übereinstimmt und ob Landesrecht mit Bundesrecht vereinbar ist. Ferner entscheidet das Bundesverfassungsgericht über die Verwirkung von Grundrechten (18), über ein Parteiverbot (21,2), über Beschwerden gegen Beschlüsse des Bundestages (41) und im Falle einer Anklage gegen den Bundespräsidenten (61).

Änderungen des Grundgesetzes und die Verfassungsdiskussion seit dem »Einigungsvertrag« von 1990

Am 3. Oktober 1990 trat die DDR dem Geltungsbereich des Grundgesetzes für die Bundesrepublik Deutschland bei. Damit wurde der Vertrag zwischen der Bundesrepublik Deutschland und der Deutschen Demokratischen Republik wirksam, der den rechtlichen Rahmen für die Herstellung der Einheit Deutschlands darstellt.
Als beitrittsbedingte Änderungen des Grundgesetzes (GG) wurden im Artikel 4 des Einigungsvertrages festgelegt: die Neufassung der Präambel (Anpassung an die neue politische und verfassungsrechtliche Situation), die Aufhebung des Art. 23 GG (bisheriger Geltungsbereich des GG), die Neufassung des Art. 51 Abs. 2 GG (Stimmenverteilung der Bundesländer im Bundesrat), eine Ergänzung zu Art. 135a (Verbindlichkeiten und Übergang von Vermögenswerten der DDR), die Einfügung eines neuen Art. 143 GG (Übergangsregelungen für rechtliche und verfassungsrechtliche Bestimmungen in den neuen Bundesländern) sowie eine Neufassung des Art. 146 GG (Geltungsdauer des Grundgesetzes).
Ferner wurde in Artikel 6 vertraglich vereinbart, den Art. 131 GG (frühere Angehörige des öffentlichen Dienstes) vorerst nicht in Kraft zu setzen. Schließlich legt der Artikel 7 des Einigungsvertrages fest, daß die Finanzverfassung (mit Sonderregelungen) der Bundesrepublik Deutschland auf das sog. Beitrittsgebiet übertragen wird.
Auslöser für eine breit angelegte Verfassungsdiskussion war aber vor allem der Artikel 5 des Einigungsvertrages, in dem die Regierungen der beiden Vertragsparteien dem Deutschen Bundestag und dem Bundesrat

empfehlen, »sich innerhalb von zwei Jahren mit den im Zusammenhang mit der deutschen Einheit aufgeworfenen Fragen zur Änderung oder Ergänzung des Grundgesetzes zu befassen.« Konkret werden als Diskussionsthemen dann u.a. genannt: das Verhältnis zwischen Bund und Ländern (der verfassungsrechtliche Aufbau der föderalistischen Struktur der Bundesrepublik), die Aufnahme von Staatszielen in das Grundgesetz (im politischen Gespräch ist zur Zeit u.a. der Umweltschutz) sowie die Frage nach der Aufnahme plebiszitärer Elemente in das Grundgesetz (Volksabstimmungen, z.B. bei Art. 146 GG).
Am 16. Januar 1992 trat eine gemeinsame Verfassungskommission von Bundestag und Bundesrat (je 32 Mitglieder) zusammen, die sich zum Ziel gesetzt hat, bis zum 31. März 1993 über Änderungen und Ergänzungen des Grundgesetzes zu beraten. Diese sollen dann den Gesetzgebungsorganen vorgeschlagen werden.
In der öffentlichen politischen Diskussion am Ende des Jahres 1992 nahmen den breitesten Rahmen ein: eine Ergänzung des Art. 16 Abs. 2 Satz 2 GG (Asylrecht), bei der es am 8. Dezember 1992 zur Einigung zwischen den Verhandlungskommissionen der Bundestagsfraktion von CDU/CSU, SPD und FDP kam, ferner die Frage, welche Verfassungsbestimmungen geändert werden müssen, um die Europäische Gemeinschaft zur politischen Union entwickeln zu können. Schließlich wird auch sehr kontrovers diskutiert, ob und ggf. wie das Grundgesetz geändert bzw. ergänzt werden muß, um einen möglichen Einsatz deutscher Streitkräfte im Rahmen von Missionen der Vereinten Nationen verfassungsrechtlich abzustützen.

Literatur

Bugiel, Karsten: Volkswille und repräsentative Entscheidung: Zulässigkeit und Zweckmäßigkeit von Volksabstimmungen nach dem Grundgesetz. Baden-Baden 1991

Grundgesetz für die Bundesrepublik Deutschland vom 23. Mai 1949. Textausgabe mit Sachregister. Hrsg. von Wolfgang Heyde, Stuttgart 1992

Hesselberger, Dieter: Das Grundgesetz, Kommentar für die politische Bildung, Frankfurt/M. 1991

Maunz/Düring/Herzog: Grundgesetz-Kommentar, 3 Bde. (Loseblattsammlung), München

Schmid, Carlo: Erinnerungen, 3. Bd. der Gesammelten Werke, Bern/München/Wien 1980

Verfassungsdiskussion in Deutschland. Hrsg.: Bayerische Landeszentrale für politische Bildungsarbeit, München 1992

HEINRICH PLETICHA

Kriegsgefangene und Flüchtlinge

Not des Zusammenbruchs – Das Elend der Massenlager – Auslieferung an die Sowjetunion – Todeszahlen – Spätheimkehrer – Arbeitslager – Flüchtlinge – Vertreibung – Verfolgungen – Eingliederung in die Bundesrepublik.

Die Kapitulation der Deutschen Wehrmacht stellte in den Frühsommermonaten 1945 die Siegermächte in West und Ost vor ungeheure organisatorische Probleme; denn Millionen von Kriegsgefangenen mußten in Lagern untergebracht oder abtransportiert werden. Nur die wenigsten deutschen Soldaten hatten das unerhörte Glück, in den turbulenten Tagen unmittelbar nach der Kapitulation der Festnahme zu entgehen und ungeschoren die Heimat zu erreichen. Insgesamt rund acht Millionen mußten während der Kapitulationsphase in die alliierten Lager wandern. Rund siebzig Prozent von ihnen kamen in das Gewahrsam der Westmächte, etwa dreißig Prozent gerieten in russische Gefangenschaft. Es wären noch weniger gewesen, hätten die Amerikaner nicht zahlreiche Soldaten, die sich vor allem im sächsischen Raum zu ihnen durchgeschlagen hatten, der sowjetischen Armee übergeben.

In den ersten Nachkriegswochen herrschten in den Auffanglagern katastrophale Zustände, da die Sieger organisatorisch völlig überfordert waren und selbst bei gutem Willen – von bestem konnte nie die Rede sein – die Massen nicht unterzubringen vermochten. Im Westen wurden Zehntausende Soldaten in den berüchtigten »Rheinwiesenlagern« zusammengepfercht, ohne Unterkünfte, ohne sanitäre Anlagen, bei völlig unzureichender Verpflegung, in Erdlöchern unter freiem Himmel hausend und Wind und Wetter ausgesetzt. Um sich nicht an die Bestimmungen der Genfer Konvention halten zu müssen, wurde den hier Untergebrachten gar nicht erst der Status von Kriegsgefangenen zugebilligt, sondern sie galten als »Disarmed Enemy Forces« (entwaffnete feindliche Streitkräfte) und hatten damit auch nicht die geringsten Rechte, die nach zivilisierten Begriffen Kriegsgefangenen aller Nationen zustanden.

Die Sowjets trieben ihre Gefangenen zuerst einmal in langen Marschko-

»Spätheimkehrer.« *Erst 1956 kehrten die letzten Kriegsgefangenen aus der Sowjetunion heim – elf Jahre nach dem Krieg: in ein völlig verändertes Land, teils noch zerstört, teils nach westlichen Maßstäben aufgebaut.*

lonnen über die Neiße hinüber, um sie dann so rasch wie möglich weiter nach Osten abzutransportieren. Mehrere Staaten forderten jetzt auch Gefangene zur Beseitigung von Kriegsschäden und zum Wiederaufbau. Dementsprechend wurden 765000 Mann zum Arbeitseinsatz an Frankreich übergeben, 64000 an Belgien, 12000 an die Niederlande und Luxemburg. Auch die Sowjetunion übergab 75000 Kriegsgefangene an Polen und 25000 an die Tschechoslowakei. Die meisten von ihnen traf ein besonders hartes Los, mußten sie doch im Westen wie im Osten unter schlechten Bedingungen in Bergwerken arbeiten.

Die neuen Gefangenen der Sowjetunion wurden in oft primitivsten Lagern untergebracht, die schlechten Baracken waren überbelegt, auch hier fehlten die sanitären Anlagen, von der schlechten Verpflegung ganz zu schweigen. Nicht immer waren es Haß und Rache für die unmenschlichen Bedingungen, denen russische Kriegsgefangene in deutschen Lagern ausgesetzt gewesen waren und an denen Millionen von ihnen starben, oft fehlten einfach die einfachsten Mittel und Organisationsformen, den Gefangenen eine menschenwürdige Existenz zu ermögli-

chen. Mancher Russe hatte, nachdem die Kriegsjahre das Land verwüstet hatten, selbst kaum mehr zu leben als die ehemaligen Feinde. Insgesamt verteilten sich 3000 Kriegsgefangenenlager über die ganze Sowjetunion. Erst 1946 konsolidierten sich hier die Verhältnisse etwas und wurden die Gefangenen in Lagern westlich des Ural zusammengelegt. Ähnlich katastrophale Verhältnisse bestanden für die rund 100000 Kriegsgefangenen in Jugoslawien.
Kleinere Gruppen deutscher Wehrmachtsangehöriger, darunter zahlreiche Balten, hatten sich bei Kriegsende nach Schweden absetzen können. Aber ihre Hoffnung, über das neutrale Land bald die Heimat erreichen zu können, wurde furchtbar enttäuscht. Die Schweden internierten sie zwar, lieferten sie dann aber an die Sowjetunion und viele damit dem sicheren Tod aus.

Tod aus Hunger und Erschöpfung

Bei solchen katastrophalen Zuständen waren die Sterbeziffern der Gefangenen entsprechend hoch. Die Statistik des Todes erscheint auch hier sehr nüchtern, doch klagen auch die trockenen Zahlen an. Verhältnismäßig niedrig lagen die Verlustziffern noch bei den Rheinwiesenlagern, wo etwa 4000 Menschen nach Kriegsende nur wegen fehlender Organisation sterben mußten. In französischem Gewahrsam kamen allein in den Monaten nach Kriegsende 15700 ehemalige deutsche Soldaten um, das ist mehr als die Hälfte aller in französischer Kriegsgefangenschaft Verstorbenen. Für Jugoslawien besitzen wir überhaupt keine genauen Zahlen, jedoch wird die Zahl der Toten ab 1944 – also nach Ende der Kampfhandlungen – auf 80000 geschätzt. In der Sowjetunion schließlich starben von Mai 1945 bis Juni 1950 rund 543000 Soldaten. Insgesamt fanden nach Kriegsende in Ost und West rund 700000 Gefangene einen tragischen Tod.

Arbeitslager

Das Kriegsende brachte für die einen den Beginn ihrer Gefangenschaft, für die anderen, die im Westen und Osten manchmal schon seit Jahren in den Lagern warteten, bedeutete es den ersten Hoffnungsstrahl. Tatsächlich begannen die Rücktransporte aus den USA nach Europa schon im Juli 1945. Viele PWs (»Prisoners of war«) erlebten allerdings eine bittere Enttäuschung; denn anstatt entlassen zu werden, wurden sie nach Frankreich oder Großbritannien zum Arbeitseinsatz gebracht, der dort

wenige Wochen bis mehrere Monate dauerte. Dann erst wurden sie von ihren neuen Gewahrsamsmächten freigegeben. Der Rücktransport aus den USA war zwar bis Juni 1946 abgeschlossen, doch die in Europa untergebrachten Kriegsgefangenen mußten teilweise noch bis Mitte 1947 auf ihre Freiheit warten.
Ähnlich erging es ihren Leidensgefährten in britischem und französischem Gewahrsam, deren Entlassung sich nur zögernd vollzog, weil sie noch einen Beitrag zum Wiederaufbau leisten sollten. Zuerst ließ man die Arbeitsunfähigen, Kranken und Invaliden laufen. Bis Mitte 1946 wurden von Großbritannien schon 3 Millionen entlassen. Die Moskauer Konferenz der Außenminister setzte dann im Frühjahr 1947 den Abschlußtermin aller Entlassungen auf Dezember 1948 fest. Das war ein Datum der Hoffnung, dem die Kriegsgefangenen der Westmächte vertrauen konnten; auch die Tschechoslowakei und Jugoslawien hielten sich weitgehend an diese Abmachungen, wenn auch die Heimkehrertransporte überhaupt erst gegen Ende 1948 einsetzten.
Anders dagegen die Lage in der Sowjetunion, wo man gar nicht daran dachte, sich an die vertraglichen Bestimmungen zu halten. Zwar erklärte die sowjetische Regierung, daß sie die Entlassung der deutschen Kriegsgefangenen im Lauf des Jahres 1949 abschließen werde, zugleich aber wurde bekannt, daß in großen Prozeßwellen zahlreiche Gefangene kollektiv wegen angeblicher Kriegsverbrechen angeklagt und im allgemeinen zu fünfundzwanzig Jahren Zwangsarbeit verurteilt worden waren. In der Bundesrepublik kannte man keine näheren Zahlen, da der Vorgang bewußt verschleiert wurde. Zwar versuchte die Bundesregierung 1950 in einer großen Registrierungsaktion aller noch Kriegsgefangenen und Vermißten, wenigstens einen gewissen Überblick zu gewinnen, aber niemand wußte, ob mit den 1,4 Millionen Meldungen auch tatsächlich alle Fälle erfaßt waren. In dieser Zeit größter Unsicherheit trafen seit dem November des gleichen Jahres wieder Briefe von Gefangenen aus sowjetischen Lagern ein, spärlich erst, dann immer zahlreicher. Jetzt endlich erhielten die deutschen amtlichen Stellen endlich wieder feste Anhaltspunkte, von denen aus sie in der Folgezeit ihre Such- und Registrierarbeit fortsetzen konnte. Sogleich wurden auch Betreuungs- und Hilfsmaßnahmen eingeleitet.

Adenauer verhandelt in Moskau

Noch heute rätselt man, was die Sowjetunion zu diesem Katze-und-Maus-Spiel veranlaßt haben mochte. Möglicherweise sollte hier schon auf ein gewichtiges Faustpfand und eine Pokerkarte im politischen

Freilassung der Kriegsgefangenen gegen diplomatische Beziehungen. *Oben: Empfang Adenauers in Moskau durch Ministerpräsident Bulganin (September 1955). – Unten: Frauen erbitten mit Suchschildern von Spätheimkehrern im Lager Friedland Auskunft über ihre 10 Jahre nach dem Krieg vermißten Männer und Söhne.*

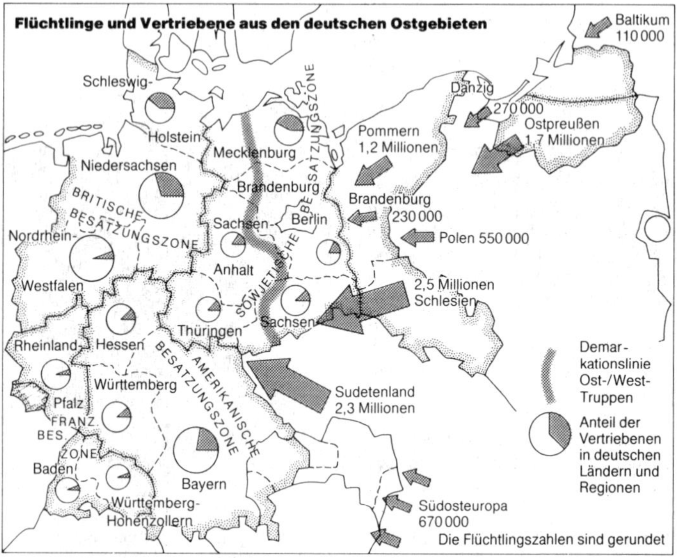

Spiel hingewiesen werden. Am »Tag der Treue« 1951 erklärte auch Bundespräsident Theodor Heuss, daß der ganze Fragenkreis der in der Sowjetunion zurückgehaltenen und verurteilten Kriegsgefangenen nicht mehr eine Sache der einfachen Menschlichkeit, sondern ein Politikum sei.

Die folgenden fünf Jahre waren ausgefüllt mit den Versuchen amtlicher und privater Stellen, den Gefangenen wenigstens durch Paketsendungen ihr hartes Los etwas zu erleichtern.

Im Herbst 1955 sah Adenauer während seines Moskau-Besuches endlich eine Chance, auch über die Freilassung dieser Kriegsgefangenen zu verhandeln. Die Russen verbanden sehr geschickt die Frage nach der Aufnahme diplomatischer Beziehungen mit dem Schicksal dieser lebenden Pfänder. Adenauers Verhandlungsführung erreichte schließlich ein Entgegenkommen der Sowjetunion. Ende 1955 trafen tatsächlich die ersten Transporte im Auffanglager Friedland ein, und bis Mitte 1956 waren dann schließlich auch die letzten von insgesamt rund 11 Millionen deutscher Kriegsgefangener wieder in die Heimat zurückgekehrt.

»Skoro domoj – bald zuhause« war das große Zauber- und Hoffnungswort, das gerade den Gefangenen in Rußland Kraft zum Durchhalten gab. Aber für nicht wenige wurde es zurückgedrängt durch die bange

Eine der größten Bevölkerungsumsiedlungen aller Zeiten. *Mehr als 10 Millionen Deutsche flohen aus den ehemaligen deutschen Ostgebieten oder wurden von dort vertrieben. Millionen Auslandsdeutscher waren schon vorher von Umsiedlungsaktionen des NS-Staates betroffen. Verglichen mit anderen Staaten Europas, entspricht das etwa der Einwohnerzahl der drei Länder Schweiz, Schweden, Norwegen – man stelle sich eine totale Aussiedlung dieser Staaten vor! Vorausgegangen waren in ganz Osteuropa Vertreibungen und Umsiedlungen durch die NS-Machthaber. 1,2 Millionen »Fremdarbeiter« (Displaced Persons) befanden sich bei Kriegsende – teils freiwillig, teils unter Zwang – in Deutschland. Allein 1,2 Millionen Polen wurden aus den ins Reich eingegliederten Gebieten ins »Generalgouvernement« vertrieben. (Kriegsopfer siehe auch Band 11.)*

Vertriebene: Herkunft und Anzahl

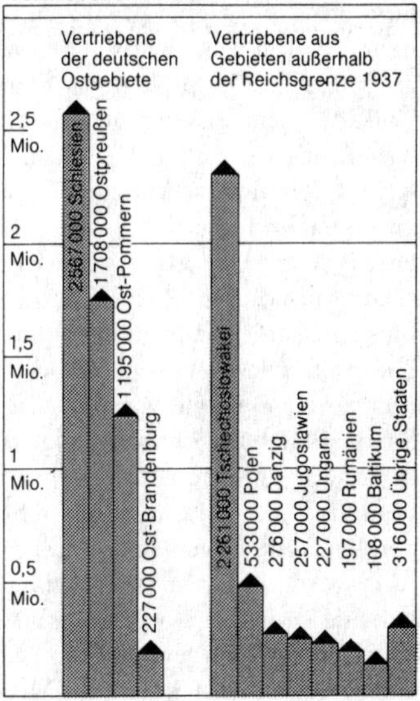

Frage, wo sie dieses Zuhause, wo sie überhaupt ihre Angehörigen finden würden. Denn Millionen Menschen waren seit Ende 1944 aus den östlichen Gebieten des Deutschen Reiches vor der heranrückenden Roten Armee geflüchtet. Die Zurückgebliebenen wurden dann ebenso wie die Bewohner der von den Kriegsereignissen weitgehend verschont gebliebenen sudetendeutschen Gebiete Böhmens und Mährens vom Sommer 1945 an aus ihrer Heimat ausgewiesen.

Das Elend der Flüchtlinge, Umgesiedelten, Vertriebenen

Der große Exodus von insgesamt 15 Millionen Menschen hatte schon kurz nach Beginn des Zweiten Weltkriegs begonnen und war den späteren Siegermächten von den nationalsozialistischen Machthabern mustergültig vorexerziert worden. Sie hatten nicht nur selbst in großem Maßstab und unter schrecklichsten Bedingungen in Polen und der Sowjetunion »ausgesiedelt«, »vertrieben« und ganze Landstriche entvölkert, sondern auch die Auslandsdeutschen umgesiedelt. Schon in den deutsch-russischen Verträgen von 1939/40 war die Umsiedlung der deutschen Volksgruppen aus dem russischen Machtbereich im Baltikum, in Wolhynien, Ostgalizien, der Ukraine und Bessarabiens in den neuen nationalsozialistischen »Warthegau« beschlossen. Bis zum Beginn des Rußlandfeldzuges waren dann tatsächlich schon 900000 Volksdeutsche aus den genannten Gebieten zurückgeholt worden. Sie hatten in ihrer neuen Heimat noch nicht Wurzeln gefaßt, als sie die Kriegsereignisse schon zur Flucht und damit zu erneuter Wanderung zwangen, und so erhöhten sie nur die Zahl der Heimatlosen. Ein ähnlicher Plan zur Umsiedlung der deutschstämmigen Südtiroler wurde zwischen Mussolini und Hitler zwar vereinbart, kam aber glücklicherweise nur sehr schleppend in Gang und wurde durch die Kriegsereignisse überholt. Diese Umsiedlung konnte nach 1945 wieder weitgehend rückgängig gemacht werden.

Schon 1941 hatte der ehemalige tschechische Staatspräsident Benesch in London gefordert, daß nach einer siegreichen Beendigung des Krieges durch die Alliierten alle im Staatsgebiet der Tschechoslowakei lebenden Sudetendeutschen ausgewiesen werden sollten. Diese Forderung wurde 1942 von den Engländern, 1943 von den USA und schließlich auch von der Sowjetunion akzeptiert. Nur wenige warnende Stimmen erhoben sich gegen diese rasche und gedankenlose Zustimmung zu einem bewußten Unrecht an Millionen von Menschen, die nichts mit nationalsozialistischen Übergriffen im Gebiet des »Protektorats« während des Krieges zu tun hatten.

Der propagierte Grundsatz, daß nach Kriegsende durch Änderung der deutschen Staatsgrenzen keine deutschen Minderheiten entstehen dürften, wurde auch auf Polen übertragen, das für vorgesehene Gebietsabtretungen im Osten an seiner Westgrenze entschädigt werden sollte. Die Forderung nach Vertreibung der Sudetendeutschen und der Deutschen aus den Gebieten östlich der sogenannten »Oder-Neiße-Linie« wurde fortan auf jeder der großen alliierten Konferenzen von Teheran bis Potsdam gutgeheißen und konnte, wie es Churchill einmal formulierte, »nicht weiter beunruhigen«. Für Stalin bedeutete sie einen wichtigen Posten in seiner politischen Kalkulation. Hoffte er doch, daß die Millionen Flüchtlinge ein gefährliches instabiles Element in Westdeutschland bilden würden.

Die Tatsachen schienen ihm erst einmal recht zu geben. Der Strom der Flüchtlinge aus den von den Kampfhandlungen bedrohten deutschen Ostgebieten setzte schon gegen Ende 1944 ein und riß von da an bis Kriegsende nicht mehr ab. Obwohl die zivilen und militärischen Dienststellen noch alles Menschenmögliche taten, um das Los dieser Ärmsten wenigstens einigermaßen zu erleichtern, kam es doch immer wieder zu furchtbaren Tragödien im kleinen wie im großen. Erfrorene und Verhungerte säumten die Fluchtwege, Familien wurden auseinandergerissen, Flüchtlingsschiffe während der Rettungsaktionen torpediert, und vor allem in Dresden fanden Zehntausende schlesischer Flüchtlinge in der grauenhaften Bombennacht des 13./14. Februar 1945 zusammen mit der einheimischen Bevölkerung den Tod.

Haß, Mißgunst, Verfolgungen

Die alliierten Politiker hatten ihr Gewissen mit der unverbindlichen Feststellung beruhigt, daß die geplanten Aussiedlungen geregelt und »nach humanen Grundsätzen des Völkerrechts« erfolgen müßten. Das Gegenteil war von Anfang an der Fall. Unmittelbar nach Kriegsende kam es in Prag und Innerböhmen gegen die dort lebenden Deutschen zu furchtbaren Pogromen, die sich allmählich auch in die rein deutsch besiedelten Grenzgebiete fortsetzten. Die Erinnerung an Grausamkeiten der NS-Machthaber, an KZs und Vernichtungsaktionen wie in Lidice mögen oft die Antriebsfeder gewesen sein, ebenso oft waren die Grausamkeiten aber auch einfach Ergebnis von Brutalität, Neid und Bereicherungsstreben. Gleichzeitig begannen in Pommern, Ostbrandenburg, Schlesien und den grenznahen Gebieten der Tschechoslowakei die »wilden« Austreibungen, bei denen die Menschen einfach aus ihren Wohnungen und Häusern geholt und wie Vieh über die Grenze getrieben wurden. Auch dabei kam es immer wieder zu schweren Ausschreitungen. Erst jetzt griffen Vertreter vor allem der Westmächte ein und suchten die Austreibungen in geregelte Bahnen zu lenken.
Damit begann die zweite Phase der offiziellen »Aussiedlung«, die in ihrem Tempo aber nicht viel besser als die erste verlief. Die Betroffenen mußten kurzfristig ihre Wohnungen verlassen und durften nur das allernotwendigste Handgepäck mitnehmen, wobei Wertgegenstände bei den Kontrollen noch abgenommen wurden. Auch jetzt kam es zu vielfachen Übergriffen, aber ebenso, wenn auch nur schüchtern, zu Hilfeleistungen, Mitleidsbekundungen.
Tausende Eisenbahntransporte rollten nun aus den Gebieten östlich der »Oder-Neiße-Linie« und aus der Tschechoslowakei in die sowjetische, britische und amerikanische Besatzungszone. Nur die Franzosen weigerten sich beharrlich, in ihre Zone Flüchtlingstransporte aufzunehmen. Die Aussiedlung aus der Tschechoslowakei war bis Ende 1946 weitgehend abgeschlossen, aus den unter polnischer und sowjetischer Verwaltung stehenden Gebieten kamen die letzten Transporte erst 1948.

Nun endlich konnte die traurige Bilanz von Flucht und Vertreibung gezogen werden. Wie bei den Kriegsgefangenen lassen dabei die nüch-

Der »Brünner Todesmarsch« – Mai/Juni 1945
Augenzeugenbericht von Inge Neumeyer

Es war schon dunkel geworden. Auf der Straße versammelte sich der Zug der Menschen – es ging los. Überall aus den Nebenstraßen strömten Menschen zu dem Zug. Wir liefen stundenlang, blieben wieder stehen. Nach ungefähr fünf Stunden standen wir vor einem großen Gebäude, wir wurden hineingetrieben und standen auf einem Hof. Dort verbrachten wir die Nacht. Nachts kamen Russen und holten Mädchen und Frauen. Laufend wurden Menschen vom Hof geholt und weggeschickt. Durch meine Infektion konnte ich kaum laufen und hatte hohes Fieber. Ein tschechischer Offizier sagte plötzlich, daß es für kranke und alte Menschen ein Auto gäbe. Wir bekamen Platz auf dem Lastwagen. Es war der 30. Mai. Wir fuhren ein Stück durch die Stadt. Es war ein sehr heißer Tag. 32 000 Menschen sollen auf diesem Marsch gewesen sein. Nur Frauen, Kinder und ganz alte Leute. Am Abend gab es ein Gewitter. Die Menschen mit ihren Pappkoffern hatten durch den Regen oftmals nur noch den Henkel in der Hand. Die Straßengräben waren voll mit weggeworfenen Sachen, Schuhen, Kinderwagen. Dann schrien wieder Frauen nach ihren Kindern. Eine Bekannte von mir brachte in einem dieser Straßengräben ihr Kind zur Welt. Wir sind an diesen Menschen vorbeigefahren und sahen, daß die meisten, die ihr Gepäck nicht mehr tragen konnten, es in den Straßengraben warfen. Menschen konnten nicht mehr weiterlaufen. Auf Pferden ritten Soldaten und schlugen auf die Menschen ein. Der Marsch ging bis Pohrlitz. Wir waren unter den ersten fünftausend Menschen, die dort ankamen. Wir mußten in eine Schule hinein. Dort übernachteten wir. Ich suchte nach Verwandten, nach den Großeltern. Man sah nur Menschen, einer suchte den anderen, sie schrien. Ich fand dann meine Freundin. Wir kamen am nächsten Tag auf ein Feld, auf dem fünf riesige Hallen standen. Das war eine Zuckerfabrik gewesen. Es standen die Wände und der blanke Betonboden. Dort hinein wurden wir getrieben. Das waren mittlerweile so an die zwanzigtausend Menschen in den fünf Hallen. In diesem Lager waren wir dreizehn Tage lang. Die Hitze war furchtbar. Am zweiten Tag brachen Ruhr und Typhus aus. In den ersten Tagen gab es überhaupt nichts zu essen. Rumänische Soldaten kamen und teilten ab und zu ein Stück Brot aus. Dann kamen Bauern mit Wasserwagen. Es hieß aber, wir sollten es nicht trinken, da es vergiftet sei. Viertausend Menschen kampierten in einer Lagerhalle. Wir lagen in Reihen auf dem Betonboden. Nachts kamen die Russen. Meine Mutter hatte mich in dem Bettbezug versteckt. Meine kleine Schwester kam unter den Kinderwagen. Den kleinen Bruder nahm meine Mutter immer auf den Arm. Wenn dann die Russen durch die Reihen gingen, war ich einigermaßen versteckt. Ich hörte unentwegt das furchtbare Schreien. Hinter uns lag eine vierundachtzigjährige Frau, die wurde vergewaltigt. Als ein junges Mädchen von Russen weggezogen werden sollte, hat sich die Mutter dagegengestellt, sie wurde mit dem Gewehrkolben erschlagen. Am nächsten Morgen lag die alte vierundachtzigjährige Frau in ihrem Blut und Kot. Sie konnte nicht mehr hinausgehen. Etwas weiter von uns lag eine Mutter mit fünf kleinen Kindern. Sie lag eines Morgens tot da. Die zwei Klein-

sten krabbelten auf ihr herum. Die größeren Kinder brüllten. Einige Menschen, die vorbeigingen, haben sich ein Kind genommen. Nach drei Tagen hat man dann die Kranken herausgeholt und sie in eine fünfte Baracke hineingelegt. Sie lagen auf dem Boden in ihrem Kot ohne jegliche Hilfe. Dann hat man Latrinen gebaut um das Lager herum. Man hob Gruben aus, legte ein Brett darüber. Wenn man ruhrkrank ist, muß man unentwegt aufs Klo laufen. Mich grauste es. Ich wollte ein paar Meter weiter ins Feld gehen, da hat der Posten nach mir geschossen. Er traf mich aber nicht.

Nach den ersten Tagen wurden die Toten herausgeschleift. Auf Leiterwagen wurden sie hinaufgeworfen. Sie wurden fünfzig Meter weiter ins Feld gefahren und dort begraben. Kalk kam darüber. Täglich gab es fünfzig bis sechzig Tote, verhungert oder gestorben an Typhus, Ruhr oder Vergewaltigung.

Am 13. Tag in Pohrlitz sagte meine Mutter zu uns: »Heute nacht hauen wir ab.« Sie ging mit uns zu den Großeltern, ihrer Mutter und ihrem Vater. Sie lebten in der gleichen Baracke wie wir. Als die Großmutter von unserer Flucht erfuhr, hat sie vor meiner Mutter am Boden gekniet und hat gebettelt: »Nimm mich mit.« Meine Mutter lehnte ab, weil es ein furchtbares Risiko war. Das Lager war bewacht. Wer flüchtete, wurde erschossen. Die beiden alten Leute waren total erschöpft durch Ruhr und Typhus. Mutter wußte, daß sie die Flucht mit ihnen nie schaffen würde.

Nachts sind wir auf dem Bauch aus dem Lager gerobbt. Den Kinderwagen haben wir nachgezogen. Ein paar hundert Meter weiter haben wir uns in einer Scheune versteckt. In der Nacht war dann noch ein schlimmes Gewitter. In der Morgendämmerung kam ein Tscheche vorbei, und meine Mutter gab ihm das Geld, das meine Schwester in ihren Skischuhen versteckt hatte. Dieser Tscheche nahm uns auf seinem Bauernwagen ein paar Kilometer mit bis nach Untertannowitz. Dort hatte Mutter Verwandte. Sie lebten auch nicht mehr in ihrem Haus, weil es Tschechen besetzt hatten. Wir durften in einen Raum, in dem vorher russische Soldaten gewesen waren, und den sie als Stall benutzt hatten. Wir haben ihn saubergemacht und lebten dort ein Jahr. Nach einem Jahr wurden wir ausgesiedelt.

Im April 1946 wurde ein Transport zusammengestellt.

Wir kamen zuerst vierzehn Tage nach Nikolsburg in ein Auffanglager. Dort wurden wir entlaust. Mein Vater war auch inzwischen entlassen worden. Mit Viehwaggons wurden wir durch die Tschechoslowakei gefahren und kamen nach Allach – wieder in ein Auffanglager. Von dort kamen wir nach Landsberg und lebten dann in Ummendorf drei Jahre in einem Zimmer eines Bauernhauses.

Mein Vater bekam Arbeit in einem Fliegerhorst. Ich habe in Ummendorf beim Bauern gearbeitet. Dafür gab es eine Wassersuppe am Tag mit Schnittlauch drin. Dann wurde ich beim Landratsamt Landsberg angestellt. Ich ging jeden Tag zu Fuß zu meiner Arbeit, das waren immer sechs Kilometer. 1949 kaufte mein Vater eine Baracke, die er abarbeitete. Für uns war das ein Schloß. [. . .]

Aus: Mühlfenzl, Rudolf (Hrsg.): Geflohen und vertrieben. Augenzeugen berichten. Königstein/Ts. 1981

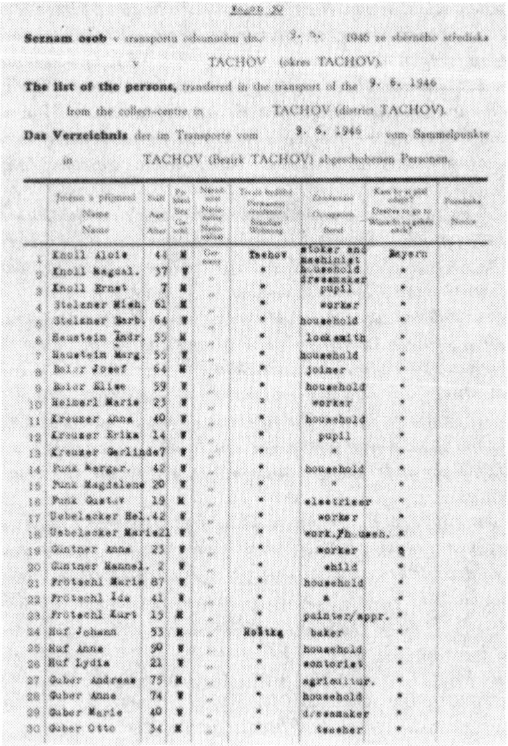

Seznam osob v transportu odsunutém dne 9. 6. 1946 ze sběrného střediska v TACHOV (okres TACHOV).

The list of the persons, transfered in the transport of the 9. 6. 1946 from the collect-centre in TACHOV (district TACHOV).

Das Verzeichnis der im Transporte vom 9. 6. 1946 vom Sammelpunkte in TACHOV (Bezirk TACHOV) abgeschobenen Personen.

	Jméno a příjmení / Name / Name	Stáří / Age / Alter	Pohlaví / Sex / Geschl.	Národnost / Nationality / Nationalität	Trvalé bydliště / Permanent residence / Ständiger Wohnsitz	Zaměstnání / Occupation / Beruf	Kam by se přál odejít? / Desires to go to / Wünscht zu gehen nach?	Poznámka / Notice / Notiz
1	Knoll Alois	44	M	German	Tachov	stoker and machinist	Bayern	
2	Knoll Magdal.	37	F	"	"	household dressmaker	"	
3	Knoll Ernst	7	M	"	"	pupil	"	
4	Stelzner Mich.	61	M	"	"	worker	"	
5	Stelzner Barb.	64	F	"	"	household	"	
6	Haustein Andr.	55	M	"	"	locksmith	"	
7	Haustein Marg.	55	F	"	"	household	"	
8	Beier Josef	64	M	"	"	joiner	"	
9	Beier Elise	59	F	"	"	household	"	
10	Heimerl Marie	23	F	"	"	worker	"	
11	Kreuzer Anna	40	F	"	"	household	"	
12	Kreuzer Erika	14	F	"	"	pupil	"	
13	Kreuzer Gerlinde	7	F	"	"	"	"	
14	Funk Margar.	42	F	"	"	household	"	
15	Funk Magdalene	20	F	"	"	"	"	
16	Funk Gustav	19	M	"	"	electrician	"	
17	Uebelacker Hel.	42	F	"	"	worker	"	
18	Uebelacker Marie	21	F	"	"	work.fh.usen.	"	
19	Güntner Anna	23	F	"	"	worker	"	
20	Güntner Hannel.	2	F	"	"	child	"	
21	Frötschl Marie	67	F	"	"	household	"	
22	Frötschl Ida	41	F	"	"	"	"	
23	Frötschl Kurt	15	M	"	"	painter/appr.	"	
24	Huf Johann	53	M	"	Holtka	baker	"	
25	Huf Anna	50	F	"	"	household	"	
26	Huf Lydia	21	F	"	"	contorist	"	
27	Guber Andreas	75	M	"	"	agricultur.	"	
28	Guber Anna	74	F	"	"	household	"	
29	Guber Marie	40	F	"	"	dressmaker	"	
30	Guber Otto	34	M	"	"	teacher	"	

Dokument der Vertreibung. *Verzeichnis der im Transport vom 9. Juni 1946 vom Sammelpunkt Tachov (Sudetenland) durch den tschechoslowakischen Staat ›abgeschobenen‹ Deutschen.*

ternen Zahlen das Ausmaß des Grauens, der Not und des Elends kaum erahnen. Trotzdem sollte man einige einmal etwas näher betrachten. So trafen beispielsweise allein in den zehn Monaten der »legalen« Ausweisung aus der Tschechoslowakei von Mitte Januar bis Mitte November 1946 mit rund 1500 Transporten im Schnitt stündlich (rund um die Uhr) 220 Menschen in der amerikanische Besatzungszone ein!

Erschütternd sind auch hier die Verlustziffern, die allein in der Vertreibungszeit nach 1945 insgesamt mehr als 2 Millionen Menschen betrugen. Wenn wir noch die Kriegsverluste (Flucht-und Gefallene) von 1,1 Millionen dazuzählen, kommen wir auf insgesamt 3,2 Millionen Tote,

Leben in Auffanglagern. *Für den Durchschnittseuropäer kaum noch vorstellbar: Flüchtlingsfamilien, in Lagerhallen zusammengepfercht, nahezu ohne Besitz und Individualität und doch froh, Schlimmerem entronnen zu sein.*

d. h. jeder fünfte 1939 in den Vertreibungsgebieten ansässige Deutsche ist gefallen oder auf der Flucht umgekommen.

Das Problem der Eingliederung

Für viele Vertriebene folgte auf den ersten Schock, der aus dem Verlust der alten Heimat erwachsen war, sehr rasch der zweite durch die Eingliederung in die neue. Niemand konnte erwarten, daß die Ausgewiesenen gern aufgenommen wurden. Die Menschen im zerbombten Nachkriegsdeutschland wurden mit den eigenen Problemen kaum fertig und konnten sich nicht noch der Not anderer annehmen. Die offiziellen Stellen und karitative Organisationen taten alles, um die Eingliederung zu erleichtern. Trotzdem führten Gedankenlosigkeit und auch Egoismus auf der einen, leichte Verletzlichkeit auf der anderen Seite zumindest in der ersten Zeit häufig genug zu Mißverständnissen und Verhärtungen. Für viele Ausgewiesene war mit der Zuweisung eines Wohnsitzes die Odyssee noch nicht beendet. Gerade in den ersten Jahren setzte noch eine starke Binnenwanderung ein. Auseinandergerissene Familien mußten zusammengeführt werden, entlassene Kriegsgefangene suchten ihre Angehörigen und umgekehrt. Die Familienzusammenführungen wurden durch das »Koalitionsverbot« der Besatzungsmächte noch erschwert, da sich keine Vertriebenenverbände als Selbsthilfeorganisa-

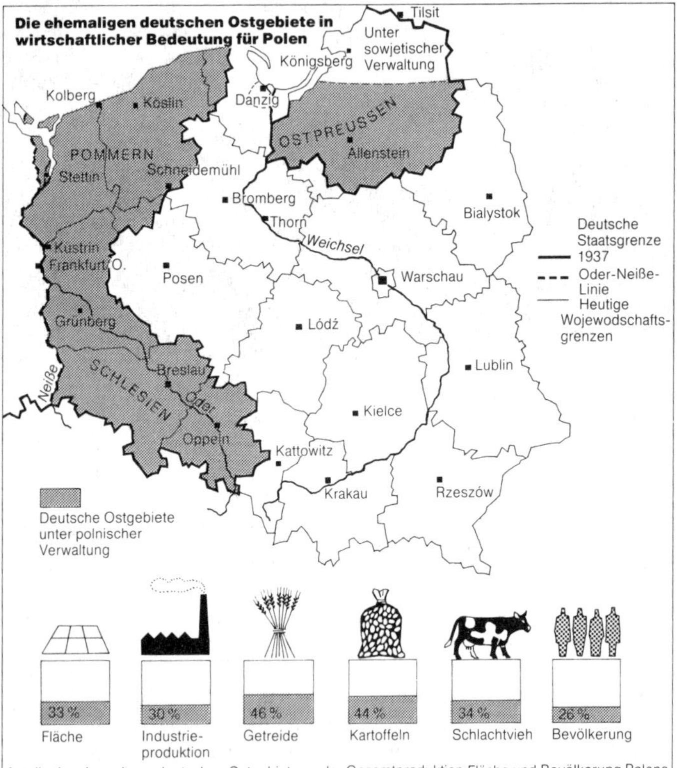

Anteile der ehemaligen deutschen Ostgebiete an der Gesamtproduktion, Fläche und Bevölkerung Polens

tionen bilden durften. Da die meisten Vertriebenen zuerst einmal in den agrarischen Gebieten der britischen und amerikanischen Besatzungszonen untergebracht worden waren, fehlte es dort auch an ausreichenden Arbeitsmöglichkeiten. So hatten noch bis zur Währungsreform viele Vertriebene keinen ihrer früheren Berufsausbildung entsprechenden Arbeitsplatz gefunden. Von 1949 bis 1965 wurden dann noch einmal über eine Million Personen aus den überbelasteten Bundesländern Bayern, Niedersachsen und Schleswig-Holstein vorwiegend nach Nordrhein-Westfalen, Baden-Württemberg und Rheinland-Pfalz freiwillig umgesiedelt.
Nach dem großen Schock der ersten Nachkriegsjahre vollzog sich dann aber nach verschiedenen Richtungen hin der entscheidende Wandel. Die Hoffnung auf eine baldige Heimkehr hatte sich als Illusion erwiesen, in der »Charta der Heimatvertriebenen« von 1950 bekräftigten zwar die Vertriebenen ihr ideelles Recht auf die alte Heimat, verzichteten aber ausdrücklich auf jeden Revanchismus und verpflichteten sich zum Wiederaufbau Deutschlands und Europas. Von seiten der Bundesregierung und der Länderregierungen wurden durch entsprechende Gesetze – insbesondere durch das »Lastenausgleichsgesetz« von 1952 – alle Anstrengungen unternommen, um die wirtschaftliche Eingliederung der Vertriebenen voranzubringen. Daß sie in so wenigen Jahren gelang, war nicht zuletzt dem Aufbau- und Integrationswillen der Vertriebenen und Flüchtlinge zu danken, die damit einen wesentlichen Beitrag zum wirtschaftlichen und politischen Wiederaufbau ihrer neuen Heimat leisteten.

Literatur

Maschke, Erich: Die deutschen Kriegsgefangenen des Zweiten Weltkriegs. Eine Zusammenfassung, München 1974
Mühlfenzl, Rudolf (Hrsg.): Geflohen und vertrieben, Königstein/Ts. 1981
Nawratil, Heinz: Vertreibungsverbrechen an Deutschen, München 1981
Tatsachen zum Problem der deutschen Vertriebenen und Flüchtlinge, Bonn 1966
Ziemer, Gerhard: Deutscher Exodus. Vertreibung und Eingliederung von 15 Millionen Ostdeutschen, Stuttgart 1973

Aussöhnung mit Frankreich: *Höhepunkt der auf Westintegration zielenden Politik Adenauers, Ende einer Jahrhunderte währenden ›Erbfeindschaft‹. Bundeskanzler Konrad Adenauer und Präsident Charles de Gaulle.*

KLAUS KÖRNER

DIE ÄRA ADENAUER

Soziale Marktwirtschaft – »Besatzungsstatut« und »Ruhrstatut« – Im Schatten der Westalliierten – Einstellung der Demontagen – »Petersberger Abkommen« – »Schuman-Plan« – »Montanunion« – Korea-Krieg – Wiederbewaffnung – »Wirtschaftswunder« – »Wiedergutmachung« – »Europäische Verteidigungs-Gemeinschaft« – Wiedervereinigungsproblematik – Bündnisfreiheit? – »Deutschlandvertrag« – Der 17. Juni, Aufstand in der DDR – »Pariser Verträge« – NATO-Beitritt – »Genfer Konferenz« – Freilassung der Kriegsgefangenen – »Hallstein-Doktrin« – »Europäische Wirtschaftsgemeinschaft« – Absolute Mehrheit für Adenauer – Berlin-Krise und Mauerbau – Die SPD wandelt ihr Gesicht – »Godesberger Programm« – Spiegelaffäre – Unruhige Jugend – Die Parteien – Wissenschaft und Forschung – Literatur unserer Zeit – Bildende Kunst – Die Rolle der Medien: Zeitungen, Rundfunk, Fernsehen.

Der Abschluß der Arbeit des »Parlamentarischen Rats« im Mai 1949 war zugleich der Startschuß für den Beginn des Wahlkampfes für die erste Bundestagswahl im August 1949. Das erste Wahlkampfthema war eine Nebenentscheidung des »Parlamentarischen Rats«, die Wahl der Stadt Bonn zur provisorischen Bundeshauptstadt. Verglichen mit Berlin oder Frankfurt nahm sich Bonn wie eine verträumte Provinzstadt aus, abseits der industriellen Arbeitswelt, der politischen Kämpfe und des Nachkriegselends der Deutschen. Bonn wurde bei so manchem zum Synonym für Provinzialität, Neo-Biedermeier, Affären und politisches Treibhausklima.

Politischer Neubeginn 1949
»Soziale Marktwirtschaft«

Hauptthema des Wahlkampfes war natürlich der Streit um die Wirtschaftspolitik. Die Sozialdemokraten geißelten die Marktwirtschaft Prof. Erhards als Klassenkampf von oben und forderten Planwirtschaft und Sozialisierung der Grundstoffindustrien. Starredner der CDU neben dem Spitzenkandidaten Adenauer war Prof. Erhard, dessen Thesen zur »Sozialen Marktwirtschaft« sich die CDU zu eigen gemacht hatte. Auf der zentralen Wahlkundgebung der CDU in Heidelberg rief Adenauer aus, in diesem Kampf gehe es darum, ob Deutschland christlich oder sozialistisch regiert werde. Der Sozialismus könne keinen Damm gegen den Kommunismus bilden. Zugleich verprellte mit antiklerikalen Polemiken der SPD-Vorsitzende die katholischen Arbeiter Nordrhein-Westfalens, deren Stimmabgabe den Wahlausgang entscheiden mußte.

Das Ergebnis der Bundestagswahl vom 14. August 1949 wurde für die SPD und ihren Vorsitzenden Schumacher zur bitteren Enttäuschung. Mit dem knappen Vorsprung von einer halben Million Stimmen war die CDU/CSU stärkste politische Kraft geworden. Von den insgesamt abgegebenen 24,5 Millionen Stimmen entfielen auf die CDU/CSU 7,4 (31,0 %), auf die SPD 6,9 (29,2 %), auf die FDP 2,8 (11,9 %), auf die KPD 1,4 (5,7 %), auf die DP 0,9 (4,0 %) und auf Sonstige 4,0 (18,2 %).

Kurz nach der Wahl gelang es Adenauer, die führenden Politiker der CDU/CSU auf die Bildung einer kleinen Koalition mit der FDP und der DP unter seiner Kanzlerschaft einzuschwören.

Das Hauptargument Adenauers gegen eine große Koalition mit der SPD lautete: die Wähler hätten sich mit Mehrheit für die Soziale Marktwirtschaft entschieden und danach müsse sich die künftige Regierungspolitik richten. Am 7. September 1949 konstituierten sich der

Die erste frei gewählte Regierung der Bundesrepublik Deutschland. *Von links (erste Reihe): Anton Storch, Ludwig Erhard, Konrad Adenauer, Franz Blücher, Jakob Kaiser, Thomas Dehler, Hans Lukaschek. Dahinter: Heinrich Hellwege, Wilhelm Niklas, Hans Schubert, Fritz Schäffer, Gustav Heinemann, Eberhard Wildermuth, Hans Christoph Seebohm. – Unten: Erste Bundestagssitzung, 1949.*

Text der Zeit

Die Wahl Dr. Adenauers zum Bundeskanzler am 15. September 1949
Zeitungsbericht

Dr. Adenauer vereinigte auf sich 202 Stimmen und erreichte damit die knappste Mehrheit, die nach dem Grundgesetz für die Kanzlerwahl möglich ist. Nach Artikel 63 ist zum Kanzler gewählt, wer die Stimmen der Mehrheit des Bundestages auf sich vereinigt. Da der Bundestag aus 402 stimmberechtigten Mitgliedern besteht, ist die kleinste Mehrheit, die erforderlich, 202. Genau diese Ziffer erreichte Adenauer – jedoch nur dadurch, daß das Haus keinen Widerspruch gegen die Tatsache erhob, daß drei der abgegebenen Stimmen den Namen Adenauer trugen und eigentlich für ungültig hätten erklärt werden müssen. Sie wurden jedoch als »Ja«-Stimmen gezählt, da sich auf eine entsprechende Frage des Bundespräsidenten im Hause kein Widerspruch erhob, obwohl der Präsident vor der eigentlichen Wahlhandlung erklärt hatte, daß nur Stimmzettel mit »ja« oder »nein« oder zum Zeichen der Stimmenthaltung weiße Zettel abgegeben werden dürften. Mit »nein« stimmten 142 Abgeordnete, 44 gaben weiße Zettel ab, ein Stimmzettel war ungültig.
Insgesamt wurden 389 Stimmzettel abgegeben, obwohl von den 402 Mitgliedern des Bundestags nur 9 als nicht anwesend gemeldet waren. Von 393 Anwesenden müssen demnach 4 sich an der Wahl nicht beteiligt haben.
In informierten Kreisen nimmt man an, daß die 51 anwesenden Abgeordneten der FDP und die 16 anwesenden Abgeordneten der DP für Adenauer gestimmt haben. Ferner glaubt man zu wissen, daß von den 17 Abgeordneten der Bayernpartei einige für Adenauer gestimmt haben. Wie aus zuverlässiger Quelle verlautet, gab außerdem der Abgeordnete der SSW [Südschleswigscher Wählerverband] seine Stimme für Adenauer ab. Man glaubt daraus schließen zu dürfen, daß Adenauer nicht alle Stimmen der 137 Abgeordneten in seiner eigenen CDU/CSU-Fraktion auf sich vereinigen konnte.

Aus: Die Neue Zeitung vom 16. September 1949

Bundestag und der Bundesrat. Die Bundesversammlung wählte mit den Stimmen der bürgerlichen Mehrheit den FDP-Vorsitzenden Prof. Theodor Heuss zum Bundespräsidenten. Auf seinen Vorschlag wählte der Bundestag mit einer Stimme Mehrheit den CDU-Vorsitzenden Konrad Adenauer zum Bundeskanzler. Fünf Tage nach seiner Wahl konnte der Bundeskanzler sein Kabinett der »Kleinen Koalition« vorstellen. Damit war für die drei Westmächte der Zeitpunkt gekommen, die Regierungsgewalt auf den neuen Staat zu übertragen, ihre Militärregierungen aufzulösen und das im Frühjahr 1949 beschlossene »Besatzungsstatut« in Kraft zu setzen.

Im Zeichen des »Besatzungsstatuts«

Das »Besatzungsstatut« behielt den drei Mächten die Bereiche Außenpolitik, Außenwirtschaft, Entmilitarisierung, Sicherheit, Verfassungsschutz, Entflechtung, Reparationen und das Recht vor, jederzeit in die deutsche Gesetzgebung einzugreifen. Durch das »Ruhrstatut« (siehe Seite 44) war der Bundesrepublik die Verfügungsgewalt über ihr wichtigstes Industriegebiet zum Vorteil Frankreichs und der Benelux-Staaten entzogen. Die Kommunisten hatten nicht ganz Unrecht, wenn sie das Regime der Westmächte als Kolonialstatut brandmarkten.
Die Bundesregierung stand 1949 vor der gleichen Frage, vor der die Reichsregierung 1919 gestanden hatte: Sollte sie »Erfüllungspolitik« betreiben oder zum nationalen Widerstand aufrufen? Adenauer hatte die Lektion des »Ruhrkampfes« von 1923 nicht vergessen: Widerstand war sinnlos. Er trat dafür ein, den Forderungen der Besatzungsmächte nachzukommen, um dann durch enge Zusammenarbeit insbesondere mit dem Nachbarn Frankreich zu einem grundlegenden Wandel der Beziehungen zu kommen.
Für Adenauer war diese Politik keine Taktik. Die Bundesrepublik sollte durch immer engere europäische Integration fest an die Seite des Westens gebunden werden. In seiner ersten Regierungserklärung versicherte der Bundeskanzler, daß die Deutschen nach Herkunft und Gesinnung zur westlichen Welt gehörten. Der Weg zur Freiheit sei der, im Einvernehmen mit der »Alliierten Hohen Kommission« die Freiheiten und Zuständigkeiten der Bundesrepublik Stück für Stück zu erweitern. Der Bundeskanzler bekannte sich auch zur Wiedervereinigung Deutschlands, protestierte gegen die »Oder-Neiße-Linie« und erhob für die Bundesregierung den Anspruch, als allein demokratisch legitimierte Regierung für ganz Deutschland sprechen zu können. Das innenpolitische Programm der Regierung Adenauer sah die Fortset-

zung der Sozialen Marktwirtschaft, Steuererleichterungen zur Ankurbelung der Wirtschaft und Maßnahmen zur Überwindung der schlimmsten sozialen Notstände vor.
Die heftige sozialdemokratische Opposition gegen das Regierungsprogramm war vorprogrammiert. Schumacher war zwar von Anfang an für den Weststaat und die Westorientierung eingetreten, er wollte die Zusammenarbeit mit den Westmächten und die europäische Integration aber nur auf der Grundlage der Gleichberechtigung beginnen und den Westmächten Zugeständnisse notfalls abtrotzen. Seine große Sorge war, durch die Unvernunft der Siegermächte könne in Deutschland erneut eine nationale Opposition entfacht werden. Diese Opposition sollte sich dann aber im Unterschied zur Zeit nach 1919 in der SPD wiederfinden.

Der Weg nach Europa

Das drängendste Problem für die neue Bundesregierung war die Einstellung der Demontagen (siehe Seite 26 u. 30), deren Weiterführung den Wiederaufbau behinderte und die Zusammenarbeit mit dem Westen erschwerte. In einem für die Konferenz der drei Außenminister in Paris bestimmten Schreiben erklärte Adenauer die Bereitschaft der Bundesregierung, in der »Ruhrbehörde« mitzuarbeiten und die Arbeit des militärischen Sicherheitsamts der drei Mächte zu unterstützen. Nach der Außenministerkonferenz luden die Hochkommissare den Bundeskanzler zu drei Verhandlungsrunden ein. Am Ende kam ein von beiden Seiten unterschriebenes Ergebnisprotokoll zustande, das »Petersberger Abkommen« vom 22. November 1949. Es war der erste Vertrag der Bundesrepublik: Die Bundesrepublik verpflichtete sich zur Mitarbeit in der »Ruhrbehörde« und zur Unterstützung des »Sicherheitsamtes«. Als Gegenleistung erklärten die Alliierten ihre Bereitschaft, achtzehn im einzelnen bezeichnete Werke der Petrochemie und der Stahlindustrie von der Demontageliste zu streichen und die Demontagen in Berlin ganz einzustellen. Als gemeinsames Ziel wurde die Mitwirkung der Bundesrepublik in den Organisationen der europäischen Zusammenarbeit bezeichnet.
Die SPD-Opposition griff Bundeskanzler Adenauer heftig an, weil er dem Beginn der Europa-Integration auf der Basis der Ungleichheit der Deutschen zugestimmt und bei dieser Entscheidung auch noch den Bundestag übergangen habe. Adenauer reizte die Sozialdemokraten in der Nachtsitzung des Bundestages vom 24. zum 25. November bis aufs Blut, als er eine zustimmende Verlautbarung des Deutschen Gewerk-

KONRAD ADENAUER

Konrad Adenauer war Rheinländer, der Kölner Dom bildete sozusagen von Geburt an den Mittelpunkt seines politischen Weltbildes. 1876 geboren, hatte er die Auswirkungen von Bismarcks Kulturkampf gerade noch miterlebt. Das protestantische Preußen mit seiner »heidnischen« Hauptstadt Berlin war ihm zutiefst zuwider. Der Jurist ließ sich 1906 als Kandidat des »Zentrums« zum Beigeordneten der Stadt Köln wählen. In der Kommunalpolitik lernte er das politische Handwerk. Die Überwindung der Notlage nach dem Zusammenbruch von 1918 war seine erste politische Aufgabe. Das außenpolitische Konzept Adenauers von der Notwendigkeit einer Verlagerung des politischen Schwergewichts in Deutschland von Berlin nach dem Westen, über den Vorrang einer deutsch-französischen Verständigung und über die Abkehr vom deutschen Nationalismus ist in den Jahren 1918 bis 1925 entstanden. Als Oberbürgermeister von Köln seit 1917 und Präsident des Preußischen Staatsrats seit 1920 konnte er allerdings wenig für einen Kurswechsel in der deutschen Außenpolitik tun. Die Nazis pensionierten den streitbaren Kommunalpolitiker zwangsweise, Widerstandskämpfer war er nicht.
Erfahrung und Dienstalter verschafften dem Mitgründer der CDU in Köln einen Vorsprung vor seinen politischen Rivalen. Die Gründung der Bundesrepublik war die Stunde Adenauers. Als Bundeskanzler drückte er der deutschen Frage sein Siegel auf: Bereitwillig nahm er das Angebot der Westmächte an, einen neuen, nach Westeuropa integrierten deutschen Weststaat aufzubauen, den er zu schneller wirtschaftlicher Blüte, zur Aussöhnung mit Frankreich, aber auch in eine Restaurationsphase führte. Adenauer regierte patriarchalisch und setzte seine Entscheidungen teilweise autoritär durch. Seine Fähigkeiten als politischer Führer zeigte er, als er seine Wiederbewaffnungspolitik gegen die »Ohne mich«-Stimmung der Mehrheit der Bevölkerung durchsetzte. Bis zu seinem Tod 1967 plagte den »Alten« die Sorge um den Bestand seines Werkes: »Mein Gott, was soll aus Deutschland werden, wenn ich einmal nicht mehr da bin.« *(K. Kö.)*

KURT SCHUMACHER

Kurt Schumacher, Jahrgang 1895, stammte aus dem westpreußischen Kulm an der Weichsel. Im Ersten Weltkrieg verlor der Kriegsfreiwillige den rechten Arm für das Vaterland. Er blieb sein Leben lang Preuße und deutscher Patriot. In Stuttgart begann 1920 seine politische Laufbahn als politischer Redakteur und württembergischer SPD-Landtagsabgeordneter.
In den Reichstag gewählt, hielt Schumacher im Februar 1932 eine flammende Rede gegen Goebbels. Er wurde zum unermüdlichen Aktivisten im Kampf für die Demokratie und gegen die Nazis. Dafür wurde er 1933 verhaftet und ins KZ eingeliefert. Sein unbeugsamer Wille, die Niederlage von 1933 nicht hinzunehmen, gab ihm die Kraft, das Grauen und die Qual der zwölf Jahre zu überwinden. Im Mai 1945 gründete er in Hannover die SPD neu. Allen Neuorientierungen, wie Zusammenschlüssen mit Kommunisten oder Christen, sagte er den Kampf an. Nur die SPD als Partei der Arbeiterklasse sei unbelastet und ungebrochen aus der deutschen Katastrophe hervorgegangen und habe damit den Anspruch auf die politische Führung. Reich, Nation, Klasse, Demokratie und Sozialimus müßten eins werden.
Schumacher war ein mitreißender Redner, niemand konnte sich der magnetischen Wirkung entziehen, die von der gestochenen Schärfe seiner Argumentation ausging. Die auf Haut und Knochen abgemagerte Figur mit dem Schmerzensantlitz wurde zum Symbol des schwergeprüften Deutschland. Er erkannte aber nicht, daß die Menschen um ihn nicht kämpfen, sondern besser leben wollten und von der ›großen Politik‹ genug hatten. Dem leidenschaftlichen Parlamentarier fehlten die Geduld, das Augenmaß für das Mögliche und der Pragmatismus seines großen innenpolitischen Gegenspielers Adenauer. Schumachers Forderungen nach deutscher Gleichberechtigung und Vorrang der Wiedervereinigung vor der europäischen Integration waren unerfüllbar. So wurde Schumacher († 1952) zur großen tragischen Gestalt der deutschen Nachkriegspolitik. *(K. Kö.)*

schaftsbundes verlas und an die SPD die Frage richtete, ob es ihr lieber wäre, wenn die Demontagen bis zu Ende durchgeführt würden. Nach Zurufen von links: »Das ist nicht wahr! Sprechen Sie als deutscher Kanzler?« entfuhr Schumacher der bittere Einwurf: »Bundeskanzler der Alliierten!«
Die Kritik der SPD wurde im Frühjahr 1950 erneut durch die Form, in der die Aufnahme der Bundesrepublik in den »Europa-Rat« erfolgte, herausgefordert: Die Bundesregierung mußte um die Aufnahme als minderberechtigtes Mitglied nachsuchen und die gleichzeitige Aufnahme des Saarlandes hinnehmen, dessen Abtrennung von Deutschland die französische Regierung legalisieren wollte.

Der »Schuman-Plan«

Die deutsch-französischen Beziehungen waren im Frühjahr 1950 auf einem Tiefpunkt angelangt, als eine französische Initiative für einen europäischen Neubeginn warb: Der »Schuman-Plan« für die Zusammenlegung der deutschen und französischen Kohle- und Stahlproduktion zur »Montanunion«. Robert Schuman (französischer Ministerpräsident 1947/48 und vielfacher Minister) gehörte zu den überzeugten Anhängern der europäischen Einigung. Seine große Sorge war, daß die Deutschen eines Tages wieder das Übergewicht über die Franzosen erlangen könnten. Die Sorge wurde im Frühjahr 1950 von den Engländern und Amerikanern noch geschürt, die zunehmend die französische Regierung drängten, einer erneuten Heraufsetzung der deutschen Stahlproduktion zuzustimmen, während in Frankreich die Tendenz zur Überproduktion bestand. Schuman ließ sich vom französischen Industrieplaner Jean Monnet eine Vorlage zur Überwindung der Stahlkrise ausarbeiten. Monnet schlug vor, die Kohle- und Stahlindustrien Frankreichs und Deutschlands sowie der anderen westeuropäischen Staaten hinsichtlich der Preisbildung, der Investitionen und des Außenhandels der Verwaltung einer supranationalen Hohen Behörde zu unterstellen. Schuman trug den Plan unverändert am 9. Mai 1950 in einer Regierungserklärung vor. Er begründete den Vorschlag damit, daß durch die Zusammenlegung der Montanindustrien der jahrhundertealte Gegensatz zwischen Frankreich und Deutschland überwunden werde, ein Krieg zwischen beiden Staaten zukünftig unmöglich sein werde und dieses Vorhaben den ersten Schritt auf dem Weg zu einer europäischen Föderation bedeute.
Bundeskanzler Adenauer begrüßte den Vorschlag Schumans noch am selben Tag. Von den übrigen eingeladenen Staaten erklärten nur Ita-

Erste Schritte nach Europa. *Oben: Anthony Eden (Großbritannien), Robert Schuman (Frankreich), Dean Acheson (USA) und Konrad Adenauer vor der Unterzeichnung des »Vertrags über die Beziehungen zwischen der Bundesrepublik und den Drei Mächten« (»Deutschlandvertrag«) am 26. Mai 1952 in Bonn.*
Unten: Studentendemonstration für Europa, Straßburg 1950.

lien und die Benelux-Länder ihre Bereitschaft zur Mitarbeit. Ein Jahr später war der Vertragstext fertiggestellt und binnen eines weiteren Jahres wurde der Vertrag ratifiziert. Der Vertrag sah neben der »Hohen Behörde«, einen »Ministerrat« der Teilnehmerländer, eine »Parlamentarische Versammlung« und einen unabhängigen »Europäischen Gerichtshof« vor. Die »Montanunion« galt seither als Modell für die europäische Integration und als Vorstufe für einen europäischen Bundesstaat. Die Bundesrepublik Deutschland wurde durch dieses Abkommen nahtlos aus der Besatzungsherrschaft in die Westintegration übergeleitet.
Schumacher bezeichnete die »Montanunion« und das entstehende Klein-Europa als »kleinkariert, kartellistisch, konservativ und klerikal«. Ihr vergeblicher parlamentarischer Kampf gegen den Vertrag hinderte die Sozialdemokraten nicht daran, im »Europa-Rat« und in den Organen der Montanunion mitzuarbeiten und führende Positionen in der deutschen »Europa-Union« auszuüben. Die Einheit Europas erfreute sich bei den Westdeutschen großer Zustimmung, weil sie ihnen den Weg zum wirtschaftlichen Wiederaufstieg freimachte und die Flucht aus der Katastrophe ihres Nationalstaats ermöglichte.

Der Korea-Krieg und die Wiederbewaffnungsdebatte 1950

Kaum ein Ereignis hat die politische Entwicklung der Bundesrepublik so nachhaltig beeinflußt wie der Ausbruch des Korea-Krieges im Juni 1950. Der Einmarsch nordkoreanischer Truppen in den Süden schien zu signalisieren, daß der »internationale Kommunismus«, wie man damals sagte, bereit war, vom »Kalten Krieg« zum heißen Krieg überzugehen. Die amerikanischen Atombomben schienen ihre abschrekkende Wirkung verfehlt zu haben. Jetzt konnten die Amerikaner offen aussprechen, was ihre Generalstäbler seit 1948 nur unter der Hand hatten verlauten lassen: Ohne die Aufstellung deutscher Truppen sei Westeuropa nicht zu verteidigen. Keines der 1950 gängigen Argumente über den Korea-Krieg stimmte tatsächlich. Der Krieg war kein Vorstoß des »internationalen Kommunismus«, sondern ein regional begrenzter Bürgerkrieg in einem Gebiet, das der amerikanische Außenminister als für die USA strategisch uninteressant bezeichnet hatte und aus dem die US-Truppen abgezogen waren. Die Parallele Deutschland – Korea war falsch, hier standen sich die Truppen der Großmächte direkt gegenüber, und die Bedeutung Deutschlands für Europa wurde von allen Seiten betont. Ein Einmarsch aus dem Osten

Deutsche Geschichte 1949–1963

14. 8. 1949	Bundestagswahlen: Mehrheit für CDU/CSU, FDP, DP
September 1949	Konstituierung der Bundesrepublik
Oktober 1949	Verabschiedung der Verfassung der DDR, Konstituierung der DDR
24. 11. 1949	»Petersberger Abkommen«
9. 5. 1950	Frankreichs Außenminister Robert Schuman schlägt die Bildung einer »Montanunion« vor
15. 6. 1950	Bundestag stimmt dem Beitritt zum »Europa-Rat« zu
6. 7. 1950	DDR anerkennt Oder-Neiße-Grenze
18. 4. 1951	Unterzeichnung des Vertrages über die »Montanunion«
9. 7. 1951	Westmächte erklären den Kriegszustand mit Deutschland für beendet
10. 5. 1952	Bundestag verabschiedet »Lastenausgleichsgesetz«
26. 5. 1952	Unterzeichnung des »Deutschlandvertrages« in Bonn
27. 5. 1952	Unterzeichnung des Vertrags über die Gründung der »Europäischen Verteidigungsgemeinschaft« (EVG)
12. 7. 1952	SED beschließt Aufbau der Grundlagen des Sozialismus in der DDR
17. 6. 1953	Arbeiteraufstand in Ost-Berlin und der DDR
6. 9. 1953	Bundestagswahlen: Mehrheit für CDU/CSU, FDP, DP
30. 8. 1954	Franz. Nationalversammlung lehnt EVG-Vertrag ab
23. 10. 1954	Unterzeichnung der »Pariser Verträge«
5. 5. 1955	»Pariser Verträge« treten in Kraft, die Bundesrepublik wird souverän

nach Westdeutschland hätte den direkten militärischen Konflikt mit den USA bedeutet.

Bundeskanzler Adenauer hatte schon seit 1948 das Ziel Wiederbewaffnung angestrebt. Westdeutschland müsse aufrüsten, um die sowjetische Bedrohung abzuwehren und wieder ein unabhängiger Staat zu werden. Ein Staat ohne eigene Wehrmacht bleibe bestenfalls ein Protektorat fremder Mächte, schlimmstenfalls ihr Schlachtfeld. Ohne auf eine offizielle Anfrage der Westmächte zu warten, ohne die Zustimmung der Bundesregierung und ohne Diskussion im Bundestag bot Adenauer 1950 von sich aus die Remilitarisierung an. Am 29. August 1950 richtete er zwei Memoranden an den amerikanischen Hochkommissar McCloy. Im ersten Dokument verlangte der Bundeskanzler von den Westmächten eine Sicherheitsgarantie und bot zugleich die Aufstellung deutscher Truppen an. Im zweiten Dokument forderte der

14. 5. 1955	»Warschauer Vertrag« zwischen der Sowjetunion und den Volksdemokratien
23. 10. 1955	Bevölkerung des Saarlandes stimmt gegen Saar-Statut
1. 1. 1956	Die ersten 1000 Freiwilligen zur Bundeswehr einberufen
18. 1. 1956	»Nationale Volksarmee« der DDR
7. 7. 1956	Bundestag verabschiedet Wehrpflichtgesetz
17. 8. 1956	Bundesverfassungsgericht verbietet die KPD
25. 3. 1957	Vertrag über die Gründung der »Europäischen Wirtschaftsgemeinschaft« in Rom unterzeichnet
15. 9. 1957	Bundestagswahlen: absolute CDU/CSU-Mehrheit
25. 3. 1958	Bundestagsmehrheit stimmt für Ausrüstung der Bundeswehr mit Atomwaffen
27. 11. 1958	Berlin-Ultimatum der Sowjetunion
15. 11. 1959	SPD beschließt neues Grundsatzprogramm (»Godesberger Programm«)
14. 4. 1960	Kollektivierung der Landwirtschaft in der DDR abgeschlossen
12. 9. 1960	DDR-Volkskammer verabschiedet Staatsratsgesetz, der Erste Sekretär des ZK der SED, Walter Ulbricht, wird zum Staatsratsvorsitzenden gewählt
13. 8. 1961	Absperrung der Sektorengrenze in Berlin, Mauerbau
17. 9. 1961	Bundestagswahlen: CDU/CSU verliert absolute Mehrheit, Koalition mit der FDP
26. 10. 1962	Beginn der »Spiegel-Affäre«
21. 1. 1963	VI. Parteitag der SED beschließt »Neues ökonomisches System der Planung und Leitung«
22. 1. 1963	Vertrag über deutsch-französische Zusammenarbeit

Bundeskanzler als Gegenleistung für den Wehrbeitrag die Ablösung des Besatzungsstatuts durch vertragliche Regelungen und die Aufhebung des Kriegszustandes mit Deutschland.
Auf ihrer Konferenz in New York im September verhandelten die Außenminister der drei Mächte intensiv über die Wiederbewaffnung. Die Außenminister bekräftigten noch einmal die Sicherheitsgarantie der Westmächte für das Bundesgebiet und Berlin, gestanden der Bundesrepublik die Aufstellung eines Bundesgrenzschutzes zu und stellten eine Revision des Besatzungsstatuts in Aussicht. Zu einer deutschen Wiederbewaffnung sagte der französische Außenminister klar nein. Die Besetzung durch die Wehrmacht hatten die Franzosen noch in frischer Erinnerung, die Gefahr aus dem Osten wirkte dagegen sehr theoretisch.
Der erste deutsche Widerstand gegen die geplante Wiederbewaffnung

kam aus der Bundesregierung selbst. Vor Beginn der Kabinettssitzung am 31. August 1950 erfuhren die Bundesminister von der Absendung des Sicherheitsmemorandums aus der Zeitung. Der für Sicherheitsfragen zuständige Bundesinnenminister Gustav Heinemann (Bundespräsident von 1969–1974) erhob Protest. Er war für die Abwehr kommunistischer Übergriffe mit polizeilichen Mitteln und gegen eine Wiederbewaffnung, die eine Wiedervereinigung unmöglich machen mußte. Heinemann erklärte seinen Rücktritt. Das übrige Kabinett hingegen ließ sich die Eigenmächtigkeit des Kanzlers bieten. Die »einsamen Entschlüsse« des Kanzlers wurden zum Stereotyp der Adenauer-Kritik in der Öffentlichkeit.
Eine neue Wehrmacht war im Sommer 1950 ungefähr das letzte, was die Westdeutschen wollten. Sie strebten nach besserem Essen, besserem Wohnen und der Anschaffung neuen Hausrats. Die erste Reaktion bestand in einer weitverbreiteten »Ohne-mich«-Stimmung. Für die junge Generation, die gerade die verordnete Umerziehung genossen hatte, konnte der Ruf in die Kasernen nichts Anziehendes haben. Die Kriegsgeneration war noch auf der Suche nach dem Anschluß an das Zivilleben und konnte sowieso nicht verstehen, warum so viele wichtige Positionen von den Vertretern der vergangenen Zeit besetzt waren. Auch weite Teile der evangelischen Kirche waren national und pazifistisch eingestellt. Pastor Niemöller war ihr Sprecher. In der Arbeiterbewegung hatte der Antimilitarismus eine feste Tradition.

Wirtschaftlicher Aufstieg und gesellschaftliche Restauration

Die Bundesrepublik war als Wirtschaftsstaat gegründet worden. Ihre innere Konsolidierung, ihr Erfolg bei dem Wettkampf der beiden Weltsysteme auf deutschem Boden mußte davon abhängen, ob es ihr gelang, den Westdeutschen wirtschaftlich attraktive Lebensverhältnisse zu bieten. Das Wirtschaftskonzept des Bundeswirtschaftsministers Prof. Erhard war auf die Wiederherstellung einer leistungsfähigen Exportindustrie ausgerichtet. Für den Ausbau des Produktionsapparates standen neben den »Marshall-Plan-Krediten« (siehe Seite 121) kaum öffentliche Mittel bereit. Die Bundesregierung räumte den Unternehmern aber Einkommensteuersenkungen und Abschreibungsmöglichkeiten ein. Die Selbstfinanzierung der Unternehmen wurde über die Preise realisiert. Die Produktionszahlen begannen zu steigen. Arbeiter und Unternehmer schien ein seltsamer Aufbaufanatismus zu einigen. Auf die Kritik der Gewerkschaften stieß vor allem die Kehr-

Porträt

THEODOR HEUSS

Mit Bundespräsident Prof. Theodor Heuss (1884, † 1963) trat 1949 ein Mann an die Spitze der zweiten deutschen Republik, der die besten Traditionen des deutschen Bildungsbürgertums verkörperte. Heuss war ein politisch engagierter Gelehrter, der wie ein Repräsentant der Paulskirche von 1848/49 wirkte. Ein Vorfahr hatte tatsächlich 1848 am verlorenen Freiheitskampf gegen die Preußen teilgenommen, und sein schwäbisches Elternhaus war antipreußisch gesinnt.*
Durch das Studium kam Heuss, knapp zwanzigjährig, 1903 nach Berlin. Aus der Bekanntschaft mit dem großen Liberalen Friedrich Naumann erwuchs die Anstellung als politischer Redakteur der Naumann-Zeitschrift »Die Hilfe«. Die Erziehung der Deutschen zur Politik wurden Naumann und Heuss zum großen Ziel nach dem Krieg der Illusionen von 1914–1918. Heuss wurde für viele Jahre Studienleiter an der »Hochschule für Politik« in Berlin. 1924 zog er für die Württemberger Demokraten in den Reichstag ein und wurde 1930 wiedergewählt. Er hielt im Mai 1932 eine kämpferische Rede im Reichstag gegen Hitler, stimmte aber im März 1933 mit seiner Partei für das Ermächtigungsgesetz.
Als Vertreter der »Systemzeit« wurde Heuss von den Nazis jede öffentliche Betätigung verboten. Er wählte den Weg der inneren Emigration und brachte sich mit unter Pseudonym geschriebenen Artikeln über Gestalten des 19. Jahrhunderts durch die Zeit. Im Herbst 1943 floh Heuss vor den Bombenangriffen auf Berlin nach Heidelberg. Die Amerikaner holten ihn 1945 in die Politik zurück.
Heuss wurde Mitgründer der FDP und arbeitete maßgeblich an der Formulierung des Grundgesetzes im Parlamentarischen Rat 1948/49 mit. Er wirkte als Bundespräsident (1949–1959) ausgleichend und vermittelnd. Mit seinen unpathetischen und mit schwäbischem Humor und Altersweisheit durchsetzten Reden warb der Bundespräsident um neues Vertrauen für die Bundesrepubiik. Seine politischen Gestaltungsmöglichkeiten mußten allerdings in einer betonten Kanzlerdemokratie gering bleiben. *(K. Kö.)*

seite dieses ungeplanten Wirtschaftswachstums: die steigenden Arbeitslosenzahlen und die strukturelle Arbeitslosigkeit in den industriefernen und überdurchschnittlich hoch mit Flüchtlingen belegten Regionen. Um die Arbeitslosenzahl, die 1950 die 2-Millionen-Grenze überschritten hatte, nicht weiter in die Höhe zu treiben, übten die Gewerkschaften dennoch Lohndisziplin.

Das Experiment Erhards wäre wahrscheinlich gescheitert, wäre den Deutschen nicht 1950 die Entwicklung der Weltwirtschaft zugute gekommen. Der Korea-Krieg löste einen Wirtschaftsaufschwung aus, der die ganze Weltwirtschaft erfaßte (»Korea-Boom«). Die westdeutsche Produktion stieg 1950 um 20 Prozent. Die Exportzuwachszahlen erreichten in den nächsten Jahren zweistellige Ziffern. Die Arbeitslosigkeit ging seit 1951 kontinuierlich zurück, und die Lohnerhöhungen lagen seit 1952 über den Preissteigerungsraten. Jetzt konnte sich Prof. Erhard als Vater des »Wirtschaftswunders« feiern lassen. Der wirtschaftliche Erfolg legitimierte die Restauration des freien Unternehmertums.

Restauration war über die Wirtschaftsordnung hinaus ein Grundzug der frühen Adenauer-Ära. Sie zeigte sich besonders deutlich in den Bereichen der Wiedergutmachung und der Wiederherstellung des Berufsbeamtentums. Den ersten Anspruch auf Unterstützung und »Wiedergutmachung« hatten die Opfer der NS-Verbrechen, insbesondere die überlebenden Juden. Der Bundeskanzler bekannte sich in feierlicher Form am 27. September 1951 vor dem Bundestag zur Wiedergutmachung. Die Bundesregierung räumte jedoch einem Globalvertrag mit Israel 1952 den Vorrang vor der Abgeltung der Einzelansprüche ein. Die Wiedergutmachung diente damit, wie zuvor das »Londoner Schuldenabkommen« von 1952 über die Begleichung der deutschen Vorkriegsschulden, zunächst der Wiederherstellung des Ansehens und der Kreditwürdigkeit der Bundesrepublik im Ausland. Das Bundesentschädigungsgesetz über die Einzelentschädigung kam erst im Jahr 1954 zustande und wurde von den zuständigen Länderbehörden nur schleppend ausgeführt. Jahrelange Entschädigungsprozesse waren die Folge.

Die Behandlung der NS-Opfer konnte vor allem schockieren, verglich man sie mit der fürsorglichen Beachtung, die den »Opfern der Entnazifizierung« den sogenannten 131ern zuteil wurde. Nach dem Gesetz über die Rechte der unter Artikel 131 Grundgesetz fallenden Personen von 1951 hatten ehemalige Angehörige des öffentlichen Dienstes, die 1945 aus politischen Gründen ausgeschieden waren, einen Anspruch auf Unterbringung im öffentlichen Dienst oder auf Versorgung. Auch so mancher Funktionär des »Dritten Reiches« erhielt auf diese Weise

seine ordentliche Pension, während die Masse der Betroffenen schon aus fachlichen oder auch aus fiskalischen Gründen wieder eingestellt wurde. So kam es weitgehend zu einer Restauration des alten Berufsbeamtentums und des Richterstandes; zu einer ganz besonderen Kontinuität der deutschen Geschichte.
Zur Symbolfigur dieser Kontinuität wurde der Staatssekretär Hans Globke, der seit 1932 als Beamter an der Ausarbeitung von Bestimmungen zur Diskriminierung der Juden mitgearbeitet und 1935 einen Kommentar zu den Nürnberger Rassegesetzen verfaßt hatte.
Die innenpolitische Gesetzgebung der Ära Adenauer zielte auf die Wiederherstellung einer bürgerlichen Gesellschaft ab. Durch eine umfangreiche Sozialgesetzgebung wurden die sozialen Härten dieses Systems für die Arbeiter, die Flüchtlinge, die Kriegsopfer und die Unterprivilegierten wenigstens teilweise ausgeglichen. Hierzu zählen das Bundesversorgungsgesetz, das Mitbestimmungsgesetz in der Montanindustrie, das Lastenausgleichsgesetz, der soziale Wohnungsbau und die Rentenreform.

Der EVG-Vertrag und die Stalin-Note von 1952 Westintegration oder Wiedervereinigung?

Die amerikanische Regierung wollte das französische Veto gegen eine neue deutsche Wehrmacht nicht hinnehmen und verstärkte ihren Druck auf Frankreich. Um diesen Druck aufzufangen, schlug der französische Ministerpräsident René Pleven (1950–1952) im Oktober 1950 die Bildung einer integrierten Europa-Armee unter deutscher Beteiligung vor. Der Vorschlag schien eine Weiterführung der mit der »Montanunion« begonnenen europäischen Integration vorzusehen. Nach zahlreichen Vorsondierungen begannen Mitte 1951 in Paris die Verhandlungen der sechs Montanunionsstaaten über die Bildung einer »Europäischen Verteidigungs-Gemeinschaft« (EVG). Seit dem Herbst 1951 verhandelten parallel dazu die Hochkommissare der drei Mächte mit der Bundesregierung auf dem Petersberg über die Ablösung des »Besatzungsstatuts«. Als Vorausleistung hatten die Westmächte im Frühjahr 1951 das »Besatzungsstatut« revidiert, der Bundesrepublik die Errichtung eines Außenministeriums und eines diplomatischen Dienstes gestattet, die Industriebeschränkungen und Außenwirtschaftskontrollen aufgehoben und den Kriegszustand mit Deutschland für beendet erklärt. Zeichen des guten Willens der Westmächte waren auch die Rückgabe der Stadt Kehl und der Insel Helgoland an Deutschland.

Im Frühjahr 1952 standen die Verhandlungen über beide Vertragswerke in Bonn und Paris vor dem Abschluß. Der EVG-Vertrag sah die Bildung einer supranational ausgerichteten, komplizierten Verteidigungsorganisation vor. Im »Vertrag über die Beziehungen zwischen der Bundesrepublik und den Drei Mächten«, kurz »Deutschlandvertrag« genannt, war die Rückgabe der Souveränität an die Bundesrepublik unter Vorbehalten geregelt. Die drei Mächte behielten sich ihre Rechte in bezug auf Deutschland als Ganzes, auf Berlin und auf die Stationierung von Truppen vor. Als gemeinsame Ziele der Vertragspartner wurden die Wiedervereinigung Deutschlands, die Integration Deutschlands in die europäische Gemeinschaft, der Abschluß eines frei vereinbarten Friedensvertrages und der Aufschub der Grenzfragen bis zu diesem Vertrag festgeschrieben.
Um Einwendungen aus dem Regierungslager zu verhindern, hatte Bundeskanzler Adenauer sein Kabinett und die Koalitionsfraktionen nur in groben Zügen über den Fortgang der Verhandlungen und den Inhalt der Verträge unterrichtet. Zwischen der Fertigstellung der Verträge und der geplanten Unterzeichnung am 26. und 27. Mai 1952 blieb nicht einmal Zeit, den Wortlaut voll zu überprüfen.
Die Rechnung des Kanzlers ging nicht auf. Seit dem Herbst 1951 schob sich das Thema Wiedervereinigung unausweichlich in den Mittelpunkt der politischen Diskussion. Alle Parteien des Bundestages, mit Ausnahme der Kommunisten, hatten 1950 die Abhaltung freier gesamtdeutscher Wahlen gefordert. Darin klang noch der Ruf der Paulskirche von 1848 nach Einheit in Freiheit mit. Niemand konnte 1950 damit rechnen, daß sich die Sowjetunion darauf einlassen würde. Am 15. September 1951 aber wandte sich überraschend DDR-Ministerpräsident Otto Grotewohl (1949–1964) an die Bundesregierung mit dem Vorschlag einer »Gesamtdeutschen Beratung« über die Abhaltung freier gesamtdeutscher Wahlen. Die Bundesregierung lehnte den Vorschlag in der Form ab, weil die DDR-Regierung nicht demokratisch legitimiert sei. In der Sache wurde sie von den Sozialdemokraten unter Druck gesetzt, das Projekt gesamtdeutscher Wahlen voranzubringen. Der SPD kam dieses Thema gelegen, denn in der Wirtschaftspolitik waren ihr die Felle davongeschwommen, und in der Frage der Wiederaufrüstung war die Partei gespalten. Schumacher hatte den deutschen Wehrbeitrag abgelehnt, weil die EVG viel zu schwach sei und die Deutschen darin diskriminiert würden. Bei den Landtagswahlkämpfen traten die Sozialdemokraten dagegen erfolgreich mit der Parole »Nie wieder Krieg« an. In der Frage der Wiedervereinigung durch freie Wahlen konnten sie geschlossen gegen die zögernde Bundesregierung vorgehen.

Im November 1951 stellte die Regierung beim Bundesverfassungsgericht in Karlsruhe den Antrag auf Verbot der KPD – ein besonders in dieser Phase spektakulärer Vorgang, denn ohne Teilnahme der KPD konnte man sich schwerlich gesamtdeutsche Wahlen vorstellen.

Bündnisfreiheit und Verständigung mit dem Osten?

Am 10. März 1952 meldete sich die Sowjetregierung in einer an die drei Westmächte gerichteten Note selbst zu Wort. Sie schlug unverzügliche Verhandlungen über die Wiedervereinigung Deutschlands und den Abschluß eines Friedensvertrages vor. Als Grundsätze für einen Friedensvertrag führte die Note die Bündnisfreiheit Gesamtdeutschlands, das Recht auf eigene nationale Streitkräfte, die Anerkennung der Grenzen von 1945 und den Abzug der Besatzungstruppen binnen eines Jahres auf. Die Sowjetnote von 1952 war das weitestgehende Angebot der Sowjetunion. Die erste Reaktion der Bundesregierung klang vorsichtig optimistisch. Bundesminister Kaiser verlangte eine sorgfältige Prüfung. Bundeskanzler Adenauer reagierte dagegen schroff ablehnend. In einer Rede in Siegen erklärte er am 14. März 1952, die Note sei nur ein Störmanöver, das Angebot nationaler Rüstung ein »Fetzen Papier«, nur eine Politik der Stärke schaffe die Voraussetzungen für wirkliche Gespräche mit Moskau. Den Westmächten kam die sowjetische Note aus verschiedenen Gründen sehr ungelegen, sollte die Einbeziehung Westdeutschlands in die EVG doch den Schlußstein im westlichen Verteidigungsbauwerk bilden. Bei sofortigen Verhandlungen zwischen den vier Mächten hätte sich gezeigt, daß die Westmächte keinesfalls bereit gewesen wären, die Unabhängigkeit und Gleichberechtigung, die sie für ihren Bündnispartner vorgesehen hatten, auch auf ein bündnisfreies Gesamtdeutschland auszudehnen.

Vor der Bundestagsfraktion der CDU/CSU entwarf der Bundeskanzler das Bild einer Bündnispolitik, die die Frage der Wiedervereinigung mit der Befreiung der osteuropäischen Staaten von der sowjetischen Vorherrschaft verbinden werde. Der Widerstand innerhalb der Regierungsfraktionen konzentrierte sich aber schon bald auf eine Klausel im »Deutschlandvertrag«, die eine automatische Bindung sogar eines späteren Gesamtdeutschlands an die Westverträge der Bundesrepublik vorsah. Auch die SPD griff die Bundesregierung und die Westmächte an, weil sie die Wiedervereinigung von der Westintegration Gesamtdeutschlands abhängig machen wollten. Sie forderte Verhandlungen über die sowjetischen Vorschläge vor Abschluß des »Deutschlandvertrages«. »Wer diesen Vertrag unterschreibt, hört auf, ein guter

Deutscher zu sein!« schleuderte Schumacher dem Bundeskanzler entgegen.

Die weitschauendste Analyse des Vertragswerks stellte der FDP-Bundestagsabgeordnete Pfleiderer an. Die westliche Verteidigung sei defensiv ausgerichtet, die Wiedervereinigung aber als offensives Ziel formuliert. Die Vorstellung, man könne die Sowjetunion einfach aus ihrer Zone durch freie Wahlen herauswählen, sei absurd. Die Verhandlungen müßten mit der Frage beginnen, wie ein europäisches Sicherheitssystem aussehen könne, das Deutschland genügend Schutz biete und von der Sowjetunion nicht als Bedrohung angesehen werden müsse. Die Westmächte reagierten hinhaltend auf die sowjetische Note vom 10. März und forderten freie Wahlen als Voraussetzung für Friedensvertragsverhandlungen. Am 26. und 27. Mai 1952 wurden der »Deutschlandvertrag« in Bonn und der EVG-Vertrag in Paris unterzeichnet. Die sowjetische Reaktion folgte auf dem Fuße. Die Zonengrenze wurde abgesperrt, die Aufstellung eigener DDR-Streitkräfte angekündigt und der Weg zum Aufbau des Sozialismus in der DDR freigegeben.

Das Entscheidungsjahr 1953: Aufstand in der DDR und Adenauers Wahlsieg

Im Frühjahr 1953, nach Stalins Tod, gab es Überlegungen in der sowjetischen Führungsspitze, durch ein Entgegenkommen in der Deutschlandfrage zu einer Verständigung mit den Westmächten zu gelangen. Um der mangelnden Glaubwürdigkeit ihrer bisherigen Deutschlandpolitik abzuhelfen, ordnete die sowjetische Besatzungsmacht Anfang Juni 1953 ein umfangreiches Liberalisierungsprogramm in der DDR an. Die Partei- und Staatsführung der DDR setzte diese Anordnung nur halbherzig und widerwillig um. Zu den Halbheiten gehörte die Normenerhöhung für Bauarbeiter um 10 Prozent. Aus einer Demonstration der Bauarbeiter in Ostberlin gegen die Normenerhöhung entwickelte sich ein Arbeiterstreik, der am 17. Juni 1953 in eine Arbeiterrevolte gegen das politische System der DDR umschlug und auf fast alle größeren Städte der DDR übergriff. Zerstörung von Parteibüros, Angriffe auf Parteifunktionäre und schließlich Befreiung von politischen Gefangenen kennzeichneten diesen Aufstand. Das sowjetische Oberkommando verhängte den Ausnahmezustand, setzte Standgerichte nach Kriegsrecht ein, ließ Panzer auffahren und Massenverhaftungen durchführen. Nach wenigen Stunden brach der Aufstand zusammen, nur im Uranbergbau dauerten die Streiks und Demonstrationen noch mehrere Tage. Jugendliche, die Steine gegen sowjetische

***Die Vorwehen des 17. Juni 1953.** Protestversammlung Ostberliner Bauarbeiter gegen die »Normerhöhung« vor dem Gebäude der DDR-Regierung in der Leipziger Straße. Die politische Unsicherheit im Ostblock nach Stalins Tod betraf vor allem auch die DDR. Schließlich erfaßten die Demonstrationswellen und der Aufstand fast die gesamte DDR.*

Panzer warfen, demonstrierten die Hilflosigkeit des ganzen Unternehmens. So ließ sich das politische System der DDR nicht beseitigen, geschweige denn die Sowjetunion aus ihrer Besatzungszone vertreiben. 18 Demonstranten wurden von sowjetischen Militärgerichten zum Tode verurteilt und hingerichtet. DDR-Gerichte verurteilten 3 Demonstranten zum Tode und 1383 zu Freiheitsstrafen.
Die Untätigkeit und Ratlosigkeit im Westen zeigten, daß die Amerikaner weder über ein realistisches Konzept für das Zurückdrängen des Kommunismus (»Roll Back«) verfügten, noch bereit waren, eine Verständigungspolitik mit der Sowjetunion anzufangen. Eine Initiative des wiedergewählten britischen Premierministers Churchill für eine Gipfelkonferenz der Großmächte hatte der neue amerikanische Außenminister, John Foster Dulles (1953–1959), bereits im Frühjahr 1953 abgeblockt. Für die Amerikaner hatte die Ratifizierung des EVG-Vertrags den absoluten Vorrang. Bundeskanzler Adenauer entschied sich

Partnerschaft mit den USA. *US-Präsident Dwight D. Eisenhower und Konrad Adenauer am 17. Oktober 1954 in Washington. Aus militärischen und wirtschaftlichen Gründen wurden aus Gegnern Bündnispartner.*

für den amerikanischen Kurs. Die Achse Washington-Bonn wurde zum bestimmenden Element der Politik im westlichen Bündnis in den Jahren 1953 bis 1958. Die Amerikareise des Bundeskanzlers im April 1953 wurde zu einem Triumphzug. Den Deutschen wurde demonstriert, daß sie zum geschätzten Bündnispartner der westlichen Führungsmacht aufgestiegen waren.

Der Bundestagswahlkampf dieses Jahres wurde von der CDU nach amerikanischem Vorbild auf die Person des Bundeskanzlers ausgerichtet. Mit ihrem Spitzenkandidaten Ollenhauer hatte die SPD dem nichts entgegenzusetzen. Die SPD mußte sich sogar gefallen lassen, als kommunistisch unterwandert und politisch unzuverlässig dargestellt zu werden. Publizisten wie Paul Sethe in der »Frankfurter Allgemeinen« und Rudolf Augstein unter dem Pseudonym Jens Daniel im »Spiegel« sowie Gustav Heinemann mit seiner »Gesamtdeutschen Volkspartei« kämpften vergeblich gegen die Auffassung an, die Bundesrepublik könne durch Wiederaufrüstung die Sowjetunion zur Preisgabe der DDR zwingen.

Die Bundestagswahl am 6. September 1953 wurde zu einem großen Erfolg für den Bundeskanzler und überall als Bestätigung seiner Politik gewertet. Auf die CDU/CSU entfielen 12,4 Millionen Stimmen (45,2 %), auf die SPD 7,9 (28,8 %), auf die FDP 2,6 (9,5 %) und auf die Flüchtlingspartei BHE 1,6 (5,9 %). Die anderen Parteien waren an der 5-Prozent-Sperrklausel des Bundeswahlgesetzes gescheitert. Das Wahlergebnis wurde auch als Zeichen der politischen Reife der Westdeutschen und als Abkehr von der Parteienzersplitterung in der »Weimarer Republik« gedeutet (»Bonn ist nicht Weimar«).
Adenauer bildete eine Koalition aller bürgerlichen Bundestagsparteien; sie verfügte über eine Zwei-Drittel-Mehrheit im Bundestag.
Als Ersatz für die von Churchill angeregte Gipfelkonferenz tagte im Januar und Februar 1954 eine Außenministerkonferenz der vier Mächte in Berlin. Die amerikanische Konferenzstrategie war darauf angelegt, in propagandistisch wirksamer Form die Unmöglichkeit einer Verständigung mit der Sowjetunion offenzulegen, um damit Frankreich unter Druck zu setzen, endlich den EVG-Vertrag zu ratifizieren. Die Entscheidung über das Vertragswerk fiel nicht in Berlin, sondern im fernen Indochina. Am 7. Mai 1954 kapitulierte die französische Dschungelfestung Dien Bien Phu im Kampf gegen die Viet-Minh. In Frankreich trat die Regierung zurück. Die neue französische Regierung unter Pierre Mendès-France (1954–1955) liquidierte gleich drei Unternehmen ihrer Vorgängerinnen: den Indochina-Krieg, den Kolonialkrieg in Tunesien und den EVG-Vertrag. Die französische Nationalversammlung lehnte am 30. August 1954 den EVG-Vertrag ab.

NATO-Beitritt

Für Adenauer war dieser 30. August 1954 der dunkelste Tag seiner Kanzlerschaft. Binnen weniger Wochen konnte aber durch englische Vermittlung eine Ersatzlösung ausgearbeitet werden, die eine Aufnahme der Bundesrepublik in die NATO vorsah. Im Protokoll zum NATO-Beitritt erklärte die Bundesregierung den Verzicht auf die nationale Verfügungsgewalt über Atomwaffen. Gleichzeitig schlossen Bonn und Paris einen Vertrag über die Europäisierung des Saarlandes. Die Verträge wurden am 23. Oktober 1954 in Paris unterzeichnet (»Pariser Verträge«). Die Opposition der SPD gegen das Vertragswerk hielt zwar an, sie sagte aber auch, daß sie zu einer Kursänderung bereit sei, falls neue Verhandlungen der Westmächte mit der Sowjetunion über die Wiedervereinigung scheitern sollten. Die Sowjetunion warnte noch

Beratung über die Aufnahme der Bundesrepublik in die NATO. *Paris, Oktober 1954. Von links: Frankreichs Ministerpräsident Mendès-France, Kanzler Adenauer, Großbritanniens Außenminister Eden und US-Außenminister Dulles.*

einmal, nach einer Ratifizierung werde es keine neuen Verhandlungen mehr über die Wiedervereinigung durch Wahlen geben. Die Westmächte wollten sich auf keine neuen Verhandlungen mehr einlassen. Am 5. Mai 1955 hatten alle Teilnehmerstaaten die »Pariser Verträge« ratifiziert und die Bundesrepublik wurde souverän.

Die goldenen Jahre der Ära Adenauer 1955–1958. »Genfer Konferenz« und Rückführung der Kriegsgefangenen

Zehn Jahre nach der bedingungslosen Kapitulation Deutschlands war die Bundesrepublik zu einem gleichberechtigten Mitglied der westlichen Staatengesellschaft geworden. Der wachsende Wohlstand der Westdeutschen und der politische Aufstieg der Bundesrepublik lösten die Erwartung aus, es gehe immer weiter aufwärts. Diese Erwartung erstreckte sich auch auf die Möglichkeit, zur Wiedervereinigung zu kommen. Der befürchtete große Zusammenstoß zwischen den Groß-

mächten war ausgeblieben, vielleicht ließ sich die Wiedervereinigung als Vorbedingung für die europäische Entspannung durchsetzen.
Als Antwort auf die »Pariser Verträge« schloß die Sowjetunion mit den osteuropäischen Volksdemokratien und der DDR ein Beistandsbündnis, den »Warschauer Vertrag«. Zugleich bekundete die Sowjetunion ihre Bereitschaft zur Entspannung mit der Zustimmung zum »Österreichischen Staatsvertrag«. Österreich wurde im Mai 1955 in die Unabhängigkeit und selbstgewählte Neutralität entlassen. Die Österreich-Einigung galt als gutes Vorzeichen für die Gipfelkonferenz der vier Großmächte, zu der die Westmächte die Sowjetunion unmittelbar nach der Ratifizierung der »Pariser Verträge« eingeladen hatten. Als Themen waren die Wiedervereinigung, die europäische Sicherheit und die Abrüstung vorgesehen. Die Konferenz tagte vom 17. bis 23. Juli 1955 in Genf. Der Amtsnachfolger Churchills, Sir Anthony Eden (1955–1957) legte der Konferenz den mit seinem Namen verbundenen Plan zur Wiedervereinigung durch freie Wahlen vor. Die Antwort des neuen sowjetischen Ministerpräsidenten Nikolaj A. Bulganin (1955–1958) war ein Grabgesang auf die deutsche Einheit. Eine »mechanische Wiedervereinigung« auf Kosten der »sozialen Errungenschaften« der DDR könne es nach der Einbeziehung der Bundesrepublik in die NATO nicht mehr geben. Die Konferenz diente der Sowjetunion zur Werbung für eine Politik der friedlichen Koexistenz auf der Grundlage der bestehenden Verhältnisse. Die gegensätzlichen Vorschläge wurden in einem Formelkompromiß zusammengefaßt. Trotz fehlender konkreter Ergebnisse führte der »Geist von Genf« zu einem Rückgang des »Kalten Krieges«.
Die Enttäuschung der Deutschen über den Konferenzausgang war groß. Neue Hoffnungen knüpften sich an die Einladung Bundeskanzler Adenauers nach Moskau. Auf Einladung der Sowjetregierung flog eine Regierungsdelegation der Bundesregierung unter Adenauers Leitung im September 1955 nach Moskau. Die Sowjetunion bot der Bundesrepublik einen Neubeginn der Beziehungen an und schlug die Aufnahme diplomatischer Beziehungen vor. Bundeskanzler Adenauer setzte sich über die Bedenken der Mehrheit seiner Mitarbeiter hinweg und sagte ja. Als Gegenleistung erhielt er die Zusage der Freilassung aller noch in sowjetischem Gewahrsam befindlichen Kriegsgefangenen. Dieser Erfolg wurde dem Bundeskanzler von der Bevölkerung als menschliche Tat hoch angerechnet.
Zwei deutsche Botschafter in Moskau, das hieß auf die Dauer auch zwei deutsche Staaten. Um diese Folge auszuschließen, formulierte Bonn die »Hallstein-Doktrin«, wonach kein Staat gleichzeitig Beziehungen zu Bonn und Ost-Berlin haben dürfe.

Adenauers Verhandlungen in Moskau am 13. September 1955
Erinnerungen

Die Verhandlungen begannen um 10 Uhr, ich führte den Vorsitz. Ich eröffnete die Sitzung mit der Feststellung, ich hätte mir das Gespräch vom gestrigen Abend noch einmal durch den Kopf gehen lassen und sei zu dem Ergebnis gekommen, daß drei Fragen noch der Vorklärung bedürften, und zwar a) Entwurf eines Briefes der Bundesregierung hinsichtlich der Aufnahme diplomatischer Beziehungen mit der Sowjetunion, b) Austausch von Schreiben in Verbindung mit dem Gespräch vom Vorabend und c) Abfassung eines Schlußkommuniques. Die russischen Herren zeigten sich, wie ich es auch nicht anders erwartet hatte, sehr erstaunt über den Punkt b). Von einem Austausch irgendwelcher Schriftstücke in dieser Frage sei doch nie die Rede gewesen! Ein solches Verfahren komme auch gar nicht in Betracht.
Es gab eine recht lebhafte Diskussion. Ich versuchte, den Herren der Sowjetregierung verständlich zu machen, daß im Hinblick auf die in der Bundesrepublik so bedeutsame öffentliche Meinung die Möglichkeit gegeben sein müsse, die bevorstehende Entlassung der Kriegsgefangenen und der zurückgehaltenen Deutschen in irgendeiner Weise zu dokumentieren.
Die sowjetischen Herren lehnten mein Ansinnen kategorisch ab. Chruschtschow erklärte, ein derartiges Ansinnen sei für sie erniedrigend und beleidigend. Bulganin und er hätten bereits ihr »Gentlemanwort« gegeben, und jeder Austausch von Dokumenten müsse als Zeichen von Mißtrauen angesehen werden. Und vor allem: Auf diese Weise würde die Aufnahme diplomatischer Beziehungen doch noch mit Vorbedingungen verknüpft, die von der Sowjetregierung ja bereits im Notenwechsel eindeutig abgelehnt worden seien. »Aber meine Herren«, beschwor ich Chruschtschow und Bulganin, »von Mißtrauen kann nun doch wirklich keine Rede sein! Mir persönlich genügt Ihr Ehrenwort vollkommen. Aber ich bin nicht maßgebend.« Außerdem bat ich sie zu bedenken, man könne nicht wissen, wie lange ich noch leben würde. Es wären doch wirklich Schwierigkeiten denkbar, wenn es in dieser Frage nur das Ehrenwort gebe. Als die weiteren Deutschen erwähnt wurden, die außer den »Kriegsverbrechern« noch in der Sowjetunion zurückgehalten wurden, und ich Bulganin an sein auch hier gegebenes Wort erinnerte, stellte sich heraus, daß er »zum ersten Male« hiervon höre. Ich berief mich auf den Dolmetscher, und dieser bestätigte meine Aussage. Chruschtschow wurde wieder böse. »Dieses Verfahren gleicht ja einem Verhör durch den Herrn Kanzler! Das kann die Sowjetregierung sich nicht gefallen lassen.« Und was im übrigen die von mir erwähnten Unterlagen angehe, so erklärte er, sie seien nichts anderes als eine Fälschung der Amerikaner, die im Rahmen des Kalten Krieges und der Vorbereitung eines Krieges gegen die Sowjetunion zu verstehen sei.
Nun wurde ich deutlich: »Jetzt habe ich das Recht, beleidigt zu sein, wenn ich hier als ein ›Lakai der Amerikaner‹ behandelt werde!« Die Unterlagen, die wir hätten, seien Briefe von Deutschen, die in der Sowjetunion festgehalten würden, und wir könnten diese Unterlagen jederzeit der sowjetischen Regierung überlassen.

Es seien keine Taschenspielerkunststücke, die ich hier vorführe. Die Verhandlungen erstreckten sich noch über den ganzen Tag, sie schienen endlos. Nunmehr stellten die Russen die Behauptung auf, auch wir, die Bundesrepublik, hielten noch über 200 000 Sowjetbürger zurück. Wie sei es mit ihrer Rückgabe? Selbstverständlich erklärte ich mich mit einer Untersuchung dieser Frage einverstanden und versprach, alles zu tun, damit denjenigen Russen, die sich in der Bundesrepublik aufhielten und in ihre Heimat zurückkehren wollten, dieser Wunsch erfüllt würde. Mir waren keine derartigen Fälle bekannt. So erklärte ich, ich sei hierüber nicht unterrichtet, diese Dinge hätten noch bis vor kurzem zu der Zuständigkeit der drei Westmächte gehört. Aber ich würde mich unverzüglich darum kümmern.
Molotow erhob die Beschuldigung, vom Gebiet der Bundesrepublik aus würden durch amerikanische Organisationen große Ballons mit Propagandamaterial gegen die Sowjetunion und andere osteuropäische Staaten aufgelassen. Diese Ballons stellten eine Gefahr für den Flugverkehr dar. Ich wurde gebeten, dafür zu sorgen, daß dies nicht mehr geschehe. Auch hier sagte ich eine sofortige Untersuchung zu.
Manche Phasen der Verhandlungen schienen mir wahrhaftig ein Circulus vitiosus zu sein. Chruschtschow muß es ähnlich empfunden haben. Er drückte es so aus: »Das sind ja alles Reden für die Presse.«
Ich versuchte immer wieder, die russischen Herren davon zu überzeugen, daß meine Forderungen nach einer schriftlichen Zusage notwendig seien, da ich nun einmal an die Zustimmung des Kabinetts gebunden sei. Außerdem müsse doch auch alles so vorbereitet sein, daß ich eine Mehrheit für die hier gefaßten Beschlüsse im Deutschen Bundestag fände. »Verehrter Herr Chruschtschow«, so versicherte ich, »hier werden von uns keine Reden an die Presse gehalten!« Im übrigen sei es nun auch so, daß verschiedene Herren der deutschen Delegation noch einige Fragen hier geklärt haben wollten. »Meine Herren, nun sehen Sie das doch ein!« forderte ich Bulganin und Chruschtschow auf.
Chruschtschow meinte: »Sie verzeihen, wollen Sie uns vielleicht sagen, daß wir Ihnen helfen, Ihre Delegation dazu zu bringen, daß Sie sich mit Ihnen einverstanden erklärt?«
»So ungefähr ist es«, erwiderte ich, »aber ich darf das doch nicht so klar heraus sagen!«
Die Sitzungen wurden häufig unterbrochen, um den Delegationen Gelegenheit zu internen Besprechungen zu geben. Nie vergesse ich die erregte Szene im Park des Spiridonowka-Palais während einer solchen Pause, als zwei meiner engsten Berater in mich drangen, nicht auf die russischen Angebote einzugehen. Sie beschworen mich, auf keinen Fall das Einverständnis zur Aufnahme diplomatischer Beziehungen schon jetzt hier zu geben. Ich blieb bei meinem Beschluß. Es gab noch sehr viel Hin und Her, bis wir endgültig einig waren.

Mit freundlicher Genehmigung der Deutschen Verlagsanstalt GmbH, Stuttgart. Aus: Konrad Adenauer: Erinnerungen 1953–1955. Stuttgart 1966

Ein kleines Stück Wiedervereinigung gelang der Bundesregierung mehr oder weniger unbeabsichtigt. Auf französischen Wunsch hin war in den »Saarvertrag« eine Bestimmung über die Annahme des »Europastatuts« durch eine Volksabstimmung eingebaut worden. Am 23. Oktober 1955 sprachen sich die Saarländer mit Zweidrittelmehrheit gegen das Statut aus. Frankreich respektierte das Abstimmungsergebnis und erklärte sich mit der Rückgliederung des Saarlandes in die Bundesrepublik zum 1. Januar 1957 einverstanden.

Die neue Armee – Abrüstung – Atombewaffnung

Alle Parteien des Bundestages waren sich darüber einig, daß die neue Armee sich nicht wieder zum Staat im Staate entwickeln dürfe und der demokratischen Kontrolle durch den Bundestag unterstehen müsse. Die Binnenstruktur der Bundeswehr sollte von den Grundsätzen der »inneren Führung« geprägt werden, die der Reformgeneral Wolf Graf von Baudissin (* 1907, † 1993) formuliert hatte. Grundlage des vorgesehenen 500 000 Mann starken Heeres sollte die allgemeine Wehrpflicht bilden. An der Ausarbeitung der Wehrverfassung sowie an den Gesetzen über die Wehrpflicht, die Bestellung eines »Wehrbeauftragten« des Bundestages, das Recht der Kriegsdienstverweigerung und über die rechtliche Stellung der Soldaten arbeiteten die Sozialdemokraten intensiv mit, obwohl sie die Wiederbewaffnung im Prinzip weiterhin ablehnten.

Die Planungen aus den Jahren 1950 bis 1952 waren vom Ziel bestimmt gewesen, kurzfristig ein Massenheer aufzustellen. Inzwischen hatte sich die Militärstrategie der Westmächte entscheidend geändert. Als im Garnisonsort Andernach am 1. Januar 1956 die ersten freiwilligen Soldaten der Bundeswehr einrückten, begannen die USA und Großbritannien mit der Reduzierung ihrer Landstreitkräfte zugunsten der Atomrüstung.

Gleichzeitig tagte in London der Abrüstungsausschuß der UNO, dem die vier Großmächte angehörten. Die Bundesregierung versuchte, die Westmächte auf eine Politik des Junktims festzulegen, Abrüstungsvereinbarungen nur in Verbindung mit Schritten zur Wiedervereinigung Deutschlands durch freie Wahlen zuzustimmen. Umgekehrt war die Sowjetunion darauf aus, durch Vereinbarungen über die europäische Sicherheit den politischen Status quo in Europa abzusichern und die westdeutsche Aufrüstung unter Kontrolle zu bringen. Zwischen diesen Positionen standen 1956–1958 Pläne von europäischen Oppositionspolitiker, die die Wiedervereinigung Deutschlands mit einem militäri-

Adenauer vor Lehrtruppen der Bundeswehr in Andernach am 20. Februar 1955.
Der Korea-Krieg (1950–1953) veranlaßt die USA zur Wiederbewaffnung der Bundesrepublik (1954/55). Am 9. Mai 1955 folgte die Aufnahme in die NATO.

schen Auseinanderrücken der Militärblöcke verbinden wollten (»Disengagement«). Diese Pläne wurden vom Erfinder der »Eindämmungsdoktrin«, Kennan, 1957 propagiert und von der SPD aufgenommen. Die Bundesregierung hielt sich an den Kurs Washingtons, jede denkbare Form der Neutralisierung Deutschlands abzulehnen.
1955 warb die Bundesregierung noch mit dem Argument für die konventionelle Aufrüstung, Atomwaffen würden dadurch überflüssig. Langsam bewegten sich Bundeskanzler Adenauer und sein neuer Verteidigungsminister Franz Josef Strauß (1956–1962) auf die Forderung zu, auch die Bundeswehr müsse mit Atomwaffen ausgerüstet werden, gleichzeitig bagatellisierte Bundeskanzler Adenauer die Bedeutung der Atomwaffen, als der davon sprach, sie seien nur eine Weiterentwicklung der Artillerie.
Am 12. April 1957 wandten sich achtzehn führende deutsche Atomforscher mit dem »Göttinger Appell« an die Öffentlichkeit. Sie warnten vor den Gefahren eines Atomkrieges und forderten die Bundesregierung zum Verzicht auf Atomwaffen auf. Ähnlich wie 1950 gegen die

Remilitarisierung entstand 1957/58 eine breite Bewegung »Kampf dem Atomtod«. Trotz Unterstützung durch SPD und Gewerkschaften konnte die Aktion gegen die Parlamentsmehrheit nichts ausrichten und brach 1959 auseinander. Unabhängig von den etablierten Kräften bildete sich 1960 die »Ostermarschbewegung« der Atomwaffengegner, die zum Vorläufer der APO (»Außerparlamentarische Opposition«) von 1968 wurde. Für die Sozialdemokraten war die Atomtod-Kampagne eine willkommene Unterstützung im beginnenden Bundestagswahlkampf 1957. Die Bundesregierung bekannte sich darauf zum Vorrang der allgemeinen und kontrollierten Abrüstung.

»Europäische Wirtschaftsgemeinschaft« Wahlsiege im Zeichen wirtschaftlichen Aufschwungs

In der Europapolitik gelang den Montanunion-Staaten ein letzter Erfolg. Am 25. März 1957 unterzeichneten sie in Rom die Verträge über die Bildung der »Europäischen Wirtschaftsgemeinschaft« (EWG) und der »Europäischen Atomgemeinschaft« (Euratom), die am 1. Januar 1958 in Kraft traten. Die EWG verschaffte der deutschen Exportindustrie neue Absatzchancen. Die deutsche Landwirtschaft, der man mit dem Landwirtschaftsgesetz von 1955 verstärkte Förderung durch »Grüne Pläne« versprochen hatte, mußte sich auf einen harten Wettbewerb einstellen. Die Sozialdemokraten gaben ihren Widerstand gegen die Integrationspolitik auf und stimmten den Verträgen zu.

Bundeskanzler Adenauer hatte sich schon 1955 vorgenommen, die Bundestagswahlen 1957 mit innenpolitischen Erfolgen zu gewinnen. Wahlschlager sollte die Reform der Sozialrenten bilden. Grundgedanke der Reform war, daß nicht mehr vom alten Prinzip der Kapitaldeckung ausgegangen werden konnte, denn das Kapital war durch Inflation und Kriege verbraucht worden. Die Renten mußten von der arbeitenden Bevölkerung aufgebracht werden, und die ständige Steigerung der Löhne und damit auch der Versicherungsbeiträge ließen entsprechend höhere Rentenzahlungen zu. Adenauer setzte gegen seinen Wirtschafts- und seinen Finanzminister im Kabinett durch, daß die Rentenreform eine regelmäßige Anpassung der Renten an die Bruttolohnentwicklung vorschrieb. Für das im Januar 1957 verabschiedete Rentenreformgesetz stimmten auch die Sozialdemokraten.

Die verstärkte Förderung des Eigenheimbaus im Rahmen des sozialen Wohnungsbaus führte zur sozialen Integration des Kleinbürgertums. Die Wiederaufbauleistungen, die Lohnsteigerungen, die beginnende Kürzung der Wochenarbeitszeit und auch die Motorisierungswelle

Europa rückt zusammen: Die »Römischen Verträge«. *Oben: Adenauer und Staatssekretär Hallstein unterzeichnen im Namen der Bundesrepublik die »Römischen Verträge« im capitolinischen Konservatorenpalast von Rom (25. März 1957). – Mitte: Verträge über den »Europäischen Markt« und »Euratom«, Unterzeichnung auch durch die Vertreter der anderen europäischen Länder: Ministerpräsident Segni (Italien), Staatssekretär Faure (Frankreich), Außenminister Pineau (Frankreich), Außenminister Spaak (Belgien). – Unten: Unterschriften unter den »Römischen Verträgen«.*

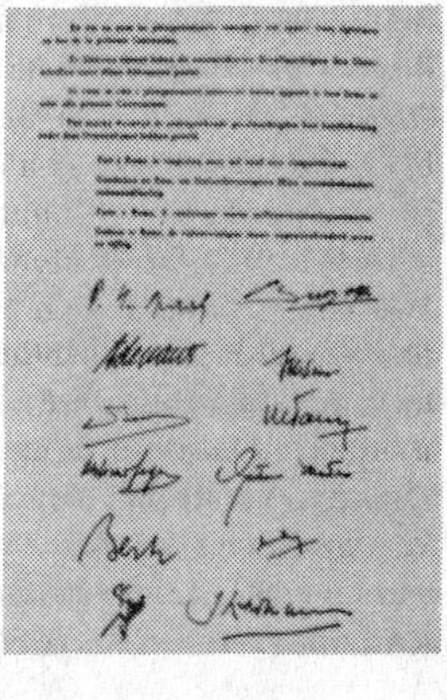

führten bei den Wählern zu einer Grundstimmung der Zufriedenheit mit den bestehenden Verhältnissen.
Diese Stimmung wurde von den Wahlparolen der CDU/CSU im Bundestagswahlkampf 1957 angesprochen.
Freundliche Plakate mit den Porträts des Bundeskanzlers und seines Wirtschaftsministers forderten: »Keine Experimente« und versprachen: »Wohlstand für alle«. Spitzenkandidaten, Plakate und Wahlagitation der SPD wirkten dagegen wenig überzeugend. Am 6. September 1957 erreichte der Bundeskanzler einen Wahlsieg, der noch strahlender war als der von 1953. Auf die CDU/CSU entfielen 15,0 Millionen Stimmen (50,2 %), auf die SPD 9,5 (31,8 %), auf die FDP 2,3 (7,7 %), BHE 1,4 (4,6 %) und auf die DP 1,0 (3,4 %). Erstmals in der deutschen Parteiengeschichte hatte eine Partei die absolute Mehrheit der Stimmen in einer Bundestags- bzw. Reichstagswahl gewonnen.
Der große innenpolitische Erfolg Adenauers fiel zeitlich zusammen mit einer sichtbaren Veränderung des militärischen Kräfteverhältnisses. Am 4. Oktober 1957 schoß die Sowjetunion den ersten künstlichen Satelliten in eine Umlaufbahn um die Erde, den »Sputnik«. Sie demonstrierte damit zugleich den Entwicklungsstand ihrer Raketentechnik. Die USA waren in den Zielbereich sowjetischer Interkontinentalraketen geraten. Die Ankoppelung der Bundesrepublik an die militärische Macht der USA diente der Sicherung des Westens, eine Ausgangsbasis für die Wiedervereinigung war sie nicht.
Ungerührt hörte sich Adenauer am 23. Januar 1958 in einer Nachtsitzung des Bundestages die Abrechnung mit seiner gescheiterten Deutschlandpolitik durch Thomas Dehler (FDP) und den zur SPD übergetretenen Gustav Heinemann an. Im Anschluß an die nächste außenpolitische Debatte im Bundestag stimmte die absolute Mehrheit der CDU/CSU und DP am 25. März 1958 für einen Antrag, der die Bundesregierung in verklausulierter Form zur Ausrüstung der Bundeswehr mit Atomwaffen ermächtigte.

Die Berlin-Krise 1958 bis 1962

Das Verhältnis zwischen der Bundesrepublik und der Sowjetunion war nach der Aufnahme diplomatischer Beziehungen 1955 in der Schwebe geblieben. Der Besuch des stellvertretenden sowjetischen Ministerpräsidenten Anastas Mikojan im April 1958 in Bonn bot eine Chance zur Verständigung für das nächste Jahrzehnt. Bundeskanzler Adenauer hatte die Hoffnung auf eine Wiedervereinigung durch eine Politik der Stärke inzwischen aufgegeben und wollte über die Umwandlung der

DDR in einen neutralen Staat nach der Art Österreichs verhandeln. Für die Sowjetunion stand die DDR nicht mehr zur Disposition. Verhandlungen über einen Friedensvertrag mit Gesamtdeutschland hätten vielleicht eine Wiedervereinigung als Fernziel vorsehen können. Möglich blieb die Vereinbarung eines friedlichen Nebeneinanders zwischen den beiden deutschen Staaten mit der Offenhaltung der Grenze und ohne vertragliche Festschreibung der Teilung. Für Mikojan war der Verzicht der Bundesrepublik auf Atomwaffen die Voraussetzung für weitere Verhandlungen, er warnte vor den Folgen der Umsetzung des Bundestagsbeschlusses über die Atomrüstung. Adenauer war in diesem Punkt zu keinem Entgegenkommen bereit, der Mikojan-Besuch endete ohne greifbares Ergebnis.

Auf der anderen Seite wurde die Sowjetunion von der DDR bedrängt, gegen die Position der Westmächte in West-Berlin vorzugehen. Die Existenz West-Berlins als eine Insel der Freiheit und westlicher Lebensformen inmitten der DDR behinderte ihre Konsolidierung, und der durch die Zustände in der DDR ausgelöste ständige Flüchtlingsstrom über West-Berlin in die Bundesrepublik fügte der DDR schweren wirtschaftlichen Schaden zu. Im November 1958 ging die Sowjetunion zur diplomatischen Offensive über, sie kündigte in einer Note alle noch bestehenden Vier-Mächte-Abkommen über den Status von Berlin mit einer Frist von sechs Monaten auf und schlug die Bildung einer entmilitarisierten Freien Stadt West-Berlin vor. In einer zweiten Note schlug die Sowjetunion den Abschluß eines Friedensvertrages mit den beiden deutschen Staaten vor, der auch ein Atomwaffenverbot enthalten sollte.

In der vorsichtigen Reaktion der Amerikaner und Briten spiegelte sich das gegenüber den vergangenen Jahren veränderte militärische Kräfteverhältnis wider. Die USA hatten ihre Überlegenheit verloren und deuteten vorsichtig ihre Bereitschaft an, die deutschlandpolitischen Positionen der Bundesrepublik zum Verhandlungsgegenstand zu machen, um damit ihre Position in Berlin abzusichern. Adenauer suchte in dieser Situation Anlehnung an den 1958 ins Amt gekommenen französischen Staatschef General de Gaulle. De Gaulles außenpolitisches Ziel war unverändert die Wiederaufrichtung der Großmachtstellung Frankreichs. Für die Umsetzung dieses Ziels wollte de Gaulle eine eigene französische Atomstreitmacht aufbauen. Er benötigte die wirtschaftliche Absicherung durch die Bundesrepublik für seine Rüstungspolitik und versprach daher die Erfüllung der Verträge über die Bildung der »Europäischen Wirtschaftsgemeinschaft«, deren politisches Ziel einer Integration Europas er jedoch ablehnte. Diese Konstellation führte zur Herausbildung des Bündnisses Paris–Bonn und

Opfer der »Berliner Mauer«. *Am 17. August 1962 stirbt Peter Fechter bei einem Fluchtversuch als erster Flüchtling in dem Grenzsystem der DDR. An seinen Verletzungen verblutet, wird er von Volkspolizisten weggetragen.*

bestimmte die letzte Phase der Außenpolitik Adenauers in den Jahren von 1958/59 bis 1963.

Die Absprachen zwischen Bonn und Paris bewirkten, daß auf der Genfer Außenministerkonferenz 1959 Konzessionen an die Sowjetunion auf Kosten der Bundesrepublik und West-Berlins vermieden werden konnten. Die ständigen Drohungen der Sowjetunion und der DDR mit dem Abschluß eines Separatfriedensvertrages, falls die Westmächte zu keinen Zugeständnissen bereit wären, führten im Sommer 1961 zu verstärkter Angst bei der DDR-Bevölkerung. Über 1000 Flüchtlinge kamen im Juli täglich nach West-Berlin. Die Mitgliedsstaaten des Warschauer Vertrages empfahlen der DDR auf einer Konferenz in Moskau Anfang August 1961, die Sektorengrenze zwischen Ost- und West-Berlin zu schließen. Am 13. August 1961 sperrten bewaffnete Einheiten der DDR die Sektorengrenze nach West-Berlin ab, der Bau der Sperrmauer konnte beginnen. Die Westmächte reagierten auf diesen Schritt mit Gelassenheit, denn ihre Rechte waren nicht beeinträchtigt worden. Die Berliner und die Westdeutschen überkam das Gefühl der Ohn-

macht, der Hilflosigkeit und der Erbitterung, als keine westliche Gegenreaktion erfolgte. Adenauer fuhr nicht nach Berlin, sondern setzte den Bundestagswahlkampf fort, u. a. mit Angriffen auf den SPD-Spitzenkandidaten und Berliner Bürgermeister Willy Brandt.
In dieser Wahl verlor die CDU die absolute Mehrheit im Bundestag. Die internationalen Spannungen um Berlin wurden durch die Stationierung sowjetischer Fernraketen auf Kuba noch erhöht. Erst mit der amerikanisch-sowjetischen Verständigung über eine friedliche Beilegung der Kuba-Krise im Oktober 1962, nahm auch der Druck auf West-Berlin ab. Versuche des Bundeskanzlers, über seinen Moskau-Botschafter Hans Kroll in den Jahren von 1959 bis 1962 zu einem Stillhalteabkommen mit der Sowjetunion zu gelangen, mußten ohne Ergebnis bleiben, solange die Sowjetunion erwartet hatte, die Westmächte würden in der deutschen Frage nachgiebig sein. Der Einstieg in die Entspannungspolitik der sechziger Jahre gelang den Amerikanern und Sowjets im August 1963 über den Abschluß des Atomteststoppvertrages, dem die Bundesregierung auf amerikanisches Drängen hin beitrat.
Als Gegengewicht gegen das amerikanisch-sowjetische Zusammenwirken und zur Bekräftigung und Formalisierung der deutsch-französischen Freundschaft über das bevorstehende Ende seiner Amtszeit hinaus, schloß Bundeskanzler Adenauer mit General de Gaulle am 22. Januar 1963 den »Deutsch-Französischen Freundschaftsvertrag« ab. Das Bekenntnis zur Zusammenarbeit zwischen Deutschland und Frankreich als Grundlage für eine europäische Einigung war zugleich das politische Vermächtnis Konrad Adenauers und ein bedeutendes Ereignis in der Geschichte beider Völker.

Das Ende der Ära Adenauer

Der Wahlerfolg des Bundeskanzlers im September 1957 war der Höhepunkt in seiner politischen Laufbahn. Die CDU/CSU hatte die absolute Mehrheit im Bundestag jedoch zu einem Zeitpunkt erreicht, an dem die richtungsweisenden Entscheidungen bereits getroffen waren und die Jahre des Wiederaufbaus zu Ende gingen. Für keins der wichtigeren Gesetze der dritten Wahlperiode waren die Unionsparteien auf ihre Mehrheit angewiesen. Das Gesetz über den Abbau der Wohnungszwangswirtschaft, das Bundessozialhilfegesetz, das Gesetz über die Privatisierung des Volkswagenwerks und die Verwaltungsgerichtsordnung konnten entweder einstimmig oder mit den Stimmen der FDP verabschiedet werden.

Historischer Höhepunkt nach Abschluß des »Deutsch-Französischen Freundschaftsvertrages« 1963. *Die ›Abendländer‹ Adenauer und de Gaulle während des feierlichen Te deums in der Kathedrale von Reims. – Unten: Begeisterung der Bonner Bevölkerung während de Gaulles Staatsbesuch in Deutschland. 5. September 1962.*

Bundeskanzler Adenauer konzentrierte sich ganz auf die Außenpolitik. Teils aus Einsicht, teils aus Taktik gab die SPD 1960 ihre Opposition gegen die Westintegrationspolitik der Regierung auf. Mit der Annahme des »Godesberger Programms« im November 1959 gab sich die SPD auch nach innen als moderne, zeitgemäße Volkspartei. Die SPD bemühte sich, mit dem allgemeinen Modernisierungsschub und dem Generationswechsel der Jahre 1958–60 in der westdeutschen Gesellschaft Schritt zu halten (»Geh' mit der Zeit, geh' mit der SPD«). Auch in den Reihen der CDU wurde jetzt vorsichtig darüber gesprochen, daß der über 80 Jahre alte Adenauer einem jüngeren Politiker Platz machen müsse. Im Sommer 1959 begann Adenauer eine Art Selbstdemontage, als er seinen ungeliebten Stellvertreter Prof. Erhard auf den Posten des Bundespräsidenten abzuschieben versuchte, dann selbst für das Amt kandidieren wollte, um dann schließlich die Kandidatur wieder zurückzunehmen. Der Mangel an echten Konflikten in der Innenpolitik führte zu einer Aufwertung der Affären in der öffentlichen Diskussion. Übel vermerkt wurde dem Bundeskanzler sein Versuch, ein regierungsfrommes zweites Fernsehen zu gründen. Die Verhaftung des Judenmörders Adolf Eichmann 1960 und der Prozeß in Jerusalem zwangen der Bundesrepublik eine Auseinandersetzung mit der »unbewältigten Vergangenheit« und »ungesühnten Nazi-Justiz« auf. Der neue Spitzenkandidat der SPD, Willy Brandt, versuchte, im Bundestagswahlkampf 1961 als junger und moderner Staatsmann aufzutreten, als deutscher Kennedy. Die FDP gab die Parole aus: Mit der CDU, aber ohne Adenauer. Der Mauerbau am 13. August 1961 veränderte die Wahlkampfsituation schlagartig zu ungunsten Adenauers.

Am 17. September 1961 gaben 14,4 Millionen Wähler (45,4 %) ihre Stimme der CDU/CSU, 11,3 Millionen (36,2 %) der SPD und 4,0 Millionen (12,8 %) der FDP. Die SPD war aus dem bisherigen »Turm der 30 Prozent« ausgebrochen.

Im Koalitionsabkommen mit der FDP mußte sich Adenauer zum Rücktritt im Herbst 1963 verpflichten. Das politische Ende Adenauers kam schon früher: im Herbst 1962 mit der »Spiegel-Affäre«. In der Nacht vom 26. zum 27. Oktober 1962 besetzten Beamte des Bundeskriminalamtes die »Spiegel«-Redaktion in Hamburg. Der »Spiegel« hatte in einem Beitrag über das NATO-Manöver »Fallex 62« angeblich geheime Fakten über die mangelhafte Einsatzbereitschaft der Bundeswehr veröffentlicht (»Bedingt abwehrbereit«). Bundeskanzler Adenauer sprach von einem »Abgrund von Landesverrat«. Der Vorwurf war unberechtigt, es kam nie zur Anklage. Die Verstrickung des Verteidigungsministers in die Aktion und ihre Durchführung »etwas außerhalb der Legalität« führte in breiten Kreisen zu einer tiefen Krise im Vertrauen zur Staatsgewalt. Spontan bildeten sich Demonstrationen gegen die Unterdrückung der Pressefreiheit. Eine Regierungskrise war die Folge. Die FDP-Minister traten zurück, der Verteidigungsminister schied aus dem Amt. Adenauer selbst ging erst ein Jahr später. Die Proteste der Deutschen und die Rücktritte der Minister wurden im Ergebnis als Beweis für das Funktionieren der parlamentarischen Demokratie in der Bundesrepublik gewertet. Als schließlich auch Konrad Adenauer aus dem Amt schied, hatte er bereits viel von seiner Autorität verloren, in der Bevölkerung wurde er dennoch wie ein Monarch verehrt. Mit seinem Rücktritt am 15. Oktober 1963 ging eine Epoche der deutschen Nachkriegsgeschichte zu Ende.

Literatur

Adenauer, Konrad: Erinnerungen, 4 Bde., Stuttgart 1965–68
Baring, Arnulf: Im Anfang war Adenauer. Die Entstehung der Kanzlerdemokratie, München 1982
Deutschland-Handbuch. Eine doppelte Bilanz 1949–1989, hrsg. v. Werner Weidenfeld und Hartmut Zimmermann, Bonn 1989
Geschichte der Bundesrepublik Deutschland. 4 Bde., hrsg. v. Wolfgang Benz, Frankfurt 1989
Jungwirth, Nicolaus/Kromschröder, Gerhard: Die Pubertät der Republik. Die 50er Jahre der Deutschen, Reinbek 1983
Lehmann, Hans Georg: Chronik der Bundesrepublik Deutschland 1945/49 bis 1981, München 1981
Morsay, Rudolf: Die Bundesrepublik Deutschland, München 1990
Schwarz, Hans-Peter: Die Ära Adenauer, 1. Bd. 1949–1957, 2. Bd.: 1957–1963, Stuttgart/Wiesbaden 1981 u. 1983
Sontheimer, Kurt: Die Adenauer-Ära. Grundlegung der Republik, München 1991

WINFRIED STADTMÜLLER

Vom »Schwarzmarkt« zum »Wirtschaftswunder«

Die »Philosophie« der Nachkriegszeit – Arbeitspflicht und »Trümmerfrauen« – Der Hunger geht um – Selbstversorgung: vom »Fringsen« bis zur Hamstertour – Der »Schwarze Markt« – Die Wende: das Wunder der D-Mark – Planwirtschaft contra Marktwirtschaft – Lastenausgleich – Das deutsche »Wirtschaftswunder« – Wohlstand für alle.

Nichts ist übriggeblieben von Berlin. Es gibt keine Wohnstätten, keine Läden, keine Transportmittel, keine Regierungsgebäude. Nur ein paar Mauern [...] sind das Erbe, das die Nazis der Bevölkerung Berlins hinterlassen haben.« In knappen Worten hat der Kriegsberichterstatter der »New York Herald Tribune« die Lage im Mai 1945 erfaßt. Was für Berlin galt, galt in ähnlicher Weise für viele, sehr viele andere Städte: Seit dem »Dreißigjährigen Krieg« hatte Deutschland solche Zerstörung und solches Elend nicht mehr erlebt.

In dieser verzweifelten Situation fiel den alliierten Siegermächten die politische Verantwortung für das geschlagene Deutschland zu – Verständnis für seine besondere Notlage ließen sie verständlicherweise jedoch kaum erkennen: In ihren Augen erlitten die Deutschen ein selbstverdientes Schicksal. »Das deutsche Volk fängt an«, heißt es im »Potsdamer Abkommen«, »für die furchtbaren Verbrechen zu büßen.«

Zum Elend des Krieges gesellte sich jetzt noch das »Besatzungselend«: französische und russische Truppen ernährten sich »aus dem Lande« und verschlimmerten so den allgemeinen Hunger; Amerikaner und Briten quartierten sich in die wenigen noch intakten Häuser ein und vergrößerten die Wohnungsnot; zu Übergriffen gegen die Zivilbevölkerung kam es auf allen Seiten.

Reparationen und Demontagen

Der alliierten Besatzungspolitik war es zunächst in erster Linie daran gelegen, sich an den noch vorhandenen deutschen Produktionsanlagen für die eigenen Kriegsverluste schadlos zu halten. Rußland und Frankreich wollten mit diesen Reparationen ihre zerstörten Industrien wieder aufbauen; Amerika und England ging es wohl auch darum, die lästige Konkurrenz der Wirtschaftsmacht Deutschland endgültig auszuschalten, oder sie zumindest so zu schwächen, daß sie keine ernsthafte Gefahr für ihre Sicherheit mehr war. Wie nachhaltig solches Denken die Politik der Siegermächte bestimmte, macht ihr Plan einer deutschen »Friedenswirtschaft« aus dem Frühjahr 1946 deutlich. Er sah vor, alle Produktionszweige zu verbieten, die sich auch nur entfernt kriegstechnisch nutzen ließen – Herstellung von synthetischem Benzin und Gummi, von Kugellagern und schweren Werkzeugmaschinen: In Wirklichkeit konnte man damit zentrale Bereiche der Schlüsselindustrien lahmlegen. Die deutsche Produktionskapazität insgesamt sollte auf die Hälfte des Vorkriegsstandes herabgedrückt werden! Diese vornehmlich »technische« und sicherheitsbezogene Sicht ihrer Deutschland-Politik trat jedoch in dem Maße zurück, in dem die unmittelbare Not des Volkes in das Blickfeld der »Besatzer« kam: Politische Verantwortung konnte die Verantwortung für die Menschen in Deutschland nicht aussparen. Zu diesem Sinneswandel hatten moralische Appelle von Augenzeugen aus den Siegerländern maßgeblich beigetragen. Aufsehen und Betroffenheit erzeugten etwa die Berichte des Bischofs von Chichester in der englischen Presse: »Die Wahrheit besteht darin, daß die Not im Reich von Tag zu Tag steigt und daß eine fürchterliche Hungersnot ausbrechen muß, falls nicht schleunigst Hilfe einsetzt [. . .]«. Bei einer zu radikalen Ausbeutung der deutschen Wirtschaft mußte die Selbstversorgung des Volkes bald zusammenbrechen – solche Überzeugung setzte sich jedoch nicht gleichermaßen bei allen Besatzungsmächten durch. Als die Sowjets Anfang 1947 die Beendigung ihrer Demontagen verkündeten, hatten sie ihre Zone praktisch »ausgeräumt«.

Lebensmittelkarten und Importe

Um die Versorgung der Bevölkerung einigermaßen zu ordnen, griffen die Alliierten zunächst wieder auf das System der nationalsozialistischen Zwangsbewirtschaftung zurück – Lebensmittelkarten und Bezugsscheine sollten die Not wenigstens gleichmäßig auf alle verteilen. Amerika und Großbritannien sahen sich allerdings gezwungen, durch Importe von Nahrungsmitteln die Versorgung ihrer vom Hunger besonders bedrohten übervölkerten, stark industrialisierten Zonen wenigstens einigermaßen aufrechtzuerhalten: 700 Millionen Dollar mußten sie fortan im Jahr dafür aufwenden.

Zur Änderung der westlichen Besatzungspolitik hatten neben rein wirtschaftlichen Gründen und Mitleid auch die Achtung vor dem Lebenswillen des deutschen Volkes beigetragen. Man begann im Ausland allmählich, die »häßlichen Deutschen« differenzierter zu betrachten. Die »Philosophie« der Nachkriegsdeutschen war freilich recht einfach: schlimmer konnte es ja nicht mehr kommen, und bei harter Arbeit ließen sich Hunger und Elend noch am ehesten vergessen! Nicht alle indes mochten sich eine solche Einstellung zu eigen zu machen. Das »Potsdamer Abkommen« löste in Deutschland eine Selbstmordwelle aus – 1200 Menschen nahmen sich in Berlin das Leben, 600 in Leipzig, 450 in Hamburg. Neben tödliche Verzweiflung trat – ein seltsames Paradoxon – ausgelassene Lebensfreude. Inmitten der Not hatten die Vergnügungsviertel Hochkonjunktur, und die improvisierten Faschingsbälle und Familienfeiern der ersten Nachkriegszeit verklären sich in der Erinnerung der Beteiligten zur Legende.

Wohnungsnot und Hunger

»Improvisation« wurde zum Schlüsselwort der »Stunde Null«. Es galt zunächst wieder das sprichwörtliche »Dach über dem Kopf« zu schaffen – in der amerikanischen Zone etwa war fast die Hälfte der Wohnungen nicht mehr bewohnbar. Mit primitivsten Mitteln wurden in den noch erhaltenen Kellern von Ruinen »Wohnungen« oder notdürftige Verkaufsräume eingerichtet: Baumaterial fand sich nebenan in den Trümmern; idyllische Gartenhäuschen wurden jetzt zu »Behelfsheimen« umfunktioniert. Für den vollständigen Wiederaufbau Deutschlands veranschlagten Experten allerdings ein halbes Jahrhundert! Zur Räumung der Schuttmassen und zur Instandsetzung der Verkehrswege führte der Kontrollrat im Oktober 1945 eine »Arbeitspflicht« für alle Männer und Frauen ein – die »Trümmerfrau«, die mit einfacher Maurerklammer den alten Mörtel von den Ziegelsteinen klopfte, wurde zum Symbol des Wiederaufbauwillens. Bei aller Anstrengung konnte der neugeschaffene Wohnraum jedoch niemals dem durch die Flüchtlingsströme stetig wachsenden Bedarf gerecht werden. Als letzter Ausweg verfügte ein »Wohnungsgesetz« die Einquartierung von Obdachlosen: aus einer großen Vierzimmerwohnung wurde nicht selten eine Vierfamilienwohnung – in solcher »Zwangsintimität« wildfremder Menschen lag dann häufig die Ursache für häßliche Ressentiments gegen die Flüchtlinge.

Zum eigentlich zentralen Problem der Nachkriegszeit wurde der Hunger. Mit der Abtretung der Ostgebiete hatte Deutschland auch seine traditionellen »Kornkammern« verloren: eine größer gewordene Bevölkerung mußte jetzt aus einem deutlich kleiner gewordenen Landwirtschaftsraum ernährt werden. Schon 1945 nahm die Ernährungslage katastrophale Ausmaße an. »Mein vorläufiges Ziel«, erklärte der britische Oberbefehlshaber General Montgomery im September, »ist die Zuteilung von 1500 Kalorien pro Tag«; im April 1946 stellte eine Kommission fest, daß die Kalorienversorgung in der amerikanischen Zone 1275, in der britischen 1040 und in der französischen 927 pro Tag betrug (in der russischen Zone wurden Erhebungen nicht gestattet) – zur gleichen Zeit hatte die UNO 2550 Kalorien als Existenzminimum angesetzt!

Die Folgen waren erschreckend: »Wiegetrupps« in der britischen Zone mußten registrieren, daß fast 70 Prozent der Schulkinder unterernährt waren; Mangelkrankheiten wie die Tuberkulose breiteten sich fast epidemisch aus. Nach Schätzungen sind in Deutschland täglich 200 Menschen buchstäblich verhungert! Die Lebensmittelimporte aus den USA und Großbritannien konnten da allenfalls Schlimmeres verhüten. Dramatisch spitzte sich die Lage im »Kältewinter 1946/47« zu. Der Hungertod fand jetzt im »weißen Tod«, da es kein Brennmaterial gab, einen mächtigen Verbündeten. In München mußten 70 Wärmestuben für 50 000 Menschen eingerichtet werden. Man sprach allgemein vom »8. Kriegsjahr«!

Anfang 1947 sank die Kalorienzuteilung in Hamburg auf 800, in Essen gar auf 740 Kalorien pro Tag ab. Das System der Zwangswirtschaft war offenkundig zusammengebrochen: Nach den offiziellen Produktionsquoten hatte der »Normalverbraucher« jetzt alle 10 Jahre Anspruch auf ein neues Hemd, alle 40 Jahre auf einen Anzug – und nur jeder dritte auf einen eigenen Sarg! Wer da überleben wollte, mußte sich selbst helfen oder anders helfen lassen.

Lebensrettende Hilfe des Auslands

Solche Hilfe von außen haben die Deutschen von Privatleuten und karitativen Organisationen der Schweiz, Schwedens, des Vatikans, vor allem der USA in großherziger Weise erfahren. Für nicht wenige Kinder war die »Schulspeisung« der Quäker die einzige warme Mahlzeit, wahrscheinlich für Hunderttausende war sie die einzige Garantie fürs Überleben – das Werk dieser Sekte wurde durch den Friedensnobelpreis in London von 1947 gewürdigt. Unvergessen ist auch der Aufruf des jüdischen Verlegers Victor Gollancz, Deutschland jetzt und sofort zu helfen. Für 10 Dollar konnten Amerikaner Standardpakete nach

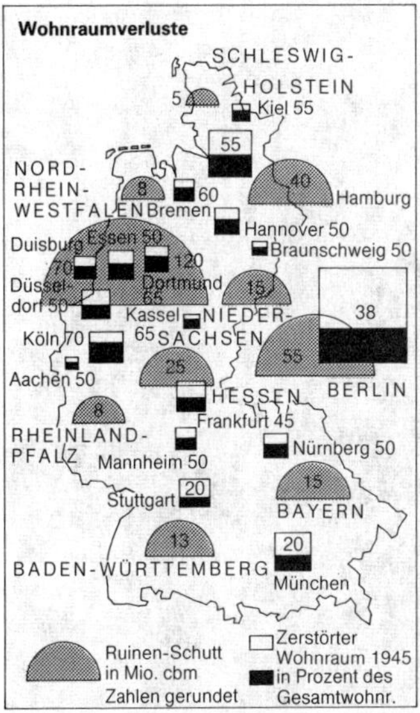

Leben in Trümmern. *Alle deutschen Großstädte lagen am Kriegsende in Schutt und Asche, was in erster Linie Verlust an Wohnraum bedeutete; jahrelang waren, vor allem von der britischen Luftwaffe, vorwiegend die Wohnquartiere bombardiert worden, um die Bevölkerung zu zermürben. Manche Mittel- und Kleinstadt war fast völlig ausgelöscht. Das galt selbst für Kulturstädte, die sich zu Lazarettstädten unter dem Schutz des Roten Kreuzes erklärt hatten – wie z. B. Würzburg, dessen Einwohnerschaft nach dem Angriff von 100 000 auf rund 10 000 sank. Überlebt zu haben, das hieß in diesen Städten, auch weiterhin ums Überleben zu kämpfen.*

Menschen- und Wohnraumverluste 1939–1945

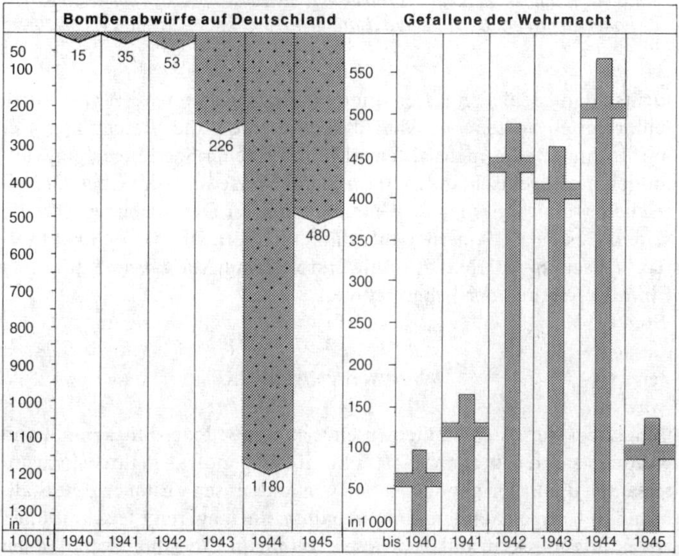

»Quäkerspeisung«! *Für jeden Schüler der Nachkriegsjahre bleiben sie bis ans Lebensende in dankbarer Erinnerung: die Kekssuppen, Schmalzbrote, Schokoladenriegel der Hilfsorganisationen – wohlschmeckende Lebensretter.*

Deutschland schicken lassen, die Nahrungsmittel im Wert von 40000 Kalorien enthielten: »CARE-Pakete« waren die Reichtümer der »schlechten Zeit«; mehr als eine Million solcher Sendungen ging monatlich nach Deutschland! Auf originelle Weise warb der Chef der hessischen Militärregierung für Unterstützung der Deutschen: er servierte seinen Gästen aus Amerika »big dinner in German style« – Ersatzkaffee, Wassersuppe, 2 Pellkartoffeln und 5 Gramm Margarine. Karitativer Einfallsreichtum, der Leben rettete!

»Selbstversorgung«

Glücklich, wer da einen kleinen Garten besaß: Jedes Stückchen Land wurde jetzt intensiv zur »Selbstversorgung« genutzt – in ihrer Zone untersagten die Briten gar den Anbau von »nutzlosen« Blumen. Die Stallhasen in Käfigen auf dem Balkon halfen, die mageren Fleischrationen etwas aufzubessern, und die »Hühnerfarm« im Hinterhof, notfalls auch im Keller, bedeutete schon eine kleine Überlebensgarantie. Ein ganzes Volk sank jetzt wieder auf die Primitivstufe der »Sammler« herab: Auf den abgeernteten Feldern »stoppelte« man Ähren für ein kleines Säckchen Mehl; den Waldboden »kämmte« man nach Bucheckern durch: zehn Pfund ergaben einen Liter Öl; das »Kippensammeln« wurde zum Sport und war zugleich erniedrigend; immerhin aber reichten 7 Zigarettenkippen für eine »Neue«; hungrige Städter buddelten aus den Äckern wieder die Saatkartoffeln aus – die Grenzen zur Mundraubkriminalität wurden hier fließend: Es war schließlich auch ergiebiger, sich die Kohlen gleich aus dem Lagerbunker zu »besorgen«, als mühsam am Bahndamm nach vielleicht herabgefallenen Bröckchen zu suchen: 18000 Zentner Briketts wurden 1946/47 täglich aus einem Kölner Bahnhof gestohlen – unter den gestellten »Dieben« fand sich auch die Frau eines Staatsanwalts! Der Kölner Kardinal Frings hatte solchem »Tun« sogar die kirchliche Absolution erteilt: »Wir leben in Zeiten, da in der Not auch der einzelne das wird nehmen dürfen, was er zur Erhaltung seines Lebens und seiner Gesundheit notwendig hat« – »Fringsen« nannte der Volksmund fortan diese Selbstversorgung außerhalb der Legalität. Auf solche offizielle Toleranz durften freilich jene grellgeschminkten »Fräuleins« nicht rechnen, die sich ihre »Liebe« von ihren uniformierten Kavalieren in begehrten Naturalien honorieren ließen – die farbigen »Besatzungskinder« sind die bemitleidenswerten Zeugnisse der »Schokoladen-Prostitution« aus jenen Tagen.

Für den Normalverbraucher blieb die Möglichkeit, die kärglichen Lebensmittelzuteilungen etwas aufzubessern, meist auf die »Hamsterfahrt« beschränkt. An den Wochenenden waren die Züge »aufs Land« buchstäblich bis auf das Dach hinauf überfüllt: nach Bayern fuhr der »Kalorien-Expreß«, der »Kartoffel-Zug« nach Niedersachsen und das »Nikotin-Bähnchen« zu den Tabakfeldern der Pfalz. Hatte man bei solchen Hamstertouren von Bauernhof zu Bauernhof etwas ergattert, ein paar Pfund Kartoffeln, ein Brot oder gar ein Stückchen Speck, so war es nicht minder schwierig, den Rucksack durch die scharfen Transportkontrollen zu schleusen – Hamstern war Wirtschaftsverbrechen! Letztlich brachte aber nur der etwas nach Hause, der etwas zu »bieten«, zu tauschen hatte: Textilien, Zigaretten, auch Familienschmuck oder Teile des »guten Geschirrs« – für Geld bekam man lediglich ein verständnisloses Achselzucken!

Geld war in der Wirtschaft der Nachkriegszeit nahezu bedeutungslos geworden. Der Zusammenbruch ließ auch Hitlers Schwindel der »verdeckten Inflation« platzen; durch die Rüstung, den Krieg, die ungeheuren Verluste waren die Schulden des Reiches auf 300 bis 400 Milliarden

Mark aufgelaufen – das entsprach fast dem gesamten deutschen Geldvermögen: Die Reichsmark war praktisch wertlos, sie hatte ihre Funktion als Zahlungsmittel weitgehend eingebüßt: an die Stelle der Geldwirtschaft trat der »primitive« Tauschhandel.

»Kompensation« und »Schwarzer Markt«

Große Unternehmen wie kleine Händler wickelten ihre Geschäfte jetzt als Warentausch ab: man nannte das vornehm »Kompensationswirtschaft«; die gleiche Handelspraxis auf der Straße hieß weniger vornehm »Schwarzer Markt«. Auf dem Schwarzmarkt der Nachkriegszeit war fast alles zu haben – vorausgesetzt, man hatte sehr viel Geld oder selbst etwas zu tauschen. Viele schieden deshalb als Handelspartner aus, denn das durchschnittliche Monatseinkommen lag damals unter 200 Mark! Als Tauschobjekt wurde alles akzeptiert, vom Kunstwerk bis zur Zahnprothese – am wenigsten die Reichsmark. Anerkannte »Währungseinheit« war die Ami-Zigarette, das Stück z. B. im »Nominalwert« von etwa 6 Mark. Es bildeten sich bald regelrechte »Börsennotierungen« aus: das Pfund Fleisch kostete etwa 15 »Amis«, für 3 Paar Damenstrümpfe erlöste man vielleicht 1 Liter Öl, für das Kilo Bohnenkaffee wurden bis zu 1500 Mark verlangt, und der VW-Käfer war für 20 Stangen Zigaretten zu haben; der Kenner fand echte Okkasionen: einen Perserteppich etwa für 2 Zentner Kartoffeln!
Die »Märkte« etablierten sich bevorzugt auf Bahnhöfen oder größeren Plätzen; die Geschäfte wurden hinter vorgehaltener Hand abgewikkelt – meist war auch ein Quentchen Abenteuerlust dabei. Die Polizei stand diesem Treiben letztlich machtlos gegenüber. Bei Razzien gaben Späher rechtzeitig Alarm, sehr häufig wurden unverdächtige Kinder als Helfershelfer mißbraucht. Als ein Sonderkommando der Hamburger Polizei im März 1947 2500 Schwarzhändler festnehmen konnte, war die »Szene«, wie man heute sagen würde, damit keineswegs »trockengelegt«.
Im Dunstkreis des »Schwarzen Marktes« blühte die Kriminalität. In Hamburg wurden 1947 täglich rund 400 Ladeneinbrüche verübt, um »Nachschub« zu beschaffen; Bandenrivalitäten schreckten auch vor Mord nicht zurück. Der »Schwarze Markt« wurde zum bevorzugten Tummelfeld für Arbeitsscheue und Asoziale – der Verkauf einer Pakkung »Amis« wog leicht den Wochenlohn eines Arbeiters auf. Viele jener auf über 100 000 geschätzten herumvagabundierenden Jugendlichen – trauriges Strandgut des Krieges – gerieten hier endgültig auf die schiefe Bahn. Derweil führten Großschieber in den Kurbädern der

»Selbstversorgung«. *Um in den Nachkriegsjahren überleben zu können, um ein paar zusätzliche Kalorien zu bekommen, mußte man gewitzt sein, Strapazen auf sich nehmen oder etwas zu tauschen haben – und sei es die eigene Person. Oben: »Fräuleins« mit ihren vielleicht Nylonstrümpfe, Schokolade oder Kaffee stiftenden amerikanischen Freunden. – Unten: »Hamsterzug«.*

Nordseeküste ein ausschweifendes Luxusleben – für 500 Mark Tagespension, ersatzweise 10 Pfund Kaffee.
Im »Schwarzen Markt« enthüllte sich der ganze Widersinn der deutschen Notlage: Während hier das Wort »Mangelware« überhaupt nicht existierte, gestaltete sich die allgemeine Versorgung immer schwieriger – Deutschland wurde für die westalliierten Hilfeleistungen zu einem »Faß ohne Boden«. Im britischen Unterhaus polemisierte ein Abgeordneter: »Wir besiegen ein Land und fordern dann unsere eigenen Steuerzahler auf, 80 bis 100 Millionen Pfund im Jahr zu zahlen, um es wieder auf die Beine zu bringen.« Den einzigen Ausweg sah man in der Ausweitung der selbständigen deutschen Produktion.

Von der »Bi-Zone« zur »Währungsreform«

Schon 1946 hatte der amerikanische Außenminister Byrnes in seiner berühmten Stuttgarter Rede erklärt, daß Deutschland ein Industriepotential belassen werden müsse, das »ihm die Aufrechterhaltung eines durchschnittlichen europäischen Lebensstandards ohne die Hilfe anderer Länder ermöglicht«. Er hatte deshalb die »wirtschaftliche Vereinigung Deutschlands« gefordert und konsequent seine amerikanische Zone mit der britischen zum »Vereinigten Wirtschaftsgebiet«, zur »Bi-Zone«, zusammengeschlossen; später gliederten auch die Franzosen ihr Besatzungsterritorium der »Bi-Zone« an. Die Deutschen erhielten dabei gewisse Verwaltungsfunktionen, im Frankfurter »Wirtschaftsrat« wurde ihnen eine Art beratendes Parlament zugestanden.
Die Vorschläge einer amerikanischen Wirtschaftskommission – »Die Produktionsfähigkeit Europas kann nicht wiederhergestellt werden, ohne daß Deutschland in die Lage versetzt wird, zu dieser Produktion beizutragen« – mündeten im Juni 1947 in den »Marshall-Plan«, ein Hilfsprogramm im Umfang von 80 Milliarden Dollar, um Europa, wie Außenminister Marshall es formulierte, vor »einem wirtschaftlichen, sozialen und politischen Verfall« zu retten. Im Spannungsfeld des zunehmenden Ost-West-Konfliktes sollten so die freien europäischen Länder gegen den Zugriff des Kommunismus gesichert werden. Grundvoraussetzung für eine Förderung Deutschlands aber war die Sanierung seiner zerrütteten Währung.
Die »Währungsreform« vom 20. Juni 1948 hat den Deutschen in den Westzonen das »Wunder der D-Mark« beschert. Am »Tag danach« waren die Schaufenster mit den lange entbehrten Waren gefüllt – alles wohlfeil wie zu »Friedenszeiten«. Zugleich war damit eine Ursache für die früheren Versorgungsengpässe offenbar geworden: Unternehmen

***Arbeitslosigkeit trotz Währungsreform.** Als Folge der Zerstörungen, des Flüchtlingsstroms und des zunehmenden Konkurrenzkampfes der freien Marktwirtschaft hielt sich die Arbeitslosenzahl bis 1950 bei 1,5 Millionen.*

und Geschäftsleute hatten heimlich für den »Tag X« gehortet! Im allgemeinen Trubel fast unbemerkt hob am gleichen Tag der Direktor des »Frankfurter Wirtschaftsrates«, Ludwig Erhard, eigenmächtig wichtige Bereiche der Zwangsbewirtschaftung auf – er wollte der »Verwaltung des Mangels« ein Ende machen! Der hohe Kaufwert des neuen Geldes, davon war er fest überzeugt, würde die Arbeitsleistung und die Produktionsbereitschaft so anspornen, daß die Wirtschaft von selbst wieder auf Touren käme. Erhard setzte auf das freie Spiel der Kräfte – der Staat sollte lediglich dafür sorgen, daß alle am wirtschaftlichen Fortschritt teil hätten. Diese Vorstellung von einer »Sozialen Marktwirtschaft« wurde indes scharf bekämpft: Die Gewerkschaften nannten sie »chaotisch« und forderten Vergesellschaftung der Schlüsselindustrien; die SPD beschwor die Gefahr »einer sozialen Katastrophe«, der Not für die Schwachen und des Reichtums für die Unternehmer und sprach sich für Planung und Lenkung der Wirtschaft durch den Staat aus. Der Gegensatz »Marktwirtschaft–Planwirtschaft« wurde zur zentralen Alternative zwischen CDU und SPD bei der 1. Bundestagswahl.

Nach seinem »Sieg« verkündete Adenauer 1949 in seiner Regierungserklärung: »Auf dem Gebiet der Wirtschaftspolitik werden wir die [...] so erfolgreich eingeschlagene Richtung weiterverfolgen« – den damals noch parteilosen Ludwig Erhard berief er zu seinem Wirtschaftsminister. Den endgültigen Sieg für die Marktwirtschaft bedeutete dies indes jedoch noch nicht. Es ging nun zwar in den Unternehmen und der Wirtschaft sichtbar aufwärts, der Wiederaufbau zeigte erste spektakuläre Erfolge; das Ausland faßte Vertrauen zur D-Mark. Am 1. März 1950 konnte die Lebensmittelbewirtschaftung vollständig aufgegeben werden – die Versorgungslage war jetzt besser als im »Siegerland« Großbritannien! Auf der anderen Seite aber wurden immer noch Industrieanlagen demontiert, die alliierten Produktionsverbote bestanden fort, die Zahl der Arbeitslosen hatte sich vom Januar 1949 bis Dezember – auf 1,5 Millionen – verdoppelt, und der Zustrom der Flüchtlinge riß nicht ab. Die Löhne blieben niedrig, kaum ein Schwerarbeiter erreichte mehr als 1 DM Stundenlohn, der Angestellte konnte froh sein, wenn er brutto 300–400 DM am Monatsende nach Hause brachte.
Die Kriegsfolgen erzwangen in diesen Jahren, den Akzent vor allem auf die »soziale« Seite der Marktwirtschaft zu setzen. Es galt, Millionen von Opfern des Krieges und der Nachkriegszeit zu versorgen: Über 3 Milliarden Mark waren jährlich an Renten zu zahlen, 24 Milliarden wurden von 1948 bis 1953 für die Eingliederung der Flüchtlinge aufgewendet. Ein »Lastenausgleich« sollte in gewissem Umfang alle jene entschädigen, die von den Folgen des Krieges besonders hart betroffen waren. 1953 bezog jeder dritte Bürger in der Bundesrepublik Leistungen aus den verschiedenen Formen der Sozialversicherung – die tragenden Maschen des »sozialen Netzes waren geknüpft.

Auf dem Weg ins »Wirtschaftswunder«

Nachdem Adenauer den Westalliierten in zähen Verhandlungen die Aufhebung von Demontagen und Produktionseinschränkungen abgerungen hatte und nachdem der Korea-Krieg (1950–1953) bei den Partnern der USA einen Wirtschafts-Boom ausgelöst hatte, erlebte die Bundesrepublik in den nächsten zehn Jahren einen wohl beispiellosen, zunächst noch langsamen, dann aber sich immer mehr beschleunigenden wirtschaftlichen Aufstieg. In den meisten Sektoren konnte die Produktion verdoppelt werden, die Leistungen der Volkswirtschaft insgesamt, das Sozialprodukt, steigerte sich gar auf das Dreifache! Mit staatlicher Hilfe wurden jährlich im Durchschnitt über 500 000 Wohnungen gebaut; die Arbeitslosigkeit verringerte sich kontinuierlich, und 1959 war

schließlich Vollbeschäftigung erreicht. Seit 1956 galt die Bundesrepublik nach ihren Überschüssen als das reichste Land der westlichen Welt, 1958 stieg sie zur mächtigsten Industrienation hinter den USA auf – die Superlativen überschlugen sich: Im In- und Ausland sprach man staunend vom »Deutschen Wirtschaftswunder«.
Bei nüchterner Betrachtung indes zeigte das »Wunder« ganz reale Ursachen. Erhards optimistische Spekulation war offenkundig aufgegangen – zu Recht nannte man ihn jetzt den »Vater des Wirtschaftswunders«; die 1,5 Milliarden Dollar des »Marshall-Planes« und gezielte Steuervergünstigungen für Industrie, Handel, Gewerbe und Landwirtschaft hatten sich als die entscheidende Starthilfe für die Wirtschaft erwiesen; die für jeden bestehende Notwendigkeit, seine Existenz aus den Trümmern neu wieder aufzubauen, tat ein Übriges. Der »Rest« war Einfallsreichtum, Unternehmergeist, war Selbstbescheidung, Fleiß und harte Arbeit!
Dieser Einsatz hatte sich freilich rentiert; Erhards Wahlkampfparole »Wohlstand für alle« begann innerhalb weniger Jahre entsprechend den Möglichkeiten des einzelnen Wirklichkeit zu werden. Auch der »kleine Mann« konnte sich jetzt etwas »leisten«. In »Wellen« befriedigten die Deutschen nun ihren Nachholbedarf aus entbehrungsreicher Zeit. Die »Freßwelle« am Anfang wurde dabei wohl am ausgiebigsten genossen – auch das war ein »Beweis« für das Wirtschaftswunder: 1952 mußte die sechs Jahre zuvor installierte Bestuhlung im Düsseldorfer Landtag ausgewechselt werden, weil sie die Abgeordneten nicht mehr zu »fassen« vermochte! Bald hielten Kühlschrank und Waschmaschine auch im Durchschnittshaushalt Einzug, und nach Hilfsmotor oder Fahrrad, Roller, Kabinenroller und Kleinstwagen wurde für viele nach 1960 auch der VW zum erfüllbaren Wunschtraum: In diesem Jahr hatte sich die Anzahl der Automobilbesitzer gegenüber 1950 schon vervierfacht!
Auch die »Alten« ließ man am Aufschwung teilhaben: die »Dynamische Rente« von 1957 orientierte sich an der allgemeinen Wirtschaftsentwicklung und garantierte damit am Lebensabend einen angemessenen Lebensstandard – wachsender Wohlstand ermöglichte den Wohlfahrtsstaat.
Auf seinem Höhepunkt zeigte das »Wirtschaftswunder« jedoch Schönheitsfehler. Alle hatten am Aufstieg mitgearbeitet, nicht alle erhielten aber dafür den gleichen Lohn. Die Einkommen der Arbeitnehmer hatten sich im Laufe von zehn Jahren verdoppelt, die der Selbständigen jedoch verdreifacht; die Vermögensbildung in ihrer Hand war, wie eine Erhebung der Bundesregierung auswies, über zwanzigmal so hoch wie die der Unselbständigen! An diesen Verhältnissen konnte

Ludwig Erhard, »Vater des Wirtschaftswunders«. *Wirtschaftsminister Erhard, unter dessen Regie amerikanische Pläne marktwirtschaftlicher Prinzipien zur Ausführung kamen, wurde zum Wohlstandssymbol der Bundesrepublik.*

»Statussymbole« des beginnenden Wirtschaftswunders. *Unten links: Lieblingskind Auto. – Unten rechts: ›Wohnkultur‹ der ›Nierentische‹ und ›Schalensessel‹. Oben rechts: – Hochhaus (Phoenix Rheinrohr, Düsseldorf), Symbol wirtschaftlichen Wachstums. - Oben links: Sie halfen beim Wirtschaftswunder: Gastarbeiter.*

auch Erhards Plan von der »Volksaktie« nichts Grundlegendes ändern. Zwar waren diesmal auch die »Armen« reicher geworden – aber eben doch nicht im gleichen Maße wie die Reichen. Als »Stiefkinder des Wirtschaftswunders« mußte noch über eine halbe Million in Baracken und Wohnwagen kampieren, viele blieben chancenlos.
Dem steigenden Lebensstandard entsprach keineswegs auch eine erhöhte Lebensqualität. Geistige Interessen schienen in der »Wirtschaftswunderzeit« allgemein zu verflachen; der grellbunte amerikanische Lebensstil, über den man sich mit hungrigem Magen noch mokiert hatte, breitete sich mehr und mehr aus; Schnulze und Kitsch beherrschten die Szene; das böse Wort von der »Gartenzwergkultur« machte die Runde. In bedenklicher Weise wurde jetzt materieller Besitz zum Wertmaßstab erhoben: Der Rang des einzelnen in der Gesellschaft ließ sich an seinen oft protzig zur Schau gestellten »Statussymbolen« ablesen – vom Luxuswagen bis zum Pelzmantel der Ehefrau!
Mitte der 60er Jahre begann sich in die allgemeine Zufriedenheit der Zweifel zu mischen: Kritiker wiesen auf Gefahren des Materialismus und des Wohlstandsdenkens hin. Nur wenige Bundesbürger freilich teilten dieses »Unbehagen«.
In nur zehn bis fünfzehn Jahren hatte Westdeutschland den weiten Weg von der »Hungergesellschaft« zur »Überflußgesellschaft« zurückgelegt – eine erstaunliche Leistung der Menschen in diesem 1945 in Schutt und Asche liegenden Land, ein historisch nahezu einmaliges Phänomen, dessen Licht- und Schattenseiten sich freilich erst heute deutlich zu konturieren beginnen.

Literatur

Abelshauser, Werner: Wirtschaftsgeschichte der Bundesrepublik Deutschland, Frankfurt 1983
Abelshauser, Werner: Die langen Fünfziger Jahre. Wirtschaft und Gesellschaft der Bundesrepublik Deutschland 1949–1966, Düsseldorf 1987
Cartier, Raymond: Nach dem Zweiten Weltkrieg, München 1976
Grube, Frank/Richter, Gerhard: Die Schwarzmarktzeit, Hamburg 1979
Henkels, Walter: Kohlen für den Staatsanwalt, Düsseldorf 1969
Kleßmann, Christoph: Die doppelte Staatsgründung. Deutsche Geschichte 1945–1955, Göttingen 1989
Krause, Helmut/Reif, Karlheinz: Die Welt seit 1945, München 1980

DIETGER REINHOLD

Die Parteienlandschaft in der Bundesrepublik

Demokratische Tradition – Neubeginn 1945 – Traditionelle Klassen- und Konfessionsparteien – Neue Volksparteien – SPD, CDU, CSU, »Zentrum«, FDP – Das »Vier-Parteiensystem« – »Parlamentarischer Rat« – Konzentration – Herrschaft der »Kanzlerpartei« – Der Wandel der SPD – Die Rolle der FDP – Sozialliberale Koalition – Neue Kräfte: Die »Grünen«; Bündnis 90 – »Republikaner« – Neuorientierung nach der Wiedervereinigung.

Am 15. Juli 1933 erließ die NS-Reichsregierung ein Gesetz, welches die NSDAP zur einzigen politischen Partei erklärte und Zuwiderhandelnde mit Zuchthaus bedrohte. Damit wurde ein zwölfjähriges Vakuum in Geschichte und Entwicklung der deutschen politischen Parteien geschaffen, ohne jedoch ihre Ideen und Programmatik auslöschen zu können, so daß der 8. Mai 1945 keineswegs ein Punkt Null in der deutschen Parteiengeschichte war. Schon am 13. April 1945, also noch vor Hitlers Tod, erhoben aus dem KZ Buchenwald befreite demokratische Sozialisten den Ruf nach der »Einheit der sozialistischen Bewegung«, im Juni 1945 erschienen die »Kölner Leitsätze« der »Christlichen Demokraten Deutschlands«, die Gründungsaufrufe der KPD, SPD und der CDU. Jedoch verlief der Prozeß der Parteienneuentstehung in den drei Westzonen anders und langsamer als in der sowjetisch besetzten Zone, wo noch vor Beendigung der Kämpfe in und um Berlin ein KPD-Team unter der Leitung von Ulbricht und Pieck eingeflogen wurde und die Besatzungsmacht selbst nach detaillierten Plänen hinsichtlich der Art, Anzahl, Programmatik und Zielgruppen bereits am 10. Juni 1945 die Gründung antifaschistischer Parteien anordnete!

Die Entwicklung der Parteien in den drei Westzonen bis zur Gründung der »Bundesrepublik« am 23. Mai 1949

Die drei Westalliierten standen der Gründung von politischen Parteien zunächst ablehnend gegenüber, wobei Frankreich den härtesten Standpunkt vertrat; so wurden die Vorarbeiten für die Parteiengründungen zunächst nur geduldet und sie vollzogen sich teilweise unter er-

Dankbare Wähler: Konrad Adenauer *fand mit seiner pragmatischen, christlich-konservativ geprägten Politik besonders bei den Mitgliedern beider Konfessionen eine große Anhängerschaft.*

schwerten Umständen. Im Herbst 1945 begannen die Amerikaner als erste, die Gründung von Parteien zu lizensieren, d. h. zuzulassen. Die weitere Entwicklung zeigte dann zwei Tendenzen: Eine Reihe von Neu- bzw. Wiedergründungen führten ihrem Typus nach Weimarer Parteitraditionen fort, andere stellten typologisch etwas Neues dar. Zur ersten Gruppe gehörten die SPD, die KPD und das katholische »Zentrum« – diese Formationen behielten auch ihre alten Namen bei – sowie eine neue liberale Partei: die LDP (»Liberal Demokratische Partei«), später FDP (»Freie Demokratische Partei«), als Nachfolgerin der liberaldemokratisch-bürgerlichen Parteien Weimars (DDP/DSP und DVP); eine gewisse Sonderstellung nahmen zwei Regionalparteien ein, die DP (»Deutsche Partei«) und die BP (»Bayernpartei«). Die DP war eine fast ausschließlich niedersächsische, der dortigen konservativen Welfenbewegung entstammende Formation, die BP verfocht besonders in Altbayern einen extrem föderalistischen, ja manchmal partikularistischen, von einem liberalen Katholizismus geprägten Regionalstandpunkt.
Mit der CDU (»Christlich-Demokratische Union«) und ihrer Schwe-

sterpartei, der bayerischen CSU (»Christlich-Soziale Union«), entstand ein neuer Parteityp, zu dem es in der Demokratie von Weimar noch kein Pendant gegeben hatte: Die CDU wurde als christliche, aber im Gegensatz zum alten »Zentrum« *überkonfessionelle* Partei gegründet und wandte sich auch nicht an bestimmte Schichten, geschweige denn Klassen, sondern versuchte von Anfang an alle Schichten anzusprechen, wobei die gemeinsame christliche Grundüberzeugung das Verbindungsglied zwischen den in einer solchen Partei naturgemäß sehr verschiedenen Einzelinteressen darstellte. Stark geprägt vom tragischen Untergang der Weimarer Demokratie wollten die Gründer bewußt eine verhängnisvolle Parteienzersplitterung vermeiden, den Primat des Rechts und der Moral auch in der Politik verankern und das Getto des politischen Katholizismus (»Zentrum«) vermeiden: Es war kein Zufall, sondern Programm, daß die Gründer von CDU und CSU für diesen neuen Typ der »Volkspartei« die Bezeichnung »Union« wählten. Zwischen CDU und »Zentrum« bestand von Anfang an ein gewisses Konkurrenzverhältnis, in dem die CDU als die modernere, zeitgemäßere Formation schließlich die Oberhand behielt. In der Gründung der CSU drückte sich auch die nach 1945 bewußt empfundene bayerische Eigenstaatlichkeit aus. Das Programm dieser ebenfalls von vornherein überkonfessionellen, allen Schichten gleichmäßig zugewandten Volkspartei war dem der CDU sehr ähnlich, jedoch war das katholische und föderative Element von Anfang an stärker als in der CDU, welche in den Anfangszeiten ihre Schwerpunkte im Rheinland hatte, während die CSU besonders in den ländlichen Regionen Ober- und Niederbayerns sowie Schwabens verwurzelt war, wo sie fast nahtlos an die Tradition der BVP (»Bayerische Volkspartei«), einem spezifisch bayerischen Ableger des »Zentrums« der Weimarer Zeit, anknüpfen konnte. Beide Parteien besaßen die gemeinsame Grundüberzeugung, daß reine Marktwirtschaft ohne wirksame soziale, von Staat und Verfassung garantierte Regulative nicht mehr praktizierbar war; während der nationalsozialistischen Diktatur hatten sich in diesem wie auch in anderen Punkten Annäherungen zu Sozialdemokraten und Gewerkschaftern ergeben.

Ab 1946/47 war das heute sogenannte »Vier-Parteien-Modell« schon in allen drei Westzonen vertreten: durch eine marxistische bzw. marxistisch-leninistische (KPD), eine christlich-demokratische (CDU), eine sozialdemokratische (SPD) und eine liberale (FDP) Partei. Sonderformationen wie DP und BP, zu denen nach Aufhebung des Lizensierungszwanges im Jahre 1950 noch u. a. der »Gesamtdeutsche Block/Bund der Heimatvertriebenen und Entrechteten« (GB/BHE) hinzukamen, komplettierten das Bild, wenn auch die genannten kleineren

Parteien bald aufgesogen wurden. Dieses Parteienspektrum zeigte bereits damals mit Ausnahme der KPD und einiger anderer ausgesprochen links- und rechtsradikaler Splittergruppen einen deutlichen Trend zur »Mitte« hin, der sich in den folgenden Wahlen immer wieder bestätigen sollte.

Die ersten Landtagswahlen und Bildung des »Parlamentarischen Rates«

Die erste demokratische Bewährungsprobe für diese vier bzw. mit der CSU fünf »Lizenzparteien« (CDU, CSU, SPD, FDP, KPD) brachten die ersten Landtagswahlen, die zwischen Oktober 1946 und Mai 1947 abgehalten wurden. Bei 26,2 Millionen Wahlberechtigten und einer Wahlbeteiligung von gut 70 % entfielen auf die SPD insgesamt 484, auf die CDU/CSU 468, die FDP 120, die KPD 87 und auf das »Zentrum« 26 Landtagsmandate (ohne Berlin und das Saarland), wie die »Statistischen Berichte« des »Amtes des Vereinigten Wirtschaftsgebietes« ausweisen. Es zeichneten sich also die Umrisse einer bürgerlichen Mehrheit ab, was für die Arbeit des ersten länder- und zonenübergreifenden Gremiums, dem »Wirtschaftsrat« für die amerikanische und englische Zone, von großer Bedeutung sein sollte. Dieser Rat trat am 25. Juni 1947 in Frankfurt zusammen, seine Mitglieder waren von den Länderparlamenten entsandt worden, seit dem 2. März 1949 amtierte Prof. Ludwig Erhard als Direktor für Wirtschaft. Eine Mehrheit aus CDU/CSU, FDP und DP entschied sich für das Modell der »Sozialen Marktwirtschaft« und gegen sozialistische Formen einer verstaatlichten Wirtschaft.

Am 1. September 1948 konstituierte sich in Bonn der »Parlamentarische Rat«, um, auf der Arbeit des Sachverständigenrates von Herrenchiemsee fußend, das »Grundgesetz« zu erarbeiten, das schließlich am 23. Mai 1949 feierlich unterzeichnet und verkündet wurde. Im »Parlamentarischen Rat«, dessen Mitglieder ebenfalls von den Länderparlamenten bzw. deren Fraktionen delegiert worden waren, verfügte die CDU über 19, die CSU über 8, die SPD über 27, die FDP über 5, DP, »Zentrum« und KPD über je 2 Abgeordnete. Vorsitzender des Rates wurde Konrad Adenauer (CDU), dem wichtigen Hauptausschuß, in dem die entscheidende Arbeit am »Grundgesetz«-Text geleistet wurde, präsidierte Carlo Schmid (SPD).

Besonders heftige Auseinandersetzungen gab es um das föderalistische Prinzip – ein Streit, in dem über die Parteigrenzen teilweise hinweg norddeutsche, mehr zentralistische Positionen hart mit dem ausgeprägten süddeutschen Föderalismus aufeinanderprallten. Am 8. Mai 1949 billigte der Rat sein Werk mit der überwältigenden Mehrheit von 53:12 Stimmen.

Der am 14. August 1949 gewählte 1. Deutsche Bundestag wies – die 5-Prozent-Klausel gab es damals noch nicht – ein recht buntes Parteienspektrum auf, denn nicht weniger als 11 Parteien und 2 unabhängige Abgeordnete waren in ihm vertreten; man darf hier freilich nicht übersehen, daß bereits 1949, hätte die 5-Prozent-Klausel schon existiert, keine der kleineren Parteien mit Ausnahme von FDP und KPD in das Parlament gelangt wäre und bereits damals gut 72 Prozent der Zweitstimmen auf die vier Parteien entfielen, die auch noch 1980 alle Bundestagsabgeordneten stellten (CDU/CSU, SPD, FDP)! Eine Koalition aus CDU/CSU, FDP und DP wählte am 15. September 1949 Konrad Adenauer (CDU) zum ersten Kanzler und Regierungschef der Bundesrepublik Deutschland; Bundespräsident und damit Staatsoberhaupt war am 13. September 1949 Theodor Heuss (FDP) geworden.

1949–1961: Die Ära Adenauer
»Kanzlerpartei«

Konrad Adenauer war seit 1950 Bundesvorsitzender der CDU und dazu noch Regierungschef, womit die in einem parlamentarischen System sehr schlagkräftige und zweckmäßige Personalunion zwischen Regierungschef und Chef der stärksten Regierungspartei hergestellt war. In dieser Stellung wurde Adenauer zum unangefochtenen Vorsitzenden der CDU und zu einem Symbol der jungen Bundesrepublik; die Bundestagswahlen von 1953 und 1957 untermauerten diese Stellung noch: 1953 erreichten CDU/CSU zusammen 45,2 Prozent der Stimmen, während die SPD leicht von 29,2 auf 28,8 Prozent zurückfiel, 1957 erreichten CDU/CSU die bis jetzt in der Geschichte der Bundesrepublik einzige absolute Mehrheit mit 50,2 Prozent der Stimmen, die SPD kam auf 31,8 Prozent. Bemerkenswert ist, daß seit 1949 der Stimmenanteil von CDU/CSU, SPD und FDP ständig weiter anstieg: lag er 1949 noch bei 72 Prozent, so betrug er 1953 schon 83,5 Prozent, stieg 1957 weiter auf 89,7 Prozent, um dann schließlich über 94,9 Prozent im Jahre 1961 auf über 99 Prozent im Jahre 1980 zu klettern. Diese Zahlen symbolisieren einen bis 1980/81 unwiderstehlich scheinenden Konzentrationsprozeß auf die vier ›klassischen‹ Bundestagsparteien, der nicht nur durch die Einführung der 5-Prozent-Klausel im Jahre 1953 zu erklären ist.

So kam es zwischen 1950 und 1960 zu einer sehr spürbaren Ausdünnung

Bundestagsmandate 1949–1972 (ohne Berlin)

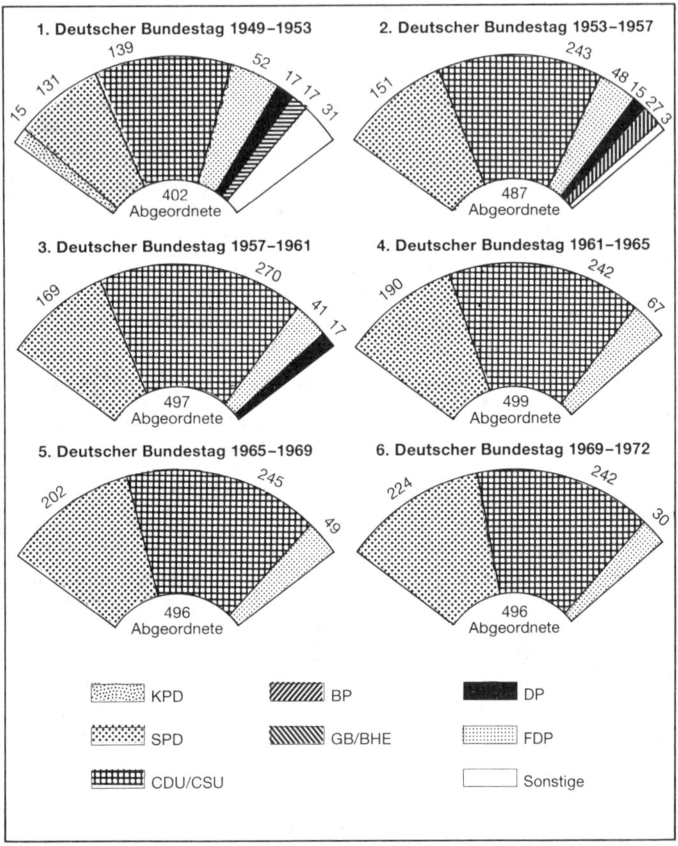

der Parteienlandschaft: 1949 waren im Bundestag 11 Parteien vertreten, 1953 deren 7 (CDU, CSU, SPD, FDP, DP, BHE, »Zentrum«), 1957 noch 5 (CDU, CSU, SPD, FDP, DP) und von 1961 bis 1983 nur noch die klassischen Vier. Seit Einzug der »Grünen« ins Parlament sind es wieder fünf. 1953 war bereits die BP von der CSU aufgesogen worden, das »Zentrum« hatte zu diesem Zeitpunkt 66 Prozent seiner Stimmanteile wohl meist an die CDU verloren. Ein großer Teil der KPD-Wähler wechselte zur SPD über, weil er am Beispiel der DDR plastisch vor Augen geführt bekam, was es bedeutete, von einer marxistisch-leninistischen Partei strenger Moskauer Observanz in den realen Sozialismus

Bundestagsmandate 1972–1990 (bis 1987 ohne Berlin)

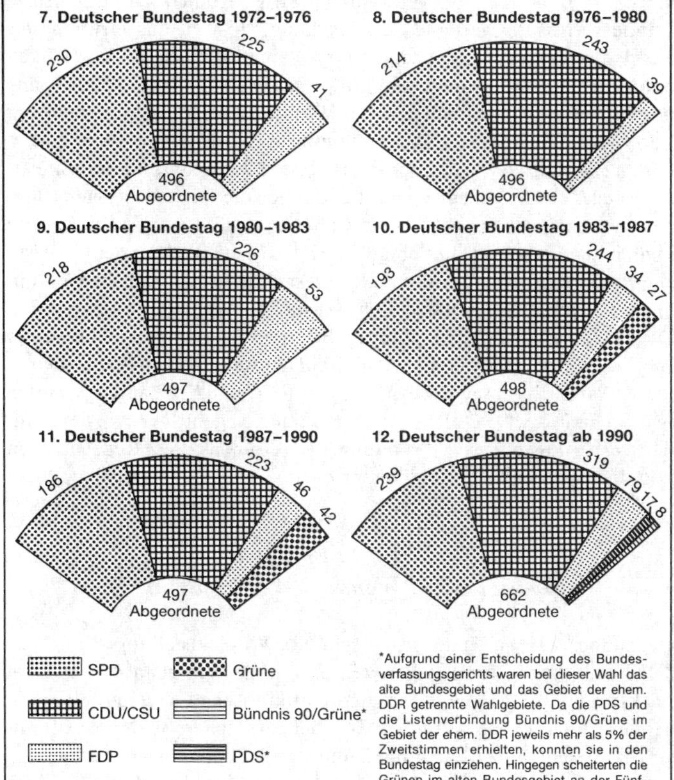

*Aufgrund einer Entscheidung des Bundesverfassungsgerichts waren bei dieser Wahl das alte Bundesgebiet und das Gebiet der ehem. DDR getrennte Wahlgebiete. Da die PDS und die Listenverbindung Bündnis 90/Grüne im Gebiet der ehem. DDR jeweils mehr als 5% der Zweitstimmen erhielten, konnten sie in den Bundestag einziehen. Hingegen scheiterten die Grünen im alten Bundesgebiet an der Fünfprozentklausel.

geführt zu werden. Die KPD sank schließlich zu einer zahlenmäßig zu vernachlässigenden Splitterpartei ab. Die DRP (»Deutsche Reichspartei«) verlor ihr Wählerpotential an CDU, FDP und DP. Nach 1957 ging die DP in der CDU auf, das Flüchtlingswählerpotential des GB/BHE, der 1953 immerhin 5,9 Prozent und 1957 noch 4,6 Prozent der Zweitstimmen erreicht hatte, dürfte zwischen 1956 und 1958 nach dem Zerfall dieser Partei, zum größeren Teil an die CDU/CSU, aber auch an SPD und FDP gegangen sein. Der noch verbliebene Wählerstamm des »Zentrums« ging 1957 zur CDU. Das »Zentrum«, die zweitälteste deutsche Partei, sank daraufhin zur Bedeutungslosigkeit ab.

Schon 1952 wurde die neonazistische »Sozialistische Reichspartei« (SRP), 1956 die KPD als verfassungswidrig verboten. Die Urteile des Bundesverfassungsgerichtes wurden möglich, weil das Grundgesetz aus den schlimmen Erfahrungen von Weimar heraus die Möglichkeit eines Parteienverbots bei verfassungsfeindlicher Tätigkeit, Zielsetzung oder Struktur vorsah: Seit 1949 stehen die Parteien nicht ›neben‹ der Verfassung, sondern sind in diese einbezogen und auf sie verpflichtet. In den 50er Jahren wurde auch deutlich, daß die Neugründung von Parteien gegen die 5-Prozent-Klausel und gegen die vier ›klassischen‹ Bundestagsparteien keine echte Chance hatte – eine Ausnahme bildete lediglich der allerdings kurzlebige GB/BHE –, denn alle anderen Versuche mißlangen, ob sie nun GVP (»Gesamtdeutsche Volkspartei« mit dem späteren Bundespräsidenten Gustav Heinemann an der Spitze), DFU (»Deutsche Friedensunion«), BdD (»Bund der Deutschen«) oder NPD (»Nationaldemokratische Partei Deutschlands«) hießen – keiner dieser Parteien gelang es, trotz gewisser Erfolge bei Landtagswahlen (wie im Falle der NPD 1966), auch nur einen Abgeordneten in den Bundestag zu bringen. Erst 1983 konnten die »Grünen« diese Regel brechen und die 5-Prozent-Klausel überspringen.

1961–1969: Übergang und Wende – Wandel der SPD

Gegenüber 1946/47 hatten sich Umfeld, Problemstellungen und Arbeitsbedingungen für die Parteien z. T. erheblich geändert; mit am stärksten spürte das die tief in der demokratischen Arbeiterbewegung verwurzelte SPD: sie verfügte zwar über eine sichere Wählerschaft mit gut 30 Prozent der Zweitstimmen, mußte aber immer wieder erkennen, daß dieser eiserne Bestand bei Wahlen zum Bundestag nur zu einer starken Oppositionsrolle, nicht aber für die Übernahme der Regierung ausreichte. Man kam so in der SPD nicht darum herum, die Position der Partei zu den geschaffenen bzw. existierenden und sich weithin auch bewährenden Gegebenheiten im Jahr 1957/58 (»Soziale Marktwirtschaft«, Westintegration der Bundesrepublik und ihre Aufnahme in die NATO, Unwahrscheinlichkeit einer Wiedervereinigung in absehbarer Zeit unter akzeptablen Bedingungen, Abnahme der sozialen Gegensätze bei großen Wohlstandszuwächsen auch in den unteren Bevölkerungsschichten, nachlassendes Interesse an Theorien und Ideologien in der praktischen Politik, Unmöglichkeit mit der alten Programmatik neue Wählerschichten zu erreichen u. a. m.) zu überprüfen und gegebenenfalls Programm, Struktur und Arbeitsweise der Partei entsprechend

Kurt Schumacher, der große Gegenspieler Adenauers, *Führer der Sozialdemokratie, über 10 Jahre in KZ-Haft, Gegner der Westintegration und kommunistischen Totalitarismus', und Annemarie Renger.*

zu reformieren. 1959 hatten sich die Befürworter eines solchen Reformkurses wie Herbert Wehner, Willy Brandt, Fritz Erler u. a. durchgesetzt, und auf dem »Godesberger Parteitag« erhielt die SPD ein an die neuen sozialen Gegebenheiten angepaßtes Programm, das ihren politischen Aktionsradius weit über die Arbeiterschaft hinaus auf den »Neuen Mittelstand« (soziale Aufsteiger, Angestellte mit höherer Bildung etc.), Akademiker, Beamte, Schüler und Studenten, aber auch auf Selbständige ausdehnte und geeignet war, für die SPD auch neue politische Verbündete unter den Parteien zu gewinnen. So wurde die SPD zwischen 1961 und 1969 aber zu einer modernen Volkspartei, in der auch Intelligenz und Bürgertum, vor allem das politisch besonders aktive jugendlich-intellektuelle Moment mit seinem stark von der Frankfurter Schule bestimmten Demokratieverständnis an Boden zu gewinnen begann. Die Bedeutung dieses Teils der Mitgliederschaft verstärkte sich noch einmal spürbar, als unter der Parteiführung von Willy Brandt größere Teile der APO (»Außerparlamentarische Opposition«) und der rebellierenden Jugend in die SPD integriert wurden.

In den 50er Jahren war unter Adenauers Vorsitz die CDU zu einer reinen Kanzlerpartei geworden, wobei sich besonders der Einfluß ihres sozialen Flügels verringerte. Die großen Wahlerfolge von 1953 und vor allem 1957 sahen die Partei und besonders ihren Vorsitzenden auf einer hohen Woge der Popularität und des allgemeinen Vertrauens: Adenauer war die CDU! Doch schon 1957/58 begannen sich auch Probleme zu stellen. Da war einmal die Frage der Nachfolge für den nun über achtzigjährigen Kanzler und Parteivorsitzenden; die Partei wollte den so populären Wirtschaftsminister Ludwig Erhard als Kronprinzen und designierten Nachfolger, doch Adenauer hielt nichts von ihm. Auch regte sich in den oberen Rängen der CDU Widerstand gegen den straffen Führungsstil des Hochbetagten. Schwierig gestaltete sich auch das Verhältnis zur FDP, in der es – besonders in Nordrhein-Westfalen – jüngere Kräfte um Döring, Scheel, Weyer u.a. gab, die eine Zusammenarbeit mit der SPD ansteuerten. All diese Querelen um die Nachfolge, mit der FDP um das Wahlrecht und die Regierungsbildung 1961 (die FDP hatte im Falle einer Koalition ihren Wählern eine Regierung ohne Adenauer versprochen), auch die Vorgänge um den Berliner Mauerbau drückten 1961 die CDU/CSU auf 45,4 Prozent und hoben die FDP auf die bis heute nie mehr erreichte Höhe von 12,8 Prozent der Stimmen. Damit war auch die FDP zu einer, wenn auch kleinen, so doch gewichtigen Parlamentskraft und Volkspartei geworden, die offensichtlich das ganze liberale Wählerspektrum an sich zu ziehen vermochte; wiederum schien sich die damals von der Wissenschaft fast einhellig vertretene Ansicht zu bewahrheiten, daß nur der »Volkspartei« mit ihrem kurz und allgemein gehaltenen Programm die politische Zukunft gehöre. 1963 trat Adenauer nicht ganz freiwillig zurück und machte, wie mit der FDP vereinbart, seinem Nachfolger Ludwig Erhard Platz, der in den Bundestagswahlen von 1965 respektable 47,6 Prozent der Stimmen für die CDU/CSU errang. Doch im Jahre 1966 geriet die Bundesrepublik in eine Wirtschaftsrezession, die, nach heutigen Maßstäben relativ harmlos, gravierende politische Auswirkungen haben sollte: CDU/CSU und FDP zerstritten sich über die für die Rezessionsbekämpfung anzuwendenden Mittel, und die FDP, die nun unbedingt Härte und Standhaftigkeit demonstrieren wollte, verließ die Regierung Erhard, dem nun auch innerhalb seiner eigenen Partei nicht zum ersten Mal »Führungsschwäche« vorgeworfen wurde. Die neugegründete, rechtsradikale NPD reüssierte bei einigen Landtagswahlen mit beachtlichen Ergebnissen, so daß zur wirtschaftlichen auch noch eine politische Gefährdung von rechts zu kommen schien.

In dieser Situation erntete die SPD den Lohn für Godesberg: Hatte sie sich von 36,2 Prozent bei den Bundestagswahlen 1961 auf 39,3 Prozent

WILLY BRANDT

»In seinem Lebenslauf liegt Stoff für eine Legende«, sagte Heinrich Böll über Willy Brandt und spielte damit nicht nur auf den sozialen Aufstieg des Politikers an, der 1913 als unehelicher Sohn einer Konsum-Verkäuferin in Lübeck geboren wurde. Wie eine Legende liest sich die politische Biographie Willy Brandts vom Emigranten zu einer der großen Gründergestalten der zweiten deutschen Demokratie. Brandt mußte 1933 nach Norwegen fliehen, weil er sich schon als 16jähriger in der SPD engagierte und den Kampf gegen das Naziregime aus dem Widerstand weiterführte. 1938 wurde er von Nazi-Deutschland ausgebürgert. Wenn er später zu Solidarität, Toleranz und Überwindung des Nationalismus aufrief, dann war seine Rede mit eigenen Erfahrungen ausgefüllt. Dem Bundeskanzler Willy Brandt nahm es die Welt als Zeichen der Versöhnung ab, als er 1970 vor dem Mahnmal im Warschauer Getto niederkniete. Von 1957 bis 1966 war Brandt Regierender Bürgermeister von Berlin, seit 1964 (für 23 Jahre) Vorsitzender der SPD, 1966 Außenminister der Regierung Kiesinger. Im Jahr 1969 wurde er als erster Sozialdemokrat Bundeskanzler. Seine Lebensleistung war die Ost- und Deutschlandpolitik. So wie Adenauer die junge Demokratie in den Westen integrierte, so schlug Brandt Brücken der Verständigung und Aussöhnung zu den Nachbarn im Osten. Auf seiner Entspannungspolitik beruhte auch die Konferenz für Sicherheit und Zusammenarbeit in Europa (KSZE), die ein erster Schritt zur Überwindung der Blöcke und damit zur Wiedervereinigung war. Innenpolitisch versprach er, »mehr Demokratie« zu wagen und setzte sich für Reformen ein. Nachdem sein Mitarbeiter Günter Guillaume als Spion der DDR enttarnt war, trat der durch innerparteiliche Angriffe zermürbte Kanzler 1974 zurück. Die Verleihung des Friedensnobelpreises im Jahr 1971 markierte den Höhepunkt seiner Karriere, aber auch nach dem Rücktritt zählte Brandt zu den herausragenden Staatsmännern und blieb politisch aktiv, als SPD-Chef und seit 1976 als Präsident der Sozialistischen Internationale. Er starb 1992 78jährig. (C.R.)

im Jahre 1965 gesteigert, so erwies sich jetzt, daß sie sowohl für die CDU/CSU als auch für die FDP koalitionsfähig geworden war. Bei der CDU setzte sich die Ansicht durch, daß man mit einem Kanzler Erhard, der noch dazu eine »Große Koalition« mit der SPD immer abgelehnt hatte, die Macht in Bonn werde nicht mehr behaupten können. Am 1. Dezember 1966 wurde Ludwig Erhard durch Kurt Georg Kiesinger abgelöst, unter dessen Kanzlerschaft nun CDU/CSU und SPD in einer Großen Koalition regierten. Gewinnerin war die SPD, die sich jetzt als Regierungspartei und nicht nur als »Opposition in Permanenz« profilieren und durch Willy Brandt, ihren Vorsitzenden und Vizekanzler/Außenminister des Kabinetts Kiesinger/Brandt, daran gehen konnte, ihre Vorstellungen von einer Neuregelung bzw. Neubegründung des Verhältnisses zwischen der Bundesrepublik und den Staaten des Ostblockes in die Tat umzusetzen. Die Mitwirkung der SPD an den »Notstandsgesetzen« brachte dieser Partei zwar viel Schelte von links, festigte aber andererseits auch ihre unbestrittene Stellung unter den wichtigen vier demokratischen und staatstragenden Parteien. So bedeutete der 1. Dezember 1966 eine Neugewichtung in der Parteienlandschaft, und die Jahre 1966–69 wurden zur Vorbereitungszeit für die großen Änderungen, die dann das Jahr 1969 brachte.

Die sozialliberale Ära unter Brandt/Scheel bzw. Schmidt/Genscher

Obwohl die FDP Ende 1966 von inneren Auseinandersetzungen geplagt – die Liberal-Konservativen bzw. die Nationalliberalen bekamen es immer mehr mit den Sozialliberalen zu tun – in die Opposition ging, war sie für die SPD als möglicher bzw. künftiger Koalitionspartner keineswegs abgeschrieben. Als am 28. September 1969 der 6. Deutsche Bundestag gewählt wurde, herrschte weithin eine reformfreudige Aufbruchsstimmung: für Parteien liberal-konservativen Zuschnitts wie CDU/CSU sicherlich keine besonders gute Ausgangsposition! Anders für SPD und FDP (seit 1969 F.D.P.), die gerade begannen, größere Teile von Mitglieder- und Wählerschaft ›auszutauschen‹. In beiden Parteien waren, zumindest was ideologischen Einfluß und intellektuelle Meinungsführerschaft betrifft, die ›klassischen‹ Sozialdemokraten ebenso wie die ›klassischen‹ Liberalen auf dem Rückzug: so hatte sich z. B. zwischen 1952 und 1973 innerhalb der SPD der Anteil der Arbeiter fast halbiert (von 45 auf 26,4 %), und den Ton in vielen Ortsvereinen gaben immer mehr die jüngeren Leute zwischen 20 und 35 Jahren an, immer öfter mit Abitur oder akademischer Ausbildung.

***Schwelende Koalitionskrise** führte 1982 zum Bruch des Regierungsbündnisses aus SPD und FDP. Unterschiedliche wirtschafts-, sozial- und sicherheitspolitische Vorstellungen brachten Kanzler Schmidt in Konflikt.*

Zahlenmäßig brachte der 28. September 1969 gegenüber 1965 gar keine so dramatischen Veränderungen, sieht man einmal davon ab, daß die F.D.P. in die Nähe der 5-Prozent-Klausel geriet: CDU/CSU, die zusammen die stärkste Fraktion blieben, wie SPD konnten jeweils mit der F.D.P. eine Regierung bilden, wobei sich eine SPD/F.D.P.-Koalition allerdings nur auf eine Mehrheit von sechs Stimmen stützen konnte. Doch hatten die innere Entwicklung von SPD und F.D.P. sowie die Wahl von Gustav Heinemann (SPD) zum Bundespräsidenten die Weichen für eine SPD/F.D.P.-Koalition gestellt, die beide Parteien mit Willy Brandt (SPD) als Bundeskanzler bald eingingen.
Damit war nach zwanzigjähriger Regierungszeit die CDU/CSU in die Opposition verwiesen, die SPD führte nach 39 Jahren erstmals wieder eine Regierung. Die F.D.P. mit ihrem z. T. völlig neuen Wähler- und Mitgliederprofil gab sich mit den »Freiburger Thesen« von 1971 ein neues Programm, das von seinen Hauptinitiatoren, Karl-Hermann Flach und Werner Maihofer, als die konsequente Fortführung einer 1848 abgebrochenen Entwicklung, dem Bündnis des liberalen Bürger-

tums mit der Arbeiterbewegung gesehen wurde. Dieses Programm stärkte innerhalb der Partei nochmals das Gewicht des sozialliberalen Flügels, für den nur mehr die SPD als einziger, »natürlicher« Koalitionspartner existierte. Die SPD/F.D.P.-Regierungen betrieben unter der Kanzlerschaft Willy Brandts zunächst eine weitgespannte »Reformpolitik« im Inneren (»Mehr Demokratie wagen!«) vor allem unter gesellschafts- und sozialpolitischen Aspekten und innerhalb der westlichen Entspannungspolitik ihre noch vor 1969 konzipierte Ost- und Deutschlandpolitik, die gefährliche Spannungen abbauen sollte und half, die Zufahrtswege nach Berlin vertraglich zu sichern und die Grenze zur DDR wenigstens etwas durchlässiger zu machen. Doch mit der zunehmenden Weltwirtschaftskrise wurden die ökonomischen Zwänge für die Koalition immer fühlbarer. Immerhin gewann diese Koalition, deren erster Kanzler Willy Brandt über einen DDR-Spion, der ins Kanzleramt eingeschleust worden war, stürzte, unter dem zweiten Kanzler Helmut Schmidt 1976 und 1980 jeweils die nächsten Bundestagswahlen. Sie zerbrach aber schließlich 1982 an ihren inneren Gegensätzen, u. a. auch an den anderen wirtschaftlichen Vorstellungen der F.D.P. um Genscher und Lambsdorff.

Erweiterung des Parteienspektrums in den achtziger und neunziger Jahren

Die achtziger Jahre sahen dann wichtige Neuentwicklungen in der deutschen Parteienlandschaft: Mit den »Grünen« entstand für die dem Parlamentarismus und der repräsentativen Demokratie verpflichteten Bundestagsparteien eine Herausforderung besonderer Art. Basisdemokratisch orientiert und allem Etablierten gegenüber mißtrauisch eingestellt, sehen sich die Grün-Alternativen, in denen sich Umweltschützer, Friedens- und Protestbewegung, Nachfahren der APO, Feministinnen sowie alte und neue Linke zusammenfanden, zunächst nicht als Partei, sondern als »Bewegung«. Nach ihrem Einzug in den Bundestag und in die Landesparlamente begannen sie jedoch recht schnell sich der Methoden des Parlamentarismus zu bedienen, was u.a. in dieser heterogenen Gruppierung zu schweren und bis heute nicht beigelegten Auseinandersetzungen zwischen – verkürzt gesagt – Fundamentalisten und Realpolitikern führte; darüber hinaus bestehen gewisse, auch ideologische Schattierungsunterschiede zwischen den Landesverbänden. Aus prinzipiellen Gründen zunächst jeglichen Koalitionen abgeneigt, koalieren die Grünen heute in verschiedenen Landesparlamenten mit der SPD, der F.D.P. und auch mit dem Bündnis 90 (»Ampelkoalitio-

***Fusion von Grünen und Bündnis 90** zur Partei »Bündnis 90/Grüne« beschlossen. Beide Parteitage (im Bild der hessische Umweltminister Joschka Fischer) sprachen sich im Januar 1993 für den Zusammenschluß aus.*

nen«); die Wiedervereinigung von 1989 traf gerade sie ideologisch recht unvorbereitet und führte zu weiteren inneren Spannungen. Im Januar 1993 bildeten die Grünen mit dem Bündnis 90 eine neue Partei »Bündnis 90/Grüne«; Ziel dieser wiederum recht heterogenen Partner ist es, 1994 mit vereinten Kräften in den Bundestag zu kommen. Die Entwicklung hier scheint recht offen. Auf dem äußersten rechten Rand des politischen Spektrums entstand mit den »Republikanern« eine rechte, populistische Protestbewegung. Besonders fixiert auf die Asylproblematik sind die Republikaner ein in der Wählergunst nicht zu unterschätzender Gegner für CDU und CSU, aber auch bei gewissen Wählerschichten für die SPD und F.D.P.

Die Wiedervereinigung Deutschlands brachte dann größere Veränderungen: Auf dem Boden der ehemaligen DDR entstanden neuen Parteien wie das Bündnis 90, das Neue Forum und ganz links die PDS als Nachfolgerin der SED.

Im Bündnis 90 und dem Neuen Forum konzentrierten sich die Protagonisten der friedlichen Herbstrevolution von 1989, die nach den ersten

freien gesamtdeutschen Bundestags- und Landtagswahlen jedoch sehen mußten, daß bei der Verteilung von Sitzen und Wählerprozenten andere sich der Wählergunst erfreuten; es waren dies die CDU und die F.D.P., in denen nach einer demokratisch-parlamentarischen Neuorientierung und einem Personalaustausch die alten DDR-Blockparteien Ost-CDU und LDPD aufgegangen waren. Obwohl ohne Blockparteipendant, hatte es die SPD schwerer, in den neuen Bundesländern Fuß zu fassen; ähnlich erging es der CSU, deren Versuch, mit der DSU in den neuen Ländern eine Schwesterpartei zu gründen, wenig erfolgreich war; die CSU muß jetzt als nach wie vor auf Bayern beschränkte Partei härter um ihren gewohnten Einfluß in Bonn kämpfen.
Die nun zu vollziehende Vereinigung Europas, die neue deutsche, mit erheblich mehr Verantwortung verbundene Rolle in der Welt – hier gibt es von Partei zu Partei sehr unterschiedlich große Anpassungsschwierigkeiten –, Folgekosten der Wiedervereinigung und Lasten aus dem politischen und vor allem wirtschaftlichen Zusammenbruch des alten Ostblocks, Asylbewerber- und Zuwandererprobleme seit 1945 nicht mehr erlebter Art verbunden mit einem wirtschaftlichen Abschwung sind die Fragen, mit denen sich in den neunziger Jahren die deutschen Parteien konfrontiert sehen, Fragen, die in ihrem Gewicht den Problemen des Jahres 1949 wenig nachstehen – und das alles vor dem Hintergrund einer rechtsradikalen, fremdenfeindlichen Welle, wobei in den neuen Bundesländern der Umstieg von Rot auf Braun mitunter recht schnell, jedoch nicht ohne innere Konsequenz erfolgte.

Literatur

Bergsträsser, Ludwig: Geschichte der politischen Parteien in Deutschland, München/Wien 1965
Kaack, Heino/Roth, Reinhold (Hrsg.): Handbuch des deutschen Parteiensystems, Bd. 1 u. 2, Opladen 1980
Lapp, Peter: Die »befreundeten« Parteien der SED, Köln 1988
Leggewie, Claus: Die Republikaner. Phantombild der neuen Rechten, Berlin 1990
Müller, Emil-Peter: Die Grünen und das Parteiensystem, Köln 1984
Musiolek, Bernd/Wuttke, Carola (Hrsg.): Parteien und polit. Bewegungen im letzten Jahr der DDR, Berlin 1991
Staritz, Dietrich (Hrsg.): Das Parteiensystem in der Bundesrepublik, Opladen 1980
Weber, Jürgen u.a.: Auf dem Weg zur Republik 1945–1947, München 1978

HORST HÜBEL

Wissenschaft und Forschung International verflochten

Schwieriger Neubeginn – Quantenphysik und »Relativitätstheorie« als Grundlage der Naturwissenschaft nach 1945 – Kernphysik – Elementarteilchenphysik – Computertechnik – Entschlüsselung des »genetischen Codes« und »Gentechnologie«.

Für Deutschland war der Krieg schon drei Monate zu Ende, als die japanischen Städte Hiroshima und Nagasaki von amerikanischen Atombomben ausradiert wurden. Die Beteiligten des deutschen »Uran-Projektes«, die Kernphysiker E. Bagge, K. Diebner, W. Gerlach, O. Hahn, P. Harteck, W. Heisenberg, H. Korsching, M. von Laue, C. F. von Weizsäcker und K. Wirtz, hörten die erschütternde Nachricht während ihrer Internierung im englischen Farm Hall. Nach den Aufzeichnungen der britischen Abhörspezialisten, die erst seit 1992 der Öffentlichkeit zugänglich sind, soll sich bei den Forschern Entsetzen über die Folgen von Otto Hahns Entdeckung der Kernspaltung breitgemacht haben, auch eine gewisse Befriedigung, daß es ihnen erspart geblieben war, Hitler die Bombe bereitzustellen, aber auch Verblüffung, daß sie von den Amerikanern wissenschaftlich weit überholt worden waren. Heisenberg äußerte später, er habe eigentlich nie ernsthaft vor einer Entscheidung zugunsten einer deutschen Bombe gestanden, weil zu ihr einfach die technischen, personellen und organisatorischen Voraussetzungen gefehlt haben. Nicht einmal der Uran-Reaktor in Haigerloch, an dem die Heisenberg-Gruppe arbeitete, konnte vor dem Einmarsch der Amerikaner »kritisch« werden, d. h. eine Kettenreaktion bei der Uranspaltung aufrechterhalten, weil einige Kilogramm »Schweres Wasser« fehlten.

Der Neubeginn in Deutschland nach 1945

Die Bilanz des verlorenen Krieges war für die Wissenschaft in Deutschland verheerend: die Universitäten waren größtenteils zerstört, viele Bibliotheken verbrannt. Die Forschungsinstitute der »Kai-

ser-Wilhelm-Gesellschaft«, im Krieg teilweise ausgelagert, wurden nun von den Alliierten demontiert und arbeitsunfähig gemacht. Eine »Jagd nach deutschen Wissenschaftlern« setzte ein, schon im Zeichen der Konkurrenz zwischen den Alliierten, die deutsche Wissenschaftler nicht in »falsche Hände« fallen lassen wollten.
Die USA nahmen nach einem Bericht von 1952 insgesamt über 600 »alien specialists« auf, unter ihnen die Raketenentwicklungsgruppe unter W. von Braun. Einige Forscher, wie G. Hertz, sein Mitarbeiter H. Barwich oder M. von Ardenne, gingen freiwillig in die Sowjetunion, viele andere wurden nach Barwichs Aussage schlicht entführt. Frankreich sicherte sich die Flugzeug- und Raketenkonstrukteure E. Sänger und I. Bredl. In einem amerikanischen Geheimdienstbericht ist sogar von »Hunderten« von Deutschen die Rede, die angeblich am Bodensee in französischem Auftrag U-Boote und Torpedos entwickelten. Auch der »Vater des VW-Käfers«, F. Porsche, entwickelte für Frankreich im Rahmen von Reparationsaufträgen den erfolgreichen Renault-»Dauphine«. England verstand es, deutsche Wissenschaftler durch Lang- und Kurzzeitverträge an sich zu binden.
Viele Wissenschaftler, wie Hahn und Heisenberg, blieben im zerstörten Land, um den Wiederaufbau der Forschung zu organisieren. Das stieß auch auf personelle Schwierigkeiten. Viele Wissenschaftler waren vor dem NS-Regime geflohen oder ihm zum Opfer gefallen. Durch die »Entnazifizierung« fielen jetzt 4289 Wissenschaftler aus, von denen bis 1950 insgesamt 2773 nicht wieder ihre Tätigkeit aufnehmen durften. Von den 13360 Hochschullehrern, die zwischen 1932 und 1950 in den Vorlesungsverzeichnissen aufgeführt wurden, soll nur ein Siebtel eine durchgängige Karriere gehabt haben, die nicht durch politische Verfolgung im NS-Staat oder durch Entnazifizierung unterbrochen war.
Noch ganz im Geiste des »Morgenthau-Plans«, nach dem Deutschland nie mehr die Möglichkeit erreichen sollte, einen Krieg zu führen, sollten zunächst alle Forschungsinstitute geschlossen werden, außer denen, die zur Aufrechterhaltung der öffentlichen Gesundheit nötig waren. Besonders ausgewählte Forschungsaufgaben sollten nur dann genehmigt werden, wenn sie keinen Bezug zu einer künftigen Rüstungsforschung haben konnten. Allmählich wich aber auch bei den Amerikanern diese strenge Haltung der wohlwollenderen »Marshall-Plan«-Politik, durch die immer stärker auch die Forschung ermuntert wurde. Tatsächlich wurden dann viele Offiziere, die eigentlich die Forschung kontrollieren sollten, mehr und mehr zu Helfern des wissenschaftlichen Wiederaufbaus. Besonders der britische Offizier Dr. Blount ist hier hervorzuheben.

Otto Hahn, Pionier der Kernphysik, *dem als erstem die Spaltung des Uranatoms, Grundlage für die Ausnutzung der Atomenergie, gelang, mit dem amerikanischen Hochkommissar Conant während der Berliner Atom-Schau 1954.*

Gesetze des »Alliierten Kontrollrates« für die Westzonen regelten die Forschungsüberwachung, verboten Forschungen in der Kernphysik, den Bau von Kernreaktoren und Teilchenbeschleunigern und sogar den Besitz atom- und kernphysikalischer Meßgeräte. Erst seit etwa 1951, lange nach Gründung der Bundesrepublik, genehmigte der »Alliierte Hochkommissar« eine liberalere Forschungsüberwachung, aber noch 1954 bestanden britische Beamte auf Forschungsberichten. Auch nachdem die Bundesrepublik als souveräner Staat anerkannt war, wurde das Gesetz Nr. 22 zur Überwachung der Forschung im Bereich der Atomenergie nicht aufgehoben, so daß bis 1959 kein Bundesgesetz zur Legalisierung der bereits im Bau befindlichen Kernreaktoren zustande kam.

In den folgenden Jahren entwickelte sich sowohl die Grundlagenforschung als auch die angewandte Industrieforschung in Deutschland in vielen Bereichen auf ein international anerkanntes Niveau. Wie auch an den Nobelpreisen ersichtlich ist (Mößbauer, Eigen, von Klitzing, Ruska, Binnig, Bednorz, Deisenhofer, Huber, Michel, Paul, Neher,

Sakmann u. a.) und der Beteiligung an den Großforschungseinrichtungen in Deutschland und Europa, kann sie auf weiten Gebieten Spitzenleistungen vorweisen. Dazu beigetragen hat als »Selbstverwaltungsorganisation der Wissenschaft« die Deutsche Forschungsgemeinschaft, die Forschungsvorhaben aus allen Fachbereichen prüft und fördert. Neben der anwendungsorientierten Forschung und Entwicklung, die überwiegend in der Industrie betrieben wird, findet die grundlagenorientierte naturwissenschaftlich-technische sowie biologisch-medizinische Forschung in Deutschland vor allem in den Hochschulen, den Großforschungseinrichtungen, den Instituten der Max-Planck-Gesellschaft und der Fraunhofer-Gesellschaft statt.

»Moderne Physik« kontra »klassische Physik« »Quantentheorie« und »Relativitätstheorie«

Der Rahmen, in dem jetzt die Naturwissenschaft in Deutschland wieder entstand, war ein völlig anderer als im 19. Jahrhundert. Die Existenz von Atomen und Molekülen war gesichert, aber die Annahme von ihrer Unteilbarkeit – »atomos« bedeutet ja unteilbar – hatte man aufgeben müssen. Ernest Rutherford (* 1871, † 1937) hatte in England mit seinen Versuchen beim Durchgang von α-Teilchen durch dünne Folien herausgefunden, daß die Atome selbst kompliziert aufgebaute Gebilde waren, die größtenteils aus leerem Raum bestehen. »Rutherfords Atommodell« wurde von dem Dänen Niels Bohr (* 1885, † 1962) zum »Bohrschen Atommodell« verbessert, das die Ausstrahlung von Licht, zumindest beim Wasserstoffatom, erklären konnte. Aber auch dieses Modell mußte im »Goldenen Zeitalter der deutschen Physik« bis Ende der zwanziger Jahre durch das heutige »Quantenmechanische Atommodell« ersetzt werden.

Was dabei erarbeitet wurde, war völlig neuartig; seitdem ist die Physik aufgespalten in eine »klassische Physik«, die gültig ist für alle Vorgänge mit Körpern genügender Größe, und eine »moderne Physik«, die bei Körpern von atomarer Größenordnung angewandt werden muß. Der »modernen Physik« liegt ein völlig neuartiges Wissenschaftsverständnis zugrunde.

Sie begann mit Albert Einsteins »Lichtquantenhypothese«, für die Einstein (* 1879, † 1955) mit dem Nobelpreis belohnt wurde. Danach sollte man einen Lichtstrahl nicht nur als elektromagnetische Welle, sondern auch als einen Strom einzelner »Energieportionen«, sogenannter »Energiequanten« oder »Photonen«, auffassen können. Einstein wurde so zum Begründer der »Quantentheorie« und blieb doch

»Relativitätstheorie«

Die »Spezielle Relativitätstheorie« beschreibt, wie physikalische Vorgänge von verschiedenen relativ zueinander geradlinig und gleichförmig bewegten Beobachtern aus beurteilt werden. Sie beschreibt diese Vorgänge in Raum und Zeit, wenn sie mit realen Maßstäben und realen Uhren vermessen werden. Wesentliche Grundlage ist dabei die Tatsache, daß die Lichtgeschwindigkeit für jeden beliebigen Beobachter denselben Wert hat, gleichgültig, ob sich für ihn die Lichtquelle bewegt oder nicht. Dies führt zu einem neuen Verständnis von Raum und Zeit in der Physik, das vom üblichen Raum- und Zeitgefühl abweichen kann, das ja auf Messungen bzw. Erfahrungen an im Vergleich zur Lichtgeschwindigkeit langsamen Objekten beruht. Raum und Zeit können nicht mehr getrennt voneinander betrachtet werden, sie bilden vielmehr eine Einheit, die »vierdimensionale Raumzeit«. Folgerungen aus der Theorie sind z. B., daß ein Maßstab für verschiedene Beobachter unterschiedliche Längen haben kann, daß die Zeit zwischen zwei Ereignissen von verschiedenen Beobachtern verschieden beurteilt wird. Berühmt ist das »Zwillingsparadoxon«, nach dem ein Astronaut bei der Wiederbegegnung mit seinem auf der Erde zurückgebliebenen Zwillingsbruder jünger geblieben ist als dieser, und die Tatsache, daß Masse m und Energie E bis auf einen Faktor gleich sind: $E = m \cdot c^2$*. Diese Formel ist die Grundlage der Energiegewinnung in der Sonne und in Kernreaktoren.*

Die »Allgemeine Relativitätstheorie« dehnt diese Erkenntnisse auf gegeneinander beschleunigte Beobachter aus und bezieht die Gravitation mit ein. Ihr Ausgangspunkt ist das Prinzip der »Äquivalenz von träger und schwerer Masse«. Danach ist es für einen Beobachter unmöglich, durch ein Experiment herauszufinden, ob er sich in einem Gravitationsfeld befindet oder außerhalb eines solchen gleichmäßig beschleunigt bewegt. Dies führt dazu, daß die Lichtausbreitung, Längen und Zeitintervalle auch von der Anwesenheit großer Massen abhängen. Ein Lichtstrahl wird danach z. B. durch einen großen Himmelskörper abgelenkt. Einstein beschreibt dies in seiner Theorie durch eine »Krümmung im Gewebe von Raum und Zeit« infolge von Materieanhäufungen. Einstein konnte mit der Allgemeinen Relativitätstheorie die »Periheldrehung der Bahn des Planeten Merkur« vollständig erklären. Auch weitere Vorhersagen der Theorie wie die Ablenkung von Lichtstrahlen in der Nähe von Sonne bzw. Venus, die Rotverschiebung von Licht, das gegen die Schwerkraft anläuft und der geänderte Zeitablauf von Uhren, die die Erde in ihrem Gravitationsfeld umlaufen, wurden experimentell bestätigt.

zeitlebens ihr schärfster Gegner, zumindest in ihrer heutigen Deutung. Ganz entsprechend hatte der Franzose L. V. Prince de Broglie (* 1892, † 1987) behauptet, ein Strom von »Teilchen« (Elektronen, Atomen, Molekülen) könne unter gewissen Umständen auch als eine »Welle« aufgefaßt werden. »Welle« und »Teilchen« sind aber zwei sich gegenseitig ausschließende Beschreibungsweisen. An diesem scheinbaren Widerspruch entzündeten sich die Diskussionen. Die heute anerkannte »Kopenhagener Deutung« wurde von dem Göttinger/Kopenhagener Kreis um N. Bohr, M. Born (* 1882, † 1970) und W. Heisenberg (* 1901, † 1976) gefunden. Sie klärt, daß im atomaren Bereich anschauliche Bilder wie »Welle« oder »Teilchen« versagen, daß sie nur teilweise passende Hilfsvorstellungen, Modelle, sind, daß nur eine mathematische Theorie das Verhalten eines physikalischen Systems vollständig erfassen kann. Die Erfahrung, daß manche Erscheinungen sich dennoch näherungsweise anschaulich beschreiben lassen, wenn man eines der Modelle »Welle« oder »Teilchen« benutzt, daß aber keines der Modelle allein zu einer solchen anschaulichen Beschreibung ausreicht, wird häufig als »Welle-Teilchen-Dualismus« bezeichnet.

Ähnlich revolutionär wie die Quantenphysik war die »Relativitätstheorie« Albert Einsteins, die dieser von 1905 bis 1915 entwickelt hatte. In ihr wird ausgesagt, wie physikalische Vorgänge von Beobachtern aus gesehen werden, die »relativ« zueinander (»im Vergleich« zueinander) bewegt sind. Letztlich handelt es sich bei dieser Theorie um eine Präzisierung der physikalischen Begriffe »Raum« und »Zeit«, die jetzt nicht mehr unabhängig vom Beobachter sind. Für den schnell bewegten Astronauten des »Zwillingsparadoxons« bedeutet dies, daß sein auf der Erde zurückgebliebener Zwillingsbruder die Alterungsvorgänge beim Astronauten langsamer ablaufen sieht als an sich selbst, daß er also bei der Wiederbegegnung älter ist als jener, daß aber für den Astronauten die Zeit genauso ablief, wie er es gewohnt war.

Mittlerweile weiß man, daß die »Elektrizitätslehre« eine relativistisch richtige Theorie ist, daß in einem gewissen Sinn kein Transformator und kein Elementarteilchenbeschleuniger funktionieren würde, wenn die Relativitätstheorie falsch wäre.

»Quantentheorie« und »Relativitätstheorie« beschreiben die Natur so, wie sie sich zeigt, wenn sie mit realen Meßgeräten untersucht wird. Sie sind deshalb die zwei grundlegenden Gebiete der Physik, die der Forschung seit Ende der zwanziger Jahre bis heute zugrunde liegen. In allen Bereichen der Naturwissenschaften, bis in die Chemie und Biologie hinein, geht es seitdem mehr oder weniger um Anwendungen dieser Theorien, vielleicht mit Ausnahme der Elementarteilchenphysik, bei der völlig neuartige Gesichtspunkte hinzukamen.

Sprung ins Zeitalter der Kernphysik

Nach den Explosionen der russischen, und wenig später, 1954, der amerikanischen Wasserstoff-Bombe, begann man, die Kernphysik endlich friedlich zu nutzen. Auf der »Ersten Genfer Atomkonferenz« von 1955 wurden viele der kernphysikalischen Geheimnisse offengelegt. Im selben Jahr erlangte die Bundesrepublik ihre volle Souveränität, das »Bundesministerium für Atomfragen« unter Franz Josef Strauß und die europäische Forschungsorganisation »Euratom« wurden ins Leben gerufen; bei der friedlichen Kernforschung war die Bundesrepublik von Anfang an dabei. Die Kernforschungsanlagen in Karlsruhe, Jülich, Garching (»Institut für Plasmaphysik«) und Geesthacht entstanden, wo es, teilweise unter anfänglicher Beteiligung der Industrie, um die Entwicklung von Kernreaktoren, bzw. in Garching, von Kernverschmelzungsreaktoren ging. Der erste energieliefernde Reaktor wurde schon 1962 in Kahl am Main in Betrieb genommen.
Deutsche Versionen des amerikanischen »Leichtwasserreaktors« mit angereichertem Uran wurden zu Exportschlagern, mit denen die deutsche Kernindustrie bis 1974 zur führenden in Europa aufstieg. Weniger erfolgreich verlief bisher die Entwicklung der »Zweiten Generation« von Reaktoren, des »Schnellen natriumgekühlten Brutreaktors« (SNR) und des »Thorium-Hochtemperatur-Reaktors« (THTR), die erneut als »Kernbrennstoff« verwendbares Plutonium bzw. Uran-233 »erbrüten« sollten. Man wollte damit die zu erwartende Knappheit an spaltbarem Uran-235 umgehen. Das in Schmehausen bei Hamm gebaute Prototypkraftwerk THTR-300 mit gasgekühltem Kugelhaufen-Hochtemperaturreaktor wurde nach seiner Inbetriebnahme 1985 bereits 1989 wieder stillgelegt. Der über sieben Milliarden DM teure »Schnelle Brüter« bei Kalkar am Niederrhein erhielt keine Genehmigung für den nuklearen Betrieb, das Projekt wurde daher 1991 endgültig eingestellt. Bereits seit der Reaktorkatastrophe von Tschernobyl 1986 befindet sich die Kernenergie-Technik in einer Krise, die auch durch die Diskussion um den »Treibhaus-Effekt« und die Kohlendioxidemissionen konventioneller Kraftwerke bisher nicht überwunden ist.
Daß man die Kernverschmelzung (»Fusion«) wohl kaum vor der Jahrtausendwende würde »bändigen« können, wurde nie bezweifelt. Die Bemühungen im IPP in Garching und im JET (»Joint European Torus«) in England sind, auf lange Sicht gesehen, vielversprechend. So gelang am »Tokamak« JET 1991 erstmals bei einer Temperatur von 200 Millionen Grad für zwei Sekunden die Freisetzung von Fusionsenergie. Weitere Schritte auf dem Weg zu einem Fusionsleistungsreak-

»Atom-Ei« von Garching bei München während des Baus 1957 *– hoffnungsfroher Beginn des »Atom-Zeitalters« in der Bundesrepublik. Keiner ahnte zu dieser Zeit, wie umstritten Atomkraftwerke wenige Jahre später sein würden.*

tor sind der NET (»Next European Torus«) und in internationaler Kooperation der ITER (»International Thermonuclear Experimental Reactor«).

Vom »Elementarteilchenzoo« zu den »Quarks«

1945 waren nur wenige Bausteine der Materie bekannt, die als »Elementarteilchen« angesehen wurden: Protonen und Neutronen, Elektronen und Positronen, Neutrinos, Müonen und Photonen. Mit den Teilchenbeschleunigern der Nachkriegszeit wurden aber bald Hunderte verschiedener »Elementar«teilchen erzeugt. So elementar konnten sie wohl nicht sein. Der »Elementarteilchenzoo« war einfach zu unübersichtlich, als daß er wirklich beschreiben konnte, »was die Welt im Innersten zusammenhält«. Immer größere Beschleuniger wurden gebaut; sie überforderten bald die Finanzkraft eines Staates allein. Einige europäische Staaten taten sich zusammen und gründeten den

CERN (»Europäischer Rat für Kernforschung«) mit seinen großen Beschleunigeranlagen bei Genf. Mit LEP (»Large Electron Positron Collider«) steht den Elementarteilchenphysikern der mit 8,5 km Durchmesser größte Speicherring dieser Art für ihre Suche nach den Urbausteinen der Materie zur Verfügung. In Hamburg wurde das »Deutsche Elektronen-Synchrotron« (DESY) gegegründet, eine Großforschungseinrichtung, an deren Speicherringen PETRA, DORIS und HERA mehrere hundert Wissenschaftler aus über zwanzig Ländern Experimente zur Teilchenphysik durchführen.
Die Mühen lohnten sich: die Theoretiker fanden bald Modelle, durch die sich die Vielfalt der Elementarteilchen auf einige wenige, noch »elementarere« verminderte, u. a. die sogenannten »Quarks«; an den Beschleunigern wurden diese in internationaler Zusammenarbeit bestätigt. Man erkannte, daß es nur drei grundlegende Kräfte in der Natur gibt, die den Bau der Materie bestimmen, die Gravitationskraft, die ›elektroschwache‹ Kraft und die ›starke‹ Kraft. Ermutigt durch die Erfolge glaubte man, in der ›Vereinheitlichung der Kräfte‹ noch weiter fortschreiten, und damit die Entstehung unseres Weltalls im ›Urknall‹ besser verstehen zu können.

Vom Zählrad zum Mikroprozessor

Der erste funktionierende, durch ein Programm gesteuerte Rechenautomat der Welt, die Z3, wurde 1941 von dem Berliner Konrad Zuse fertiggestellt. Er arbeitete noch mit einem Rechenwerk aus Relais und mit mechanischen Schaltern als Speichern. Die entsprechenden Anlagen der Amerikaner, die Maschine von Howard H. Aiken von 1944 mit dem Namen »Mark I« und der »Großrechner« ENIAC von 1946, waren, verglichen mit der Z3, riesige Maschinen, hatten aber nicht einmal das Leistungsvermögen mancher Taschenrechner von heute. »Mark I« arbeitete noch mit mechanischen Zählrädern, ENIAC schon mit Elektronenröhren. Computer im heutigen Sinn konnten erst gebaut werden, nachdem der ungarischamerikanische Mathematiker John von Neumann 1944 vorgeschlagen hatte, auch Programme wie Daten im Rechner zu speichern. Die »erste Generation« der Computer mit Elektronenröhren wurde Anfang der sechziger Jahre von Rechnern mit Transistoren abgelöst, die bei gleichen Rechenfertigkeiten wesentlich kleiner und schneller waren. Immer mehr Transistoren wurden auf immer kleineren Siliziumplättchen »integriert«, und bei den heutigen Computern sind mehrere hunderttausend Transistoren in einer »integrierten Schaltung« (IC) von Fingernägelgröße zusammengefaßt.

Seit 1970 gibt es »Mikroprozessoren«, kleine Bausteine von Daumengröße mit einem kompletten Rechner zum Preis eines Mittagessens. Ein und derselbe Mikroprozessor kann heute eine Wasch- oder Nähmaschine steuern, als »Herz« einer Uhr fungieren, eine elektronische Schreibmaschine kontrollieren, den Montage-Roboter eines Fließbands lenken oder als »Gehirn« eines Hobby- oder Arbeitsplatzcomputers arbeiten. Um konkurrenzfähig zu bleiben, sind die Industrienationen auf intensiven Einsatz von Mikroprozessoren angewiesen. Eine Folge davon ist, daß viele der mehr mechanischen Tätigkeiten von Automaten übernommen worden sind; mancher Arbeitsplatz wurde überflüssig. Für viele ist es nur ein schwacher Trost, daß statt dessen in anderen Bereichen, z. B. bei der Entwicklung von Einsatzmöglichkeiten für Mikroprozessoren, der Programmierung von Computern und der Betreuung von Computeranwendern neue Arbeitsplätze geschaffen worden sind. Wegzudenken sind die heute mehr als drei Millionen Personalcomputer (PC) allein in deutschen Büros und Haushalten jedenfalls nicht mehr.

Start ins Zeitalter der Molekularbiologie

Am aufregendsten war aber wohl die atemberaubende Entwicklung, die sich in der Biologie vollzog. Die Fragen nach dem Ursprung und Wesen des Lebens und nach den Vorgängen in den Lebewesen faszinierte schon immer die Menschen, aber erst verfeinerte Techniken in der Biologie und Chemie ermöglichten den Forschern einen tieferen Einblick. Erstmals wurden Kenntnisse gesammelt, die im Zusammenhang mit einer neuen Technik, der »Gentechnologie«, Grundlage für eine neue aufstrebende Industrie mit vielversprechenden Zukunftsaussichten werden könnten. Ausgangspunkt war die Frage, wie die Erbinformation in den Zellen der Lebewesen gespeichert ist. Parallel mit der Struktur der Viren, kleinster Partikel, die nur innerhalb einer Wirtszelle sich selbst replizieren können, wurde auch der Bau der »Chromosomen« im Zellkern geklärt, von denen man mittlerweile annahm, daß sie Millionen von »Genen«, den Trägern der Erbinformation, enthalten. Wie chemische Untersuchungen zunächst zeigten, waren Viren riesige Moleküle aus Eiweiß, der wichtigsten »Lebenssubstanz«, wie man bis Anfang der vierziger Jahre meinte, bestanden aber auch aus Nucleinsäuren. Diese hatten ihren Namen von dem Schweizer Biochemiker Johann Friedrich Miescher (*1844, †1895) erhalten, der sie 1869 in Tübingen erstmals im Zellkern (»Nucleus«) gefunden hatte. Der deutsche Physiologe Albrecht Kossel (*1853, †1927), der

wie vor allem auch der russischamerikanische Biochemiker P. A. T. Levene (* 1869, † 1940) an der Strukturaufklärung der Nucleinsäuren beteiligt war, leitete aus dem Vorkommen nur einfachster Eiweiße in Samenzellen neben den Nucleinsäuren den Verdacht ab, daß nicht Eiweiß, sondern eben diese Nucleinsäuren die eigentlichen Träger der Erbinformation seien. Die moderne Molekularbiologie beginnt mit dem Jahr 1944, als genau dies für die »Desoxyribonucleinsäure« (DNA oder DNS) in den Erregern der Lungenentzündung von dem Amerikaner Oswald Theodore Avery (* 1877, † 1955) bestätigt wurde. Der österreichischamerikanische Biochemiker Erwin Chargaff (* 1905) machte dann die entscheidende Entdeckung, die schließlich zur Strukturaufklärung der DNA führte: Von den vier möglichen Seitenketten der DNA, die A, C, G und T abgekürzt werden, traten A und T bzw. G und C immer nur paarweise auf. Dem Engländer Francis Harry Compton Crick (* 1916) und dem Amerikaner James Dewey Watson (* 1928) gelang es dann 1953, dies und die Röntgenbeugungsbilder der DNA vom britischen Physiker Maurice Hugh Frederick Wilkins (* 1916) durch das heute anerkannte »Doppel-Helix-Modell« der DNA zu erklären. Daß die Aufgabe der Gene bzw. Nucleinsäuren darin besteht, die Bildung bestimmter Enzyme zu steuern, die wiederum die gesamte Eiweißchemie der Zelle regulieren, zeigten seit 1941 die Amerikaner George Wells Beadle (* 1903, † 1989) und Edward Lawrie Tatum (* 1909, † 1975). Der rumänischamerikanische Biochemiker George Emil Palade (* 1912) konnte im Rahmen seiner Studien über die strukturelle und funktionelle Organisation der Zelle identifizieren, daß Ribosome an dem Aufbau jener Enzyme beteiligt sind, für die ein Gen die verschlüsselte Information trägt und weiterleitet. 1961 gelang es dann dem amerikanischen Biochemiker Marshall Warren Nirenberg (* 1927) und seinem Göttinger Kollegen Heinrich Matthaei (* 1929), mit Beiträgen des spanischamerikanischen Nobelpreisträgers Severo Ochoa (* 1905) den genetischen Code und die Vorgänge bei der Informationsübertragung während der Eiweißsynthese zu entschlüsseln.
Nachdem man die Sprache der Gene entziffert hatte, lernte man auch, mit ihr umzugehen. Die Amerikaner Walter Gilbert (* 1932) und Allan Maxam sowie der Brite Frederick Sanger (* 1918) fanden unabhängig voneinander zwei verschiedene Verfahren, um die Nucleotidfolge in einer DNA schneller bestimmen zu können. Mit dem »genchirurgischen Skalpell«, bestimmten Enzymen, zerlegten sie die DNA in Bruchstücke, die sie dann mit bestimmten Methoden analysieren konnten. Paul Berg (* 1926) erzeugte das erste künstliche Lebewesen, indem er mit dem »genchirurgischen Skalpell« eine DNA eines Koli-Bakteriums aufschnitt und an den Enden mit Hilfe eines weiteren En-

Der Genetische Code

Träger der Erbinformationen in den Zellkernen sind die Chromosomen (beim Menschen 46). Diese bestehen im wesentlichen aus Desoxyribonucleinsäuren (DNA), Ribonucleinsäuren (RNA) und Proteinen. Zwei DNA-Molekülketten umschlingen sich spiralförmig und bilden daher eine sogenannte »Doppel-Helix«. Sie sind auseinandergefaltet mehrere Meter lang. Auf diesen Ketten sind Millionen von Nucleotiden, d.h. molekulare Bausteine aus einer stickstoffhaltigen Base, einem Zucker und einem Phosphatrest, wie Perlen aufgereiht. Gruppen der erforderlichen Nucleotide, die die erblich bedingten Strukturen oder Funktionen eines Organismus bestimmen, werden als Gene bezeichnet. Es gibt zwar nur vier verschiedene Nucleotide, aber die Vielfalt ihrer Kombinationen ermöglicht Milliarden von Erbinformationen. Die Reihenfolge der »Perlen« bestimmt den genetischen Code. Die »Perlen« unterscheiden sich nur durch eine unterschiedlich lange Seitenkette, die stickstoffhaltige Base, die entweder Adenin (A), Cytosin (C), Guanin (G) oder Thymin (T) sein kann. Diese Seitenketten bilden in der »Doppel-Helix« wie Leitersprossen Brücken zwischen den beiden Strängen, und zwar so, daß die Gesamtlängen der Brücken etwa ausgeglichen sind. Deshalb können ausschließlich die Paare A-T und C-G vorkommen.

Bei der Zellkernteilung öffnet sich der Doppelstrang zwischen den Basenpaaren wie ein Reißverschluß. An diesen Stellen werden die sich entsprechend ergänzenden Strangteile wieder aufgebaut. Es bleibt also bei den Kombinationen A-T und C-G in der ursprünglichen Reihenfolge. Aus den beiden Hälften der DNA werden so wieder zwei identische vollständige DNA aufgebaut. Damit ist erklärt, warum alle bei der Zellteilung entstehenden Zellen dieselbe Erbinformation enthalten.

Auch Proteine sind Molekülketten, deren »Perlen« jeweils eine der 20 vorkommenden »Aminosäuren« sind. Wieder entsteht die Vielfalt der Proteine durch die Milliarden von Kombinationsmöglichkeiten.

Beim Aufbau der Proteine muß die in der DNA gespeicherte Erbinformation aus der Sprache der DNA in die Sprache der Proteine übersetzt werden. Dies geschieht in besonderen Zellorganellen, den Ribosomen. Eine »Boten-RNA« übermittelt mit einem Teil der Erbinformationen an das Ribosom den Auftrag zur Eiweißsynthese, und eine »Transfer«-RNA liest die Information an der Boten-RNA ab, so daß die dem Code entsprechenden Aminosäuren zu einem Proteinmolekül miteinander verknüpft werden. Es entstehen genau die Proteine, die, entsprechend der Erbinformationen, ein ganz bestimmtes Lebewesen aufbauen.

zyms andere Nucleotide einfügte, worauf das Bakterium plötzlich völlig neue Eiweißsorten produzierte. Berg, Gilbert und Sanger wurden für ihre bahnbrechenden Arbeiten auf dem Gebiet der Genanalyse 1980 mit dem Nobelpreis für Chemie ausgezeichnet.

Gene und Bakterien
Neue »Arbeitskräfte« des Menschen

Mittlerweile sind schon viele Patente für gentechnische Verfahren vergeben worden. Es gibt bereits käufliche Geräte, die eine DNA zerlegen und wieder in der gewünschten Weise zusammensetzen. Genetisch veränderte Bakterien erzeugen menschliche Hormone, wie Insulin oder das Wachstumshormon, und das zur Bekämpfung bestimmter Virusinfektionen eingesetzte Interferon. Aber auch natürliche Bakterien mit besonderen Eigenschaften werden stark vermehrt und in den Dienst der Menschen gestellt: sie beuten Kupferminen aus, erzeugen Chemikalien und Heilmittel, vernichten Abfälle oder Ölteppiche bei Tankerunfällen und erzeugen Lebensmittel wie Joghurt aus Milch und Sauerkraut aus Weißkohl.

Bei all den vielen erfreulichen Nutzungsmöglichkeiten von genetisch veränderten Lebewesen warnen die Wissenschaftler aber auch vor Mißbrauchsmöglichkeiten. Besonders bei Manipulationen des menschlichen Erbguts bestehen gravierende ethische Bedenken. Erstmals in der Geschichte der Menschheit legten sich deshalb Wissenschaftler durch einen »Codex« auch eine Handlungsbeschränkung auf. In der Bundesrepublik Deutschland sind 1990 mit der Verabschiedung des Gentechnikgesetzes (GenTG) Regelungen geschaffen worden, die bei dem Umgang mit genetisch veränderten Organismen zu beachten sind. Trotz der Hemmnisse, die der Umgang mit dieser neuen Technologie fordert, ist mit einer weiten Expansion der mikrobiellen Gentechnik in der Industrie zu rechnen, die anfänglich nur zögerlich die diesbezügliche Forschung in Europa vorantrieb. Schließlich sei an dieser Stelle auch noch auf den Einsatz gentechnischer Methoden in der Diagnose und Therapie von erblich bedingten Krankheiten hingewiesen, wo bereits in Einzelfällen Erfolge verzeichnet werden konnten.

Es müßte weiter berichtet werden von zahlreichen Fortschritten im Verständnis vieler Zellfunktionen von der Energiegewinnung bis zur Reizleitung. Hier sei besonders hingewiesen auf die Arbeiten von Robert Huber (* 1937), Johann Deisenhofer (* 1943) und Hartmut Michel (* 1948), die die Struktur des photosynthetischen Reaktionszentrums aufklärten und dafür 1988 den Chemie-Nobelpreis erhielten – bis zur Reizleitung, von der Entschlüsselung der Gehirnfunktionen bis zur molekularen Grundlage der Evolution und von Neher und Sakmann (Nobelpreis für Medizin, 1991), die den Informationsaustausch zwischen Zellen aufklärten. Es müßte weiter die Rede sein von der Entschlüsselung der Gehirnfunktionen bis zur molekularen Grundlage der Evolution. Hier hat das »Hyperzyklus-Modell« des Göttinger Nobelpreisträgers Manfred Eigen (* 1927) neue Anstöße gebracht.

Literatur

Close, Frank/ Marten, Michael/ Sutton, Christine: Spurensuche im Teilchenzoo, Heidelberg 1989

Golob, Richard/ Brus, Eric (Hrsg.): Almanach der Naturwissenschaften und Technik, München 1991

Hellemans, Alexander/ Bunch, Bryan H.: Fahrplan der Naturwissenschaften, München 1990

Stamm, Thomas: Zwischen Staat und Selbstverwaltung. Die deutsche Forschung im Wiederaufbau 1945–1965, Köln 1982

Varchmin, Joachim/ Radkau, Joachim: Kraft, Energie und Arbeit, Kulturgeschichte der Naturwissenschaften und Technik, Bd. 4, München 1979

Titel zu weiteren Wissensgebieten

Büdeler, Werner: Geschichte der Raumfahrt, Stuttgart 1979

Zemanek, Heinz: Weltmacht Computer, Esslingen 1990

Folgende Bücher bzw. Zeitschriften enthalten Sammlungen aktueller und leicht verständlicher Übersichtsartikel:

Klivington, Kenneth A.: Gehirn und Geist, Heidelberg 1992.

Smoluchowski, Roman: Das Sonnensystem, Heidelberg 1985

Spektrum der Wissenschaft: Evolution: Die Entwicklung von den ersten Lebensspuren bis zum Menschen, Heidelberg 1982

Spektrum der Wissenschaft: Industrielle Mikrobiologie, Heidelberg 1984

GÜNTER MERWALD

Literatur nach 1945

Die Nachkriegszeit bis zum Ende der fünfziger Jahre: Anknüpfung an verschüttete Traditionen, Rezeption der Exilliteratur, Auseinandersetzung mit dem »Wirtschaftswunder« – Zunehmende Politisierung in den sechziger Jahren: aktuelle Themen in Lyrik und Roman – Dokumentartheater und kritisches Volksstück – Neue Subjektivität in den siebziger Jahren: der einzelne im Konflikt mit der Gesellschaft – Alltagsgedichte – Kritik, Skepsis und Apokalypse in den achtziger Jahren – Postmoderne Vielfalt am Beginn der neunziger Jahre.

Der Zusammenbruch des Hitlerreichs bedeutete für die deutsche Literatur zwar keinen absoluten Neuanfang am »Nullpunkt«, wohl aber einen Neuansatz. Einmal waren Traditionen und Verbindungen durch die zwölfjährige Isolation verschüttet, zum anderen stellte sich mit aller Schärfe die Frage nach Sinn und Zweck des Schreibens überhaupt: War nach Auschwitz Dichtung noch möglich?

Eine der ersten Stimmen, deren Aufschrei der allgemeinen Erschütterung Ausdruck verlieh, war die des jungverstorbenen Wolfgang Borchert (* 1921, † 1947); sein Drama und Hörspiel »Draußen vor der Tür«, ein Heimkehrerstück, das mit dem Selbstmordversuch des Unteroffiziers Beckmann endet, artikuliert die tiefe Verzweiflung seiner Generation angesichts des Chaos, das der Krieg zurückgelassen hat. Weniger emphatisch, aber ebenso radikal konstatiert Günter Eich (* 1907, † 1972) in Hörspielen und in seiner Lyrik die »Kahlschlag«-Situation: »Dies ist meine Mütze, / dies ist mein Mantel, / hier mein Rasierzeug / im Beutel aus Leinen« beginnt lapidar das berühmte Gedicht »Inventur«. Mit diesen beiden Autoren sind auch bereits wichtige literarische Gattungen der ersten Nachkriegsjahre bezeichnet. Daneben erlebt die Kurzgeschichte (neben Borchert u. a. Böll, Andersch, Gaiser) einen frühen Höhepunkt, während Eich auch für das Hörspiel als repräsentativ gelten kann (»Träume«, 1951; »Die Mädchen aus Viterbo«, 1953).

Stärker als in den anderen Gattungen ist im lyrischen Gedicht der fünfziger Jahre eine Tendenz zum Rückzug aus der Welt des Schreckens auszumachen: Bei aller Schwierigkeit, das lyrische Schaffen der Nachkriegsphase auf einen Nenner zu bringen, kann man doch verschiedene Formen der Distanzierung beobachten. Einmal hängt das wohl mit dem großen Ansehen Gottfried Benns (* 1886, † 1956), eines der letzten noch lebenden Expressionisten, in dieser Zeit zusammen. Seine Auffassung,

***»Draußen vor der Tür«**, Szenenfoto aus Wolfgang Borcherts ergriffen aufgenommenem Theaterstück, einer erschütternden Auseinandersetzung mit dem Wahnsinn des Krieges und der Not seiner Opfer.*

die Form sei das Wesentliche am Gedicht und der Dichter müsse seine Texte wie im Labor »montieren«, bewirkte einen ausgeprägten Zug zur metaphorischen Verrätselung. Indem die kunstvoll geformten ästhetischen Gebilde dem Nicht-Sagbaren näher zu kommen suchten, entzogen sie sich dem allgemeinen Verständnis. Das läßt sich etwa an Paul Celans (* 1920, † 1970) Lyrik ablesen, dessen »Todesfuge« (1952) die KZ-Welt in der poetischen Kunstform einer »Fuge« zu gestalten wagt; seine späteren Texte treiben die Chiffrierung bis zum rätselhaft dunklen »Sprachgitter« (1959) weiter.

Auseinandersetzung mit der Sprache und der »restaurativen« Gegenwart

Andere Lyriker führen die bereits vor 1933 entwickelten Möglichkeiten des »naturmagischen« Gedichts fort und dokumentieren damit zugleich ihre Abwendung von der unmittelbaren Nachkriegswirklichkeit

»Des Teufels General«, *Carl Zuckmayers erschütternde Darstellung des vom NS-System mißbrauchten Menschen. (Szenenbild mit O. E. Hasse, Herbert Wilk, Antje Weisgerber). Schloßpark-Theater, Berlin 1948.*

wie auch von den restaurativen Tendenzen der Adenauer-Ära. Das gilt etwa für Karl Krolow (* 1915), der z. B. in seinem Gedicht »Robinson« (1958) die Verlassenheit des einzelnen darstellt: er ist zwar frei, aber allein und auf sich selbst zurückverwiesen.

Der Gefahr, die in der »verbrauchten« Sprache selbst lag, suchten andere Autoren der Zeit aus dem Weg zu gehen, indem sie die Sprache als Material auffaßten und mit ihr experimentierten: Durch neue Kombination des gegebenen Sprachmaterials, das man in Silben und Laute zerlegte, suchte diese »Konkrete Poesie« (Heißenbüttel, »Wiener Gruppe«, Jandl) in der Sprache unentdeckte Zusammenhänge.

Neben aller Artistik und Esoterik stehen freilich in dieser ganzen Phase die Autoren, die im »Zeitgedicht« vor allem in der Nachfolge Brechts kritisch Stellung beziehen. Durchgesetzt hat sich diese Richtung freilich erst gegen Ende der eigentlichen Nachkriegszeit mit Hans Magnus Enzensbergers (* 1929) Band »Verteidigung der Wölfe« (1957).

Enzensberger gehörte wie die meisten wichtigen Autoren der fünfziger Jahre zu der 1947 von Hans Werner Richter (* 1908, † 1993) ins Leben

HEINRICH BÖLL

»Wir sind nicht geboren, um glücklich zu sein. Wir sind geboren, um zu leiden, zu wissen, warum wir leiden ... Wir sind geboren, um uns zu erinnern ... Erinnerung ist unsere Aufgabe.« Diese Sätze könnte man als Bölls »Vermächtnis« (so der Titel des Textes, 1982) bezeichnen. Sah er doch seinen Auftrag stets darin, die Erfahrungen seiner Generation erinnernd aufzuarbeiten. Die zentrale Frage Bölls ist die nach dem Freiheitsraum des Individuums gegenüber den Mächtigen.
Die erste Grunderfahrung, der sich der 1917 in Köln geborene Tischlerssohn ausgesetzt sah, war der Zweite Weltkrieg, den Böll von Anfang an bis zur Kriegsgefangenschaft mitmachte. 1947 nach Köln zurückgekehrt, begann der inzwischen Verheiratete seine literarische Produktion mit Kurzgeschichten (»Wanderer, kommst du nach Spa...«, 1950). In ihnen geht es vor allem um die Suche nach einem Neuanfang. Die kritische Auseinandersetzung mit der Adenauer-Ära bestimmt seine frühen Romane (»Haus ohne Hüter«, 1954). Er greift die Wirtschaftswunder-Gesellschaft ebenso an wie die katholische Kirche (»Ansichten eines Clowns«, 1963). Gesellschaftskritik kennzeichnet auch seine weiteren publizistischen Arbeiten, die sich gegen Wiederbewaffnung, Radikalenerlaß und später die atomare Aufrüstung wenden. Er wird zum »Gewissen der Nation«.
1972 erhält er den Nobelpreis für Literatur. Mit dem Roman »Die verlorene Ehre der Katharina Blum« (1974) erzielt er breiteste Wirkung: Schonungslos prangert er die Machenschaften einer Massenpresse an. Konsequent tritt Böll auch für politisch Verfolgte (Solschenizyn, Kopelew) ein und bringt Verständnis für die Baader-Meinhof-Terroristen auf. Unbeirrt kämpft er bis zuletzt z.B. in der Friedensbewegung weiter, engagiert sich aber auch in Aufsätzen, Interviews, Essays und Erklärungen.
Heinrich Böll, ein Volksschriftsteller im besten Sinn des Wortes, zusammen mit Günter Grass der bekannteste deutsche Nachkriegsautor, stirbt 1985 in Langenbroich/Eifel. *(G. M.)*

gerufenen »Gruppe 47«, einer losen Autorenvereinigung, die für fast zwei Jahrzehnte den Kern des literarischen Lebens in der Bundesrepublik bildete. Die Gruppe förderte nicht nur die Rezeption der modernen ausländischen und der Exilliteratur, sondern führte die Dichtung der Nachkriegszeit von den ersten Versuchen, die apokalyptische Ausgangslage zu bewältigen, in eine Phase der kritischen Auseinandersetzung mit der Gegenwart über; diese nahm mit den sechziger Jahren dann an Schärfe und Grundsätzlichkeit zu. Als Beispiel sei der schon damals wohl erfolgreichste »Gruppenautor«, Heinrich Böll (* 1917, † 1985, → Porträt) genannt.
Während neben Böll u. a. Wolfgang Koeppen (»Das Treibhaus«, 1953), Gerd Gaiser (»Schlußball«, 1958) und Martin Walser (»Halbzeit«, 1960) wichtige Zeitromane vorlegen, thematisiert der Schweizer Max Frisch (* 1911, † 1991) im »Stiller« (1954) das Problem der Identitätskrise des modernen Menschen. »Ich bin nicht Stiller!«, beginnt der Roman, der auf zwei ineinander verflochtenen Zeitebenen die individuelle Sehnsucht nach einem erfüllteren Leben als Illusion entlarvt. Diese Problematik bestimmt auch die folgenden Romane Frischs, »Homo Faber« (1957) und »Mein Name sei Gantenbein« (1964).

Das Drama – Frisch und Dürrenmatt

Frisch und sein Landsmann Friedrich Dürrenmatt (* 1921, † 1990) prägten auch das Theaterleben der Zeit in der Bundesrepublik entscheidend. Seit Borcherts »Draußen vor der Tür« stagnierte hier die Dramenproduktion auffällig (Ausnahme: Carl Zuckmayers Erfolgsstück »Des Teufels General« 1946), während die neu konstituierte DDR Bertolt Brecht (* 1898, † 1956) und anderen Exilautoren großzügige Aufnahme gewährte. Brecht (siehe auch Band 11) konnte im Berliner »Theater am Schiffbauerdamm« sein Konzept des epischen Dramas realisieren. Unter seinem Einfluß stehen auch Frischs politische Lehrstücke wie »Herr Biedermann und die Brandstifter (1958) und »Andorra« (1961). Das eine zeigt, wie der Spießbürger Biedermann den Brandstiftern aus Opportunismus sogar die Streichhölzchen gibt, mit denen sie sein Haus in die Luft jagen; »Andorra« demonstriert die zerstörerische Macht der Vorurteile: Andri wird fälschlich zum Außenseiter gestempelt, verhält sich schließlich selbst danach und wird zuletzt als Jude ermordet. Die Rollenproblematik des einzelnen wird in den gesellschaftlichen Zusammenhang gestellt.
Dürrenmatts Stücke lassen neben Brechts Einfluß auch den des absurden Theaters erkennen. »Der Besuch der alten Dame« (1956) ist noch

eher lehrhaft: das Stück entlarvt an einem drastischen Beispiel die kleinbürgerliche Moral als verlogen und »kapitalistisch«. »Die Physiker« (1962) dagegen verlegen das Galilei-Thema von der gesellschaftlichen Verpflichtung des Naturwissenschaftlers ins Milieu des Irrenhauses. In einer turbulenten Handlungsfolge stellt sich am Ende heraus, daß die leitende Ärztin selbst verrückt ist. Sie wird in ihrem Trust die hochbrisanten Forschungen des Physikers Möbius auswerten, der sich ins Irrenhaus flüchtete, um seine Arbeiten dem Zugriff der Großmächte zu entziehen. Mit diesem Drama hat Dürrenmatt am Beginn der sechziger Jahre einen politischen Stoff von großer Aktualität aufgegriffen: Im selben Jahr drohte in der Kuba-Krise tatsächlich der atomare Schlagabtausch der Weltmächte. Diese »Komödie« signalisiert ebenfalls die Tendenz zu zunehmender Politisierung der Literatur, die nun für das nächste Jahrzehnt charakteristisch wird.

Der Einbruch der politisch-gesellschaftlichen Realität in die Literatur der sechziger Jahre

Einer der Autoren, die um das Jahr 1960 das direkte politische Engagement suchten, war Günter Grass (* 1927), der als Wahlredner für die SPD durch die Lande zog. Freilich war schon sein großer Roman »Die Blechtrommel« (1959) ein politisches Buch, das den Menschen »auf den Leib rückte, und zwar mit phänomenaler Aggressivität« (H. Plard). Der trommelnde Dreikäsehoch Oskar Matzerath beschließt mit drei Jahren, aus Protest gegen die Welt der Erwachsenen sein Wachstum einzustellen. So kann er sie aus der Froschperspektive beobachten. In schonungsloser, jedes Tabu durchbrechender Schilderung reißt dieser »moderne Simplicius« dem deutschen Spießbürger seine moralische Maske vom Gesicht. Der glänzend erzählte und mit allen modernen Techniken der Darstellung brillierende Roman löste bei seinem Erscheinen Bewunderung und Proteste aus. Auch in »Katz und Maus« (1961) und den »Hundejahren« (1963), die mit der »Blechtrommel« die Danziger Trilogie bilden, werden Drittes Reich und Wirtschaftswunderzeit kritisch geschildert.

Literarisches Leben in der DDR

Im selben Jahr wie die »Blechtrommel« und Bölls »Billard um halbzehn« erscheint von Uwe Johnson (* 1934, † 1984) »Mutmaßungen über Jakob«. Der DDR-Autor thematisiert die Teilung Deutschlands in der

Günter Grass, *dessen Roman »Die Blechtrommel« bis heute Bewunderer und erbitterte Gegner findet, errang mit diesem moralisch-politischen Werk Weltruhm. Der französische Literaturpreis für das »Beste ausländische Buch 1962« bedeutete für Grass, aber auch für die deutsche Nachkriegsliteratur den endgültigen Durchbruch.*

Geschichte eines DDR-Eisenbahners, der zu seiner westdeutschen Freundin fährt; er fühlt sich aber in der Bundesrepublik nicht zu Hause. Bei der Rückkehr wird er in der DDR von einer Lokomotive überfahren. Wie die Grenze durch Deutschland menschliche Verhältnisse bestimmt, das belegt auch der Autor selbst, der im selben Jahr die DDR verläßt und nach West-Berlin umsiedelt.
Die Zeit um 1960 bedeutet auch für die DDR-Literatur eine Wendemarke: Im ersten Jahrzehnt ihres Bestehens, in der »sozialistischen Aufbauphase«, hatte sich in der DDR das literarische Leben vielfach noch um die großen aus dem Exil zurückgekommenen Gestalten der Vätergeneration (neben Brecht z. B. Anna Seghers und Stephan Hermlin) zentriert. Nun, 1959, forderte Ulbricht auf der »Bitterfelder Konferenz« eine »Bewegung des schreibenden Arbeiters«, und 1961 verwies der Mauerbau die Schriftsteller verstärkt auf die DDR-Realität. Nur wenigen gelang die Gratwanderung zwischen unumgänglicher Anpassung, literarischer Qualität und menschlicher Glaubwürdigkeit. Christa Wolf (* 1929) mit ihrem Kurzroman »Der geteilte Himmel« (1963) zählt dazu, obwohl sie den Mauerbau vom 13. August 1961 in den Mittelpunkt stellt: die Heldin Rita kehrt von einem Besuch bei ihrem nach West-Berlin geflohenen Verlobten nach inneren Kämpfen freiwillig in die DDR zurück: der Westen ist ihr innerlich fremd, ihre Heimat ist die Brigade in der Waggonfabrik.
Während Autoren wie Grass, Johnson und Wolf die Mittel des fiktionalen Erzählens (z. B. Rückblende, Perspektivenwechsel, innerer Monolog) einsetzen, ziehen andere den Weg des bloßen Notierens der Wirklichkeit vor und versuchen so, vor allem denen eine Stimme zu geben, die sich nicht selber artikulieren können.

Dokumentar-Literatur

Initiativen zur Erfassung der realen Arbeitswelt gehen von der Dortmunder »Gruppe 61« aus, von Erika Runge (»Bottroper Protokolle«, 1968) und Günter Wallraff (»Industriereportagen«, 1970). Auch die Dramatiker dieser Jahre verwenden ähnliche Mittel. So läßt Heinar Kipphardt (* 1922, † 1982), der mit »In der Sache J. Robert Oppenheimer« (1964) die Frage der gesellschaftlichen Verantwortung des Naturwissenschaftlers erneut aufgreift, anders als Dürrenmatt die Dokumente selbst sprechen; der historische Fall wird noch einmal nachgestellt. Dieses »Dokumentartheater« hatte mit Rolf Hochhuths (* 1931) umstrittenem Drama »Der Stellvertreter« 1963 eingesetzt, in dem es um das Problem der Mitschuld des Papstes am Holocaust ging. Die Problematik dieser Darstellungsform wurde übrigens bald erkannt: der Autor greift, indem er Fakten und Daten auswählt und arrangiert, zwangsläufig verändernd in das historische Material ein. Peter Weiss (* 1916, † 1982) ging denn auch in seinem Oratorium »Die Ermittlung« (1965) über die bloße Dokumentation hinaus, auch wenn er Gedächtnisprotokolle des Auschwitz-Prozesses von 1964 verwendete. Eine aufregende Verbindung von Dokumentarstück und bühnenwirksamem »Spiel im Spiel« gelang ihm mit dem Drama »Die Verfolgung und Ermordung des Jean Paul Marat, dargestellt durch die Schauspielgruppe des Hospizes zu Charenton unter Anleitung des Herrn de Sade« (1964). Marat und de Sade disputieren im Irrenhaus über ihre gegensätzlichen Standpunkte zu Geschichte und Revolution. Das Stück läuft auf drei Zeitebenen ab; aus dieser verfremdenden Brechung ergibt sich ein besonders reizvoller dramatischer Schwebezustand.

Politisches Theater und politische Lyrik

Um die Mitte der sechziger Jahre erfuhr das politische Theater Zuwachs an Realitätsnähe, indem es außer auf Brecht auch auf wiederentdeckte Dramatiker der Vorkriegszeit (Horvath, Fleißer) zurückgriff. In den »Jagdszenen aus Niederbayern« (1966) führt Martin Sperr (* 1944) vor, wie ein Homosexueller von der Dorfgemeinschaft zu Tode gehetzt wird; Borniertheit und Vorurteil triumphieren. Sperr nutzt die noch unverbrauchten Möglichkeiten des Dialekts, indem er mit einer mundartlich gefärbten Kunstsprache arbeitet. Das gilt auch für den radikaleren Franz X. Kroetz (* 1946) in seinen »Volksstücken« (z. B. »Männersache« 1971). Seine Gesellschaftskritik zielt darauf ab, die erschreckende menschliche Reduktion der »kleinen Leute« unserer Zeit an ihrer Sprachlosigkeit zu demonstrieren. Dieses »kritische Volksstück«, durch Rainer Werner Fassbinder (* 1946, † 1982) auch im Film präsent (»Katzelmacher« 1969), reicht über die turbulente Wendemarke um 1970 hinaus.

Immer deutlichere Kritik an der Wirklichkeit der Zeit übte auch die Lyrik der sechziger Jahre. Enzensberger setzte mit »Landessprache« (1960) und »Blindenschrift« (1964) seine satirischen Töne fort. Ebenso scharf und noch enger an Brecht orientiert, meldet Erich Fried (* 1921, † 1988) seinen Protest an, z. B. gegen den Vietnam-Krieg (»und Vietnam und«, 1964). Kritische Töne bestimmen auch das lyrische Schaffen des DDR-Autors Günter Kunert (* 1929), der seinem Staat allzu billigen Beifall versagt, und des damals ebenfalls noch in der DDR lebenden

Während Wolf Biermann am 13. 11. 1976 auf seinem Köln-Konzert *noch optimistisch die DDR als das »bessere Deutschland« verkündet, wird wenige Tage danach in einer ADN-Meldung seine Ausbürgerung bekanntgegeben.*

»Liedermachers« Wolf Biermann (* 1936) mit seiner berühmten »Drahtharfe« (1965). Beide hängen der Vision eines »Sozialismus mit menschlichem Antlitz« nach, der im August 1968 in Prag von den Panzern der »Bruderstaaten« im Keim erstickt wurde. Es ist vielleicht kein Zufall, daß im selben Jahr in Enzensbergers »Kursbuch 15« die bisherige Literatur für tot erklärt wird: Sie sei zu harmlos und unbedeutend, mag sie noch so engagiert politisch gemeint sein. Bestenfalls werde sie als Ware vermarktet. Ein neuer Anfang in Bescheidenheit sei nötig, politische Aktivität und ästhetisches Tun seien zukünftig zu trennen. Damit war ein Prozeß des Umdenkens eingeleitet, der in ganz anderer Weise bereits 1966 von dem jungen Österreicher Peter Handke (* 1942) initiiert worden war, als er den Autoren der »Gruppe 47« »Beschreibungsimpotenz« vorwarf. In seinem Sprechstück »Publikumsbeschimpfung« (1966) funktionierte er das Theater zum »Antitheater« um, in dem das Publikum den Stoff des »Stücks« abgibt, das auf jedwede Handlung und Illusion verzichtet. Doch bereits 1968 nimmt Handke in seinem »Kaspar« das provozierende Moment zurück: Das Stück führt die Isolation des Menschen durch Sprache und ihren »Terror« vor. Das Verhältnis des Individuums zur Gesellschaft und zu sich selbst, das große Thema der siebziger Jahre, kündigt sich an.

Die Rückbesinnung auf das Individuum in den siebziger Jahren: Neue Subjektivität

Dieses neu aufkommende Interesse am Subjekt ist sicherlich eine Reaktion auf den gescheiterten Versuch der vorhergehenden Phase, in die Welt mittels Dichtung verändernd einzugreifen. Sie ist zugleich aber ein Akt der Rückbesinnung auf die Möglichkeiten und Grenzen des einzelnen in heutiger Zeit. Das Thema »Individuum und Gesellschaft« ist bei den Schriftstellern der DDR, die sich einem verstärkten Druck des Kollektivs ausgesetzt sehen, schon in den sechziger Jahren reflektiert worden, z. B. in Christa Wolfs biographischem Roman »Nachdenken über Christa T.« (1968). 1976 leuchtet sie nun in »Kindheitsmuster« den Zusammenhang zwischen den »Mustern«, die die Kindheit bestimmten, und dem gegenwärtigen Leben aus: »Wie sind wir so geworden, wie wir sind?« Auf »westlicher« Seite könnte man diesem Roman Karin Strucks (*1947) autobiographisches Bekenntnisbuch »Die Mutter« (1975) gegenüberstellen, das damals beträchtliche Resonanz erfuhr. Noch mehr Aufsehen erregte der DDR-Autor Ulrich Plenzdorf (*1934) mit seinem Roman »Die neuen Leiden des jungen W.« (1972): der jugendliche apolitische Jeansanbeter und radikale Individualist Edgar wird zur Identifikationsfigur der Jugend. In den Text sind zahlreiche Zitate aus Goethes »Werther«-Roman eingeblendet, die seine Geschichte zu der des empfindsamen Sturm-und-Drang-Helden in Beziehung setzen. Die dramatisierte Fassung des Textes wurde ein großer Bühnenerfolg in Ost und West. Das gilt auch für Peter Schneiders auf Büchner verweisende Erzählung »Lenz« (1973), die psychologische Studie eines jungen »linken« Intellektuellen, der auf einer Italienreise zu sich selbst findet.

Alle diese Autoren greifen auf autobiographische Elemente zurück; zahlreiche andere erzählende Werke der siebziger Jahre geben ganz klar ihren autobiographischen Charakter zu erkennen, wie etwa das »Tagebuch 1966–1971« (1972) und »Montauk« (1975) von Max Frisch, das nach dem vorangestellten Motto kein anderes Ziel hat als »ein häusliches und privates [...] denn ich bin es, den ich darstelle«; oder Elias Canettis (*1905), des Nobelpreisträgers von 1981, dreiteilige Lebensgeschichte »Die gerettete Zunge« (1977), »Die Fackel im Ohr« (1980), »Das Augenspiel« (1985). Und von Dürrenmatt »Stoffe I–III« (1981).

Ganz im Fiktionalen bleibt dagegen der Österreicher Thomas Bernhard (* 1931, † 1989), dessen episches und dramatisches Werk geradezu manisch um den Einzelmenschen kreist, wobei das Gesellschaftliche weitgehend ausgespart wird. Seit seinem Roman »Das Kalkwerk« (1970) ist die Kommunikationslosigkeit des völlig isolierten Menschen sein Thema, das er immer wieder mit grimmigem Humor neu abhandelt; ebenso in seinen oft skandalträchtigen Dramen (»Der Ignorant und der Wahnsinnige«), am konsequentesten in seinem Roman »Auslöschung. Ein Zerfall«, einem Mammutmonolog des absolut einsamen Menschen (1986). Neben dieser Wendung zum totalen Pessimismus bietet sich dem um sich selbst kreisenden Ich als Alternative wieder der Weg in die Innerlichkeit. Ihn ist der vor eineinhalb Jahrzehnten so provokativ angetretene Handke – Österreicher wie Bernhard – mit erstaunlicher Konsequenz gegangen: in seiner »Kindergeschichte« (1981) exemplifiziert er an der ganz privat-persönlichen Vater-Tochter-Beziehung, wie das Kind den Erwachsenen aus seiner Beschränkung auf sich selbst erlösen kann. Handke folgt dieser Spur nach innen auch weiterhin und sucht in einer schnörkellosen Prosa das Schöne in der Welt (»Der Chinese des Schmerzes«, 1983).

Diese Tendenz zur Innerlichkeit, freilich auf dem Boden von Melancholie und Resignation, klingt auch in den Stücken von Botho Strauß (* 1944) an: sie sind von Skepsis und Trauer durchweht. »Der Hypochonder« (1972) ist sein erstes Drama betitelt; und »Kalldewey, Farce« (1982) trägt schon im Titel seine Interpretation. In diesem Stück geht es um zwei Liebespaare, von denen eines sich am Ende wiederfindet, während das andere auseinandergeht. Es endet mit dem schlichten »Ich liebe dich«. Auch Strauß versucht nun wie Handke, gegen die Dominanz der kritischen Vernunft den ästhetischen Anspruch der Literatur als Dichtung, ja Mystik zu erneuern (»Der junge Mann«, 1984).

Die private Thematik, das Selbsterlebte und Alltägliche rückt auch in der Lyrik dieses Jahrzehnts wieder stärker in den Vordergrund. Jürgen Theobaldy (* 1944) verfaßt kunstvoll ›einfache‹ Alltagsgedichte (»Sperrsitz«, 1973) und gibt 1977 eine vielbeachtete Anthologie mit Gedichten vor und nach 1968 unter dem bezeichnenden Titel »Und ich bewege mich doch« heraus. Und von Enzensberger erscheinen 1980 unter der Überschrift »Tränen der Dankbarkeit« Idyllen (in der Gedichtsammlung »Die Furie des Verschwindens«). Das Einleitungsgedicht dokumentiert illusionslose Ernüchterung: Also was die siebziger Jahre betrifft, / kann ich mich kurz fassen. / [. . .] Daß irgendwer ihrer mit Nachsicht gedächte, / wäre zuviel verlangt.« Und doch gedeiht auf dem Hintergrund solcher Skepsis jetzt wieder das Liebesgedicht. So wagt es die aus der DDR ausgewanderte Sarah Kirsch (* 1935), einen Moment

»Kalldewey, Farce« *von Botho Strauß, Plakat zur Hamburger Uraufführung*

des Glücks in zarten Farben nachzuzeichnen: »Ich bin sehr sanft. Nenn / mich Kamille / meine Finger sind zärtlich braun / Kirschen in deiner Hand [. . .]«. Auch die »Liebesgedichte« (1979) des »linken« Autors Erich Fried werden ein großer Publikumserfolg.
Zuversichtlicher Glaube, Skepsis und radikaler Pessimismus: divergierende Tendenzen in der Literatur unserer Tage – wie könnte es anders sein in einer krisenhaften Zeit?
Streben nach Übereinstimmung und doch Divergenz und Vielfalt vor allem auch in der DDR. Längst sind Stärke und Rang literarischen Lebens in der DDR auch im Westen unbestritten. Viele Namen haben wir bereits genannt. Viele können hier nur summarisch aufgezählt werden. Peter Huchel und Franz Fühmann wären da zu erwähnen, Karl Heinz Jakobs, Brigitte Reimann, Erik Neutsch, Eduard Claudius zum Beispiel. Was wären die Prosa Deutschlands ohne Erwin Strittmatter, Bruno Apitz, Maxie Wander, ohne Hermann Kant, Stefan Heym, Werner Heiduczek, das Theater ohne Peter Hacks, Heiner Müller, Volker Braun, Joachim Schädlich? Johannes Bobrowski, Sarah und Rainer Kirsch, Wulf Kirsten, namhafte Lyriker – im Westen ebenso angesehen wie

Reiner Kunze, Thomas Brasch, Jurek Becker. Deutschlands literarische Landschaft um 1980: geteilt und doch fruchtbar.

Zivilisations- und Vernunftkritik in den achtziger Jahren

Das zentrale Thema der »Neuen Subjektivität« waren zwar die privaten Probleme, doch enthalten diese immer auch eine soziale Dimension. So versuchten z.B. Autoren der »Väterliteratur«, in der persönlichen Auseinandersetzung mit ihren (NS-)Vätern, Gesellschaftliches und Privates zu verbinden; z. B. Ruth Rehmann (* 1922) »Der Mann auf der Kanzel: Fragen an einen Vater«, 1979; Ludwig Harig (* 1927) »Ordnung ist das ganze Leben. Roman meines Vaters«, 1986. Aber auch ökologische Fragen, Skepsis gegenüber dem Fortschritt und Ansätze der Friedensbewegung wurden thematisiert. Diese Problemfelder spielen auch im literarischen Feminismus eine Rolle: Christa Wolfs »Kassandra« (Erz., 1983) ist sein herausragendstes Dokument. Die trojanische Seherin, der niemand ihre Untergangsprophezeiung glaubte, wurde zu einer Identifikationsfigur der Zeit. »Kassandra« eröffnete eine neue Perspektive, die europäische Geschichte als »männlich« zu sehen.
Solche radikale Umorientierung gipfelte Mitte der achtziger Jahre auch in einer Fülle apokalyptischer Szenarios in Lyrik (Günter Kunert, Hans Magnus Enzensberger), Drama (Heiner Müller) und Epik: Unter dem Eindruck des Reaktor-Unfalls von Tschernobyl entstand Christa Wolfs Erzählung »Störfall«; Grass legte mit »Die Rättin« (1986) ein »apokalyptisches Feature« vor. Auch Christoph Ransmayrs (* 1954) »Letzte Welt« (1988) gibt dieser Endzeitstimmung Ausdruck.

Das Wendejahr 1989: Postmoderne »neue Unübersichtlichkeit« am Beginn der Neunziger

Mag es an der mangelnden zeitlichen Distanz, an der Rasanz der politischen Umwälzungen oder an der weiter abnehmenden Verbindlichkeit gültiger Normen liegen: Die jüngste Literatur bietet ein Bild ausgesprochener Vielfalt. Mit dem Tod der immer noch repräsentativen »Großen«: Böll (1985), Dürrenmatt (1990) und Frisch (1991) und nach dem Ende des realen Sozialismus waren für die Autoren wichtige Bezugspunkte verloren gegangen. Hatte doch seit den sechziger Jahren die Meßlatte der »Gruppe 47« nach wie vor gegolten, und wer als DDR-Autor schrieb, war eo ipso ein politischer Autor. Zwar hatten nach der Ausweisung von Biermann 1976 viele andere ihrem Staat den Rücken kehren können (Jurek Becker, Sarah Kirsch, Reiner Kunze u.a.), doch thematisierten sie weiterhin Inhalte ihrer bisherigen Welt; auch unter den Gebliebenen bildete sich angesichts einer zwischen Repression und Öffnung schwankenden Politik eine literarische Subkultur von »anarchischer Produktivität« heraus (Anderson Erb »Berührung ist nur eine Randerscheinung«, 1985). Als die Literatur der Ex-DDR seit der Wende endgültig ihrer politischen Funktion verlustig ging, nahm diese Tendenz zur großen »Unübersichtlichkeit« zu. Versuche, Bilanz zu ziehen (Wolf »Was bleibt«, Erz., 1990), beginnende Aufarbeitung des Geschehenen (Monika Maron »Stille Zeile sechs«, 1991) und Bemühungen, sich zu rechtfertigen (Hermann Kant, Sascha Anderson) stehen nebeneinander. Auch im Westen verstärkte der Untergang der sozialistischen Systeme die Zweifel an allen Utopien. So sah sich die Literatur wieder auf ihr ureigenstes Feld verwiesen: ein bestimmender Zug des gegenwärtigen Schreibens ist die Kunstfertigkeit. Der sprachbewußte, belesene Autor zitiert aus dem Reservoir des Vorhandenen, es spielerisch variierend. Der Leser kann verschiedene Textebenen verstehen und genießen (so z.B. bei Gerhard Köpf, Gerold Späth, Ulla Hahn und Sigrid Damm). Für diesen hohen Grad an Reflexivität, dieses Verfügen über Stile und Werke hat sich der Begriff »Postmoderne« eingebürgert. Er umschreibt die derzeitige Vielfalt, die sich auch in einer Neigung zu Tagebüchern, Notaten und Skizzen (Handke, Strauß) spiegelt, für die aber auch Ernst Jandls Sprachspiele und Robert Gernhardts Nonsensdichtung kennzeichnend sind. Sprache und Schreiben finden wieder zu sich selbst zurück. Das muß nicht unbedingt Verzicht auf das Gesellschaftliche bedeuten, denn: »Vielleicht wird eine zeitgenössische Literatur wirkungsvoller sein, die auf jede Absicht verzichtet« (Kunert).

Literatur

Arnold, Heinz Ludwig (Hrsg.): KLG – Kritisches Lexikon zur deutschsprachigen Gegenwartsliteratur, 8 Bde., München 1978ff. (Loseblattsammlung)

Hage, Volker: Schriftproben. Zur deutschen Literatur der achtziger Jahre, Reinbek 1990

Kaiser, Gerhard R. (Hrsg.): Gegenwart, Stuttgart 1975 – In der Reihe: Die deutsche Literatur. Ein Abriß in Text und Darstellung, hrsg. von Otto F. Best und Hans-Jürgen Schmitt, Bd. 16

Kunisch, Hermann, Wiesner, Herbert, Cramer, Sibylle: Lexikon der deutschen Gegenwartsliteratur, München 1987

HANSWERNFRIED MUTH

Kunst nach 1945

Die veränderte Ausgangsposition der Kunst in Deutschland – Kulturelle Spaltung: West-Ost-Traditionen – Neue Anfänge – Die abstrakte Malerei – Rückbesinnung auf »Surrealismus« und »Expressionismus« – »Neue Sachlichkeit« und »Phantastischer Realismus« – Gestaltungsexperimente – Die wiederentdeckte Realität – Rückkehr zur Malerei – Architektur seit 1945.

Wenn im folgenden versucht wird, die Geschichte der Kunst in Deutschland nach 1945 zu umschreiben, so sind drei Vorbemerkungen und Überlegungen notwendig:
1. Aus der nahen Sicht des unmittelbaren zeitgenössischen Erlebens ist uns allenfalls die Aufnahme von künstlerischen Einzelvorgängen möglich, aus deren Zusammenschau man – später einmal – die Merkmale eines »Stils« wird ablesen können. Die Überlagerungen der Generationen, die gleichzeitig tätig sind, und ihrer künstlerischen Probleme, »die Gleichzeitigkeit des Ungleichzeitigen« (W. Pinder) erschweren dem Miterlebenden diese Überschau, zumal eine gewisse Sucht der zeitgenössischen Kunst nach Originalität um jeden Preis die Fäden der Entwicklung noch stärker verwirrt.
2. In den ersten drei Jahrzehnten des 20. Jahrhunderts entwickelte sich die moderne Kunst in ihrer stilistischen Vielfalt noch weitgehend unter nationalen Anzeichen. Der »Kubismus« wurde als eine französische Spielart der Modernen, der »Futurismus« als italienisch, der »Expressionismus« als typisch deutsch empfunden, wenngleich die führenden Künstlerpersönlichkeiten der damaligen Avantgarde einen lebhaften Gedankenaustausch pflegten. Dagegen verschwand das Etikett »Deutsche Kunst« schon bald nach 1945 in der Bundesrepublik Deutschland gänzlich zugunsten einer übernationalen Verflechtung der westeuropäischen mit der nordamerikanischen Kunst. Eine bis dahin nie gekannte, über Europa hinausreichende internationale Stilverbindlichkeit, die 1959 auf der »2. documenta«-Ausstellung in Kassel als »Modellfall von Menschheitskultur« dokumentiert wurde und 1981 von der Kölner »Westkunst«-Ausstellung noch einmal rückblickend dargestellt wurde, konnte ein Vierteljahrhundert lang uneingeschränkt allgemeine Gültigkeit beanspruchen. Eine Übersicht über die deutsche Kunstent-

wicklung seit 1945 geben, heißt deshalb, die Resonanz deutscher Künstler auf die internationale Kunstszene zu schildern. Auch muß bedacht werden, daß die politische Situation Deutschlands durch die Existenz zweier deutscher Staaten mit unterschiedlichen weltanschaulichen Fundamenten auch eine tiefgreifende und weitreichende kulturelle Spaltung zur Folge hatte. Dem Maler oder Bildhauer in der einstigen DDR blieb über lange Jahre der Blick in den Westen versperrt. Verbindlich waren für ihn allein die von der Partei als vorbildlich erklärten sowjetischen Kunstnormen des »Sozialistischen Realismus«. Umgekehrt ließ die Faszination der Künstler in der Bundesrepublik, die von den künstlerischen Tendenzen der westlichen Länder, vor allem der USA, ausging, jedes Interesse an einer Auseinandersetzung mit der »sozialistisch-realistischen« Kunst in der DDR ersticken.

Beide deutsche Kunstregionen entwickelten sich diametral auseinander, banden sich in völlig verschiedene weltanschauliche Einflußfelder mit entsprechenden Stilverbindlichkeiten ein. Erst seit den frühen 70er Jahren bahnte sich ein allmählicher Abbau dieser totalen Trennung an. Auf beiden Seiten war seitdem eine Besinnung auf eigene deutsche Kunsttraditionen wahrzunehmen. Während innerhalb der westdeutschen Kunst eine historisierende Verbindung von Tradition und Avantgarde zu beobachten war, wich die dogmatische Einseitigkeit des »Sozialistischen Realismus« allmählich einer verstärkten Aufnahmebereitschaft der ostdeutschen Kunst für neue Stilexperimente jeglicher Art.

Es ist unmöglich, im Rahmen dieses kurzen Beitrags die Sonderentwicklungen der Kunst in der seinerzeitigen DDR ausreichend darzustellen. Nur einige Namen, die herausragen, seien stellvertretend genannt: Maßgeblich an dem Aufbruch in eine mehr emanzipierte Kunst beteiligt waren Willi Sitte (* 1921), Bert Heller (* 1912, † 1970) und Max Lingner (* 1888, † 1959), neben ihnen die aus dem Westen zugewanderten Heinrich Ehmsen (* 1886, † 1964) und Oskar Nerlinger (* 1893, † 1969), die ebenso wie Ernst Fritsch und Ernst Schumacher sich auf Formen der 20er Jahre, die Realismus und gemäßigten Expressionismus verbanden, zurückbeziehen konnten.

Mit Fritz Cremer, dem zu dieser Zeit bedeutendsten Bildhauer im Osten Deutschlands, der 1964 energisch gegen Funktionärsbevormundung protestierte, setzte die moderne Experimentalphase der damaligen DDR-Kunst ein, die vor allem auch durch die Tätigkeit der »Leipziger Schule« bekannt wurde. Namen wie Willi Neubert (* 1920), Wolfgang Mattheuer (* 1927), Bernhard Heisig (* 1925), Heinz Zander (* 1939), Arno Rink und vor allem Werner Tübke (* 1929) sind auch im Westen einem breiteren Publikum bekannt geworden. Eine inzwischen erstaunlich breite Palette nicht angepaßter Künstler (C. F. Claus, A. Ebert, G.

Altenbourg, R. Loewig u. a.) ergänzt dieses Bild. Diese Annäherungen lassen hoffen, daß die »Wiedervereinigung« im Bereich des künstlerischen Schaffens gelingen wird.
3. Nahezu unbeachtet hatte sich in der modernen Kunst ganz allgemein, besonders aber in den westlichen Ländern, in denen die Kunst einen experimentellen Freiraum beanspruchen konnte, schon seit Beginn des 20. Jahrhunderts eine immer rasanter werdende Entwicklung vollzogen, die erst in den 70er und 80er Jahren an die Oberfläche durchbrach und erkannt wurde: der Abschied der Kunst von den Mythen, denen sie stets verbunden war. Diese Entwicklung begann keimhaft bereits im Impressionismus des späten 19. Jahrhunderts. Die abstrakte Malerei tat dann den entscheidenden Schritt: Sie zerstörte den bis dahin noch gesuchten Anschein der Darstellung von Dingen und Erzählungen. Von nun an war die Kunst nicht mehr geteilt in einen erzählenden mythischen und einen künstlerisch malerischen, also formalen Aspekt; sie war fortan nur noch reine Form, reine Malerei: sie war nun wirklich – wie bereits Victor Cousin es 1836 zuerst gefordert – »l'art pour l'art«, das ist »Kunst um der Kunst willen«. Doch insgeheim blieb die Frage und das Verlangen nach dem Mythos in der Kunst stets präsent.
Schließlich: Am Ende des Jahrhunderts, ja eines Jahrtausends, stellt sich nicht wenigen die Frage: »Ende der Kunst – Zukunft der Kunst?«. Das einhundertjährige Kunst-Experiment »Moderne«, das Klaus Fussmann »beispiellos in der Geschichte der Kunst« nannte, muß nach seiner Meinung als gescheitert angesehen werden; gescheitert sowohl in seinen Verstiegenheiten als auch in seinen schöpferischen Leiden und in seiner artistischen Faszination. Dieses Scheitern ist dennoch zugleich ermutigend, weil es den Weg frei werden läßt zu neuen kreativen Initiativen.

Zur Situation der Bildenden Kunst 1945

Als der Krieg im Frühsommer 1945 zu Ende ging, mußte sich jedem, der die Lage des Abendlandes nach den Jahren des NS-Staates mit seinen Schrecken und Kriegsfolgen überdachte, die Frage aufdrängen, ob in der Vollständigkeit dieses Zusammenbruchs und in der unvorstellbaren Zerstörung nicht auch die Gemeinsamkeit der schöpferischen Kräfte vernichtet worden sei, aus der die westliche Kultur überhaupt möglich geworden und erwachsen war. Aus dieser apokalyptischen Grundstimmung jener Jahre entstand eine kulturkritische Literatur, der insbesondere die moderne Kunst als Ausdruck und Anzeichen einer allgemeinen Krise erschien. In umfänglichen und scharfsinnigen Analysen diagnostizierte vor allem Hans Sedlmayr an der Kunst den »Verlust der Mitte« als eine schleichende Erkrankung der modernen europäischen Kultur.

Viele mochten 1945 die Bildenden Künste in Deutschland auch in einer Situation sehen, die allenfalls mit den Zuständen am Ende des »Dreißigjährigen Krieges« zu vergleichen war. Die dunkle Zeit des »Dritten Reiches« erschien als eine auch im kulturellen Bereich tiefgreifende Zäsur, die jede Bindung an die Tradition der deutschen Vorkriegsavantgarde unterbrochen hatte.

Doch solchen Befürchtungen gegenüber zeigten sich, als die Situation der Kunst in den europäischen Ländern um 1950 wieder zu übersehen war, zwei kaum vermutete Tatsachen:

Der Krieg selbst und die Situation, die er hinterließ, hatten keinen oder nur einen geringen Einfluß auf die Kunst der westlichen Länder einschließlich des westlichen Deutschland. Im Ersten Weltkrieg hatten die Künstler noch nach einem Sinn des Krieges gesucht und waren geneigt, ihn in die Zukunft zu verlegen. Noch der »Spanische Bürgerkrieg« hatte als Angriff auf die menschliche Freiheit eine mächtige Resonanz in der westlichen Künstlerschaft gefunden. Der Zweite Weltkrieg dagegen konnte sie zu keiner Antwort mehr provozieren. Zum andern: Trotz aller Gegensätze, die der Krieg aufgerissen hatte, präsentierte sich die Kunst der einzelnen Länder des Westens als ein gemeinsames Ganzes, als ein einheitliches Grundmuster. Über alle Grenzen hinweg folgte die Kunst den gleichen Antrieben, um die gleichen Probleme zu bewältigen.

Die äußeren Vorbedingungen freilich waren sehr verschieden: In Deutschland war nicht nur das geistige und soziale Gefüge zerstört, waren nicht nur die innere Kontinuität und die Verbindung zu allen Nachbarländern nahezu vollkommen unterbrochen, es waren auch die Künstler, die als Lehrer und moralische Instanzen hätten gelten können – Klee, Kandinsky, Kirchner, Beckmann – tot oder in der Emigration. Dennoch richtete sich in dieser Situation die neue deutsche Malerei und Plastik nach dem gleichen Kraftfeld aus, dem die Bildenden Künste der anderen Länder ebenfalls unterstanden, ein überzeugender Beleg für den tieferen Zusammenhang in den geistigen Regungen der europäischen Völker.

Die Nachkriegszeit brachte alte Freiheiten zurück und damit differenzierte Möglichkeiten. Sie erlaubte ein Anknüpfen an Bestrebungen, die durch die Hitlerzeit unterbrochen worden waren. Sie gewährte sowohl ein unbekümmertes Weiterschaffen denjenigen, die als »Unpolitische« an ihren Landschaften, Tierplastiken, wirklichkeitsbezogenen Bildnissen festhalten wollten, wie auch jenen, die neue Tendenzen, einen eigenen Weg verfolgten. Dies hieß häufig auch: den Weg in das Experiment, in das Riskante und Provozierende, den Weg in die Abstraktion. Diesen Weg gingen sowohl Maler wie Bildhauer; die Entwicklung zeigt sich aber am deutlichsten in der Malerei.

Die abstrakte Malerei

Es wundert nicht, daß bei der nach neuen Eindrücken und Anregungen suchenden Künstlerjugend die Ideen einer gegenstandslosen, freien Abstraktion, die sich in Frankreich und in den USA weiterentwickelt hatten, als Ausdruck spontaner Empfindungen auf fruchtbaren Boden fielen. Hatte in den Jahren um 1920 bis 1930 die mit Wirklichkeitsbildern arbeitende und mit diesen die Wirklichkeit definierende Malerei im Vordergrund der deutschen Kunst gestanden, so kehrte sich jetzt das Verhältnis völlig um: die abstrakte, gegenstandslose oder »konkrete« Kunst in ihren verschiedenen Spielarten trat in den Vordergrund und beherrschte – lebhaft diskutiert, vielfach bestritten, letztlich aber nahezu ausnahmslos – die Kunstszene im Westen Deutschlands. Als Will Grohmann 1958 ein erstes Resümee der deutschen Kunst im ersten Nachkriegsjahrzehnt gab, konnte er mit Recht konstatieren, »das ›Große Abstrakte‹ hat das ›Große Reale‹ verdrängt«.
Gleich nach dem Krieg waren die künstlerischen Gedanken des »Bauhauses« (siehe Band 11) wieder aufgegriffen worden; eine der ersten großen Ausstellungen im Haus der Kunst in München hatte schon 1950 die Maler des »Bauhauses« wieder einem breiteren Publikum bekannt gemacht. Insbesondere Kandinsky und Klee wirkten nachhaltig auf die Maler der jungen Generation ein. Auch die eigentlichen Klassiker dieser ersten Nachkriegsjahre wie Willi Baumeister (* 1889, † 1955), Julius Bissier (* 1893, † 1965), Theodor Werner (* 1886, † 1969), Fritz Winter (* 1905, † 1976) und Ernst Wilhelm Nay (* 1902, † 1968) fußten auf der »abstrakten« Avantgarde des frühen 20. Jahrhunderts.
Willi Baumeister und Julius Bissier gehörten beide zu den wenigen deutschen Malern, die in der Zurückgezogenheit der erzwungenen inneren Emigration eine abstrakte Ausdruckssprache aus subjektiven Zeichen entwickelt hatten, die als Parallele zu den Tendenzen der »Ecole de Paris« oder der amerikanischen Malerei betrachtet werden konnte. Dieses über Verachtung und Krieg hinweg bewahrte künstlerische Potential erlebte nach 1946 einen raschen Durchbruch – zumal Baumeister an der Akademie Stuttgart lehrte – noch bevor mit den Werken von Hans Hartung (* 1904, † 1989) und Wols (= Wolfgang Schulze-Battmann (* 1913, † 1951), die beide während des »Dritten Reiches«

emigriert waren, seit 1948 die ersten starken Impulse der internationalen »abstrakten« oder »konkreten« Kunst über Frankreich in Westdeutschland bekannt wurden und Beachtung fanden.
Aus diesem Formenfundus entwickelte neben Theodor Werner und Fritz Winter auch Georg Meistermann (* 1911, † 1990) eine sehr persönliche Handschrift als Ausdruck individueller Erfahrungen. Von besonderer Gewichtigkeit wurde das Schaffen Meistermanns, dem mehrere große Wandgemälde in Kirchen übertragen wurden (Würzburg, St. Alfons; Berlin, Regina Martyrium). Dieser Künstler fühlte, daß hinter der sichtbaren Welt eine größere Gestaltungskraft wirksam sei, zu der er malend hinzugelangen wünschte. So wurden seine Bilder zu umfassenden Zeichen, in die alles hineingenommen ist, was der Mensch an Inhalten in sich trägt, auch die Welt und die Natur; abstrakte Formen verbinden sich mit Erinnerungen an gegenständliche Wirklichkeit. Hier wuchs aus der abstrakten Richtung der Kunst eine Sicht heran, in der Äußeres und Inneres in Übereinstimmung gesetzt wurde; die Nahtstelle zwischen dem Realen und Abstrakten wurde hier überbrückt.
Bald fanden sich auch im westlichen Deutschland wieder Künstlergruppen zusammen. 1949 trat in München die Gruppe ZEN hervor, der neben anderen Kurt R. H. Sonderborg (* 1923) und Emil Schumacher (* 1912) angehörten. Die Mitglieder dieser Gruppe, die dem »abstrakten Expressionismus« zugerechnet wird, orientierten sich an den ausdrucksstarken, gestischen Schriftzeichen ostasiatischer Kulturen.
Leitformen wurden querende Diagonalen, die, mit rascher Geste über die Fläche gezogen, den Eindruck rasender Geschwindigkeit hervorrufen. Kreisende Wirbel nehmen den Bewegungszug auf, skandieren einen schnellen Takt. Geschwindigkeit, Rhythmik drücken die Empfindungen für die Tatsachen modernen Lebens aus: Geschwindigkeit, Beherrschung neuer Räume, Perspektiven technischen Denkens.
1952 gab es in Frankfurt mit der Gruppe »Quadriga« – Karl Otto Götz (* 1914), Otto Greis (* 1913), Heinz Kreutz (* 1923) und Bernhard Schultze (* 1915) – sowie im Rheinland mit der »Gruppe 53« – Peter Brüning (* 1929), Karl Fred Dahmen, Gerhard Wind (* 1928) u. a. – und der »Neuen Rheinischen Sezession« – unter ihnen Joseph Faßbender (* 1903, † 1974), Hann Trier (* 1915) – weitere Gruppenbildungen im Zeichen der »abstrakten« oder »konkreten« Malerei.

Rückbesinnung auf »Surrealismus« und »Expressionismus«

Im Verlauf der fünfziger Jahre wurde auch der historische »Surrealismus« von deutschen Malern wieder aufgegriffen. In aller Stille hatten sich bereits seit 1946 surreale Phantasien im Werk des zurückgezogen lebenden Richard Oelze (* 1900, † 1980) fortgesetzt. Visionäre Traumlandschaften malte und zeichnete auch Mac Zimmermann (* 1912). Auf dem erotischen Surrealismus eines Hans Bellmer (* 1902, † 1975) bauten junge Maler wie Horst Janssen (* 1929) und Paul Wunderlich (* 1927) auf, bei denen sich die Morbidität mit Aspekten der Persiflage, der Ironie und Satire mischt.

Im Gegensatz zur Vorbildlichkeit der abstrakten Malerei und zur Anknüpfung an den »Surrealismus« ließ die Wiederentdeckung des »Expressionismus« länger auf sich warten, obwohl der Traditionsgrund für diese Linie in der Gegenwartskunst wohl vorbereitet war, und obwohl einige namhafte Vertreter dieser Richtung – Erich Heckel (* 1883, † 1970), Karl Schmidt-Rottluff (* 1884, † 1976) und Emil Nolde (* 1867, † 1956) – nach wie vor in Deutschland tätig waren. Erst die »1. documenta« in Kassel machte 1955 in größerem Umfang wieder auf den »Expressionismus« aufmerksam. Doch einzig im Norden gelang eine Verdichtung der zerflackernden expressionistischen Naturdeutung zu einem gegenstandsetzenden Formzeichen. In Hamburg kam Karl Kluth (* 1898, † 1972) zu einer expressiv-monumentalen Figurenmalerei. Rolf Nesch (* 1893, † 1975), seit 1933 in Norwegen tätig, setzte den von E. L. Kirchner vorgezeigten Weg zu einer Ausdruckshieroglyphe fort. Von der Geschichte her gesehen, hatte dieser gegenständliche »Neo-Expressionismus« eine bewahrende Funktion, keine Wirkung in die Zukunft. Durch ihn blieb die moderne Definition des Sichtbaren, die in den vergangenen Jahrzehnten erreicht worden war, fest bezeichnet.

Es dauerte auch verhältnismäßig lange, bis man in Deutschland Max Beckmann wiederentdeckte. Lediglich HAP Grieshaber (* 1909, † 1981) und sein Schüler Horst Antes (* 1936) verstanden ihr Œuvre aus der Tradition des figurativen Expressionismus eines Max Beckmann.

»Neue Sachlichkeit« und »Phantastischer Realismus«

Auch der »Neuen Sachlichkeit« (siehe Band 11) wurde eine Wiederaufnahme in den fünfziger Jahren nicht zuteil. Die gegenstandsbezogene Dingpoesie so wichtiger Maler wie Franz Radziwill (* 1895, † 1981), Bruno Goller (* 1901) und Werner Heldt (* 1904, † 1954) wurde deshalb zunächst kaum registriert. Auch Christian Schad (* 1894, † 1981) und Karl Hubbuch (* 1891, † 1979), die Altmeister der »Neuen Sachlichkeit« wurden erst in den siebziger Jahren wiederentdeckt.

Ihre Wiederentdeckung steht im Zusammenhang mit der neu aufkommenden Richtung des »Phantastischen Realismus«, dem in Deutschland mit Wolfgang Lenz (*1925) in Würzburg und mit Sigbert Hahn (*1937) in Köln ein bedeutendes Gewicht zukommt.

Neue Gestaltungsexperimente – Die wiederentdeckte Realität

Um 1960 wird innerhalb der internationalen abstrakten Malerei eine gewisse Ermüdung erkennbar. Dies führt auch in Deutschland zu neuem Suchen. Die Gruppe »Zero« um die Düsseldorfer Maler Otto Piene (*1928), Heinz Mack (*1931) und Günther Uecker (*1930) experimentiert in spektakulären Aktionen mit dem Thema Licht-Farbe-Raum. Uecker demonstriert mit einem weißen Nagel auf weißer Oberfläche verschiedene Lichtbrechungen, Piene mit den Mitteln der Lichtprojektion einen Farblichtraum, Mack experimentiert mit vielfältigen, rotierenden Lichteffekten. Gegen 1960 vollzog sich in Deutschland auch die Rückkehr zur Figuration und zum Gegenstand.

Dinge und Gebrauchsgegenstände der Alltagswelt wurden nun – beeinflußt von der amerikanischen »Pop-Art« und von der Tradition der »Neuen Sachlichkeit« – in ihren einfachsten Formen zum Bildgegenstand. So malte Konrad Klapheck (*1935) Schreib- und Nähmaschinen, Telefon und Schuhspanner. Die Objekte wurden zu Aussageträgern menschlicher Eigenschaften stilisiert. Von solchen »Entdeckungen« der frühen sechziger Jahre gingen Anstöße aus, die bis in die Zeit um 1980 weiterwirkten.

Ebenfalls in den sechziger Jahren wurde das in den USA entwickelte »Happening«-Konzept durch Wolf Vostell nach Deutschland übertragen. Das »Happening« – eine Collage aus Ereignissen und Aktionen – erwies sich mit seinen Improvisationsmöglichkeiten und mit der Einbeziehung des Alltags als ein attraktives Ausdruckselement, bei der die Idee sich völlig von der Bindung an eine bleibende Form löste. Damit war die Bildende Kunst an eine letzte Grenze gelangt. 1962 begann Joseph Beuys (*1921, †1986) mit »Happenings«, wandelte diese aber um, indem seine Aktionen nicht frei improvisiert wurden, sondern nach festen Partituren abliefen. Die Kunst des Happenings und der »Performance« ebenso wie auch später das zum Kultraum hochstilisierte »Environment« waren nicht die alleinigen, so doch die beherrschenden Kunstformen in den Jahren zwischen 1960 und 1980. Mit diesen künstlerischen Äußerungen und Versuchen war mitten im rationalisierten Industriezeitalter eine Art mythischer Kunst entstanden. Doch hat diese nie verbindliche Regeln aufgestellt und sich nie klar ausgedrückt; im Grunde war sie eine mythische Kunst ohne Mythologie.

Architektur unserer Zeit

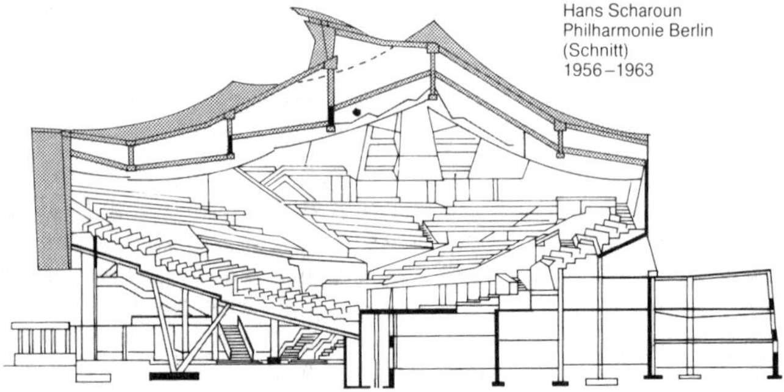

Hans Scharoun
Philharmonie Berlin
(Schnitt)
1956–1963

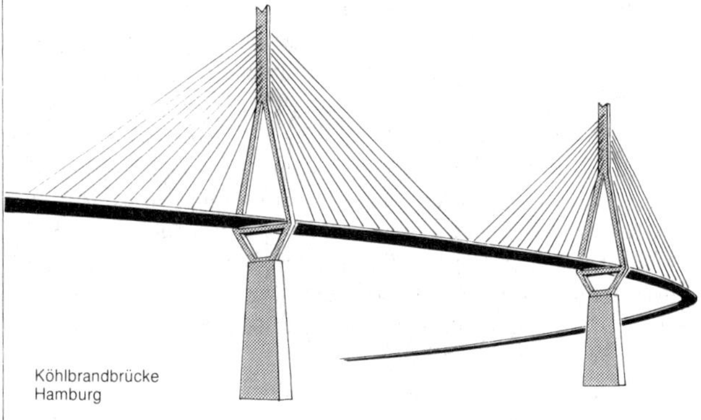

Köhlbrandbrücke
Hamburg

Im Verlauf der siebziger Jahre schien sich die deutsche Kunstszene mehr und mehr in eine vielgestaltige und verwirrende Vielfältigkeit des kreativen Experimentierens zu zersplittern.

Nach dieser Zeit des Experimentierens mit neuen Medien und eines gewissen »Originalitätswahns« scheint die Kunst im Westen Deutschlands seit den späten siebziger Jahren wieder verstärkt zur Malerei zurückzufinden. Ein kritischer Realismus hat sich bei einigen jungen Künstlern, besonders in Berlin, herausgebildet, der mit Witz und Ironie oder auch in der Form eines nüchternen Reportagestils die Wirklichkeit kommentiert. Ansonsten gibt sich der neue Realismus eher magisch-figurativ.

Auch in den achtziger Jahren begegnet man noch dem Fotorealismus, der bereits mit Fritz Köthe, Peter Klasen und Malte Satorius seinen Höhepunkt fand.

Architektur unserer Zeit

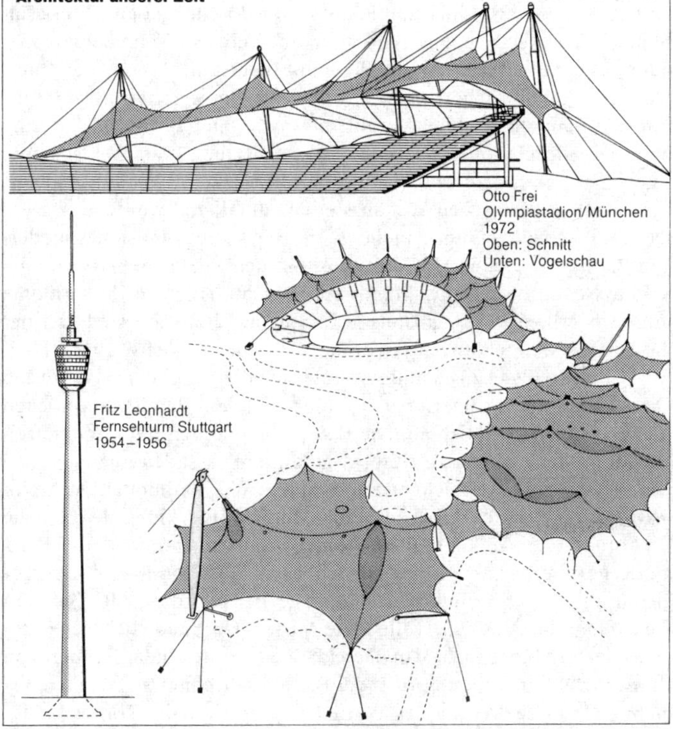

Architektur in Deutschland seit 1945

Es dauerte nach dem Ende des Zweiten Weltkrieges mehrere Jahre, ehe im Westen Deutschlands wieder eine Bautätigkeit von besonderer Qualität möglich wurde. Man hatte hier – stärker als in der Bildkunst – die Jahre versäumt, in denen der neue Stil in anderen Ländern heimisch geworden war. Seit etwa 1950 zeigte sich, daß die Architekten wieder dort anzuknüpfen versuchten, wo 1933 die Entwicklung abgebrochen worden war. Im großen und ganzen hat sich die neue deutsche Architektur für den rationalen Baustil der späten zwanziger und frühen dreißiger Jahre entschieden, wie er damals im »Bauhaus« entwickelt worden war. An diese Gedanken vom funktionalen Bauen knüpfte man jetzt an. Es entstanden zahlreiche Bauten von hohem Niveau. So wurden ausgezeichnete Bürohochhäuser errichtet, wie etwa das Phoenix-Rheinrohr-

Haus von Hentrich und Petschnigg in Düsseldorf (1957–1960), das auch im Ausland als vorbildlich anerkannt wurde. Es entstanden schön komponierte Theater, wie jenes von Gerhard Weber in Mannheim (1957) oder das von Waltherr – Hardt Hämer in Ingolstadt (1966). Die »Interbau«-Ausstellung in Berlin (1957), d. h. das »Hansaviertel« mit der Auftragserteilung an Architekten auf internationaler Basis, galt als eine höchst eindrucksvolle Geste des »Neuen Bauens« in Deutschland. Egon Eiermanns deutscher Pavillon in Brüssel war 1958 universell als der beste auf der ganzen Weltausstellung anerkannt worden.
Der plastische, hochindividuelle »Neu-Expressionismus« der modernen Baukunst, wie ihn Le Corbusier in seinem späten Schaffen aufgezeigt hatte, wurde in Deutschland kaum beachtet. Erst die Philharmonie in Berlin, erbaut 1963 von Hans Scharoun, hat diese neueste Phase der modernen Architektur aufgegriffen, blieb aber zunächst ohne Nachfolge. Ende der siebziger Jahre wandte sich die Architektur im Westen Deutschlands vom funktionalen Bauen und dem damit verbundenen Rastersystem allmählich ab. Die Bauten beschreiten mit ihren tiefreichenden Dächern, mit den plastisch geformten Fassaden einen sichtlich neuen Weg. Sie kennzeichnen zugleich den Weg der modernen Architektur in eine späte »barocke« Phase ihrer Entwicklung. Diese neue Richtung in der Architektur, von Amerika ausgehend, wird als »Postmoderne« bezeichnet. Eines der frühesten und qualitätvollsten, zugleich auch das zweifellos bedeutendste Beispiel dieser Richtung in Deutschland ist das 1981 vollendete Museumsgebäude der Neuen Pinakothek in München, erbaut nach Plänen von Alexander Freiherr von Branca. Der berühmten Formel der Bauhaus-Architektur »Weniger ist mehr« – in diese drei simplen Worte hatte Mies van der Rohe einst das revolutionäre Programm des neuen Bauens zusammengefaßt – wird nun geradezu ein »Mehr ist mehr« entgegengesetzt: Das Aufgeben der Symmetrie, Verfremdungen und Überraschungseffekte kennzeichnen die Architektur dieser neuen Richtung, deren Bauten vielfach durch spitzwinklige Fenster und polygonale Ecktürme, halbrunde Dachausbauten sowie durch wechselnde Geschoßhöhen gekennzeichnet sind. Dies alles sind Erscheinungen, die Mitte der sechziger Jahre noch undenkbar waren. Nun propagiert man eine »sprechende Architektur« – wie in der französischen, der sogenannten »Revolutionsarchitektur« des späten 18. Jahrhunderts, freilich unter anderen Voraussetzungen und mit anderen Zielsetzungen. Sie bedient sich traditionalistischer Formelemente, die sie collagiert und auch als Zitat verwendet. Hans Egon Holthusen hat unter dem Titel »Heimweh nach Geschichte« die Postmoderne so charakterisiert: »Die Postmoderne [...] ist das Alt- und Älterwerden der für uns noch immer nicht abgesetzten Moderne neue-

Neue Pinakothek in München, *eröffnet 28. 3. 1981: Postmoderne Architektur erbaut nach Plänen von Alexander v. Branca, ein Bau mit bewußten »Architekturzitaten«, eine Absage an den »Schematismus der Moderne« (Branca).*

sten Datums, [...] es ist das Stagnieren einer Entwicklung, die man weiß Gott wie lange als immer nur fortschreitende, wenn nicht ›fortschrittliche‹ Bewegung zu denken gewohnt war, es ist das Erlahmen der vertrauten Dialektik von Akademie und Sezession, Establishment und Avantgarde.«
Neue und kühne Entwicklungen brachte der Kirchenbau beider Konfessionen in Deutschland. Nicht zuletzt durch die Liturgiereform hat der Kirchenbau auf katholischer Seite neue Anregungen und neue Freiheiten erhalten. Da Kirchenraum jetzt vor allem als Raum der Ge-

meinde empfunden wird, hat der Zentralbau eine neue Bedeutung erhalten. Er sammelt als lichte Schale die Gemeinde um den Altar, ein Gedanke, der vor allem in den Bauten von Hans Schädel (* 1910) immer wieder besonders glückhaft gestaltet wird. Eine eigenwillige Verbindung zwischen moderner Bautechnik und architektonischer Erfindungskraft stellt auch die Wallfahrtskirche in Neviges im Bergischen Land von Gottfried Böhm (* 1920) dar. Sie erscheint als vollplastischer Körper, bei dessen Anblick man unwillkürlich an ein Zelt denkt. In den Raumfolgen des Innern findet das Spiel der gebrochenen Flächen seine Fortsetzung – ein fast »spätbarocker« Gedanke.
Schon an den wenigen angeführten Beispielen läßt sich die folgerichtige Entwicklung der neuen Baukunst erkennen: Von einer klassisch-strengen Form, die aus dem Ingenieurbau hervorging, zu einer inneren Belebung und zu neuer Vielgestaltigkeit; von einer eher kühlen Geistigkeit zu immer stärkerer Ausdruckskraft.

Literatur

Banham, Reyner: Die Revolution der Architektur, Reinbek 1964
Damus, Martin: Malerei der DDR. Funktionen der bildenden Kunst im Realen Sozialismus, Reinbek 1991
Ende der Kunst – Zukunft der Kunst, hrsg. von der Bayerischen Akademie der Schönen Künste, München/Berlin 1984
Faust, Wolfgang/de Vries, G.: Hunger nach Bildern. Deutsche Malerei der Gegenwart, Köln 1982
Grohmann, Will: Kunst unserer Zeit, Köln 1966
Haftmann, Werner: Malerei im 20. Jahrhundert, München 1965
Jacobus, Johannes: Die Architektur unserer Zeit, Stuttgart 1966
Jürgens, Martin: Moderne und Mimesis. Vorschlag für eine Theorie der modernen Kunst, Münster 1988
Muck, Herbert: Sakralbau heute, Aschaffenburg 1961
Scheer, Torsten: Postmoderne als kritisches Konzept. Die Konkurrenz der Paradigmen in der Kunst seit 1960, München 1992
Schmied, Wieland: Malerei nach 1945, Frankfurt/Berlin/Wien 1974
Trier, Eduard: Figur und Raum. Die Skulptur des 20. Jahrhunderts, Berlin 1960
Vostell, Wolf (Hrsg.): Aktionen – Happenings und Demonstrationen seit 1965, Reinbek 1970
Einen guten Überblick über das künstlerische Schaffen der DDR gibt der Katalog »IX. Kunstausstellung der DDR«, Dresden 1982/83, Berlin (Ost) 1982

MANFRED BUCHWALD

Presse, Radio, Fernsehen gestern, heute und morgen Entwicklungen und Probleme

Medienlandschaft heute – Mißbrauch des Rundfunks – Nach 1945: »re-education« – Pressekonzentration – Anfänge des »Pantoffelkinos« – Politische Einflußnahme – »Neue Medien« – Beginn des »dualen Rundfunksystems« – Geld und Politik – Nach der Wiedervereinigung: »Westokkupation« – TV-Krieg um Einschaltquoten.

Aufgabe des Rundfunks (Radio und Fernsehen) ist »die für die Allgemeinheit bestimmte Verbreitung von Nachrichten und Darbietungen erbauender, bildender, belehrender und unterhaltender Art in Wort, Ton und Bild unter Benutzung elektrischer Schwingungen« (Staatsvertrag über den Südwestfunk, §5). Diese Aufgabe erfüllen elf Landesrundfunkanstalten (Bayerischer Rundfunk – BR, Hessischer Rundfunk – HR, Mitteldeutscher Rundfunk – MDR, Norddeutscher Rundfunk – NDR, Ostdeutscher Rundfunk Brandenburg – ORB, Radio Bremen – RB, Saarländischer Rundfunk – SR, Süddeutscher Rundfunk – SDR, Sender Freies Berlin – SFB, Südwestfunk – SWF, Westdeutscher Rundfunk – WDR), zwei Anstalten des Bundesrechts (Deutschlandfunk – DLF, Deutsche Welle – DW), der Rundfunk im amerikanischen Sektor von Berlin – RIAS und das Zweite Deutsche Fernsehen – ZDF. Neben diesen traditionellen Programmanbietern sind nach Einführung des »dualen Rundfunksystems« zahlreiche kommerzielle Einrichtungen getreten, die mit zunehmendem Erfolg wesentliche Anteile des »Medienmarktes« erobern konnten.

Die Bürger der Bundesrepublik leben im Medienwohlstand. Sie nutzen ihn: 35,2 Millionen Radios und 31,5 Millionen Fernsehgeräte stehen in ihren Wohnungen. Sie lesen mehr als 27 Millionen Tageszeitungen, die unter 1673 Titeln in 410 Verlagen erscheinen. Jeder durchschnittliche Erwachsene über 14 Jahre sitzt täglich zweieinhalb Stunden vor dem Fernsehschirm. Den größten Teil seines Lebens – nach Schlaf und Arbeit – verbringt der Deutsche mit der Mediennutzung.

Diese statistischen Zahlen dimensionieren die gegenwärtige Medienlandschaft in der Bundesrepublik. Sie sagen allerdings nichts über die Qualität der Inhalte, über die Art der Nutzung oder über die Wirkung

auf das Publikum. Aber sie vermitteln eine Ahnung von der Wirtschaftsmacht der Medien und von ihrem lebensgestaltenden Einfluß auf den Alltag der Menschen.
Das Mediengefüge in der Bundesrepublik begann sich mit dem Aufkommen privater Sendemedien seit 1984 grundsätzlich zu verändern. Dieser Prozeß dauert an. Mitte der neunziger Jahre werden die Folgen dieser Entwicklung und ihre Auswirkungen auf das geistige und politische Klima zunehmend heftiger diskutiert. Die Wurzeln dieser Entwicklung reichen zurück bis in die Weimarer Zeit, in die Tage der ersten deutschen Republik und ihres ruhmlosen Untergangs.

»Gleichschaltung« unter Joseph Goebbels

Unmittelbar nach der »Machtübernahme« wurden Presse und Rundfunk durch die Nationalsozialisten »gleichgeschaltet«. Die Medien hatten als »Mittel zur Erziehung der Volksgemeinschaft im Geiste des Nationalsozialismus« zu dienen. Zahlreiche Zeitungen hatten schon vorher an der Zersetzung der Weimarer Demokratie mitgewirkt. Vor allem die publizistischen Unternehmen Alfred Hugenbergs betrieben zwischen 1918 und 1933 – in Zeitungen und Zeitschriften, durch Nachrichtenagenturen, Filmfirmen und Wochenschauen – nationalistische, republikfeindliche und antiparlamentarische Massenbeeinflussung. Hugenberg und sein Multi-Media-Konzern gehörten zu den wichtigsten Wegbereitern Hitlers.
Auch der Rundfunk, der im Oktober 1923 seinen regelmäßigen Sendebetrieb aufgenommen hatte, wurde eine leichte Beute der Nationalsozialisten. Die Weimarer Republik hatte »das allermodernste und allerwichtigste Massenbeeinflussungsinstrument« (Goebbels) für die Machtübernahme geradezu bereitgestellt. Schon in den ersten Jahren seiner Existenz war das junge Medium voll unter Staatseinfluß geraten. Zwei Reichsministerien hatten das Sagen: die Post bei Technik und Wirtschaft, der Innenminister beim Programm. 1932 wurde die staatliche Einverleibung vollendet. Die »Reichsrundfunkgesellschaft« und die regionalen Radiounternehmen waren nun ausschließlich Eigentum des Reiches und der Länder. Im März 1933 bestellte der neue »Reichspropagandaminister«, Dr. Joseph Goebbels, die Leiter der Rundfunksender zum Rapport nach Berlin: »Der Rundfunk gehört uns, niemandem sonst! Und den Rundfunk werden wir in den Dienst unserer Idee stellen, und keine andere Idee soll hier zu Worte kommen.« Dies galt für das 12jährige »Dritte Reich« bis zu seinem Zusammenbruch im Mai 1945.

Die zeitungslose Zeit. *Bekanntmachungen der Militärregierungen waren in den ersten Wochen nach Kriegsende neben alliierten Rundfunksendungen die einzigen Informationsmöglichkeiten.*

Nachhilfe der Sieger

Schon im Oktober 1944 hatten die Alliierten Pläne für die Medienentwicklung nach dem Krieg erarbeitet. Behutsam sollte die entmündigte Bevölkerung Deutschlands durch Rückerziehung (»re-education«) wieder an Demokratie, Informationsvielfalt und Meinungsfreiheit herangeführt werden. Gegen die Zeitungsverleger der Nazizeit wurde deshalb ein Berufsverbot verhängt. Unbescholtene Deutsche, auch wenn sie häufig nie zuvor mit der Presse zu tun gehabt hatten, erhielten von den Siegern Lizenzen zur Herausgabe von Zeitungen und Zeitschriften. Damals ahnte niemand, daß eine solche Lizenz das Recht bedeuten könnte, »sich sein Geld selbst zu drucken«; Axel Springers erste Zeitung, das »Hamburger Abendblatt«, ist ebenso eine Gründung der Lizenz-Zeit wie die »Süddeutsche Zeitung«, die »Frankfurter Rundschau«, »Spiegel«, »Stern« und »Zeit«. Daneben zahlreiche noch heute erscheinende Regionalzeitungen. In den westlichen Besatzungszonen wurden 149, in Westberlin 20 Lizenzen vergeben. Die So-

wjets ließen in ihrer Besatzungszone zunächst nur Parteizeitungen zu. Später wurden auch bürgerliche Zeitungen zugelassen, aber durch mangelhafte Papierzuteilungen erheblich benachteiligt.
Auch im Rundfunk bestimmten die Siegermächte über Organisation und Programminhalte. Die westlichen Militärs waren sich darin einig, einen demokratischen Rundfunk zu schaffen: Nach dem Regierungsrundfunk der Weimarer Zeit und nach dem Medientotalitarismus der Nationalsozialisten sollte der neue Rundfunk nicht dem Staat, Parteien oder Kapitalgebern gehören, sondern der Allgemeinheit; er sollte nicht privatwirtschaftlich organisiert und finanziert sein, sondern durch steuerähnliche Gebühren der Teilnehmer; er sollte nicht durch Regierungen und Parteien kontrolliert werden, sondern durch Aufsichtsgremien aus Vertretern gesellschaftlicher Gruppen.
Mit dieser Konzeption hatten – aus ihrem Demokratieverständnis heraus – Briten und Amerikaner einen Rundfunk begründet, für den es in der deutschen Mediengeschichte kein Vorbild gab. Die beiden großen Bereiche der Druck- und Sendemedien hatten eine klare ordnungspolitische Architektur, die später als »publizistische Gewaltenteilung« (siehe K, Seite 187) bezeichnet wurde und trotz aller Anfeindungen fast vierzig Jahre lang bestand und wesentlichen Anteil hatte an der Entwicklung einer freiheitlichen Demokratie in (zumindest West-) Deutschland.

Demokratischer Neubeginn

Deutsche Politiker der Nachkriegszeit sahen das anders. Ihnen schwebte ein staatsnaher Rundfunk nach Weimarer Muster vor. Sie meinten, in einem demokratischen Staat werde ein staatlicher Rundfunk folgerichtig ebenfalls demokratisch sein. Konrad Adenauer und die CDU waren der Meinung, der Rundfunk habe als politisches Führungsinstrument der Regierung zu dienen. Im Mai 1947 forderte der Rundfunk- und Presseausschuß der CDU Nordrhein-Westfalen den »Ausbau des Kölner Senders als christlich-abendländischen Sender im Gegensatz zum liberal-marxistischen Sender Hamburg«. Es begannen jene bis heute andauernden Versuche, »der Politik Zugang zum Rundfunk zu verschaffen, anfangs eher in einem staatspolitischen, später immer deutlicher in parteipolitischem Sinn« (Dieter Roß).
Das Grundgesetz vom 23. Mai 1949 bewertete die Meinungs- und Pressefreiheit als unveräußerliche Grundrechte jedes Staatsbürgers, also auch der unter Berufsverbot stehenden Altverleger. Die Bundesregierung hebt im Sommer 1949 die Lizenzpflicht auf. Innerhalb eines hal-

Die »publizistische Gewaltenteilung«		
	Presse	**Rundfunk**
Unternehmensverfassung	*Private Wirtschaftsunternehmen*	*Öffentlich-rechtliche Anstalten*
Veranstalter	*Private Unternehmer; Kapitalgesellschaften*	*Die Allgemeinheit*
Rechtsgrundlagen	*Verfassungen des Bundes und der Länder; Landespressegesetze; allgemeine Gesetze*	*Verfassungen des Bundes und der Länder; Landesrundfunk-Gesetze; Satzungen der Rundfunk-Anstalten*
Finanzierung	*Vertriebserlöse (= Einnahmen aus Abonnements und Einzelverkauf); Anzeigenerlöse*	*Rundfunkgebühren; Werbeeinnahmen aus der Radio- und Fernsehwerbung*
Pluralismus-Gebot	*Vielzahl unterschiedlicher und unabhängiger, miteinander konkurrierender Organe*	*Vielstimmigkeit innerhalb des Programm-Angebots (innerer Pluralismus); Rundfunkhoheit bei den Ländern; zahlreiche (ca. 30) Hörfunk- und drei Fernseh-Programme*
Inhaltliche Linie	*Eigendefinierte publizistische Grundhaltung jedes Organs (Tendenz); gesetzlicher Tendenzschutz*	*Tendenzverbot; Neutralitätsgebot; Verpflichtung zur inhaltlichen Ausgewogenheit der Programme*

ben Jahres werden – vor allem in ländlichen und regionalen Gebieten – rund 400 Zeitungen gegründet. 1954 gibt es dann die größte Zeitungsdichte in der Bundesrepublik: 624 Verlage bringen eineinhalbtausend redaktionelle Ausgaben heraus (siehe K, Seite 188). Eine dieser Neugründungen, aus dem Hause Axel Springer in Hamburg, macht eine einzigartige Karriere: Mit der im Juni 1952 gegründeten »Bild«-Zeitung setzt sich in Deutschland erstmalig ein Zeitungstyp der Massenpresse durch. Dreißig Jahre später hat das Blatt unter allen Tageszeitungen einen Marktanteil von fast 25 Prozent, eine Leserschaft von

Pressestatistische Daten im Überblick

Redaktionelle Ausgaben			*Verkaufte Auflage in Mio Stück*			*Verlage als Herausgeber*		
Jahr	*absolut*	*Index 1954 = 100*	*Jahr*	*absolut*	*Index 1954 = 100*	*Jahr*	*absolut*	*Index 1954 = 100*
1954	*1500*	*100*	*1954*	*13,4*	*100*	*1954*	*624*	*100*
1964	*1495*	*100*	*1964*	*17,3*	*129*	*1964*	*573*	*92*
1967	*1416*	*94*	*1967*	*18,0*	*134*	*1967*	*535*	*86*
1976	*1229*	*82*	*1976*	*19,5*	*146*	*1976*	*403*	*65*
1979	*1240*	*83*	*1979*	*20,5*	*153*	*1979*	*400*	*64*
1981	*1258*	*84*	*1981*	*20,4*	*152*	*1981*	*392*	*63*
1983	*1255*	*84*	*1983*	*21,2*	*158*	*1983*	*385*	*62*
1985	*1273*	*85*	*1985*	*20,9*	*156*	*1985*	*382*	*61*
1987	–	–	*1987*	*20,7*	*155*	*1987*	*(375)*	*(60)*
*1989**	*1344*	*90*	*1989**	*20,3*	*152*	*1989**	*358*	*57*
*1989**	*291*	–	*1989**	*9,8*	–	*1989**	*38*	–
DDR			*DDR*			*DDR*		
*1991***	*1673*	–	*1991***	*27,3*	–	*1991***	*410*	–

** Stand BRD: März 1989; DDR: Oktober 1989.*
*** Stand: 1. September 1991:*

rund 12 Millionen Menschen und die publizistische Kultur der Bundesrepublik nachhaltig verändert. Weitere zehn Jahre später (1993) wird sich dies mit erstaunlicher Parallelität in den Sendemedien wiederholen und erneut beweisen, daß Sperma, Blut und Tränen vorzügliche Ingredienzen für gewinnträchtige Massenkommunikation sein können.

1954 konnten fast alle Bürger zwischen mehreren an ihrem Wohnort erscheinenden Tageszeitungen wählen. Heute gibt es in der Mehrzahl aller Landkreise und kreisfreien Städte nur noch eine regionale oder lokale Tageszeitung. Das ist eine Folge der Pressekonzentration, von der vor allem kleine und mittlere Zeitungen im Nahbereich des Bürgers betroffen waren. Viele Lokalredaktionen wurden geschlossen. Die Zeitungen entfernten sich immer mehr von ihren Lesern. Zeitungen sind Wirtschaftsunternehmen, die sich überwiegend aus dem Verkauf von Anzeigenfläche und nur zu einem geringen Teil aus Abonnements- und Verkaufserträgen finanzieren. Sie unterliegen den Wettbewerbsgesetzen von Angebot und Nachfrage, Aufwand und Ertrag. Dadurch wurde die Pressekonzentration ausgelöst und vorangetrieben: Das wirtschaftlich stärkste Unternehmen verdrängt schwächere Konkurrenten oder kauft sie auf. Am Ende steht ein Monopolist, der den lokalen, regionalen oder nationalen Markt allein beherrscht. So ist die Zahl der Verlage, der redaktionellen Ausgaben erheblich gesunken, die Gesamtauflage der Tageszeitungen dagegen ist bis 1993 kontinuierlich gestiegen. Erst seit dem Aufkommen privater Sendemedien geht die Gesamtauflage der Tagespresse leicht zurück.

Die Presselandschaft verändert sich. »Nachbar-Medien« beeinflussen die Entwicklung. So ist das breite Angebot an Rundfunkzeitschriften eine Reaktion der Presse auf die Sendemedien. Programmzeitschriften sind attraktive Werbeträger und gewinnbringende Verlagsobjekte: Die Expansion des Springer-Konzerns wäre ohne die hohen Gewinne der »Hörzu« kaum möglich gewesen. In den letzten fünfzig Jahren haben die Druckmedien jede Herausforderung durch »neue Medien« erfolgreich bestanden. Weder Film noch Schallplatte, weder Tonband noch Video-Kassette, weder Radio noch Fernsehen haben sie in ernsthafte Bedrängnis gebracht.

Des Hörfunks attraktive Schwester: Fernsehen in der Bundesrepublik

Am ersten Weihnachtsfeiertag 1952 gab es für die Bürger der Bundesrepublik eine schöne Bescherung. Nach einer Versuchsphase wurde das Fernsehen eingeführt. Es fand zunächst nur zögernden Zuspruch: Im Frühjahr 1955 konnten erst 100 000 Fernsehteilnehmer registriert werden. 1957 wurde die Millionengrenze überschritten. Heute hat die Fernseh-»Dichte« mit rund 31 Millionen Geräten fast die Teilnehmerzahl des Rundfunks (32,5 Mio.) erreicht.

Vorbereitung und Start des allgemeinen Fernsehens vollzogen sich in einer Phase nervöser rundfunkpolitischer Aktivitäten. Ende 1952 erteilte Bundesinnenminister Lehr auf Geheiß Konrad Adenauers offiziell den Auftrag, »rechtzeitig vor den Wahlen die Neuordnung des deutschen Rundfunkwesens herbeizuführen«. Vier Monate später lag der Entwurf für ein Bundesrundfunkgesetz vor.

Unter der Bezeichnung »Der Deutsche Rundfunk« sollten der gesamte Fernsehbetrieb, die Lang- und Kurzwellensender sowie die Radio- und Fernsehforschung in einer Institution unter Aufsicht der Bundes-

regierung zusammengefaßt werden. Die Schatten der Weimarer Reichsrundfunkgesellschaft lagen über der Szene.
Zur Abwehr dieser Pläne, aber auch zur Lösung zahlreicher, alle Sender berührenden Fragen, bildeten die Landesrundfunkanstalten eine »Arbeitsgemeinschaft der öffentlich-rechtlichen Rundfunkanstalten der Bundesrepublik Deutschland – ARD«. Die ARD lehnte die rundfunkpolitischen Vorstellungen der Bundesregierung ab.
In wachsendem Maße akzeptierten die Bürger der Bundesrepublik das neue Medium. Allabendlich machten sie es sich vor dem »Pantoffelkino« gemütlich. Hinter den Kulissen entbrannte jedoch ein immer härterer Kampf um den Zuschauer: Als Wähler hatten ihn die Parteien im Visier; als Konsument wurde er zum Ziel von Handel und Wirtschaft.
Erste Rundfunkwerbung hatte es 1924 im Programm der »Schlesischen Funkstunde« Breslau gegeben. Nach dem Krieg führte zunächst der amerikanische RIAS (Rundfunk im amerikanischen Sektor) im Februar 1948 Hörfunkwerbung ein. Mitte der fünfziger Jahre gab es bei allen Sendern Radiowerbung. Industrie und Handel, Verleger und Werbung verlangten immer nachdrücklicher einen Einstieg ins Fernsehen. 1956 gründeten sie in Frankfurt eine »Studiengesellschaft für Funk- und Fernsehwerbung«, die ein kommerziell organisiertes Werbefernsehen vorbereiten sollte. Zur Abwehr dieser Pläne wurde ab 1956 bei allen Rundfunkanstalten Fernsehwerbung eingeführt. Die Wirtschaft war damit jedoch nicht zufrieden. Es wurde immer deutlicher, daß es ihr nicht nur um Werbemöglichkeiten, sondern im Verein mit den Regierungsparteien vor allem darum ging, maßgeblichen Einfluß auf dieses Medium zu gewinnen. Im Frühjahr 1958 gab es im Deutschen Bundestag eine heftige Debatte um »privatwirtschaftliches Fernsehen«. Die Koalitionsparteien CDU/CSU und DP erklärten, daß sie ein zweites, von den bestehenden Rundfunkanstalten unabhängiges Fernsehen befürworteten. Es wurde deutlich, daß dabei an ein kommerzielles Fernsehen gedacht war.
In den kommenden beiden Jahren tobte ein stiller Fernsehkrieg. Verbündete waren auf der einen Seite: der Bundeskanzler, die Bundesregierung und einflußreiche Wirtschaftskreise. Bundespostminister Richard Stücklein (CSU) nutzte die Funkhoheit der Bundespost und ließ das Sendernetz für ein zweites Fernsehprogramm planen. Bundesinnenminister Schröder (CDU) entwarf ein »Gesetz über den Rundfunk«. Es sah drei Bundesanstalten vor, darunter das staatlich-kommerzielle »Deutschland-Fernsehen«. Die Wirtschaft gründete zahlreiche Unternehmungen, die für ein künftiges Kommerz-Programm rüsteten.

Fernsehen der ersten Stunde: *1954 bannte die Fußballweltmeisterschaft in der Schweiz die Blicke vieler auf die Mattscheibe. Wer nicht zu den wenigen stolzen Besitzern eines Gerätes gehörte, sah von der Straße aus zu.*

Verbündete der anderen Seite waren: die Ministerpräsidenten der Länder, der Bundesrat und die ARD-Anstalten. Sämtliche Ministerpräsidenten – auch die der CDU/CSU – lehnten das »Bundesrundfunkgesetz« und die Pläne für ein kommerzielles Fernsehen ab. Der Bundesrat hielt den Regierungsentwurf für verfassungswidrig und lehnte ihn ebenfalls einstimmig ab.

Dennoch gab sich der Kanzler nicht geschlagen. Im Juli 1960 gründete er die »Deutschland-Fernsehen GmbH«. Die SPD-regierten Länder Hamburg, Hessen, Bremen und Niedersachsen sahen in Adenauers Fernsehplänen einen Verstoß gegen das Grundgesetz und erhoben Klage beim Bundesverfassungsgericht.

Am 28. Februar 1961 verkündete der 2. Senat des Bundesverfassungsgerichts das sogenannte Fernsehurteil, eine »Magna Charta des Rundfunks in der Bundesrepublik Deutschland« (Hans Bausch, Intendant des Süddeutschen Rundfunks).

Der Zugriff von Staat und Wirtschaft auf den Rundfunk war zurückgewiesen. Ein »Zweites Deutsches Fernsehen« (ZDF) entstand als

wiederum öffentlich-rechtliche Anstalt auf der Rechtsgrundlage eines Staatsvertrages der Bundesländer. Das ZDF nahm am 1. April 1963 seinen regelmäßigen Sendebetrieb auf. Es gab jedoch weiterhin Versuche, die bestehende Rundfunkordnung legal, d.h. durch gesetzgeberische Maßnahmen, zu verändern.
Durch eine Novellierung des Gesetzes über den Bayerischen Rundfunk wollte die CSU ihren Einfluß in der Anstalt vergrößern und in Bayern kommerziellen Rundfunk ermöglichen. Sie scheiterte 1973 durch einen Volksentscheid.
Die seit 1978 durch die Ministerpräsidenten der Unions-regierten Länder Schleswig-Holstein und Niedersachsen angestrebte Auflösung des Norddeutschen Rundfunks endete 1980 nach einem Spruch des Bundesverwaltungsgerichts mit einem neuen Staatsvertrag, der den Fortbestand der Drei-Länder-Anstalt sicherte.
Auch die Absicht deutscher Zeitungsverleger (»Freie Rundfunk AG« - FRAG), über die sogenannte Privatfunkklausel im saarländischen Rundfunkgesetz, private (Werbe-)Sendungen auszustrahlen, wurde 1981 durch das Bundesverfassungsgericht zurückgewiesen.
Die in drei Jahrzehnten immer wieder unternommenen Angriffe auf den öffentlich-rechtlichen Rundfunk scheiterten am Bürgerprotest oder vor Gerichten. Anfang der achtziger Jahre, angesichts neuer Medientechnologien, veränderte sich die Szene dieses »dreißigjährigen Krieges«.

Schöne neue Medienwelt

»Neue Medien« kamen herauf. In Wirklichkeit handelte es sich um neue Produktions-, Verteil- und Empfangstechnologien: Video- oder Fernsehtext, Bildschirmtext, Kabel-Kommunikation, Satelliten-Ausstrahlung, individueller Programm-Abruf, Pay-TV. Die neue Welt der Medien schied die Geister: Skeptiker befürchteten den »totalen Rundfunk« und den »verkabelten Menschen«. Das Ende der personalen Kommunikation wurde beschworen: die Auflösung sozialer Gemeinschaften in Familie und Gesellschaft; die totale Manipulation des einzelnen durch anonyme politische und wirtschaftliche Mächte; der Überwachungsstaat in der gespenstischen Prophetie des Romans »1984« von George Orwell.
Befürworter der neuen Technologien vertrauten auf den »mündigen Bürger«, der selbst entscheiden könne und müsse, welche dieser Möglichkeiten er nutze. Die Fülle der Angebote bedeute Informations- und Meinungsvielfalt im Sinne des Grundgesetzes. Die selbstregulierenden

Kräfte des Marktes, Angebot und Nachfrage, wurden als ausreichende Sicherung gegen Mißbrauch und Überflutung angesehen.
»Eine Sache, größer als Gorleben«, nannte der niedersächsische Ministerpräsident Ernst Albrecht im Jahre 1979 das CDU-Projekt, mit kommerziellem Fernsehen das öffentlich-rechtliche »Rotfunk-Monopol« zu brechen. Der damalige CDU-Generalsekretär Heiner Geißler warf Skeptikern vor, sie seien »zukunftsängstlich« und »Fortschrittsfeinde«, die eine »Medienblockade« betrieben, »wie wir sie normalerweise den Politikern in totalitären Staaten vorwarfen«.
In einer Umkehr traditioneller Verständnisse plädierten Konservative (Wirtschaft und Unionsparteien) für den Fortschritt«: Sie wünschten sich, wie vor 30 Jahren, eine privatwirtschaftliche Medienorganisation und sahen angesichts neuer Medien eine neue Chance, dieses Ziel zu erreichen.
Das progressive Lager (Gewerkschaften und Sozialdemokratie) wollte die publizistische Gewaltenteilung öffentlich-rechtlicher Sendemedien und privatwirtschaftlicher Druckmedien bewahren. Vertreter dieser Richtung verwiesen darauf, daß die Marktgesetze im Bereich der Druckmedien versagt hätten. Die Pressekonzentration und die Verödung der Zeitungslandschaft lieferten den Beweis dafür, daß untaugliche Gesetze der Vergangenheit nicht auf die neuen Medien übertragbar seien.
Die künftigen Nutzer oder »Opfer« der neuen Medien spielten in dieser Auseinandersetzung nur eine untergeordnete Rolle. Mehr als zwei Drittel repräsentativ durch das Münchner Infratest-Institut befragten Bürger – mehrheitlich auch CDU/CSU-Wähler – waren im Juni 1979 an zusätzlichen Fernsehprogrammen nicht interessiert, und 58 % meinten, daß Radio und Fernsehen nicht privaten Interessen überlassen werden sollten.
Ratlos angesichts der kontroversen Auffassungen über Chancen oder Gefahren der neuen Sende- und Empfangstechnologien beschlossen die Ministerpräsidenten der Bundesländer 1978 vier »befristete Versuche mit Breitbandkabel«.
Durch diese Kabelpilotprojekte sollten die medialen Angebote, ihre Akzeptanz im Publikum, das möglicherweise veränderte Kommunikationsverhalten und seine sozialen Folgen wissenschaftlich untersucht werden. Die Projekte in Berlin, München, Ludwigshafen und Dortmund sollten »ergebnisoffen« und »rückholbar« sein. Im CDU-regierten Rheinland-Pfalz wurde das Projekt unter Beteiligung privater Veranstalter geplant.
In dieser Phase wurde das Städtchen Columbus im amerikanischen Staat Ohio zum Wallfahrtsort von Politikern, Zeitungsverlegern und

Repräsentanten der Wirtschaft. Dort wurde ihnen das Projekt »QUBE« vorgestellt, um für die Möglichkeiten eines Breitbandkabelprojekts mit Rückkanal zu werben. Diese teuren »Kaffeefahrten« hatten ein zwiespältiges Echo. Sie weckten zugleich Euphorie und tiefe Besorgnis. Der baden-württembergische Ministerpräsident Lothar Späth, der im Sommer 1979 mit einer sechzigköpfigen Delegation in Columbus war, zeigte sich nach der Rückkehr negativ beeindruckt: für ihn sei unbestreitbar, daß die amerikanischen Verhältnisse auf die Bundesrepublik nicht übertragbar seien; überließe man die Nutzung neuer Technologien einem ausschließlich unter Markt-Gesichtspunkten geregelten Wildwuchs, wären die Konsequenzen verheerend.
Sein rheinland-pfälzischer Amtskollege und Parteifreund Bernhard Vogel, der schon im November 1978 mit einem großen Troß in Columbus war, sah dies anders: Beim Start der Sendungen in Ludwigshafen, im Januar 1984, sprach er von einem medienpolitischen »Urknall« und tat alles, um die Erschaffung der neuen Medienwelt zu beschleunigen. Ein »Landesgesetz zur Änderung des Landesgesetzes über einen Versuch mit Breitbandkabel« trat bereits am 30. Dezember 1984 in Kraft und weitete – wenige Monate nach dem Start – den Ludwigshafener »Versuch« auf das ganze Bundesland Rheinland-Pfalz aus. Damit konnte von »Rückholbarkeit« und »Ergebnisoffenheit« nicht mehr die Rede sein: Der Rundfunk kommerzieller Veranstalter war flächendeckend eingeführt. Das war der Beginn des später so bezeichneten »dualen Rundfunksystems« in der Bundesrepublik. Das war zugleich das Ende der »publizistischen Gewaltenteilung« zwischen öffentlich-rechtlichem Rundfunk und privatwirtschaftlichen Druckmedien, denn in den Gesellschaften der neuen privaten Programmanbieter hatten Zeitungsverlage maßgeblichen Einfluß.
Die Einführung des privaten Rundfunks wurde durch politische, technische und ökonomische Faktoren wesentlich gefördert, zumindest aber beschleunigt.
In Bonn war am 1. Oktober 1982 die sozialliberale Bundesregierung gescheitert. Ihr folgte eine unionsgeführte Koalition unter der Kanzlerschaft Helmut Kohls. Der CDU-Medienpolitiker Christian Schwarz-Schilling, einer der entschiedensten Protagonisten des Kommerzfunks, wurde Bundesminister für das Post- und Fernmeldewesen. Unverzüglich setzte er die medienpolitischen Vorstellungen seiner Partei um. 1983 verkündete er: »Die neuen Informations- und Kommunikationstechniken sind eine Herausforderung für alle gesellschaftlichen Gruppen. Sie eröffnen viele Chancen für alle – im wirtschaftlichen und privaten Bereich. Sie sichern unsere Wettbewerbsfähigkeit, entlasten als Wachstumsbereich unseren Arbeitsmarkt, vervollkommnen unsere

***Der Satelliten-»Schüsselwald« wächst** – hier die Fassade eines Leipziger Wohnblocks. Immer mehr Zuschauer empfangen immer mehr TV-Programme via Satellit per Parabolantenne: 1993 sind es bereits 5 Millionen.*

Demokratie und stärken unsere Freiheit und unseren Individualismus.« In zehn Jahren seiner Amtsführung (er trat Ende 1992 zurück) wurde die Bundesrepublik nach den USA zum zweitgrößten Fernsehmarkt der Welt. Zwölf Millionen Haushalte wurden – vor allem in den Ballungsgebieten – an Kupfer-Koaxialkabel angeschlossen. Sie dienten dem Transport insbesondere privater Programme, weil es für diese wegen knapper terrestrischer Frequenzen zunächst kaum Ausstrahlungen über Erdsender und damit auch kaum Empfangsmöglichkeiten über herkömmliche Dachantennen gab. »Nach wie vor bleibt das Kabel der wichtigste Träger und Ermöglicher des neuen Fernsehwettbewerbs – der Dank der Privaten an den abgetretenen Postminister Schwarz-Schilling ist mehr als gerechtfertigt« (Georg Kofler, seit 1988 Geschäftsführer des Privatprogramms Pro 7).
In der Sendetechnologie kam der eigentliche Durchbruch aus Luxemburg. Dort entwickelte ein internationales Konsortium die zuverlässigen Astra-Satelliten und bot eine wachsende Zahl von Kanälen zur Miete an. Binnen weniger Jahre stellten sich die Zuschauer auf die

neue Sendetechnik ein: 1993 wurden 5 Millionen Haushalte gezählt, die ihre Fernsehprogramme über Parabolspiegel direkt von den Satelliten empfingen. Die nationalen Programme von ARD und ZDF waren nicht dabei. Diese wurden bis zum Sommer 1993 nicht über Satelliten ausgestrahlt. Die Zahl der Satellitenempfänger – mit einer Individual- oder Gemeinschaftsantennenanlage – wird sich in den kommenden Jahren auf 8 bis 10 Millionen Haushalte und die Kabelanschlüsse auf etwa 15 Millionen erhöhen.
»Diese Entwicklung gründet auf einem der leistungsfähigsten und konsumstärksten Wirtschaftssystem der Welt« (Georg Kofler). Es basiert aber auch auf gewaltigen öffentlichen Investitionen. Experten schätzen den Kapitaleinsatz der Bundespost/Telekom zugunsten privater Programmanbieter auf bisher etwa 40 Milliarden DM. Das entspricht ziemlich genau dem Gebührenaufkommen aller öffentlich-rechtlichen Landesrundfunkanstalten für neun Jahre. Es kann also keine Rede davon sein, daß privater Rundfunk für den Bürger kostenlos sei.
Die neue Medienwelt will bezahlt werden – so oder so.

Rundfunkgebühren – Der ewige Streit um Geld und Politik

Der öffentlich-rechtliche Rundfunk wird überwiegend durch Gebühren finanziert. Erträge aus Werbeeinnahmen machten bei der ARD bis Ende der achtziger Jahre rund 18 Prozent, beim ZDF etwa 40 Prozent aus. Seither haben die kommerziellen Veranstalter den Werbemarkt erobert.
Die Landesrundfunkanstalten der ARD erhielten 1991 rund 2 Milliarden DM an Hörfunkgebühren. Aus Fernsehgebühren flossen rund 2,5 Milliarden DM in die Kassen der Landessender. Rund 1,1 Milliarden DM gingen zum ZDF nach Mainz.
Die Höhe der Gebühren wird durch eine Kommission errechnet, die den Ministerpräsidenten der Länder entsprechende Vorschläge unterbreitet. Die Länderchefs schließen einen Staatsvertrag miteinander ab, der erst nach Ratifizierung in allen Länderparlamenten die Rundfunkgebühr rechtsverbindlich festsetzt.
Der Preis für die »Ware Rundfunk« ist ein politischer Preis, der vor allem in Wahlkampfzeiten in den Parteienstreit gerät. Sehr oft wird die Anpassung der Rundfunkgebühr mit politischen Auflagen verbunden, denen sich die Rundfunkanstalten beugen müssen.
Die Rundfunkgebühr erhält der ortszuständige Sender. Dadurch ent-

stehen erhebliche Ungleichgewichte zwischen finanzkräftigen Anstalten und »armen Sendern«. Durch einen internen Finanzausgleich unterstützen Rundfunkanstalten mit größeren Gebühreneinzugsgebieten die Sender mit geringerem Gebührenaufkommen. Auch die Belastung durch die Produktion des gemeinsamen Ersten Fernsehprogramms wird auf die Anstalten entsprechend ihrer Finanzkraft verteilt. Dieser Gebührenausgleich unter den Rundfunkanstalten hat eine politische Parallele beim Finanzausgleich der starken und schwachen Bundesländer (»horizontaler Finanzausgleich«).
Die Mischfinanzierung aus Gebühren und Werbung ist mit dem Heraufkommen kommerzieller Veranstalter ins Wanken geraten. 1993 war der Einnahmeanteil aus Werbung bei den ARD-Anstalten auf unter 8 Prozent gesunken. Diese erhebliche Umschichtung, ein zunehmender Finanzmangel und zurückgehende Akzeptanz beim öffentlich-rechtlichen Rundfunk entfachten zu Beginn der neunziger Jahre wieder einmal eine Debatte über den Stellenwert und die Existenzberechtigung dieses so oft angefeindeten Rundfunksystems. Gefördert wurde diese Diskussion durch den Zusammenbruch der DDR und die Vereinigung der beiden deutschen Staaten.

Versagt, versäumt, verpaßt... Der Rundfunk im vereinten Deutschland

Am letzten Tag des Jahres 1991 schlug kurz vor Mitternacht für den deutschen Fernsehfunk (DFF) das buchstäblich letzte Stündlein. In den Studios in Ostberlin ging das Licht aus. Ein letzter Rest von ehemals 14000 Mitarbeitern von Radio und Fernsehen der untergegangenen DDR ging nach Hause, die Kündigung in der Tasche.
Pünktlich um 0.00 Uhr des neuen Jahres 1992 wurden andernorts die Studiolichter eingeschaltet. Vier öffentlich-rechtliche Anstalten traten auf den Plan. Zwei völlig neue im ehemaligen DDR-Gebiet: der ORB (Ostdeutscher Rundfunk Brandenburg) ist die einzige Landesrundfunkanstalt; der MDR (Mitteldeutscher Rundfunk) ist eine Drei-Länder-Anstalt für Sachsen, Sachsen-Anhalt und Thüringen. Und zwei Westanstalten: NDR und SFB, deren Sendegebiete um Ostsegmente erweitert wurden. Der Sender Freies Berlin konnte endlich seinem Namen Ehre machen und Ostberlin, die ehemalige »Hauptstadt der DDR« unter seine Fittiche nehmen. Mecklenburg-Vorpommern wurde nach monatelangen Querelen um seine Rundfunkzukunft viertes Mitglied im norddeutschen Bund des NDR.
An diesem Silvesterabend 1991 endete nach 14 Monaten das Wirken

des im Einigungsvertrag vom 3. Oktober 1990 vorgesehenen Rundfunkbeauftragen (Art. 36,2) dem »Zeit«-Autor Otto Köhler sarkastisch gratulierte: »Herzlichen Glückwunsch, Herr Mühlfenzl. Auftrag ausgeführt – Rundfunk kaputt«. Nicht weniger harsch beurteilt CDU-Mitglied Peter Schiwy, ehemals NDR-Intendant und heute Privatfunker in Deutschlands Hauptstadt, die Medienpolitik in den neuen Ländern und in Berlin: »Die vielen Berater, die das Land wie einfache ›Kolonisatoren des Positiven‹ überdeckten, kamen mit vorgefaßten Meinungen. Die Chance zu einem Neuanfang, der Versuch neuer Mischformen öffentlich-rechtlicher und privater Rundfunkbetätigung unterblieben.« Schiwys Urteil: »Versagt, versäumt, verpaßt«.
»Der Deutsche Fernsehfunk«, so meinte ZDF-Intendant Dieter Stolte, »war Teil des Staats- und Propagandaapparates der SED, und dafür besteht nun weiß Gott nach der Wiedervereinigung kein Bedarf mehr«. Diese Analyse war im Kern richtig, aber sie zeigte zugleich jene Unfähigkeit zu differenzierender Betrachtung, die jahrelang die westdeutsche Bewertung ostdeutscher Befindlichkeiten kennzeichnete. Es wurde nicht berücksichtigt, daß – getragen durch die Demokratiebewegung in der End-DDR – ein Selbstreinigungsprozeß erfolgreich angelaufen war. Die Propagandisten des alten Regimes waren längst von den Bildschirmen und Mikrofonen verbannt, ehe der Rundfunkbeauftragte Rudolf Mühlfenzl auf Geheiß des Bundeskanzlers den DDR-Rundfunk in den Griff nahm. Der Einigungsprozeß lief jedoch mit derart furiosem Tempo ab, daß kaum Zeit zum Nachdenken blieb. Und so kam es weder zu einer großräumigen Rundfunklösung rund um und mit Berlin (aus Großberlin, Brandenburg und Mecklenburg-Vorpommern) als Gegengewicht zur Drei-Länder-Anstalt des MDR, noch wurden Überlegungen des DDR-Kenners und Rundfunkfachmanns Günter Gaus je ernsthaft diskutiert. Gaus hatte für jedes neue Bundesland eine eigenständige Rundfunkanstalt mit eigener Programmhoheit gefordert. Jede Anstalt hätte vorort in den Ländern die aktuellen und regionalen Beiträge produziert und ausgestrahlt. Alle fünf hätten für Großproduktionen die vorhandenen Einrichtungen und die der DEFA in Babelsberg oder des ehemaligen deutschen Fernsehfunks in Adlershof nutzen und ausbauen können. Sogar ihre Verwaltungen hätten zentralisiert, also verschlankt eingerichtet werden können. Eine solche Rundfunkarchitektur hätte gewiß auch Modellcharakter für die Westländer haben können.
Dieses Modell und andere Entwürfe kenterten nicht an den Klippen des Rundfunkbeauftragten. Sie ertranken im Strudel parteipolitischer Strategien und Egoismen: »Gnadenlos wie sonst nur beim Bayerischen Rundfunk wurden die Gremien und Führungsstäbe beim MDR einge-

schwärzt [...] Je nach dem Ausgang der Landtagswahlen teilten CDU und SPD auch die übrige Ex-DDR unter sich auf« (»Spiegel« 3/93). Im Osten, so meinte im Frühjahr 1992 ein Kommentator des MDR, herrsche »das Gefühl, okkupiert zu sein«. Es war wohl mehr als nur ein Gefühl. Tatsachen – auch aus der privaten Medienszene – hoben das Gefühl in die Realität.

Der Zeitungsmarkt kam fest in die Hand westlicher Presseunternehmen. Von der Treuhand in Berlin wurden die Zeitungen der DDR an westdeutsche Interessenten verkauft, die sich in Einzelfällen mit ihrem Engagement blutige Nasen holten (wie Burda mit seiner unsäglichen »Bild«-Konkurrenz namens »Super!«; geschätzter Verlust: mindestens 100 Millionen DM). In anderen Einzelfällen kam man mit guten Verbindungen nach Bonn besser als über die Treuhand ans Ziel, sofern sich der »Chef« selbst einschaltete. Auf wundersame Weise wurden zwei führende DDR-Zeitungen in westlichen Besitz gebracht. Die »Freie Presse«, Chemnitz, Auflage 600 000, ging an den Ludwigshafener »Rheinpfalz«-Verlag, der seit je dem Ludwigshafener Helmut Kohl besonders gewogen war. Die »Mitteldeutsche Zeitung«, Halle, Auflage 530 000, aus der Heimatstadt des Koalitionsfreundes Hans-Dietrich Genscher, kam in die Obhut des FDP-nahen Zeitungsverlegers Neven Dumont, des »Kölner Stadtanzeigers«.

Der ehemalige Ministerpräsident des Landes Baden-Württemberg, Lothar Späth, hatte die bedingungslose Kapitualtion der alten DDR als Voraussetzung für die Wiedervereinigung Deutschlands genannt. Getreu dieser Bedingung und gestützt auf Art. 36 des Einigungsvertrages hatte der deutsche Westen gehandelt: An der Spitze und auf den Führungsetagen des neuen öffentlich-rechtlichen Ostrundfunks saßen Chefs aus den alten Ländern. Und auch im Privat-Funk lief die Westokkupation auf vollen Touren. Als ersten traf sie den traditionsreichen, seit 1923 sendenden »Berliner Rundfunk« (Ost), den Rudolf Mühlfenzl in der Agonie des DDR-Rundfunks Ende 1991 noch schnell zugunsten eines westdeutschen Zeitungskonsortiums privatisiert hatte. In Sachsen-Anhalt erhielt ein Konsortium, bestehend aus 34 Gesellschaftern, eine Sendelizenz. Tonangebend mit 24 Prozent Anteil: die westdeutsche Holzbrinck-Gruppe. In Thüringen tummelten sich der WAZ-Konzern aus Nordrhein-Westfalen und wiederum die Stuttgarter Verlagsgruppe Georg von Holzbrinck. Diese Aufzählung könnte fortgesetzt werden.

Drei Jahre nach dem Fall der Mauer war das Mediensystem der ehemaligen DDR komplett »abgewickelt« und in westdeutsche Regie genommen. Das galt für den Rundfunkbereich ebenso wie für die Druckmedien.

Qualität und Quote – Der Kampf um den Rezipienten

1993 gab es in der größer gewordenen Bundesrepublik etwa 150 private Radiosender. Hinzu kamen schätzungsweise 60 öffentlich-rechtliche regionale Hörfunkprogramme. Zwei nationale Programme, die aus den bundesunmittelbaren Sendern Deutschlandfunk, RIAS (Rundfunk im amerikanischen Sektor) Berlin und DS (Deutschlandsender) Kultur gebildet werden sollten, waren in Vorbereitung.
Zu dieser Zeit strahlten mehr als 20 Satelliten insgesamt 90 Fernseh- und Hörfunkprogramme ab, die auf dem europäischen Kontinent zu empfangen waren. Experten schätzten, daß bis zum Jahr 2000 über Europa mindestens 200 Fernsehprogramme abgestrahlt würden.
Die Fernseh-Werbeausgaben in Europa lagen 1992 bei 18,5 Milliarden Dollar. Nur 10 Prozent davon waren Werbeaufwendungen für Satellitenkanäle. Im Jahre 2000 rechnet man mit über 30 Milliarden Dollar europäischer TV-Werbung und mit einem Satellitenanteil von über 20 Prozent, das sind mehr als 6 Milliarden Dollar.
Die europäische Medienwelt ist zu Beginn der neunziger Jahre durch einen geradezu blindwütigen Expansionismus gekennzeichnet. Es herrscht Gründerzeitstimmung. Das größer gewordene Deutschland nimmt dabei eine Spitzenposition ein. Immer neue Programme, immer neue Kanäle haben nur ein Ziel im Visier: den Zuschauer, denn er muß die neue Medienwelt letztlich finanzieren und für die Rendite des Kapitaleinsatzes bereitstehen. Die damit verbundenen gewaltigen gesellschaftspolitischen Probleme blieben zunächst unbeachtet, obgleich deren Konturen allesamt schon sehr bald nach Einführung des dualen Systems erkennbar waren: Die technischen Potentiale wuchsen schneller als die kreative Gestaltungskraft der Programmacher. Während 1988 auf den damals verfügbaren Fernsehkanälen täglich etwa 11 Spielfilme angeboten wurden, waren es 1991 bereits 22 und 1992 schon 30 pro Tag. Da jedoch der Nachschub an attraktiver Ware schon bald nicht mehr ausreichte, wurde bei weiter steigender Zahl von Sendeplätzen der Anteil der Wiederholungen zwangsläufig immer größer.
Die schon bald sichtbare einfältige Vielfalt des Gleichen wuchert weiter. In immer neuen Kanälen wird die vorhandene Spielfilmware immer wieder aufs neue umgeschlagen, um stets wieder als Lokomotive für die Werbung tauglich zu sein. Sind diese Kanäle dann in beherrschender Hand, reicht die Verfügungsgewalt hinein in mächtige Pressekonzerne, entstehen Verflechtungen über die nationalen Grenzen hinweg, so kommt es zu multimedialen und multinationalen Machtballungen im Medienbereich, gegenüber denen der Hugenberg-Konzern der Weimarer Republik ein unbedeutender Zwerg war.

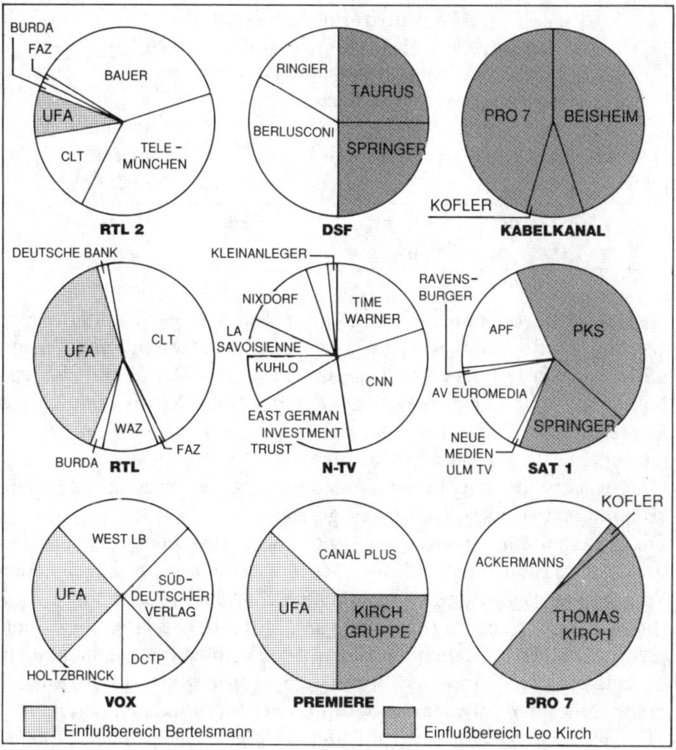

Alle Programme zielen auf den Menschen: Werbung will möglichst große Publikumssegmente erreichen. Um diese Publika auf sich zu vereinigen, müssen konkurrierende Programme mit immer härteren Waffen um die Aufmerksamkeit der Zuschauer kämpfen. Zunehmende Trivialisierung, Brutalisierung und Sexualisierung der konkurrierenden Angebote sind die Folge. Minderheiten sind nur dann und insofern interessant, als es sich um konsumfähige und konsumbereite Zielgruppen handelt. Der Wert des Rezipienten im Massenkommunikationsprozeß reduziert sich auf seine Konsumkraft.

Der für demokratische Gesellschaften unverzichtbare, oft beschworene mündige Bürger wird auf die Funktion des Konsumenten reduziert. Es entsteht eine Gettoisierung der Gesellschaft in Leistungsfähige und -unfähige, in Konsumfähige und -unfähige, in ökonomisch Kalkulierbare und ökonomisch Uninteressante. Wenn der Zuschauer

Marktanteile der Sender an der täglichen Sendezeit in % (1992)
(Zuschauer ab 6 Jahre)

	Januar	April	September	Dezember
ARD	21,7	22,3	20,4	18,8
ZDF	24,2	20,3	20,5	18,5
RTL	15,7	17,7	18,1	19,4
SAT1	12,3	13,3	14,0	14,2

Quelle: Gfk-Fernsehforschung/Inmarkt

mit der Fernbedienung zwischen Dutzenden oder gar Hunderten von Kanälen wählen kann, wird die gesellschaftliche Kommunikation entschieden reduziert. Es entstehen Nutzungsgettos. Der öffentliche Dialog, Ursubstanz demokratischer Meinungs- und Willensbildung, das Interesse an der res publica nehmen ab. Breite konsumfähige Schichten bilden eine unpolitische, hedonistische Freizeitgesellschaft, während wachsende Bevölkerungsanteile ins Abseits der sozialen und kommunikativen Sprachlosigkeit geraten.
Die Einschaltquote wurde Anfang der neunziger Jahre das entscheidende Kriterium für den Erfolg der immer zahlreicher angebotenen Programme. Der öffentlich-rechtliche Rundfunk von ARD und ZDF geriet in die Defensive. Innerhalb von drei Jahren verloren die öffentlich-rechtlichen Anstalten die Hälfte ihrer Fernseh-Werbeeinnahmen. Es zeigte sich, daß zwischen den rigoros und zum Teil skrupellos marktgreifenden privaten Sendern und den zu Grundversorgung und Minderheitenangeboten verpflichteten öffentlichen Sendern keine Waffengleichheit bestand. Das duale System geriet zu Lasten des öffentlich-rechtlichen Rundfunks ins Wanken. Im Dezember 1992 hatte erstmals in der deutschen Mediengeschichte ein kommerzieller Fernsehanbieter (RTL) einen höheren Marktanteil als ARD oder ZDF. Auch bei seinen Werbeeinnahmen hatte dieser Sender die Öffentlich-Rechtlichen hinter sich gelassen. Und noch in anderer Weise waren die Privaten den »Alt-Anstalten« voraus: mit einem Programmangebot so unter jedem Niveau, daß »Kinderschutzverbände protestieren, Medienforscher ermitteln, Politiker ratlos vor dem Fernsehen sitzen, das sie angerichtet haben: Für ›eine umfassende Medienethik‹ plädiert der CDU-Politiker Reinhard Göhner. ›Lebensnah gezeigte Brutalität‹ beklagt die Jugendministerin Angela Merkel. Und der CDU-Mediensprecher Bernd Neumann empört sich über ›Gewalt, Bums- und Nudelsex‹. Doch die Christdemokraten kämpfen nur gegen Symptome – und gegen die Geister, die sie selbst riefen« (Christiane Grefe). Knapp

zehn Jahre nach Bernhard Vogels »Urknall« in Helmut Kohls Geburtsstadt Ludwigshafen greift Katzenjammer um sich. »Es ist wie bei Gentechnologie und Chlorchemie: Erst werden rücksichtslos Marktchancen und Arbeitsplätze geschaffen, dann die Folgen beklagt; erst kommt der Sachzwang, dann die Ethikkommission« (Christiane Grefe). Zwischendurch gedeihen »Schmutz, Schund und Karnickelsex wie nirgends sonst auf Erden« (ARD-Programmdirektor Günter Struve), und niemand weiß, wo alles enden und wer im Mediendschungel untergehen wird. Jedenfalls besteht die Gefahr, daß am Ende des 20. Jahrhunderts eine technologische Kommunikationsrevolution den Menschen in jene Unmündigkeit zurückwirft, aus der ihn die Aufklärung des 18. Jahrhunderts befreien wollte.

Literatur

ARD (Hrsg.): ARD-Jahrbuch 1982, 1983, 1984, 1985 (14.-17. Jahrgang), Hamburg 1982–1985
Bausch, Hans (Hrsg.): Rundfunk in Deutschland, Bd. 1–5
Dimitriu, Petru: Die neuen Medien, Heidelberg 1985
Habe, Hans: Im Jahre Null – Ein Beitrag zur Geschichte der Deutschen Presse, München 1964–1977
Huber, Helmut: Goebbels Reden 1932–39, Bd. 1, München 1971
Lerg, Winfried B.: Die Entstehung des Rundfunks in Deutschland, Frankfurt/Main 1970
Postman, Neil: Wir amüsieren uns zu Tode – Urteilsbildung im Zeitalter der Unterhaltungsindustrie, Frankfurt/Main 1985
Rudolph, Hagen: Die verpaßten Chancen – Die vergessene Geschichte der Bundesrepublik, Hamburg 1979
Stolte, Dieter: Fernsehen am Wendepunkt – Meinungsforum oder Supermarkt?, München 1992

Symbole der Teilung – gesprengte Grenzbrücken. *Zerstörte Autobahnbrücke bei Hof/Oberfranken, Aufnahme aus dem Jahr 1960.*

KONRAD FRANKE

VON DER »SOWJETISCH BESETZTEN ZONE« ZUM EIGENEN STAAT: DIE GESCHICHTE DER DDR

Beginn in Moskau – Die »Gruppe Ulbricht« – »Antifaschistischer Block« – Erste Enteignungen – Bodenreform – Die »Sozialistische Einheitspartei« – Ausschaltung bürgerlicher Kräfte – Reaktionen auf die westdeutsche Währungsreform – Die Blockade Berlins – Vom Volksrat zur Gründung der DDR – Die Frage der deutschen Einheit – Sozialisierung und Kollektivierung von Gesellschaft und Wirtschaft – Nationale Streitkräfte – Der Aufstand des 17. Juni 1953 – Verstärkte Bindung an die Sowjetunion – Verstaatlichung von Handel, Landwirtschaft und Handwerk – HO, LPG und PGH – Zunehmende Fluchtbewegung – Der Mauerbau in Berlin – Schließung der Grenze – Das »Neue Ökonomische System« – Zunehmende internationale Anerkennung – Annäherung zwischen den deutschen Staaten: Der »Grundlagenvertrag« – Widerstand der Künstler, Intellektuellen und Christen – Ausbürgerungen – Probleme des Zusammenlebens – Weiter im Spannungsfeld der Supermächte – Massenflucht, Demonstrationen, Rücktritte: das Ende der DDR.

Am 30. April 1945 verübte Adolf Hitler, der »Führer« und Reichskanzler des nationalsozialistischen Staates, Selbstmord. Am selben Tag betrat die »Gruppe Ulbricht«, aus Moskau kommend, deutschen Boden. Sie verteilte sich auf die Berliner Stadtbezirke, wo sie Politiker der alten bürgerlichen Parteien, Sozialdemokraten, antifaschistisch denkende parteilose Akademiker suchen, ansprechen und für die Arbeit in den Bezirksverwaltungen gewinnen sollte. Die zehn Mitglieder der »Gruppe Ulbricht« waren auf ihre Aufgabe vorbereitet worden: die Posten der stellvertretenden Bürgermeister, der Bezirkschefs der Polizei, der Dezernenten für Polizeifragen und für Volksbildung in der Reichshauptstadt sollten an Mitglieder der KPD vergeben werden. Die KPD besetzte also die Schlüsselstellungen, war aber gehalten, die ›Formen zu wahren‹: Höchstens ein Drittel aller Verwaltungsposten durfte an Mitglieder ihrer Partei fallen.
Die »Gruppe Ulbricht« wurde von Walter Ulbricht, dem ehemaligen politischen Leiter des KPD-Bezirks Berlin-Brandenburg-Grenzmark, der in der Emigration die Führung der KPD übernommen hatte, geleitet. Sie unterstand der Sowjetischen Militäradministration. Mit der Neugründung der KPD am 11. Juni 1945 löste sich die Gruppe auf. Am 11. Juni 1945 veröffentlichte das Zentralkomitee der KPD einen Aufruf. Darin hieß es, daß die Auffassung, »Deutschland das Sowjetsystem aufzuzwingen«, falsch sei. Vielmehr wolle man, was 1848 in der Frankfurter Paulskirche begonnen habe, jetzt zu Ende führen, man wolle eine parlamentarisch-demokratische Republik errichten.
Die KPD und die SPD bildeten noch im Juni 1945 einen »Gemeinsamen Arbeitsausschuß«. Am 14. Juli 1945 schlossen sich die vier neu gegründeten Parteien in der sowjetischen Besatzungszone (neben KPD und SPD: die »Christlich-Demokratische Union Deutschlands« und die »Liberal-Demokratische Union Deutschlands«) zu einem »Antifaschistischen Block« zusammen. Walter Ulbricht wies aber schon im Oktober 1946 darauf hin, daß die »alten bürgerlichen Parteien sich als unfähig erwiesen hatten, die Lebensfragen unseres Volkes zu lösen«, daraus ergebe sich, daß »die Arbeiterschaft die führende Rolle in der demokratischen Entwicklung übernimmt«.

Zentrale deutsche Verwaltungen und Enteignung des Großbesitzes

Am 27. Juli 1945 errichtete die Sowjetische Militäradministration im sowjetisch besetzten Sektor von Berlin zentrale »deutsche Verwaltungen«. Gleichzeitig ergriff sie Enteignungsmaßnahmen. So wurden am

23. Juli 1945 die Banken und Sparkassen entschädigungslos enteignet. Am 3. September 1945 folgte in Sachsen-Anhalt die Verordnung der Bodenreform. Grundbesitz über hundert Hektar wurde entschädigungslos an Neubauern aufgeteilt, ebenso der Grundbesitz aktiver Nationalsozialisten und »Militaristen«. Die Neubauern bekamen zwischen 2,5 und 10 Hektar Land zugewiesen.
Am 28. Oktober 1945 beschloß die Landesverwaltung Sachsen, das in Sachsen gelegene Eigentum von Friedrich Flick in das Eigentum des Landes zu überführen. Die Sowjetische Militäradministration verkündete durch den Befehl Nr. 124 vom 30. Oktober 1945 die entschädigungslose Enteignung des Reichsbesitzes, des preußischen Staatseigentums, des Eigentums der NSDAP und des Besitzes der großen Industrie-, Bergbau- und Handelsfirmen. Damit ging fast die Hälfte der Industriekapazität der sowjetischen Besatzungszone in »Volkseigentum« über. Ein Viertel der Industrie wurde unmittelbar einer »Sowjetischen Aktiengesellschaft« unterstellt.

»Einheit der Arbeiterklasse«

Nicht zuletzt die ungarischen und die österreichischen Wahlergebnisse – die Kommunisten hatten nicht die erhofften Mehrheiten gewonnen – ließen es der KPD geraten sein, in Deutschland eine Vereinigung von KPD und SPD anzustreben. Otto Grotewohl, Vorsitzender des Zentralausschusses der SPD, sprach sich für die »Einheit der Arbeiterklasse« aus. Die SPD-Organisationen der westlichen Besatzungszonen, maßgeblich beeinflußt von Kurt Schumacher, lehnten sie ab. Am 21./22. April 1946 vereinten sich die KPD und die SPD in der sowjetischen Besatzungszone zur »Sozialistischen Einheitspartei Deutschlands« (SED).

Auf dem Weg zum eigenen Staat

Am 15. November 1946 veröffentlichte der Parteivorstand der SED den »Entwurf einer Verfassung für die Deutsche Demokratische Republik«. Diese Republik sollte nicht nur die sowjetische Besatzungszone umfassen. Der Entwurf sah ein durch Volksentscheid eingeschränktes Parlament, bestehend aus einer Kammer, vor. Die Gewaltenteilung und die Selbständigkeit der Länder sollten reduziert, Bodenschätze und Naturkräfte in Volkseigentum überführt werden, die Einführung einer Planwirtschaft wurde empfohlen.

Die Gründung der SED am 21. April 1946
Wolfgang Leonhard

Am nächsten Morgen, am 21. April 1946 vormittags 10 Uhr, begann im Admirals-Palast zu Berlin der Vereinigungsparteitag. Mehr als tausend Delegierte und Hunderte von Gästen strömten in das Gebäude – der erste gemeinsame Parteitag der Kommunisten und Sozialdemokraten!
Vor dem Admirals-Palast hatten sich – damals noch keineswegs organisiert, sondern spontan aus Interesse und Sympathie heraus – Tausende von Menschen eingefunden, die uns zuwinkten und ermunternde Worte zuriefen. Endlich hatten wir Platz genommen. Kommunisten und Sozialdemokraten saßen in den Reihen bunt durcheinander, begrüßten sich, sofern sie sich von früher kannten und stellten sich vor, wenn sie sich zum erstenmal sahen. Das Orchester spielte die Fidelio-Ouvertüre von Ludwig van Beethoven. Einige Minuten später kamen Wilhelm Pieck und Otto Grotewohl von verschiedenen Seiten auf die Bühne, trafen sich in der Mitte und reichten sich unter minutenlangem stürmischen Beifall die Hände.
»Als wir beide eben auf diese Bühne kamen«, sagte Grotewohl, »wurde mir die symbolische Bedeutung dieses Aktes klar. Wilhelm Pieck kam von links, und ich kam von rechts. Wir kamen aber beide, um uns in der Mitte zu treffen.«
Die Delegierten waren aufgesprungen und brachen in Hochrufe aus. Was immer später auch geschah – an diesem Vormittag des 21. April 1946 herrschte eine echte, spontane Begeisterung unter den Delegierten.
Der erste Tag des Kongresses verging mit Begrüßungen; besonders oft kamen Kommunisten und einheitsbejahende Sozialdemokraten aus den westlichen Teilen Deutschlands zu Wort. [. . .]
Am 2. Tag [. . .] wurde ihm von Grotewohl das Wort für sein Referat erteilt. Wilhelm Pieck führte noch einmal alle Gründe an, die für die Vereinigung sprachen und erwähnte jene Konferenz und Beschlüsse, die dem Vereinigungstag vorausgegangen waren. Von der sachlichen Darstellung ging er nur einmal ab, als er von dem sozialdemokratischen Parteitag der Einheitsgegner in Zehlendorf und von der Urabstimmung sprach. In völliger Verkennung der Stärke der Sozialdemokratie nannte er den Parteitag in Zehlendorf einen »Scherz« und die dort gegründete Sozialdemokratische Partei Berlins einen »Zehlendorfer-Krankenhaus-Klub«. Niemand im Saal ahnte, daß der »Zehlendorfer-Krankenhaus-Klub« sich nur sechs Monate später als die stärkste Partei Berlins erweisen würde. [. . .] Abgesehen von dieser Verächtlichmachung war Piecks Rede eine Mahnung zur harmonischen Zusammenarbeit von Sozialdemokraten und Kommunisten in der SED. Das Ziel müsse in einem völligen Ineinanderaufgehen bestehen, erklärte Pieck, »so daß nicht mehr zu unterscheiden ist, wer Sozialdemokrat oder Kommunist ist«. Er rief alle Delegierten und Parteimitglieder auf, »den Geist der Kameradschaft, der Freundschaft und der Geduld noch mehr zu pflegen«.
Auch Grotewohl redete damals noch nicht in jenem Einheitsjargon, der heute zum festen Bestandteil der SED geworden ist. Undogmatisch, lebendig, mit einer

Fülle brillanter Formulierungen sprach er über Gegenwart und Zukunft Deutschlands. Die SED, erklärte Otto Grotewohl, lehne den Antibolschewismus ab, »aber diese Ablehnung ist weit davon entfernt, innere Bindungen an fremde Einflüsse zu verraten«. Den größten Beifall des gesamten Parteitages erntete Grotewohl mit der Erklärung:

»Ich glaube nicht, daß es vermessen ist, und ich glaube auch nicht, daß die sowjetischen Besatzungsbehörden es mir etwa übelnehmen werden, wenn ich an dieser Stelle erkläre, daß die heute geschaffene Sozialistische Einheitspartei mindestens in der sowjetischen Besatzungszone durch ihre riesengroße politische Stärke eine so große Sicherheit für unseren Bestand in der sowjetischen Zone darstellt, daß wir auf die Bajonette der Russen nicht mehr angewiesen sind.« Der tosende, minutenlange Beifall und die begeisterten Zurufe waren ein Ausdruck der Hoffnung, daß mit der Gründung der SED die deutschen Sozialisten bald Herren im eigenen Haus sein würden, um dann auf Grund eigener Tradition einen selbständigen Weg zum Sozialismus zu beschreiten.

Grotewohl betonte besonders die Notwendigkeit der persönlichen Freiheit in der neuen Partei. Die Partei so sagte er, habe die Aufgabe, »die freie Persönlichkeit zu entwickeln und zu entfalten. [. . .] In keiner deutschen Partei lebt wohl die Achtung vor den Lebensrechten der Menschen heißer und stärker als in der Sozialistischen Einheitspartei«.

Dann kam der Höhepunkt: Die Abstimmung über das Programm, das Statut und über den Beschluß zur Schaffung der SED.

Die »Grundsätze und Ziele der SED« enthielten neben den in 14 Punkten zusammengefaßten Gegenwartsforderungen eine kurze Formulierung des sozialistischen Endziels:

»Das Ziel der Sozialistischen Einheitspartei Deutschlands ist die Befreiung von jeder Ausbeutung und Unterdrückung, von Wirtschaftskrisen, Armut, Arbeitslosigkeit und imperialistischer Kriegsdrohung. Dieses Ziel, die Lösung der nationalen und sozialen Lebensfragen unseres Volkes, kann nur durch den Sozialismus erreicht werden. [. . .] Die gegenwärtige besondere Lage in Deutschland, die mit der Zerbrechung des reaktionären staatlichen Gewaltapparates und dem Aufbau eines demokratischen Staates auf neuer wirtschaftlicher Grundlage entstanden ist, schließt die Möglichkeit ein, die reaktionären Kräfte daran zu hindern, mit den Mitteln der Gewalt und des Bürgerkrieges der endgültigen Befreiung der Arbeiterklasse in den Weg zu treten. Die Sozialistische Einheitspartei Deutschlands erstrebt den demokratischen Weg zum Sozialismus, sie wird aber zu revolutionären Mitteln greifen, wenn die kapitalistische Klasse den Boden der Demokratie verläßt [. . . .]«

»Wer ist für die vorgeschlagenen Grundsätze und Ziele der SED?«

Alle Delegierten hoben ihre Karten in die Höhe.

Damit war das Programm einstimmig angenommen.

Nunmehr folgte die Abstimmung über das neue Parteistatut. Erstaunt schaute ich mich um: in meiner unmittelbaren Nähe sah ich einige Delegierte, die ihre Karten nicht erhoben. – »Die Gegenprobe«, ertönte es vom Präsidium. 21 Dele-

gierte zeigten ihre Karten. »Stimmenthaltungen?« Vier Delegierte meldeten sich. »Das Parteistatut ist gegen 21 Stimmen bei 4 Enthaltungen angenommen.« Mich beeindruckte dieses Ergebnis sehr. In Komsomolversammlungen und anschließend in der KPD hatte ich bei politischen Fragen niemals Gegenstimmen gesehen. »Die SED wird doch etwas anderes als das, was ich bisher erlebt habe«, dachte ich befriedigt. Noch konnte ich nicht ahnen: es war das erste, aber gleichzeitig auch das letzte Mal in der Geschichte der SED, daß auf einem Parteitag Delegierte gegen einen Vorschlag der Leitung stimmten. Inzwischen hatte Ulbricht den Vorsitz übernommen. Laut, mit seinem typischen sächsischen Akzent, las er den Beschluß zur Vereinigung vor:
»Am 19. und 20. April 1946 haben der 40. Parteitag der Sozialdemokratischen Partei Deutschlands und der 15. Parteitag der Kommunistischen Partei Deutschlands übereinstimmend die Vereinigung beider Arbeiterparteien beschlossen. Die Sozialdemokratische Partei Deutschlands und die Kommunistische Partei Deutschlands konstituieren sich nunmehr als Sozialistische Einheitspartei Deutschlands.«

Ein gutes halbes Jahr später, am 14. Juni 1947, wurden durch Befehl der Sowjetischen Militäradministration die zentralen deutschen Verwaltungen in eine »Deutsche Wirtschaftskommission« eingebracht. Außerdem erfolgte die Eingliederung der einzigen in der sowjetisch besetzten Zone zugelassenen Jugendorganisation »Freie Deutsche Jugend« (FDJ), des »Demokratischen Frauenbundes Deutschlands« (DFD) und des »Freien Deutschen Gewerkschaftsbundes« (FDGB) in den »Antifaschistischen Demokratischen Block«.
Dem inzwischen in den Westzonen verkündeten »Marshall-Plan« stellte Walter Ulbricht in dieser Zeit einen »Deutschen Plan« entgegen. Er forderte darin, die in der sowjetischen Besatzungszone vollzogenen Enteignungsmaßnahmen in ganz Deutschland zur Anwendung zu bringen. Am 6./7. Dezember 1947 fand in Berlin der erste »Deutsche Volkskongreß für Einheit und gerechten Frieden« statt. Die 2215 Delegierten wählten eine Delegation, die zur Londoner Konferenz der Außenminister reisen sollte und baten die Außenminister, die Delegation zu empfangen. Die CDU, die für den »Marshall-Plan« und gegen den Kongreß plädiert hatte, war in Berlin nicht vertreten. Die CDU-Landesvorsitzenden der sowjetisch besetzten Zone setzten die CDU-Vorsitzenden Jakob Kaiser und Ernst Lemmer ab. Sie folgten damit einer Aufforderung der Sowjetischen Militäradministration.
Am 18. März 1948, am hundertsten Jahrestag der Revolution von 1848, fand in Berlin der »Deutsche Volkskongreß« statt. Die knapp 2000 Delegierten wählten den »Deutschen Volksrat«, der sich auf seiner fünften Sitzung am 22. Oktober 1948 als einzige legitime Vertretung des deutschen Volkes bezeichnete und den »Entwurf einer Verfassung für die Deutsche Demokratische Republik« billigte.

Der Schritt zur Blockade Berlins

Zuvor hatten die drei westlichen Militärregierungen die »Währungsreform« angeordnet (20. Juni 1948). Die Sowjetische Militäradministration folgte wenige Tage später (23. Juni 1948). Die Sektoren Berlins wurden in die Währungsreform einbezogen. Schon am 20. März 1948 hatte der sowjetische Vertreter im Kontrollrat die Sitzung verlassen. Zehn Tage später, am 30. März 1948 kündigte er die Blockade Berlins an. Am 19. Juni 1948 sperrten sowjetische Truppen die Landwege, am 8. Juli 1948 die Wasserwege zu den westlichen Sektoren Berlins. Die Blockade, die die Sowjetunion verhängt hatte, um die neue Währung der sowjetisch besetzten Zone in allen Sektoren Berlins durchzusetzen und um die Vorbereitungen für die Gründung eines westdeutschen

Staates zu stören, dauerte elf Monate an. Ihr Ergebnis war die Spaltung Berlins.
Am 19. März 1949 nahm der »Deutsche Volksrat« den »Entwurf einer Verfassung für die Deutsche Demokratische Republik« an. Für die Wahlen zum »Dritten Deutschen Volkskongreß« wurde den Wählern eine Einheitsliste vorgelegt. Nach einem vorher vereinbarten Schlüssel verfügte die SED über 25 Prozent der Mandate, die LDPD und die CDU über je 15 Prozent der Listenplätze.
Bei den Wahlen stimmten 66,1 Prozent der Wähler mit »Ja«. Im sowjetisch besetzten Sektor von Berlin stimmten nur 47,1 Prozent für die Einheitsliste. Auf Empfehlung des »Dritten Deutschen Volkskongresses« traf der »Volksrat« im Herbst Vorbereitungen für eine Regierungsbildung. Der »Deutsche Volksrat« beschloß am 7. Oktober 1949 ein »Manifest der Nationalen Front des demokratischen Deutschland«. Er wandelte sich in eine »Provisorische Volkskammer« um, setzte die Verfassung der DDR in Kraft und kündigte für den 15. Oktober 1950 Wahlen an. Am 10. Oktober 1949 übertrug die Regierung der Sowjetunion der künftigen »Provisorischen Regierung der DDR« die Verwaltungsfunktionen der Sowjetischen Militäradministration.

Die Gründung der DDR 1949

Schon am 11. Oktober 1949 konstituierte sich die »Provisorische Länderkammer«. Die »Provisorische Länderkammer« und die »Provisorische Volkskammer« wählten noch am selben Tag Wilhelm Pieck (KPD/SED) einstimmig zum Präsidenten der DDR. Er erklärte in seiner Antrittsrede, die vom »Volkskongreß« gewählte Regierung der DDR habe die Legitimation, »für das ganze deutsche Volk zu sprechen«. Am 13. Oktober 1949 beschloß die »Provisorische Volkskammer«, die Aufgaben der Wirtschaftskommission der »Provisorischen Regierung der DDR« zu übertragen, und bestätigte zugleich die »Provisorische Regierung«, die Otto Grotewohl (SPD/SED) gebildet hatte. Zu stellvertretenden Ministerpräsidenten wurden Hermann Kastner (LDPD), Otto Nuschke (CDU) und Walter Ulbricht (SED) berufen. Acht Regierungsmitglieder gehörten der SED an, vier der CDU, drei der LDPD, je einen Minister stellten die neu gegründete »Demokratische Bauernpartei Deutschlands« (DBD) und die ebenfalls neu gegründete »National-Demokratische Partei Deutschlands« (NDPD), ein Regierungsmitglied war parteilos.
Die Gründung der »Deutschen Demokratischen Republik« war das Ergebnis verschiedener, sehr schnell verlaufender Entwicklungen: der

Regierung des zweiten deutschen Staates. *Das Jahr 1949 ist einer der gravierendsten Zeitabschnitte deutscher Nachkriegsgeschichte. Mit der Integrierung in verschiedene Gesellschaftssysteme und dokumentiert durch zwei eigene Regierungen wird die Teilung sichtbar. – Das erste DDR-Kabinett, Oktober 1949. Von links nach rechts: Karl Steinhoff; G. Dertinger, L. Bolz, H. Loch, W. Ulbricht, M. Fechner, H. Rau, Otto Grotewohl, P. Wandel, O. Nuschke, E. Goldenbaum, G. Handke, H. Kastner, L. Steidle, F. Burmeister, F. Selbmann, H. Reingruber.*

»Kalte Krieg« beendete die Anti-Hitler-Koalition der Alliierten. Beide Seiten dehnten ihren Einflußbereich auf die im Krieg eroberten Teile Deutschlands aus und unterstützten deutsche Politiker, die ihren Zielen entsprechend handelten. Die KPD hatte schon im Exil fest umrissene Pläne für die politische Neuordnung Deutschlands. Als ihre führenden Vertreter erkannten, daß sie diese Pläne nicht würden allein ausführen können, verbanden sie sich zunächst mit der zweiten deutschen Arbeiterpartei, dann lockerer mit den anderen neu gegründeten Parteien. Die KPD wurde – als Teil der SED und als Partner im »Antifaschistisch-demokratischen Block« – zur führenden Kraft in der sowjetisch besetzten Zone. Sie setzte die Enteignungsmaßnahmen der Sowjetischen Militäradministration fort und gestaltete die Bereiche des Schulwesens und der Justiz um. Als absehbar wurde, daß auch für diese Maßnahmen in den anderen Besatzungszonen keine Mehrheiten zu gewinnen waren, konzentrierte sie ihre politische Arbeit auf die sowjetisch besetzte Zone. Die Bemühungen um die Erhaltung der Einheit Deutschlands gab sie aber nicht auf. Sie achtete sorgsam darauf, daß alle Maßnahmen, die Deutschland teilten, zuerst von den westlichen Alliierten und von den Politikern der westlichen Besatzungszonen beschlossen und realisiert wurden (Währungsreform, Staatsgründung).

Die ersten Schritte des neuen Staates

Der junge zweite deutsche Staat mußte in den ersten Jahren nach seiner Gründung einerseits konsequent die eingeschlagene innenpolitische Zielrichtung weiterverfolgen, andererseits war er gezwungen, im Wettbewerb mit dem ersten deutschen Staat um die internationale Anerkennung zu ringen. Die Verfolgung des einen Ziels durfte bei der Verfolgung des anderen Ziels nicht hindern. Deshalb wurde das oberste innenpolitische Ziel, der Aufbau eines sozialistischen Staates, selten diskutiert, aber beharrlich verfolgt.
Die erste Verfassung der DDR war im Prinzip die Verfassung eines parlamentarisch-demokratischen Staates. Allerdings hatten die drei Gewalten nicht gleiche Rechte – die Verfassung bestimmte zum höchsten Organ des Staates das Parlament, die Volkskammer. Abweichend von der Norm legte die Verfassung zudem fest, daß alle Fraktionen der Volkskammer an der Regierung beteiligt sein sollten. Die Einrichtung einer Verwaltungsgerichtsbarkeit war nicht vorgesehen.
Die Regierung der Sowjetunion machte der DDR am 15. Mai 1950 ein Geburtstagsgeschenk: sie reduzierte die noch zu zahlenden Reparationen auf die Hälfte und sagte zu, die Entnahme von Waren aus der laufenden Produktion auf 15 Jahre zu verteilen. Zu zahlen waren demnach noch 3171 Millionen Dollar. 3658 Millionen Dollar (von insgesamt 10 Milliarden Dollar) hatten die sowjetisch besetzte Zone bzw. die DDR bis zum Ende des Jahres 1950 bezahlt bzw. noch zu zahlen.
Die erste außenpolitische Aktivität entfaltete die DDR gegenüber ihrem Nachbar Polen: Am 6. Juli 1950 erkannte sie die Grenze längs der Oder und der Neiße als endgültig an. Im »Potsdamer Abkommen« war die Frage der Grenzziehung zwischen Deutschland und Polen offen geblieben. Die westlichen Alliierten und die Bundesrepublik Deutschland protestierten gegen diesen Schritt, freilich ohne Erfolg. Am 29. September 1950 wurde die DDR Mitglied des »Rates für gegenseitige Wirtschaftshilfe« (RGW).
Gleichzeitig wurde die DDR-Führung in der Frage der deutschen Einheit aktiv: Ministerpräsident Otto Grotewohl schrieb am 30. November 1950 an Bundeskanzler Konrad Adenauer einen Brief und schlug darin die Bildung eines »Gesamtdeutschen konstituierenden Rates«,

paritätisch mit Vertretern »Ost- und Westdeutschlands« besetzt, vor. Dieser Rat sollte die Bildung einer gesamtdeutschen Regierung vorbereiten. Adenauer gab am 15. Januar 1951 eine Erklärung ab, in der er feststellte, die Spaltung sei auf das in der Sowjetzone eingeführte, der deutschen Tradition und dem deutschen Charakter widersprechende Regierungssystem zurückzuführen.
Innenpolitisch galt das größte Interesse der DDR-Führung der Erfüllung des »Zweijahresplanes« und der Vorbereitung des ersten »Fünfjahresplans« für die Jahre von 1951 bis 1955. Der »Fünfjahresplan« sah die Steigerung der Industrieproduktion (insbesondere die Eisen- und Stahlerzeugung) um 90 Prozent vor, der Lebensstandard der Vorkriegszeit sollte übertroffen werden. Auch die Privatbetriebe wurden dabei zunehmend in die Planung einbezogen, wobei es nicht an Versuchen fehlte, ihre Produktion zu lenken. Planmäßig gefördert werden sollte das Studium von Arbeiter- und Bauernkindern und die Heranbildung einer neuen sogenannten »fortschrittlichen Intelligenz«. Russisch wurde für die Hochschulen zum Pflichtfach erklärt.

1950–1961: Auf dem Weg zur »Sozialistischen Gesellschaftsordnung«

Auf ihrem III. Parteitag (20.–24. Juli 1950) beschloß die SED, eine »Partei neuen Typs,«, eine »marxistisch-leninistische Kampfpartei« werden zu wollen. Etwa 100000 Mitglieder, darunter auch Altkommunisten, die in westlichen Exilländern gelebt hatten, wurden bei einem Umtausch der Mitgliedsbücher aus der Partei ausgeschlossen.
Für die ersten Wahlen zur Volkskammer (15. Oktober 1950) hatte die SED wiederum eine Einheitsliste durchgesetzt. Bei einer Wahlbeteiligung von 98,44 Prozent erhielt die Einheitsliste 99,7 Prozent der abgegebenen gültigen Stimmen. Viele Kandidaten der zur Wahl stehenden Massenorganisationen waren Mitglieder der SED. So verfügte die SED in der Volkskammer real gesehen über die absolute Mehrheit. Viele Wähler gaben, weil sie dazu aufgefordert wurden und weil sie sich beobachtet fühlten, ihre Stimme offen ab. Führende Mitglieder der LDPD und der CDU sahen den Verfassungsgrundsatz des Verhältniswahlrechts durch die Einheitsliste verletzt.
In seiner Regierungserklärung widersprach Otto Grotewohl Gerüchten, die von einer bevorstehenden Kollektivierung der Landwirtschaft wissen wollten. Tatsächlich wurden zu diesem Zeitpunkt in die »Vereinigung der gegenseitigen Bauernhilfe« lediglich die bäuerlichen Genossenschaften überführt.

Andere Maßnahmen, die zwischen 1949 und 1952 die Grundlagen der DDR-Gesellschaftsordnung schaffen helfen sollten, waren: die Propagierung der Nationalhymne, die Stiftung von Nationalpreisen und – die Bildung eines Ministeriums für Staatssicherheit. Gleichzeitig forderten die Führungen von Staat und SED immer wieder, die Deutschen müßten sich »an einen Tisch« setzen. Den Wünschen der DDR nach gesamtdeutschen Beratungen setzte die Bundesrepublik Deutschland ihre Wünsche nach Abhaltung freier Wahlen entgegen. Die Einsetzung einer UN-Kommission für Deutschland lehnte die Regierung der DDR ab – diese Maßnahme widerspreche dem »Potsdamer Abkommen« und den Statuten der UN.
Die Führungsgremien des Staates und der SED verfolgten in den ersten Jahren der DDR in ihrer Politik häufig einander ausschließende Prinzipien: sie wollten einen sozialistischen Staat schaffen und gleichzeitig hierfür die Zustimmung einer größtenteils antisozialistisch eingestellten Bevölkerung gewinnen; sie wollten ein eigenständiges Staatswesen aufbauen, wollten sich in den östlichen Staatenverband integrieren und gleichzeitig die Einheit Deutschlands wieder erreichen. Viele überspitzte Maßnahmen haben in diesem Nebeneinander, ja Gegeneinander der politischen Zielsetzungen ihre Ursache.

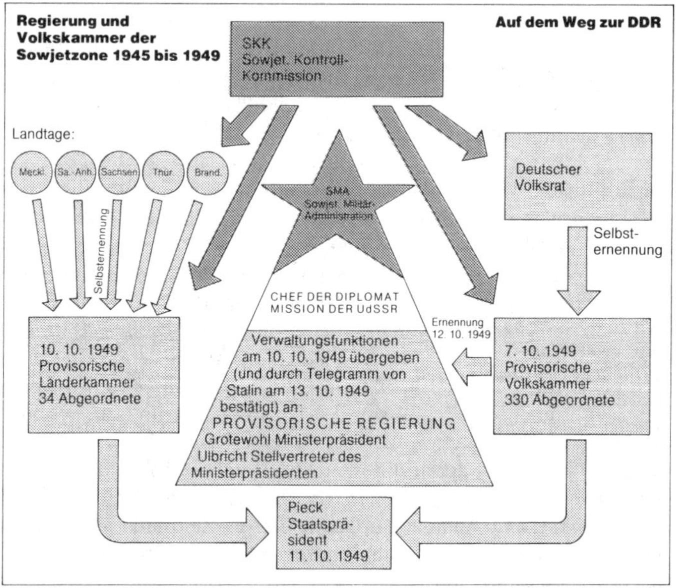

Porträt

WALTER ULBRICHT

Walter Ulbricht wurde am 30. Juni 1893 in Leipzig geboren. Sein Vater war Schneider. Noch während seiner Tischler-Lehre trat er der Sozialistischen Arbeiterjugend bei. Seit 1912 war er, wie sein Vater, Mitglied der SPD. 1919 beteiligte er sich in Leipzig an der Gründung der KPD. Seit 1927 Voll-Mitglied des Zentralkomitees der KPD und seit 1926 Mitglied des sächsischen Landtags, wurde er, nach Aufenthalten in Moskau, Prag und Wien, Bezirkssekretär der KPD im Bezirk Berlin-Brandenburg-Grenzmark und 1928 Mitglied des Reichstages.
Nach Hitlers Machtergreifung arbeitete Ulbricht zunächst illegal in Deutschland weiter, emigrierte aber dann: Brüssel, Paris, Prag waren seine nächsten Stationen. Von 1938 an, bis zum Ende des Zweiten Weltkrieges, lebte Ulbricht in der Sowjetunion. Er half das »Nationalkomitee Freies Deutschland« gründen und leitete Kurse, die deutsche Kriegsgefangene politisch umerziehen sollten.
Ende April 1945 kehrte er an der Spitze der »Gruppe Ulbricht« nach Berlin zurück. Er lenkte den Neuaufbau in der sowjetischen Besatzungszone aus dem Hintergrund, betrieb den Zusammenschluß von KPD und SPD zur SED (1946) und wurde 1953 Erster Sekretär des Zentralkomitees dieser Partei.
Seit 1960 war Ulbricht, als Vorsitzender des neugebildeten Staatsrates der DDR, zugleich Staats- und Partei-Chef, der seinen Staat zum wichtigsten Partner der Sowjetunion und zum zehntgrößten Industriestaat der Erde machte.
Als Walter Ulbricht am 3. Mai 1971 sein Amt als Erster Sekretär des Zentralkomitees der SED, mit vielen Orden ausgezeichnet, aufgab, waren nicht alle seine Vorstellungen realisiert: seine »Zehn Gebote der sozialistischen Moral« blieben Papier, seine »Sozialistische Menschengemeinschaft« blieb Utopie, es war nicht gelungen, den Widerspruch zwischen Kunst und Volk (»Bitterfelder Weg«) aufzulösen. Erreicht hatte der Mann aus dem »Apparat«, der viel gehaßte »Spitzbart«, der zum Staatsmann wurde, daß der zweite deutsche Staat eine weltweit beachtete Realität war. Er starb am 1. August 1973. *(K. F.)*

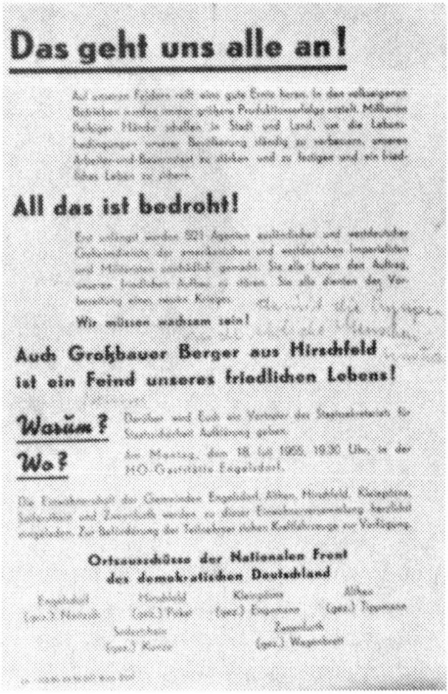

Das geht uns alle an!

All das ist bedroht!

Wir müssen wachsam sein!

Auch Großbauer Berger aus Hirschfeld ist ein Feind unseres friedlichen Lebens!

Warum?

Wo?

Ortsausschüsse der Nationalen Front des demokratischen Deutschland

URKUNDE

ein Grundstück

rechtskräftig

schuldenfrei

Bodenreform und Kollektivierung.
Links unten: Dokument der Bodenreform (1951) – Urkunde über die Übergabe einer Siedlerstelle an einen Neubauern.
Oben links: Mitglieder einer Landwirtschaftlichen Produktions-Genossenschaft (LPG) unter einem für die LPG werbenden Transparent, Gosen bei Berlin.
Oben rechts: Brandmarkung eines »Großbauern« durch ein Flugblatt der »Nationalen Front« mit Ankündigung eines Mitarbeiters der Staatssicherheitspolizei als Redner der nächsten Versammlung (1955).

Am 10. März 1952 schlägt die Sowjetunion den Westmächten den Abschluß eines Friedensvertrages mit Deutschland vor. Doch kommt keine Einigung über die vom Westen geforderten freien Wahlen zustande. Später ist Konrad Adenauer oft der Vorwurf gemacht worden, er habe hier »eine Chance verpaßt«. Doch der Adressat der sowjetischen Note waren die Westmächte, nicht die Bundesrepublik Deutschland. Es drängt sich die Schlußfolgerung auf, daß es der Sowjetunion mit dieser Note vor allem darum ging, die Schuld an der Teilung Deutschlands den Westmächten zuzuschieben.
Ein neuer Schritt zu einer anderen Gesellschaftsordnung in der DDR erfolgt im Sommer 1952. Die II. Parteikonferenz der SED (9.–12. Juli 1952) beschließt den planmäßigen Aufbau des Sozialismus in der DDR. Die Bildung von »Landwirtschaftlichen Produktionsgenossenschaften« (LPG) wird als eines der ersten Ziele dieses Sozialismusaufbaus herausgestellt. Die Versorgung der nun bald »spontan« entstehenden Genossenschaften ist erheblich besser als die der Bauern, die fortan »Einzelbauern« heißen.
Die historisch gewachsenen Länder werden aufgelöst. An die Stelle von Sachsen, Thüringen, Mecklenburg, Brandenburg, Sachsen-Anhalt treten 14 Bezirke mit durchschnittlich 15 Kreisen, die sich nicht mehr selbst verwalten, sondern nur noch die Beschlüsse der Partei- und Staatsführung ausführen.
Schon am 8. Mai 1952, am siebten Jahrestag der deutschen Kapitulation, kündigt Außenminister Georg Dertinger die Aufstellung »nationaler Streitkräfte« an. Zwei Monate später wird eine »Gesellschaft für Sport und Technik« (GST) gegründet. Sie organisiert die vormilitärische Ausbildung der Jugendlichen.

Unterdrückung und Aufstand: Der 17. Juni 1953

Alle Kräfte, die die von der SED vorangetriebene Entwicklung zu einem parteigelenkten, zentral und bürokratisch durchorganisierten sozialistischen Staat behindern könnten, werden bekämpft oder unter die Kontrolle der Partei oder des Staates gebracht. Bauern, die nicht in die Genossenschaft eintreten wollen, müssen ein höheres »Soll« erfüllen als bisher; die Kirchen, besonders ihre Jugendorganisationen, werden als »Feinde des sozialistischen Aufbaus« diffamiert, die Rechtsanwälte werden verpflichtet, sich zu Kollegien zusammenzuschließen, der »Allgemeine Deutsche Nachrichtendienst« (ADN), die einzige Nachrichtenagentur der DDR, wird verstaatlicht.

17. Juni 1953 – Aufstand in Berlin und der DDR. *Sowjetische Panzer auf dem Potsdamer Platz in Berlin: Höhepunkt der Berliner Ereignisse. Der Aufstand wird innerhalb von zwei Tagen erstickt.*

Die Parteiführung der SED will die neue Gesellschaftsordnung, das sozialistische System ihrer Vorstellung, schnell aufbauen. Weil die Bevölkerung, wo immer es geht, die Maßnahmen von »oben« unterläuft, erhöht die Staatsführung im Frühjahr 1953 den Druck: Die Arbeitsnormen werden um durchschnittlich 10 Prozent erhöht. Zur selben Zeit verschlechtert sich die Versorgung der Bevölkerung mit dem Notwendigsten, weil dem Aufbau der Schwerindustrie absoluter Vorrang eingeräumt wird.
Das Politbüro der Kommunistischen Partei der Sowjetunion warnt die SED-Führung schon am 15. April 1953 vor übertriebenen Maßnahmen. Am 3. Juni 1953 warnen die sowjetischen Genossen die deutschen Genossen zum zweiten Mal. Die Warnung kommt zu spät. Zwar leitet die SED am 9. Juni 1953 den »Neuen Kurs« ein, verspricht, den Kampf gegen die evangelische Kirche einzustellen, Flüchtlingen, die aus der Bundesrepublik zurückkehren, ihr Eigentum zurückzugeben, die Kollektivierung der Landwirtschaft zu stoppen, Verhaftete zu entlassen, Interzonenpässe auszugeben – doch niemand glaubt ihr.

Am 16. Juni 1953 streiken die Bauarbeiter am Berliner Prestige-Bauobjekt »Stalinallee« – die Erhöhung der Normen hatten Partei und Regierung nicht zurückgenommen. Am 17. Juni 1953 streiken auch die Belegschaften der großen Betriebe in etwa 350 Städten und Gemeinden. Sie fordern die Senkung der Normen, der Preise, der Steuern, sie wollen, daß die Regierung der DDR zurücktritt und daß eine neue Regierung aus freien Wahlen hervorgeht. Sie verlangen die Abschaffung des Staatssicherheitsdienstes und die Freilassung der aus politischen Gründen verhafteten Bürger.

Die Führung von Partei und Staat erschrickt. Ihre Vertreter werden, soweit sie sich öffentlich zeigen, ausgelacht und niedergeschrien. Aus dem Streik ist ein Aufstand geworden. Vereinzelt werden Brände gelegt, Läden und Kioske ausgeraubt und zerstört. Sowjetische Truppen ersticken den Aufstand. Ihre Führung verhängt den Ausnahmezustand und setzt Standgerichte ein. Man schätzt, daß hunderte Bürger unmittelbar oder als später zum Tode Verurteilte ihr Leben verloren. Am 18. Juni 1953 herrscht wieder Ruhe in der DDR. Am 21. Juni 1953 werden die Normerhöhungen zurückgenommen.

Die führenden Funktionäre der Partei und des Staates sind wieder zu Reaktionen fähig. Sie suchen Schuldige und finden sie. Das sind, ne-

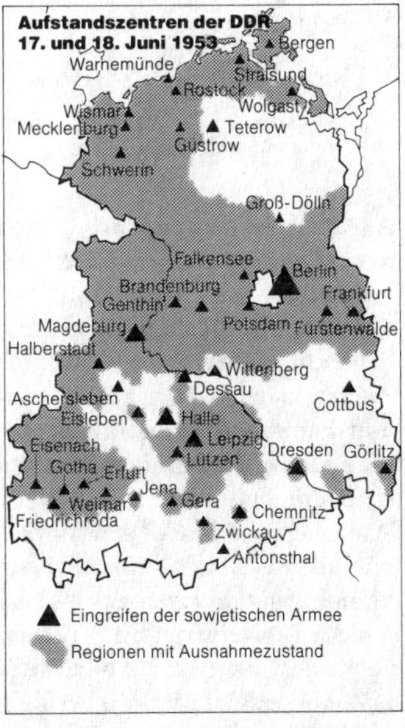

Versuch eines Überblicks über die vom Aufstand betroffenen Orte. *Alle Zahlen über die Opfer des Aufstandes und über seine Orte bleiben bis heute unsicher, die DDR-Regierung bezifferte sie offiziell mit 21 Toten und 187 Verletzten; daneben sind 18 standrechtliche Erschießungen und 3 Hinrichtungen bekanntgeworden.*
Bis Ende der 60er Jahre verurteilten DDR-Gerichte mindestens 1400 Teilnehmer zu langjährigen Freiheitsstrafen.

ben dem RIAS (»Rundfunk im amerikanischen Sektor«) und dem CIA (amerikanischer Geheimdienst), die erwiesenermaßen dem Aufstand nicht nur zugesehen haben, vor allem Justizminister Fechner, Staatssicherheitsminister Wilhelm Zaisser und Volksbildungsministerin Else Zaisser sowie Rudolf Herrnstadt, der Chefredakteur des SED-Zentralorgans »Neues Deutschland«. Sie verlieren ihre Funktionen. An die Spitze des neugewählten Zentralkomitees der SED tritt, als Erster Sekretär, Walter Ulbricht. Die Sowjetunion liefert Lebensmittel. Die staatlichen Investitionen fließen fortan mehr der Konsumgüterindustrie zu. Die Produktionssteigerung der Schwerindustrie wird von 13 Prozent auf 5,5–6 Prozent gesenkt, die Produktionssteigerung der Leichtindustrie von 7,1 Prozent auf annähernd 10 Prozent erhöht. Die Sowjetunion verspricht im August 1953, ab 1. Januar 1954 auf alle Reparationen zu verzichten. Die Kosten für den Unterhalt der in der DDR stationierten sowjetischen Truppen sollen 5 Prozent der Einnahmen des DDR-Staatshaushalts nicht übersteigen.
Am Ende des Jahres 1953 ergibt sich: Staat und Partei haben ihre Macht und ihren Einfluß überschätzt: Der Aufstand erzwingt eine Verlangsamung des Sozialismusaufbaus, aber nicht dessen grundsätzliche Korrektur. Der Juni-Aufstand wird vor allem in Polen und Ungarn als Signal begriffen und sorgfältig studiert. Aus dem Aufstand geht Walter Ulbricht als starker Mann hervor.

Ausbau des DDR-Systems auf dem Rücken der Bevölkerung

Am 25. März 1954 erklärt die Sowjetunion die DDR zum souveränen Staat. Bei den Wahlen im Herbst stimmen 99,96 Prozent der Wähler für die Einheitsliste. Partei- und Staatsführung sind sich ihrer Macht wieder sicher. Der Kampf gegen die Kirchen beginnt von neuem: die staatliche »Jugendweihe« soll die kirchliche Konfirmation ersetzen. Bei der Zulassung zur Oberschule werden die Kinder von Arbeitern, Bauern und Funktionären bevorzugt. Die aktive Mitarbeit bei den »Jungen Pionieren«, der Kinderorganisation der »Freien Deutschen Jugend«, ist Bedingung.
Walter Ulbricht treibt den Aufbau des DDR-Systems systematisch und planmäßig voran. Kein Bereich bleibt ausgeklammert. Er verachtet Spontaneität und zieht es vor, gezielt Maßnahmen zu ergreifen und deren Ausführung zu kontrollieren.
Seine Außenpolitik hat nur ein Ziel: die Bindung an die Sowjetunion. Diese unterstützt ihn, weil er in ihren Augen der beste Garant für den

Aufbau eines leistungsfähigen Staates ist. Zwar schwankt die Führung der Sowjetunion gelegentlich bei der Formulierung ihrer Deutschlandpolitik – am 23. Juli 1955 erklärt sie sich in Genf mit einer deutschen Wiedervereinigung, bewerkstelligt durch freie Wahlen, einverstanden, am 26. Juli 1955 lehnt sie die freien Wahlen wieder ab –, aber zunehmend wird ihr die DDR politisch und wirtschaftlich so wertvoll, daß sie den Eckpfeiler ihres Einflußbereichs nicht durch eine Wiedervereinigung verlieren will.

Innenpolitisches Hauptziel Ulbrichts bleibt es in diesen Jahren weiterhin, den sozialistischen Staat, den DDR-Gegebenheiten entsprechend, auszubauen. Dieser Staat soll von seinen Bürgern geachtet werden, was u. a. die Verbesserung der wirtschaftlichen Gegebenheiten verlangt. Eine dauerhafte Besserung der Lebensbedingungen hofft Ulbricht durch den Aufbau einer starken Schwerindustrie zu erreichen. Da die Investitionskapazitäten sehr begrenzt sind, muß er den Aufbau der Leichtindustrie vernachlässigen. Er versucht das Kunststück, die Bevölkerung solange zum Verzicht auf notwendige Konsumgüter zu bewegen, bis der Schwerindustrieaufbau abgeschlossen ist. Zur selben Zeit muß er danach streben, die DDR zum nicht nur politisch, sondern auch wirtschaftlich starken Partner der Sowjetunion und der anderen Ostblockstaaten zu machen.

Schließlich ist da auch die offene Grenze: noch kann jeder DDR-Bürger mit einer S-Bahn-Fahrkarte für 20 Pfennige der DDR-Währung in Berlin die Seite wechseln, und viele DDR-Bürger, bedrängt durch die politischen und wirtschaftlichen Zwänge, wechseln sie, vor allem die, die darauf vertrauen können, daß sie aufgrund ihrer Berufsausbildung oder ihres Berufes in der Bundesrepublik sofort einen Arbeitsplatz finden werden.

Militarisierung und Blockbildung

Am 9. Mai 1955 wird die Bundesrepublik Deutschland Mitglied der NATO. Am 14. Mai 1955 schließen die Ostblockstaaten den »Warschauer Beistandspakt«. Die DDR gehört zu den Vertragspartnern, und die Sowjetunion ist nun entschieden nicht mehr bereit, die DDR in einem neutralen Deutschland aufgehen zu lassen. Ulbrichts Taktik hatte Erfolg.

Am 18. Januar 1956 nimmt die Volkskammer das Gesetz über den Aufbau der »Nationalen Volksarmee« (NVA) an. Die »Nationale Volksarmee« hält bei den Feierlichkeiten zum 1. Mai 1956 in Berlin (Ost) entgegen den Vier-Mächte-Bestimmungen eine Parade ab.

Forcierte Kollektivierungen

In den Jahren 1955/56 beginnt die DDR-Führung, den privaten Handel in den »sozialistischen Handel« einzubinden. Die selbständigen Einzelhändler, die dem Druck der »Staatlichen Handelsorganisation« (HO) und der »Konsumgenossenschaften« bisher widerstanden, sollen nun durch Kommissionsverträge abhängig gemacht werden. Gleichzeitig werden auch anderen Privatbetrieben staatliche Beteiligungen angeboten.

Das DDR-Schulsystem erfährt im Jahre 1955 eine grundlegende Veränderung: statt der achtklassigen Grundschule (der sich die vierjährige Oberschule anschloß) wird nun die zehnklassige allgemeinbildende Schule als obligatorische Schule eingeführt. Sie bildet die Grundlage für das im Jahr 1965 installierte »Einheitliche sozialistische Bildungssystem«.

In der Deutschlandpolitik der DDR tritt 1956 ein Wandel ein: das Zentralkomitee der SED verlangt jetzt, daß bei einer Wiedervereinigung die politischen und sozialen »Errungenschaften« der DDR erhalten bleiben müßten: »Das Modell für das künftige Deutschland ist die DDR.« Außerdem wird, in Anlehnung an Äußerungen sowjetischer Politiker zum Stichwort »Friedliche Koexistenz«, die Theorie vom friedlichen Nebeneinander zweier deutscher Staaten propagiert. Die Hoffnung auf eine baldige Wiedervereinigung wird damit auch von der DDR aufgegeben. Statt der Einheit fordert Ulbricht nun eine Konföderation der beiden deutschen Staaten.

Im Jahre 1957 ist die DDR-Volkswirtschaft so erstarkt, daß sie auch bei einer 45-Stunden-Woche leistungsfähig bleibt. Am 28. Mai 1958 werden in der DDR die Lebensmittelkarten abgeschafft. Bis zum Jahre 1961 soll, so beschließt der V. Parteitag der SED im Juli 1958, die DDR in der Produktion und im Verbrauch von Lebensmitteln und Konsumgütern die Bundesrepublik einholen. Helfen sollen dabei die von Ulbricht verkündeten »Zehn Gebote der sozialistischen Moral«. Ein anderes Mittel zur Erreichung dieses Ziels soll die vermehrte Bildung von »Landwirtschaftlichen Produktionsgenossenschaften« sein. Am 15. April 1960 ist die Kollektivierung der DDR-Landwirtschaft, oft mit brutalen Mitteln vorangetrieben, abgeschlossen. Viele Bauern sind geflohen. Gleichzeitig wird auch der Zusammenschluß von Handwerksbetrieben zu »Produktionsgenossenschaften des Handwerks« (PGH) forciert. Die Massenflucht der Betroffenen hat Wirkung: der zweite »Fünfjahresplan« wird 1959 durch einen »Siebenjahresplan« mit niedrigeren Produktionszielen ersetzt.

Nach dem Tod von Wilhelm Pieck, dem ersten Präsidenten der DDR, wird anstelle des Präsidentenamtes am 12. September 1960 ein »Staatsrat« gebildet. Walter Ulbricht wird Staatsratsvorsitzender.

Zunehmende Fluchtbewegung und Mauerbau

Die andauernden Pressionen, die schlechte Versorgung und Gerüchte von einer bevorstehenden Schließung der Berliner Sektorengrenze lassen die Flüchtlingszahlen sprunghaft anschwellen. Im Juli 1961 flüchten 30 000, in den ersten Augusttagen 47 000 DDR-Bürger in den »We-

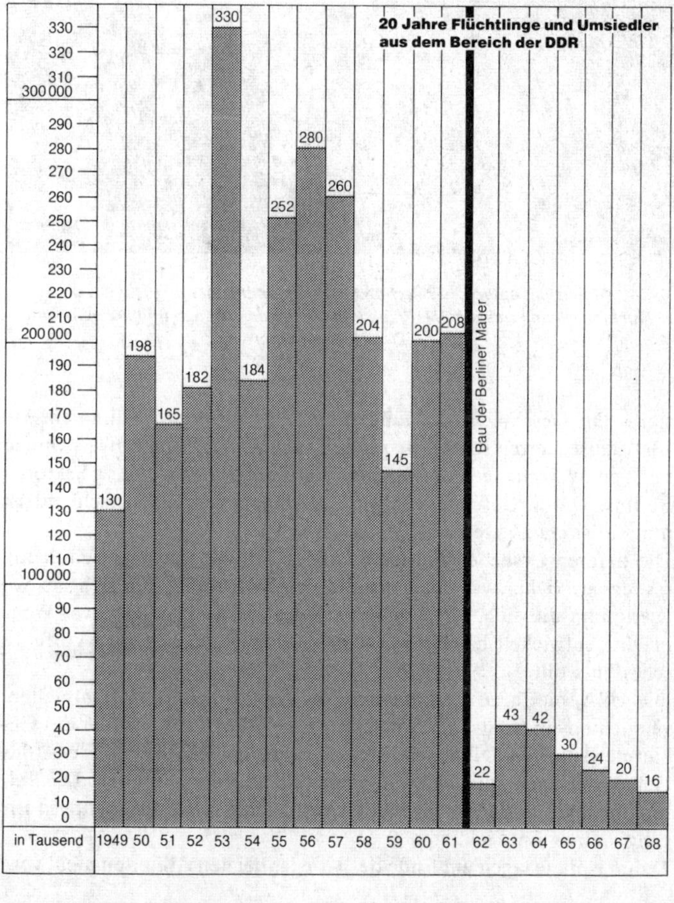

Mauerbau unter Überwachung, *scheinbar einzige Möglichkeit, die Fluchtbewegung aus der DDR zu stoppen und das System und die Wirtschaft der DDR zu stabilisieren.*

sten«. Die Gesamtzahl der Flüchtlinge stieg auf rund 3 Millionen. Am 13. August sperren Betriebskampfgruppen der DDR im Einvernehmen mit den Warschauer-Pakt-Staaten die Grenze zu den West-Sektoren Berlins. Die Sektorengrenze wird zur Staatsgrenze. Deutschland ist nun vollständig geteilt.

Die tieferen Ursachen für die deutsche Teilung sind nicht eindeutig festlegbar. Sicher war der Umstand von Bedeutung, daß sich die Sowjetunion, die sich, als Folge des Krieges, zu einer der zwei Weltmächte entwickelt hatte, nach dem Zweiten Weltkrieg ein »Vorfeld« schaffen wollte.

Die USA, die ihren Verbündeten das Atomgeheimnis vorenthielten, versuchten einerseits, der Sowjetunion ihr »Vorfeld«, zu dem das Gebiet der späteren DDR gehörte, streitig zu machen, andererseits, das Gebiet der nachmaligen Bundesrepublik an sich zu binden. Die Teilung Deutschlands war für beide Großmächte nicht Ziel, sondern Ergebnis einer Entwicklung.

Teilungspläne lagen am Ende des Krieges bei den Alliierten nicht vor.

Ein Bild, das um die Welt ging: *Ein Volksarmist nutzt die Chance des Augenblicks zu einem Sprung über die zunächst nur mit Stacheldraht gesperrte Sektorengrenze. Berlin, Bernauer Straße, 15. August 1961.*

Als aber im April 1947 auf der Moskauer Außenministerkonferenz der vier Alliierten von den Vertretern der Westmächte das sowjetische Angebot, eine gesamtdeutsche Regierung zuzulassen, wenn gesichert sei, daß über einen längeren Zeitraum Reparationen aus der laufenden Produktion aller Besatzungszonen in die Sowjetunion geliefert würden, abgelehnt wurde, war die Teilung sozusagen programmiert: Für die Sowjetunion, das durch den Krieg am meisten zerstörte Land, waren die Reparationen lebensnotwendig.
In der Situation des Jahres 1961, geschockt von den steigenden Flüchtlingszahlen, mußte die DDR-Führung, wollte sie den verbleibenden Bewohnern die versprochenen besseren Lebensbedingungen schaffen und wollte sie ihre Handelsverpflichtungen gegenüber den Warschauer-Pakt-Staaten erfüllen, vor allem der wachsenden Auszehrung Herr werden.
Da die Forderung der Sowjetunion und der DDR, den Status von Berlin zu verändern und so die ständige Fluchtbewegung zu stoppen, ergebnislos blieb, ergriff die DDR Maßnahmen, die ihr, real und unter

Der Bau der Mauer am 13. August 1961
Willy Brandt

Spät am Abend des 12. August bestieg ich mit einigen Mitarbeitern den Sonderzug, den ich in den letzten Wochen des Wahlkampfes – in ständigem Wechsel mit Wagen, Flugzeug und Hubschrauber – hätte benutzen sollen. Aber ich habe in diesem Zug nur wenige Stunden verbracht. In dieser Nacht hätten wir nach Kiel fahren sollen. Um mich war eine kleine Runde enger Mitarbeiter. Bei einer guten Flasche Wein schlug die Müdigkeit in Ausgelassenheit um. Alle dachten daran, aber keiner wollte es aussprechen, daß die Pläne für unsere Wahlkampagne wahrscheinlich nicht verwirklicht werden könnten. Nur wenige Stunden hatten wir geschlafen, als der Zug gegen vier Uhr am 13. August in Hannover ankam. Dort weckte uns ein Freund mit der Nachricht aus Berlin. Wir nahmen das erste Flugzeug.

Vom Tempelhofer Feld fuhr ich sofort zur Sektorengrenze am Potsdamer Platz und am Brandenburger Tor. Das Ungeheuerliche und doch nicht völlig Überraschende geschah: Ost-Berlin wurde durch ein großes Militäraufgebot von uns abgeriegelt. Spanische Reiter wurden in die Erde gerammt, immer neue Rollen von Stacheldraht gezogen – der Bau der eigentlichen Mauer begann drei Tage später. In diesen Tagen war nichts geschehen, was die andere Seite hätte veranlassen können, ihr Vorhaben noch einmal zu überprüfen.

Dies war einer der traurigsten Tage, die ich erlebt habe. Berlin war wieder Frontstadt geworden. Angst, Verzweiflung und Wut standen in den Gesichtern meiner Mitbürger. War dies nur der erste Schritt, würde ein Angriff auf West-Berlin folgen? Wie reagierten die Freunde im andern Teil der Stadt, würde es zu Ausbrüchen des Volkszorns und zu Durchbruchsversuchen nach West-Berlin kommen? Und was würden die Alliierten tun, würden sie diesen Bruch der Vereinbarungen über Berlin hinnehmen oder mit bloßen Protesten beantworten? Wenn sie es nicht taten, gab es dann einen anderen Ausweg als Krieg?

Die alliierten Kommandanten traten um neun Uhr zusammen. Die Vertreter des Senats wurden zwei Stunden später hinzugezogen. Es war das erste Mal, daß ich das Gebäude der Kommandanten betrat. An einer Wand des Sitzungssaales hängt noch das Bild des sowjetischen Generals Kotikow, des letzten sowjetischen Kommandanten, der an den Vierer-Sitzungen teilgenommen hatte. Theoretisch könnte der sowjetische Vertreter täglich wiederkommen und weitermachen. Dieses Foto schien mir als Symbol des fast rührenden Widersinns, der mancher Berliner Konstruktion innewohnt.

Ich erörterte den eklatanten Rechtsbruch. Vor Verhandlungen der Vier Mächte wurden hier durch die Sowjetunion weitreichende administrative Spaltungsmaßnahmen vollzogen. Ich bat dringend um einen sofortigen und nachdrücklichen Schritt der Westmächte bei den Regierungen nicht nur der Sowjetunion, sondern auch der anderen Staaten des Warschauer Paktes. Aber es dauerte Tage, ehe Proteste in Ost-Berlin und in Moskau übermittelt wurden, und die Form dieser Proteste fiel nicht sehr aus dem üblichen Rahmen.

Wir fragten, über welche Mittel der Westen verfüge, um sich dagegen zu wehren, daß diesen ersten Schritten auf dem Weg zur einer »Freien Stadt West-Berlin« weitere folgen könnten. Die Kommandanten waren verständnisvoll. Aber was sollten sie tun? Sie konnten unsere Fragen erst beantworten, nachdem sie ihre Regierungen befragt hatten. Es dauerte sogar mehr als 24 Stunden, bis alliierte Patrouillen an der Sektorengrenze eingesetzt wurden, was ich als erstes gefordert hatte. Denn schließlich war diese beginnende Mauer keine bloße innerdeutsche Sache. Schließlich war ja auch den Alliierten, gegen das Recht, vorgeschrieben worden, daß sie, gegen das Recht, nur noch drei, einige Tage später nur noch einen Übergang nach Ost-Berlin benutzen »durften«.

Das objektive Unvermögen zu schneller, klarer Reaktion, das war die Wirklichkeit dieses Tages, an der alle Fragen vorbeigehen, ob nicht etwas anderes hätte geschehen sollen oder können. Die Reaktionsmöglichkeiten der Schutzmächte sind seither verbessert worden. Schade, daß es erst einer solchen Erfahrung bedurfte.

Wir waren den ganzen Sonntag über im Rathaus, der Senat trat zusammen, und abends versammelte sich das Abgeordnetenhaus. Ich erklärte im Namen aller, »daß es mit Protesten allein nicht sein Bewenden haben sollte«.

Abends rief mich Außenminister von Brentano an: Er sprach sich unter Hinweis auf die eingetretene Situation für eine enge Zusammenarbeit aus. Am nächsten Tag kamen der Bundespräsident, die Vorsitzenden der im Bundestag vertretenen Parteien, der Vorsitzende des Bundestagsausschusses für gesamtdeutsche und Berliner Fragen und der Vorsitzende des Deutschen Gewerkschaftsbundes. Sie wollten sich an Ort und Stelle informieren und bekundeten ihre Solidarität mit der Bevölkerung Berlins und der Zone.

Aus: Willy Brandt: Begegnungen mit Kennedy. München 1965

psychologischem Aspekt gesehen, teuer zu stehen kamen. Die drei Berlin-»Essentials«, die Präsident Kennedy am 25. Juli 1961 verkündet hatte und in denen vom Vier-Mächte-Status Berlins nicht die Rede war, signalisierten der Sowjetunion und der DDR, daß mit ernsthaftem Widerstand gegen eine »Mauer« nicht zu rechnen war.
Noch Ende März 1961 hatte Walter Ulbricht bei einer Tagung der Warschauer-Pakt-Staaten die Genehmigung für die »Operation Chinesische Mauer« nicht erhalten. Bei der nächsten Tagung, die zwischen dem 3. und 5. August 1961 stattfand, erhielt er sie. Dabei mag für die Sowjetunion auch die Überlegung eine Rolle gespielt haben, daß sie bei einer damals erwarteten größeren Auseinandersetzung mit China an der Westgrenze ihres Einflußbereichs ruhige, gesicherte Verhältnisse haben wollte. Für die DDR begann mit dem Bau der Berliner Mauer ein neuer Entwicklungsabschnitt.

1961–1971: Festigung der Staatsmacht

Die wachsende Stabilisierung der DDR-Gesellschaftsordnung war vor allem ein Ergebnis der vollständigen Teilung Deutschlands durch den Bau der Mauer in Berlin. Die Führung der SED und des Staates versuchte, die Bevölkerung für sich zu gewinnen, indem sie sie materiell besser versorgte. Eine vollständige Identifizierung aller Bürger mit dem Staat erhoffte aber selbst sie nicht. Partei- und Staatsführung setzten auf die nachwachsende Generation: Ein »Jugendgesetz«, das »Gesetz über das einheitliche sozialistische Bildungswesen« und auch das Gesetz über die Wehrpflicht sollten die Jugendlichen an den Staat binden. Die Gesetze gestanden weitreichende soziale Sicherheit, günstige Regelungen von Arbeitszeit, Arbeitslohn, Urlaub, Chancengleichheit im Bildungs- und Ausbildungsbereich zu, forderten aber auch die Verteidigung dieser »sozialistischen Errungenschaften«.
Die bessere Versorgung der Bevölkerung sollte das »Neue ökonomische System der Planung und Leitung« (NÖSPL) bringen. Die im Juli 1963 vom Ministerrat verabschiedeten Richtlinien für dieses System galten einem im Prinzip simplen Ziel: die Wirtschaft sollte nicht mehr per Anordnung zu dieser oder jener Leistung gebracht werden, sondern durch Lenkung und Planung nach wissenschaftlich begründbaren und ökonomischen, d. h. gewinnorientierten Kriterien.
Vorübergehend hatte die neue Wirtschaftspolitik sichtlich Erfolg – nicht zuletzt auch deshalb, weil die gestoppte Massenflucht realistische Planungen möglich machte. Bald aber wollte die Sowjetunion an diesem Erfolg teilhaben: Langfristige Handelsabkommen verpflichte-

ten die DDR, im Austausch gegen Rohstoffe viele von der DDR-Bevölkerung begehrte Konsumartikel zu liefern. Im Dezember 1965 waren die Forderungen so groß geworden, daß der DDR-Bedarf nicht mehr gedeckt werden konnte. Erich Apel, der Vorsitzende der Staatlichen Plankommission der DDR, beging Selbstmord.

Die Kulturpolitik der DDR hatte schon vor dem Bau der Mauer eine Wende erfahren. Walter Ulbrichts Ziel war es ursprünglich gewesen, die Kultur als »Produktivkraft« einzusetzen. Zunächst hatte er die im kulturellen Bereich Tätigen als Verbündete im Kampf gegen die Überreste des faschistischen Geistes betrachtet, als Helfer bei der Schaffung einer neuen Gesellschaftsordnung gefördert: Künstler und Intellektuelle wurden relativ großzügig materiell unterstützt, und es gelang, viele Emigranten zur Rückkehr in den sowjetisch besetzten Teil Deutschlands zu überreden.

Das nächste Ziel sollte die Aufhebung der Trennung von Kunst und Leben, das Ende der Entfremdung zwischen Künstler und Volk sein. Unter dem Motto »Greif zur Feder, Kumpel, die sozialistische Nationalkultur braucht dich!«, wurde im April 1959 im Kulturpalast des »Elektrochemischen Kombinats Bitterfeld« der »Bitterfelder Weg« ausgerufen. Fünf Jahre später wurde dieser »Weg« noch einmal bestätigt. Künstler und Intellektuelle arbeiteten zeitweise in Betrieben, Arbeiter und Angestellte mit künstlerischen Ambitionen schlossen sich im Dienst »sozialistischer Volkskunst« zu Zirkeln zusammen.

Das Ziel, auf diesem Weg zu einer »sozialistischen Nationalkultur« zu kommen, wurde nicht erreicht. Den Bau der Mauer begriffen viele Künstler und Intellektuelle der DDR als Herausforderung. Sie diskutierten in der Öffentlichkeit und in ihren Arbeiten die Mängel des DDR-Gesellschaftssystems, rechneten mit stalinistischen Praktiken ab und machten Vorschläge für ein politisches System, das sich glaubhaft »sozialistisch« nennen durfte. Im Dezember 1965 wurden diese Diskussionen von der SED als »schädlich« bezeichnet, einer relativ liberalen kulturpolitischen Phase folgte eine Periode, in der die alten Ziele auf alte Weise, mit den Mitteln des »sozialistischen Realismus« erreicht werden sollten.

Deutschland- und Außenpolitik

Die Deutschlandpolitik der DDR war auch nach dem Bau der Mauer für die DDR-Führung durchaus noch eine wichtige Angelegenheit! Das nicht zuletzt deshalb, weil mit ihr die Frage der internationalen Anerkennung der DDR eng verbunden war. Ein 1962 verabschiedetes

»Nationales Dokument« definierte die »geschichtliche Aufgabe der DDR und die Zukunft Deutschlands« auf der Grundlage der »Friedlichen Koexistenz der beiden deutschen Staaten«.
Im Dezember 1963 fanden die ersten vom Westen mit großer Geduld geführten Passierscheinverhandlungen in Berlin ihren erfolgreichen Abschluß: 1,2 Millionen Bürger aus Berlin (West) besuchten zwischen dem 19. Dezember 1963 und dem 5. Januar 1964 ihre Verwandten und Bekannten in Berlin (Ost).
Zur gleichen Zeit schlug Walter Ulbricht Bundeskanzler Ludwig Erhard ein Abkommen über die Beziehungen der beiden deutschen Staaten vor. Mitte Oktober 1964 wurden Vereinbarungen getroffen, die Besuche von Rentnern aus der DDR in westlichen Ländern regelten. Wenig später wurden Besucher der DDR, die aus »nichtsozialistischen Ländern« kamen, verpflichtet, pro Tag fünf Mark »West« 1:1 in fünf Mark »Ost« einzutauschen.
Der Besuch Walter Ulbrichts in der »Vereinigten Arabischen Republik« (Februar/März 1965) zeigte, daß das Selbstbewußtsein der DDR-Führung gewachsen war. Die VAR war das erste nichtsozialistische Land, das Ulbricht besuchte. Als Ergebnis brachte er ein Abkommen über die Zusammenarbeit auf wirtschaftlichem, technischem, wissenschaftlichem und kulturellem Gebiet sowie die Zusage zur Errichtung eines Generalkonsulats der VAR in Berlin (Ost) mit. Die förmliche Anerkennung der DDR erreichte der Besucher nicht. Erst am 30. 4. 1969 erfolgte die Anerkennung durch einen Nicht-RGW-Staat: durch den Irak.
Im März 1970 trafen sich Bundeskanzler Brandt und Ministerpräsident Stoph in Erfurt, im Mai in Kassel. Am 29. Oktober 1970 kündigten die Regierungen der beiden deutschen Staaten Verhandlungen an. Die Beziehungen waren in ein neues Stadium getreten.

Die Verfassung von 1968

Ein besonderes Augenmerk muß in diesem Abschnitt der DDR-Geschichte der 1968 neu entworfenen Verfassung der DDR gelten. Sie spiegelt die zwischen den Jahren 1949 und 1968 eingetretenen Veränderungen wider: die Führungsrolle der SED wird nun in der Verfassung verankert, verfassungskonform werden der Begriff des »sozialistischen Eigentums« an den Produktionsmitteln, die planmäßige Leitung aller gesellschaftlich relevanten Prozesse, die Grundsätze der Gewalteneinheit und des »demokratischen Zentralismus«. War die Verfassung von 1949 nach dem Vorbild der Weimarer Verfassung entworfen worden, folgte die DDR-Verfassung von 1968 eher der sowjetischen Verfassung von 1936. Alle Grundrechte des Bürgers werden durch die Staats- und Gesellschaftsordnung inhaltlich bestimmt und beschränkt. Vom Recht der Meinungsfreiheit, der Versammlungsfreiheit, der Vereinigungsfreiheit z. B. darf nur entsprechend den Grundsätzen der sozialistischen Verfassung und einzig zu dem Zweck, die Interessen des einzelnen Bürgers in Übereinstimmung mit den Grundsätzen und Zielen der Verfassung zu verwirklichen, Gebrauch gemacht werden. Das Recht auf Freizügigkeit gilt nur für das Gebiet der DDR.

1971–1982: Anpassung der Gesellschaftsordnung an die veränderte internationale Lage

Die Ablösung Walter Ulbrichts durch Erich Honecker – am 3. Mai 1971 wird Honecker zum »Ersten Sekretär« des Zentralkomitees der SED gewählt – bedeutet eine neue Politik. Honecker träumt nicht, wie Ulbricht in seinen letzten Jahren, von einer »sozialistischen Menschengemeinschaft«, er will nicht einen sozialistischen Idealstaat, einen Musterstaat in möglichst kurzer Zeit und unter Einsatz aller Mittel aufbauen. Honecker ist mehr Pragmatiker. Er will, daß sich die Bürger der DDR im Rahmen des Erreichbaren mit dem DDR-Gesellschaftssystem, mit dem »realen Sozialismus« identifizieren können. Er versucht, die Versorgung mit Konsumgütern sicherzustellen, er importiert aus dem »Westen«, was er im »Osten« nicht bekommen kann – Maschinen, Damenstiefel oder Autos –, er verkündet ein sozialpolitisches Programm und erklärt den Wohnungsbau zum wichtigsten Planziel. 1976 läßt er sich zum Generalsekretär der SED wählen.

Annäherung zwischen Bonn und Ostberlin: Der »Grundlagenvertrag«

Die Verhandlungen zwischen Vertretern der beiden deutschen Staaten führen jetzt – zu Zeiten einer sozialliberalen Koalition in der Bundesrepublik, zu Zeiten Honeckers in der DDR, zu Zeiten einer durch den Vietnam-Krieg bedingten Fixierung der USA und der Sowjetunion auf den asiatischen Konflikt und seine Folgen – zu handfesten Ergebnissen, anders als noch 1966, als Vorverhandlungen über einen Redneraustausch zwischen Vertretern der SPD und der SED scheiterten.
Im Dezember 1971 wird ein Abkommen über den Transitverkehr unterzeichnet. Im gleichen Monat kommt es zu einer Vereinbarung zwi-

schen dem Senat von Berlin (West) und der Regierung der DDR über den Besucherverkehr und über einen Gebietsaustausch.
Schon ein Jahr später, am 21. Dezember 1972, kann der sogenannte »Grundlagenvertrag« unterzeichnet werden. Er fixiert die Grundlagen der Beziehungen zwischen den beiden deutschen Staaten. Die vertragschließenden Parteien verstehen sich seither als gleichberechtigt. Beide deutschen Staaten werden am 18. 9. 1973 Mitglieder der Vereinten Nationen. Für die »Bundesrepublik Deutschland« ist die »Deutsche Demokratische Republik« aber deshalb trotzdem nicht: Ausland. Die Vertragspartner tauschen folglich nicht Botschafter, sondern ständige Vertreter aus. Staatsangehörigkeits- und Vermögensfragen werden durch den »Grundlagenvertrag« nicht berührt. Die ständige Vertretung der Bundesrepublik in der DDR vertritt auch Berlin (West).
Erste konkrete Ergebnisse des »Grundlagenvertrags« waren die Regelungen über Familienzusammenführung und über Reiseerleichterungen. Abgeschlossen wurden Abkommen auf dem Gebiet des Gesundheitswesens (1974), des Post- und Fernmeldewesens (1976), des Veterinärwesens (1979) und der Kultur (1986).
Andererseits konnten auf der Basis des »Grundlagenvertrages« bald auch Probleme geklärt werden, die zuvor nicht auf der Tagesordnung gestanden hatten: Im Dezember 1975 wurden der Ausbau der Autobahn Helmstedt–Berlin und eine Transitkostenpauschale festgelegt, im Mai 1976 einigte man sich über den Abbau der Braunkohle im Grenzgebiet, im November 1978 wurden der Bau der Autobahn Hamburg–Berlin und der Ausbau der Transitwasserstraßen beschlossen, im Oktober 1979 kamen die beiden deutschen Staaten überein, voneinander keine Gebühren für Lkw und Busse zu verlangen und die Straßenbenutzungsgebühren für den Pkw-Verkehr aus der Bundesrepublik pauschal abzugelten. Im April 1980 wurde ein Verkehrsabkommen unterzeichnet. Die Auswirkungen des »Grundlagenvertrages« und seiner Folgeregelungen wurden in beiden deutschen Staaten nicht ohne Skepsis beobachtet. In der Bundesrepublik erwarteten viele, daß die Verträge und Abkommen zu spürbaren »menschlichen Erleichterungen« führen müßten. Außerdem monierten sie die hohen Kosten, die mit der Realisierung einzelner Verträge verbunden waren. Würde so die DDR nicht von der Bundesrepublik mit für sie wertvollen Devisen ausgestattet werden, ohne daß sie Rechenschaft darüber ablegen müßte, wofür sie im einzelnen die Devisen ausgibt? Schon der seit 1964 stattfindende Freikauf von Häftlingen, die aus politischen Gründen von DDR-Behörden verhaftet und verurteilt worden waren, hatte bei vielen Bundesbürgern nicht nur Zustimmung gefunden.
Als die DDR im Oktober 1980 die seit ihrer Einführung im Jahre 1964

Schritt für Schritt gestiegenen Mindestumtauschsätze für in die DDR einreisende Besucher aus westlichen Staaten verdoppelte, waren die meisten Bundesbürger empört – der erhöhte Mindestumtausch machte viele Regelungen des »Grundlagenvertrages« (vor allem auch Reisen von Rentnern u. a. in die DDR), die für den einzelnen Bürger wichtig waren, illusorisch. Die Senkung des Mindestumtauschsatzes blieb in den nächsten Jahren die wichtigste Forderung der Bundesrepublik bei den Gesprächen mit der DDR-Seite.
In der DDR stießen der »Grundlagenvertrag« und seine Folgeregelungen bei einer Gruppe von Politikern deshalb auf Widerstand, weil sie eine allzu lebhafte Annäherung der beiden deutschen Staaten, mit ihr eine Abkehr von den sozialistischen Errungenschaften und Prinzipien befürchteten. Diese Politiker setzten parallel zu den sich entwikkelnden Vertragsverhandlungen eine Politik der Abgrenzung durch. So konnten sich zwar – erstmals am 5. März 1973 – Zeitungs- und Rundfunkjournalisten der Bundesrepublik in Berlin (Ost) akkreditieren, doch wurde die Berichterstattung durch immer neue Auflagen und Schikanen stark eingeschränkt.
Die Innenpolitik der DDR wurde durch den »Grundlagenvertrag« kaum berührt. Der Tod Walter Ulbrichts am 1. August 1973 löste, da Erich Honecker längst fest etabliert war, keine innenpolitische Erschütterung aus: Willi Stoph wurde zum Staatsratsvorsitzenden, Horst Sindermann zum Vorsitzenden des Ministerrates ernannt.

Versorgungsschwierigkeiten und Protestbewegung

Innenpolitische Schwierigkeiten wurden erst erkennbar, als Mitte der siebziger Jahre der wachsende Bedarf an Konsumgütern nicht mehr gedeckt werden konnte, weil die Weltmarktpreise für Öl, Gas und Rohstoffe schnell stiegen. Die DDR behalf sich mit verdeckten Preissteigerungen und mit dem Ausbau des Netzes der Intershop-Läden, in denen man für Devisen (z. B. DM) einkaufen konnte, was zeitweilig fast zur Etablierung einer zweiten Währung in der DDR führte. Als viele Nicht-Devisen-Besitzer mit Streiks drohten, wurden Läden eröffnet, in denen Inlandsprodukte hoher Qualität und Waren aus dem westlichen Ausland für Mark der DDR verkauft wurden. Ihr Preis ergab sich in etwa aus dem offiziell nicht anerkannten Kurs zwischen den Währungen der beiden deutschen Staaten.
Als viele Intellektuelle und Künstler der DDR diese und andere sozialistische Praktiken kritisierten und daran erinnerten, daß ihre Vorstellungen von einem »menschlichen« Sozialismus ja auch mit Hilfe von

DDR-Truppen 1968 in der ČSSR zerstört worden waren, antwortete die Obrigkeit mit Repressalien. Am 16. November 1976 wurde der Sänger, Lyriker und Dramatiker Wolf Biermann, der nach vielen Jahren erstmals wieder in der DDR und in der Bundesrepublik hatte auftreten dürfen, aus der DDR ausgebürgert. Zwölf prominente Kollegen protestierten gegen diesen Schritt, viele andere schlossen sich ihnen an. Sie wurden mit Parteistrafen belegt.
Eine große Zahl von Künstlern beantragte daraufhin Ausreisegenehmigungen und Dauervisa und erhielt sie. Der Journalist und Ökonom Rudolf Bahro schrieb mit »Die Alternative« ein Buch über seine von der DDR-Praxis abweichenden Sozialismusvorstellungen. Er wurde im August 1977 verhaftet, zu acht Jahren Zuchthaus verurteilt, 1979 in die Bundesrepublik entlassen. Sieben Schriftsteller protestierten im Juni 1979 in einem Brief an Honecker gegen Zensurmaßnahmen der DDR-Behörden – sie wurden aus dem Schriftstellerverband ausgeschlossen.
Die Führung von Partei und Staat lenkte mit diesen Maßnahmen zugleich auch von den wirtschaftlichen Schwierigkeiten ab. Die Protestaktionen zeigten ihr, wo die Opposition stand. Sie wurde isoliert.
Gleichzeitig unternahmen Partei- und Staatsführung Anstrengungen, die Produktivität der arbeitenden Bevölkerung zu steigern und so den Lebensstandard nicht allzu sehr absinken zu lassen. Aber weder die Umwandlung der »halbstaatlichen« Betriebe in »volkseigene Betriebe« (Frühjahr 1972) – bei gleichzeitiger »Reprivatisierung« von Handwerks- und Gewerbebetrieben, die Dienstleistungen und unmittelbare Versorgungsleistungen erbrachten oder Reparaturen ausführten – noch die Propagierung von Automatisierungsprojekten oder die Verstärkung der materiellen Anreize konnten die hochgesteckten Ziele des »Volkswirtschaftsplanes« erfüllen helfen. Die Unterstützung der Volkswirtschaften Vietnams, Polens, der Entwicklungsländer trugen ein übriges dazu bei, den Ertrag zu schmälern.

Internationale Kontakte – wachsendes Selbstbewußtsein

Die Außenpolitik der DDR war in den siebziger Jahren vor allem darauf gerichtet, die internationale Anerkennung und zugleich die Integration in den RGW (»Rat für gegenseitige Wirtschaftshilfe« der Ostblockstaaten) zu erreichen. Als der Staatsrat der DDR im Februar 1966 die UN-Mitgliedschaft beantragte, wurde er abgewiesen. Im Juni 1973, ein halbes Jahr nach Abschluß des »Grundlagenvertrages«, wurde dem Antrag stattgegeben. Im September 1974 nahmen die USA und

Ein neues Gesicht für Ostberlin. *Funktionale Architektur und großzügige Raumgestaltung am Alexanderplatz Berlin. In der Bildmitte ist der Brunnen der Völkerfreundschaft von Walter Womacka aus dem Jahre 1969 zu sehen.*

die DDR diplomatische Beziehungen auf. Viele andere Staaten hatten diesen Schritt zuvor unternommen oder unternahmen ihn jetzt. Die DDR-Führung ging dabei in keinem Fall die Verpflichtung ein, Wiedergutmachungs- und Entschädigungsleistungen zu erbringen. Im Oktober 1979 wurde die DDR für zwei Jahre Mitglied des UN-Sicherheitsrates. 1979 und 1980 absolvierte Erich Honecker ein großes Reiseprogramm. Er besuchte Indien, afrikanische Staaten, war Gast in Kuba, in Zypern, in Japan, in Österreich und Mexiko. Zunehmend wurde auch die DDR, wurde Berlin (Ost) Reiseziel ausländischer Diplomaten: im April 1979 kam UN-Generalsekretär Kurt Waldheim, im Juli 1979 folgte der französische Außenminister. Ein Jahr später, im Juli 1980, schlossen Frankreich und die DDR ein Kulturabkommen. Die internationale Anerkennung stärkte das Selbstbewußtsein vieler Staatsbürger. Gereizt reagierten sie hingegen auf Einschränkung ihrer Konsummöglichkeiten, weil sie, zu Recht, in ihnen das negative Ergebnis der internationalen Anerkennung sahen; einige Staaten ließen sich die Aufnahme diplomatischer Beziehungen zum zehntgrößten Industriestaat der Erde teuer bezahlen.
In den achtziger Jahren hatte sich sowohl die innenpolitische als auch die außenpolitische Lage der DDR konsolidiert. Die Beziehungen zwischen den beiden deutschen Staaten hatten sich normalisiert. Der Einfall sowjetischer Truppen in Afghanistan, die Ausrufung des Kriegsrechts in Polen trübten das Verhältnis nur vorübergehend. Die DDR brauchte die DM-Einnahmen zu dringend, und die Bundesrepublik hielt die Verstärkung der Bindungen zu Berlin (West), den Ausbau der deutsch-deutschen Beziehungen für so wichtig, daß die Entwicklung auf der Basis des »Grundlagenvertrages« kaum mehr aufgehalten werden konnte.
Wo die Verhandlungen über einzelne Abkommen noch nicht abgeschlossen wurden, stellten sich Probleme grundsätzlicher Natur in den Weg: Wem gehören die Objekte, die die Stiftung Preußischer Kulturbesitz verwaltet? Gibt es eine eigene Staatsbürgerschaft der DDR und kann die Bundesrepublik Deutschland sie, ohne das Grundgesetz zu verletzen, anerkennen?

Bleibende Probleme

Honecker wollte, jenseits der im »Grundlagenvertrag« fixierten Regelung, die DDR gegenüber der Bundesrepublik zum Ausland machen. Die Bundesrepublik wollte die Mindestumtauschsätze reduziert sehen, konnte aber gleichwohl diese Forderung nicht gegen die Forderung

Honeckers aufrechnen. Dieser Umstand machte alle Begegnungen zwischen Funktionären, Ministern und Staatsoberhäuptern der beiden deutschen Staaten von einem bestimmten Punkt an ergebnislos.
Auch das Angebot der DDR-Führung, in bilaterale Abrüstungsgespräche eintreten zu wollen (Juli 1981), veränderte den Zustand nicht prinzipiell. Das Treffen zwischen Bundeskanzler Schmidt und dem Staatsratsvorsitzenden Honecker am Werbellinsee in der DDR (11.–13. Dezember 1981) zeitigte nur minimale Ergebnisse: Die DDR erweiterte den Kreis der DDR-Bewohner, die in dringenden Familienangelegenheiten in die Bundesrepublik oder nach Berlin (West) reisen können, im September 1982 wurde eine Jugendtourismus-Vereinbarung getroffen, im November 1982 wurden in den beiden deutschen Staaten wechselseitig Kunstausstellungen eröffnet.
Ebenfalls im November 1982 sprachen Bundespräsident Karl Carstens und Erich Honecker erstmals miteinander – in Moskau, am Rande der Trauerfeierlichkeiten nach dem Tode von Staats- und Parteichef Leonid Breschnew. Aber auch dieses Gespräch brachte keinen Fortschritt. Möglicherweise wären die Auflösung der zentralen Erfassungsstelle der Länderjustizverwaltungen in Salzgitter (sie registrierte seit 1961 »Unrechtstaten« in der DDR) oder die Festlegung der Staatsgrenze in der Elbmitte diskutabel gewesen – sie waren es aber nicht, solange die bundesdeutsche Seite als äußersten Wunsch nur die Herabsetzung des Mindestumtauschsatzes präsentierte.
Die DDR zeigte sich im vierten Jahrzehnt ihres Bestehens als ein weltweit anerkannter Staat, dessen Führung es verstanden hatte, eine Gesellschaftsordnung aufzubauen, welche die Mehrzahl seiner Bürger zunächst ignorierte, dann nicht wollte und schließlich hinnehmen mußte. Die DDR war der leistungsstärkste Staat unter den Staaten des »Rates für gegenseitige Wirtschaftshilfe«. Am 29. Juni 1983 bürgte die Bundesrepublik Deutschland für einen Milliardenkredit, den die DDR bei westdeutschen Banken, vermittelt durch den bayerischen Ministerpräsidenten Franz Josef Strauß, aufnahm. Ein Staatsbesuch des DDR-Staatsratsvorsitzenden Erich Honecker in Bonn wurde auf Wunsch der DDR mehrfach (1983, 1984) verschoben, Honecker und Bundeskanzler Kohl sprachen aber miteinander bei den Beisetzungsfeierlichkeiten für den ZK-Generalsekretär Andropow (1984) und für Staats- und Parteichef Tschernenko (1985). Zur gleichen Zeit besuchten zahlreiche Politiker der Bundesrepublik die DDR und führten dort politische Gespräche.
Der Fünfjahrplan für die Jahre 1986 bis 1990 sollte das Nationaleinkommen der DDR auf 124 bis 126 Prozent steigern. Im Februar 1984 hatte Honecker die zweimillionste Neubauwohnung seit Beginn des

Zur 40-Jahr-Feier *der DDR-Gründung am 7./8. 10. 1989 gab es noch die obligatorische Militärparade, abgenommen von einem ungeduldigen Michail Gorbatschow, während der Staatsratsvorsitzende Erich Honecker Begeisterung zeigt.*

Wohnungsprogramms 1971 übergeben. Andererseits: in den ersten sechs Monaten des Jahres 1984 verließen 31 000 Bürger legal die DDR. Der zweite deutsche Staat sah sich angesichts der Weltwirtschaftskrise, des zugleich stattfindenden weltweiten technologischen Wandels im Bereich der Elektronik und der verstärkten Rüstungsanstrengungen der beiden Supermächte vor große Probleme gestellt.
Die Intellektuellen der DDR forderten schon im Dezember 1981 ein Ende des Rüstungswettlaufs – auf Einladung von Stephan Hermlin trafen sich, bei der »Ersten Berliner Begegnung zur Friedensförderung«, Schriftsteller und Künstler aus den beiden deutschen Staaten. Seit 1982 kamen regelmäßig junge DDR-Bürger in der Leipziger Nikolaikirche zu einem Friedensgebet zusammen. Auf dem XI. Parteitag der SED im April 1986 unterbreitete der sowjetische Staats- und Parteichef Michail Gorbatschow Vorschläge zur konventionellen Abrüstung. Am 25. Februar 1988 wurden die ersten Atomraketen aus der DDR abgezogen. Zuvor, im September 1987, war der Partei- und Regierungschef der DDR Erich Honecker zu einem Arbeitsbesuch in die

Friedlicher Protest und gewaltfreie Revolution in der DDR. *Unzufriedenheit und Perspektivlosigkeit trieb die Menschen auf die Straße. Im Bild eine Massendemonstration in Leipzig Ende Oktober 1989.*

Bundesrepublik Deutschland gereist und dort mit allen Ehren empfangen worden.

Das Ende der DDR

Mit dem Abbau der Grenzanlagen zwischen Ungarn und Österreich Anfang Mai 1989 begann eine Massenflucht der DDR-Bürger. Zuvor schon waren die Ständige Vertretung der Bundesrepublik in Ost-Berlin und die Botschaften der Bundesrepublik in Prag und Budapest von DDR-Flüchtlingen überlaufen worden.
In einem letzten Kraftakt feierte die DDR-Führung am 7. Oktober 1989 den 40. Jahrestag ihres Bestehens. Michail Gorbatschow forderte seine deutschen Genossen bei dieser Gelegenheit neuerlich auf, die Augen vor der Entwicklung in der Sowjetunion nicht zu verschließen und entsprechend zu handeln. Zu spät: Schon am 25. September 1989 hatten sich in Leipzig nach dem Friedensgebet in der Nikolaikirche

Am 9. November 1989 fällt die Mauer. *Im Bild: Berliner Bürger auf der Mauerkrone am Brandenburger Tor.*

erstmals 5000 Menschen versammelt und »Gorbi! Gorbi!«, aber auch »Wir bleiben hier!« gerufen. Der Polizeiapparat der DDR griff anfänglich hart und brutal zu, später, angesichts der Massen, verflüchtigten sich die »bewaffneten Organe« zusehends. Überall im Lande bildeten sich neue politische Gruppierungen – aber noch am 21. September 1989 wurde die Registrierung des »Neuen Forums« wegen »staatsfeindlicher Plattformbildung« abgelehnt.

Am 18. Oktober wurde Erich Honecker abgelöst. Sein Nachfolger Egon Krenz kündigte eine »Wende« an. In Leipzig und bald auch in den anderen großen Städten der DDR demonstrierten allabendlich Hunderttausende von DDR-Bürgern unter dem Motto »Wir sind das Volk«. Am 4. November fand in Berlin eine Protestdemonstration der Kunst- und Kulturschaffenden der DDR statt – siebzehn Redner, unter ihnen Christa Wolf, Stefan Heym, Christoph Hein sprachen vor etwa einer Million Berlinern und forderten eine demokratische DDR. Dann überstürzten sich die Ereignisse: Am 7. November trat die Regierung Krenz, am 8. November das SED-Politbüro zurück, am 9. November 1989 fiel die Mauer. Am 18. November bildete der neue Vorsitzende des Ministerrats, Hans Modrow, eine neue Regierung, Manfred Gerlach wurde am 6. Dezember zum neuen Staatsratsvorsitzenden gewählt. Am 8. Dezember wurden die ersten Mitglieder des Politbüros festgenommen. Die Menschen riefen jetzt: »Wir sind ein Volk!« Aus dem Wunsch, das Regime der SED abzuschütteln war der Wille zur Einheit der beiden deutschen Staaten geworden.

Nach vier Jahrzehnten war der »erste deutsche Arbeiter- und Bauernstaat« an sein Ende gekommen. Er mußte scheitern, weil er undemokratisch war. Seine Legitimation durch einen laut bekundeten Antifaschismus blieb nur in den ersten Jahren glaubhaft. Die Deutsche Demokratische Republik war ein Kind des Kalten Krieges zwischen den Weltmächten. Als die Schutzmacht Sowjetunion kollabierte, war das Schicksal der DDR beschlossen. Eine letztlich inhumane Ideologie, eine weltfremde Planwirtschaft, eine aufgeblähte Bürokratie, ein übergroßer Militär- und Polizeiapparat, ein allgegenwärtiger Staatssicherheitsdienst ließen eine eigenständige Entwicklung nicht zu. Mit dem 9. November 1989 beginnt ein neues Kapitel der deutschen Geschichte (siehe »Die Wiedervereinigung«, Seite 293).

Literatur

Backer, John H.: Die Entstehung der Teilung. Die amerikanische Deutschland-Politik 1943–1948, München 1981
Buttlar, Walrab von: Ziele und Zielkonflikte in der sowjetischen Deutschland-Politik 1945–1947, Stuttgart 1980
DDR-Handbuch, hrsg. vom Bundesministerium für innerdeutsche Beziehungen, Köln 1975
Deuerlein, Ernst (Hrsg.): DDR. Geschichte und Bestandsaufnahme, dtv-dokumente; München 1971
Doernberg, Stefan: Kurze Geschichte der DDR, Berlin (Ost) 1964
Geschichte der SED – Abriß, Berlin (Ost)/Frankfurt 1978
Heisenberg, Wolfgang/Sühlo, Winfried/Bröll, Werner: Der andere Teil Deutschlands, München/Wien 1971
Lehmann, Hans Georg: Chronik der DDR. 1945/49 bis heute, München 1987
Lepenies, Wolf: Folgen einer unerhörten Begebenheit. Die Deutschen nach der Vereinigung, Berlin 1992
Loth, Wilfried: Die Teilung der Welt. Geschichte des Kalten Krieges 1941–1955, München 1980
Oktober 1989. Wider den Schlaf der Vernunft, Berlin/DDR – Berlin (West) 1989
Rausch, Heinz/Stammen, Theo: DDR – das politische, wirtschaftliche und soziale System, München 1974
Schwarz, Hans-Peter: Vom Reich zur Bundesrepublik. Deutschland im Widerstreit der außenpolitischen Konzeptionen in den Jahren der Besatzungsherrschaft 1945–1949, Stuttgart 1980
Sontheimer, Kurt/Bleek, Wilhelm: Die DDR. Politik, Gesellschaft, Wirtschaft, Hamburg 1979

Fähigkeit zu trauern. *Kanzler Willy Brandt 1970 kniend vor dem Denkmal für die Opfer des Aufstandes im Warschauer Getto: Ein Akt menschlicher und moralisch-politischer Größe am Beginn einer auf Verständigung zielenden Politik.*

CHRISTIAN ROEDIG

DIE BUNDESREPUBLIK VON DEN SECHZIGER JAHREN BIS ZUM VORABEND DER WIEDERVEREINIGUNG

Die Kanzlerschaft Ludwig Erhards – Große Koalition von CDU/CSU und SPD unter Kurt Georg Kiesinger – Notstandsgesetze – APO – Neuorientierung in der Ostpolitik – »Machtwechsel« – Gustav Heinemann wird Bundespräsident – Bildung der SPD/FDP-Koalition unter Willy Brandt – Die »Politik der inneren Reformen« – Verträge mit Moskau, Warschau und Prag – Das »Viermächte-Abkommen« über Berlin – Annäherung der beiden deutschen Staaten – »Grundlagenvertrag« – Folgen der Ölkrise – Von Willy Brandt zu Helmut Schmidt – Terrorismus – Energiekrise, Zerstörung der Umwelt – Krise der Entspannung und Wettrüsten – Dauerarbeitslosigkeit – Der Sozialstaat in der Finanzkrise – Die Auflösung der sozialliberalen Koalition – Helmut Kohl Kanzler einer CDU/CSU/FDP-Koalition – Ökologiebewegung – Wirtschaftlicher Aufschwung – »Zweidrittelgesellschaft« – Parteienspektrum links und rechts – Politische Affären – Richard von Weizsäcker – Nach- und Abrüstung – Auf dem Weg zum geeinten Europa – Umweltpolitik.

Als Konrad Adenauer am 15. Oktober 1963 vorzeitig von der Kanzlerschaft zurücktrat, wurde dies bereits von den Zeitgenossen als das Ende einer Epoche angesehen. Noch weit entfernt von der Nostalgie späterer Jahre, die auf einmal alles anheimelnd fand, was die Adenauer-Ära hervorgebracht hatte, sah man damals den Abgang des »Alten« als notwendig, ja überfällig an. Dieser vollzog sich zögernd, begleitet von Krisen und Affären, belastet vor allem durch die Nachfolgefrage, die mit der Nominierung des Vizekanzlers und Wirtschaftsministers Ludwig Erhard eine von Adenauer niemals akzeptierte Lösung fand. An den Erwartungen, die durch den Rückzug seines unbequemen, bereits zu Lebzeiten zur Legende gewordenen Vorgängers geweckt wurden, ist Ludwig Erhard letztlich gescheitert. Gerechterweise muß festgehalten werden, daß Erhard, vor allem im außenpolitischen Bereich, erhebliche Hypotheken übernehmen mußte. Dazu zählte auch der »Deutsch-französische Freundschaftsvertrag« (22. Januar 1963), mit dem beide Staaten die Aussöhnung besiegelten, mit dem Frankreichs eigenwilliger Präsident, General de Gaulle, jedoch zugleich einen Bündnispartner gegen die angloamerikanische Machtstellung in Europa suchte. Er umwarb die Deutschen mit der Idee eines »Europas der Vaterländer«, in dem Frankreich, gestützt auf eine Sonderallianz mit der Bundesrepublik und unter Ausschaltung Großbritanniens, die Führung übernehmen sollte. Um von den Blökken abzurücken und die »Grandeur« der französischen Nation zu wahren, baute er eine Atomstreitmacht, die »force de frappe«, auf, boykottierte den Beitritt Großbritanniens zur »Europäischen Wirtschaftsgemeinschaft« und zog die französischen Militärs aus den Organisationen der NATO zurück. Im Kreuzfeuer dieser widerstreitenden Interessen von Franzosen und Angloamerikanern entschied sich Erhard für das atlantische Bündnis, womit natürlich der von Adenauer freigekämpfte außenpolitische Handlungsspielraum reduziert wurde.

Veränderungen in der weltpolitischen Lage

Am 14. Oktober 1962 fotografierte ein amerikanisches U-2-Aufklärungsflugzeug auf Kuba sowjetische Raketen, die auf Nordamerika als Ziel gerichtet waren. Bereits 1949 hatte die UdSSR das Atombomben-, 1953 das Wasserstoffbombenmonopol der Amerikaner durchbrochen. Vier Jahre später war der Abschuß einer sowjetischen Interkontinentalrakete erfolgt. Die Vereinigten Staaten waren also nuklear verwundbar geworden. Jetzt, in der »Kuba-Krise«, schien es für einen Augenblick, als sei ein militärischer Zusammenstoß der beiden Atomgiganten unvermeidlich. Aber John F. Kennedy gewann seinen sowjetischen Gegenspieler Chruschtschow für eine diplomatische Lösung – mehr noch –, es kam zu Gesprächen über Rüstungskontrollen auf der Grundlage des territorialen Status quo. Um die Sicherheitsfrage zu lösen, waren beide Supermächte zur Abgrenzung und Respektierung der beiderseitigen Interessensphären bereit –, auch in Mitteleuropa!

Diese Wende vom »Kalten Krieg« zur »Entspannung« traf die deutsche Politik weitgehend unvorbereitet, zumal in Berlin und entlang der »Zonengrenze« die Konfrontation der unterschiedlichen Systeme in Ost und West unvermindert anhielt. Es fiel der Regierung schwer, außenpolitische Vorstellungen umzuwerfen, die über ein Jahrzehnt als Fundamente der westdeutschen Demokratie galten: Es war ja Adenauers ursprüngliches Ziel gewesen, durch Wiederbewaffnung und Westintegration das Machtgewicht in Europa und in der Welt soweit zugunsten des Westens zu verschieben, daß eines – sicher ferneren – Tages eine Wiedervereinigung in »Frieden und Freiheit« zu bewerkstelligen sein werde. Jetzt schien sich niemand mehr im Westen aufrichtig für die deutsche Frage und ihre Probleme zu interessieren; wenn sich die Bundesrepublik gegen die bestehende Lage und die neuen außenpolitischen Entwicklungen auflehnte, riskierte sie ihre politische Isolierung.

Um zu verhindern, daß Deutschland zum Objekt eines Ausgleichs zwischen den Supermächten wurde, war bereits Adenauer grundsätzlich bereit, direkt mit der sowjetischen Führung über menschliche Erleichterungen in der »Zone«, wie man damals die DDR zu nennen pflegte, zu verhandeln und gegebenenfalls auch Entgegenkommen zu zeigen. In einem Gespräch mit Botschafter Smirnow machte der Kanzler im Juni 1962 ein Burgfriedens- und Stillhalteabkommen in der deutschen Frage. Sein engster Berater Hans Globke entwarf 1959/60 den Plan, den Sowjets gegen eine – zunächst befristete – Anerkennung des Status quo in Europa das Selbstbestimmungsrecht des deutschen Volkes abzuhandeln. Zu konkreten Schritten in diese Richtung kam es aber nicht.

Unter Außenminister Gerhard Schröder wurden in den Jahren 1963/64 Handelsmissionen in Polen, Rumänien, Ungarn und Bulgarien eingerichtet. Mit dem Schritt verband sich zwar keine diplomatische Anerkennung, aber er war eine Vorstufe zur Aufhebung der »Hallstein-Doktrin«, derzufolge keine diplomatischen Beziehungen zu Staaten möglich waren, die ihrerseits die DDR völkerrechtlich anerkannten (mit Ausnahme der Sowjetunion). Nach Schröders Vorstellung sollte die Verbesserung der Beziehungen zu den osteuropäischen Staaten auch als Hebel gegen die DDR wirken. Man versprach

Verunsicherung der Wählerschaft: Wird Adenauer Bundespräsident? *Das Ende der Ära Adenauer und der Beginn der Kanzlerschaft Ludwig Erhards wurden durch Verlautbarungen und Spekulationen überschattet.*

sich eine wirtschaftliche und möglicherweise eine politische Isolierung der ostdeutschen Machthaber im kommunistischen Lager. Der Wirklichkeit entsprach dies nicht. Die Sowjets, ohnehin durch Auflösungserscheinungen im »Warschauer Pakt« alarmiert, verschafften der DDR Rückendeckung. An Moskau und auch an der SED-Führung vorbei war keine erfolgreiche Ostpolitik zu machen.

Das »Wirtschaftswunder« gerät ins Wanken: Rezession und Sturz Erhards

Erfolge waren in der Außenpolitik damals kaum zu erreichen. Die Verdienste Prof. Erhards, des »Vaters des Wirtschaftswunders«, lagen ohnehin in der Innenpolitik. Seine Popularität schien ungebrochen. 1965 gewann Erhard als Kanzler mehr Stimmen als Adenauer 1961. In seiner Regierungserklärung sagte er, daß die »Nachkriegszeit zu Ende sei«, er rief zum »Maßhalten« auf und entwarf das Bild einer »for-

LUDWIG ERHARD

Fast zwei Jahrzehnte galt er, Wirtschaftsminister und später Kanzler, als Leitfigur des Wiederaufstiegs der Deutschen zu Wohlstand und Ansehen. Als das »Wirtschaftswunder« in seine erste, vorübergehende Krise geriet, da wurde Ludwig Erhard gestürzt. Am 30. November 1966 trat er als Bundeskanzler zurück. Dabei war Erhard einer der wenigen Politiker, die früh versuchten, das öffentliche Gewissen für Materialismus und Egoismus in der Gesellschaft zu schärfen. Aber seine »Maßhalteappelle« fanden wenig Widerhall. Erhard war nie der Mann des entfesselten Kapitalismus, als der er umjubelt oder angefeindet wurde, seit er als Direktor der Zweizonenverwaltung in Frankfurt am 20. Juni 1948 die Währungsreform durchführte.

Der am 4. Februar 1897 als Sohn eines kleinen Textilhändlers in Fürth/Bayern geborene Volkswirt fiel den amerikanischen Besatzern auf; weil er 1944 an Goerdeler, den zivilen Kopf der Widerstandsbewegung vom 20. Juni 1944, eine wirtschaftspolitische Denkschrift schickte.

Nach dem Konzept der »Sozialen Marktwirtschaft« ist das Prinzip der Freiheit auf dem Markt mit dem des sozialen Ausgleichs zu verbinden. Sein wichtigster Vorkämpfer war Ludwig Erhard. Im Februar 1949 traf er mit Adenauer zusammen und fand so den Weg in die CDU. Seit 1949 leitete er unangefochten das Wirtschaftsministerium. Es war die Epoche des entbehrungsreichen Wiederaufbaus und dann des »Konsumrausches«, in dem die Schrecken der Hitler-Zeit rasch, zu rasch, wie viele meinten, in Vergessenheit gerieten.

Ludwig Erhard, schon in seiner runden Gestalt ein Sinnbild wiederentdeckter Lebensfreude, tiefsinnig und blumig in der Redekunst, gutmütig polternd wie ein »Hausvater«, bestärkte die Deutschen in diesem Gefühl der Geborgenheit. Streit und Zank waren ihm verhaßt. Diese letztlich unpolitische Lebensphilosophie mißfiel Adenauer, sie erregte seine Feindseligkeit, als Erhard endlich 1963 – 66 Jahre alt – sein Nachfolger wurde. Erhard starb am 5. Mai 1977. (C. R.)

mierten Gesellschaft«, in der alle Interessen und Gruppen ohne äußeren Zwang, allein aus Einsicht zusammenwirkten. Tatsächlich geriet die Bundesrepublik in die erste spürbare Rezession der Nachkriegszeit. Die reale Zuwachsrate des Bruttosozialprodukts ging 1966 erstmals stark zurück und sank im folgenden Jahr unter die Nullgrenze. Die Arbeitslosenquote stieg in einer Phase weltweiter Konjunktur auf (damals skandalöse) 2,1 Prozent = 700000–800000 Arbeitslose. Die Konkurrenz des damals äußerst billigen Erdöls löste im Kohlenbergbau eine ernste Krise aus. Als alarmierend galten die Erfolge der Nationaldemokraten (NPD) in den Landtagswahlen in Hessen.

Im Herbst 1966 zogen die Rechtsradikalen mit 7,9 Prozent in das Landesparlament ein. Schon sahen aufgeschreckte Beobachter Parallelen zum Ende der ersten deutschen Demokratie.

In Wahrheit ging es vor allem um das Schicksal Erhards, der – ein Jahr nach seinem persönlichen Wahlerfolg – von seinen eigenen Parteifreunden im Stich gelassen wurde: Ende Oktober 1966 zerbrach die »Kleine Koalition« (CDU/CSU, FDP) an dem Problem, wie die Dekkungslücke des Bundeshaushaltes 1967 von mehr als 4 Milliarden Mark (Gesamtsumme rund 74 Mrd. Mark) geschlossen werden könne, vor allem an der Frage von Steuererhöhungen. Zwar einigte sich das Kabinett, aber die Fraktionen suchten die Kraftprobe, ohne Rücksicht auf den Kanzler, der vereinsamt und apathisch seinem Sturz zuschaute. Nach dem Rücktritt der FDP-Minister favorisierte Erich Mende, der Parteivorsitzende der FDP, ein Zusammengehen mit den Sozialdemokraten, aber denen waren die Liberalen zu instabil. Der stellvertretende Parteivorsitzende der SPD, Herbert Wehner, stand in Kontakt mit Kurt Georg Kiesinger, dem Ministerpräsidenten von Baden-Württemberg, der am 10. November von der CDU/CSU-Bundestagsfraktion zum Kanzlerkanditaten bestimmt wurde. Am 1. Dezember 1966 wählte ihn eine Mehrheit aus CDU/CSU und SPD zum Nachfolger des zum Rücktritt gedrängten Bundeskanzlers Ludwig Erhard.

Der Weg aus der Rezession: Die »Große Koalition«

Die Möglichkeit einer »Großen Koalition« war bereits in der Regierungskrise Ende November 1962 sondiert worden, als die FDP den Rückzug des durch die »Spiegel-Affäre« belasteten Verteidigungsministers Franz Josef Strauß erzwang. Damals war die Bildung der »Großen Koalition« an der Person Adenauers gescheitert; vier Jahre später schien der Machtverschleiß der seit 17 Jahren regierenden CDU/CSU soweit fortgeschritten, daß sich die SPD als die bessere

Regierung Erhard und »Große Koalition«. *Oben: Erhard spricht nach seiner Wahl zum Kanzler die Eidesformel (16. Oktober 1963). Schon bald wurde er von Kiesinger abgelöst. – Unten: Vorgespräche zur »Großen Koalition« zwischen Willy Brandt, Helmut Schmidt und Kurt Georg Kiesinger am 30. November 1966.*

Regierungspartei zu profilieren hoffte. Das Amt des Außenministers und Vizekanzlers übernahm ihr Parteivorsitzender Willy Brandt; als einer von 9 SPD-Ministern (CDU/CSU 10) zog Herbert Wehner ins Kabinett. Damit saßen zwei Widerstandskämpfer, die von den Nazis aus Deutschland ausgebürgert worden waren, auf einer Regierungsbank mit einem Bundeskanzler, der ehemaliges – wenn auch nicht aktives – Mitglied der NSDAP war. Auch Strauß erlebte jetzt sein bundespolitisches Comeback. Zur SPD-Regierungsmannschaft zählte des weiteren ein ehemaliger CDU-Innenminister, der aus Protest gegen Adenauers Remilitarisierung sein Amt niedergelegt hatte und nach dem Scheitern der von ihm mitbegründeten »Gesamtdeutschen Volkspartei« in die SPD eingetreten war: Justizminister Gustav Heinemann. Man sprach von einer Regierung der nationalen Versöhnung.

Außerhalb des Parlaments, bei kritischen Bürgern und vor allem vielen Jugendlichen, war dennoch der Argwohn nicht zu beseitigen, daß diese Einhelligkeit auch Gefahren für die Demokratie beschwor. Eine nur 50 Abgeordnete starke Opposition konnte kein effektives Gegengewicht gegen eine Regierungsmehrheit von 446 Abgeordneten darstellen. Tatsächlich entstand ja auch eine »Außerparlamentarische Opposition« (APO), die bald zum Teil auch antiparlamentarische Ziele vertrat.

Ihre Legitimation bezog die »Große Koalition« aus der wirtschaftlichen Krise, die – so hieß es – nur von den großen Parteien gemeinsam bewältigt werden konnte. Zunächst in Harmonie, als »Plisch und Plum«, wie der Volksmund sie nannte, trugen Wirtschaftsminister Karl Schiller (SPD) und Finanzminister Strauß (CSU) einem staunenden Publikum ihre Rezepte vor. Sie beruhten auf dem Gedanken einer Globalsteuerung der Wirtschaft durch den Staat. Ohne daß die marktwirtschaftliche Ordnung angetastet wurde, betätigte sich der Staat als Krisenhelfer, indem er durch vermehrte Aufträge, Steuersenkungen und Hilfsmaßnahmen die private Investitionsbereitschaft anregte. Die erforderlichen Geldmittel wurden nach dem Rezept des englischen Nationalökonomen John M. Keynes (* 1883, † 1946) durch staatliche Verschuldung (»deficit spending«) aufgebracht. Durch das 1967 in Kraft getretene »Stabilitätsgesetz« wurde das notwendige Instrumentarium geschaffen. Um die Maßnahmen möglichst reibungslos durchführen zu können, trafen sich Vertreter des Staates, der Tarifpartner und Wissenschaft in der »Konzertierten Aktion«. Es ging in den Absprachen auch um die »soziale Symmetrie«, – eine weitere Wortschöpfung des einfallsreichen Schiller. Gemeint war die soziale Ausgewogenheit: faktisch sollten die Gewerkschaften Zurückhaltung in Lohnfragen üben, um die Gewinne und damit die Investitionstätigkeit der Unternehmen zu erhöhen. Das Konzept ging auf. Erstaunlich schnell

Von der Studentenbewegung zur APO. *Studentische Opposition (im Bild demonstrierende APO-Anhänger in Berlin) als Ausdruck eines Generationskonfliktes und fehlender parlamentarischer Opposition.*

sank die Arbeitslosenquote. Durch Prämien für die Stillegung von unrentablen Zechen und die Gründung der »Ruhrkohle AG« ging es auch im Ruhrgebiet wieder aufwärts. Wirtschaftswachstum, so hatte es den Anschein, war kein ernstes Problem, wenn nur das Krisenmanagement stimmte. Das folgende Jahrzehnt sollte zeigen, wie trügerisch diese Hoffnung war.

Gesetze für den Notstandsfall: Innere Unruhen im Zeichen der APO

1949 waren in das Grundgesetz keine eingehenden Sonderregelungen für einen Notstandsfall aufgenommen worden, weil man nach den Erfahrungen der Weimarer Republik einen Mißbrauch der staatlichen Autorität befürchtete und weil das Besatzungsstatut diese Rechte ohnehin den Alliierten vorbehielt.
Um das »Besatzungsstatut« der Siegermächte nun auch in diesem

Punkt abzulösen, galt es eigene deutsche Gesetze zu schaffen. Nach Auffassung ihrer Befürworter in den großen Parteien war eine deutsche »Notstandsgesetzgebung« Ausdruck des Willens, eine in 15 Jahren gefestigte Demokratie auch im Ausnahmezustand funktionsfähig zu erhalten: die Verfassungsergänzungen für den Fall des Notstandes beinhalten u. a. den Einsatz der Bundeswehr bei inneren Unruhen und die Aufhebung des Brief-, Post- und Fernmeldegeheimnisses im Notstandsfall. Die Gegner der Notstandsgesetze befürchteten eine Aushöhlung des liberalen Rechtsstaates und witterten gar undemokratische, autoritäre Absichten. Teile der Gewerkschaften, Intellektuelle, vor allem Schüler und Studenten zogen zu Großkundgebungen, Protestmärschen und »sit-ins« auf die Straßen. Für viele war es ein Schock, daß ihr Protest ohne sichtbaren Einfluß auf die parlamentarische Entscheidung blieb, die mit großer Mehrheit, auch der SPD, im Mai 1968 zugunsten der Verabschiedung der Gesetze fiel.

Das Aufkommen der »Außerparlamentarischen Opposition« (APO) war auf das Fehlen einer großen parlamentarischen Oppositionspartei zurückzuführen und war – wenn auch nicht ausschließlich – Ausdruck eines Generationenkonflikts.

Die APO begann zunächst als ein Studentenprotest gegen die »Ordinarienuniversität«, gegen die Verzögerung der Hochschulreform, weitete sich jedoch rasch zu einer fundamentalen Auflehnung aus. Zu den zeitgeschichtlichen Erfahrungen dieser Revolte zählten der Krieg in Vietnam und das Elend in der »Dritten Welt«, das dem Anspruch der westlichen Demokratien, eine gerechte Weltordnung zu schaffen, hohnsprach. Der Zorn entlud sich anläßlich des Staatsbesuches des iranischen Schahs Reza Pahlevi in Berlin am 2. Juni 1967. Bei schweren Zusammenstößen zwischen Demonstranten, schahtreuen »Jubelpersern« und der Polizei wurde der Student Benno Ohnesorg von einem Kriminalbeamten erschossen. Am 11. April 1968, einem Gründonnerstag, wurde der Wortführer der studentischen Protestbewegung, Rudi Dutschke, in Berlin durch mehrere Schüsse lebensgefährlich verletzt. Der Attentäter war ein 23jähriger Hilfsarbeiter.

Eine Kette von Demonstrationen, von Krawallen und von Straßenschlachten erfaßte in den folgenden Ostertagen zahlreiche Städte. Mit Brandsätzen, Steinen und anderen Wurfgeschossen zogen militante Gruppen vor die Verlagshäuser Axel Springers, der durch seine ›Meinungsmache‹ (BILD-Zeitung) zum Haßobjekt geworden war. Die Bilanz waren 400 Verletzte und zwei weitere Todesopfer.

In dieser kritischen Situation war Justizminister Heinemann einer der wenigen Politiker, die den Mut und die Chance besaßen, mäßigend auf die rebellische Jugend einzuwirken. Am 14. April, auf dem Höhepunkt der Osterunruhen, hielt er über Fernsehen und Radio eine kurze Ansprache. Nicht nur den jugendlichen Demonstranten, die er zu Gewaltlosigkeit und kritischer Mitarbeit am Staatswesen aufrief, auch der älteren Generation redete er ins Gewissen. Vor allem die Sozialdemokratie bemühte sich in der Folgezeit, der APO-Bewegung eine politische Heimat zu geben und ihre Impulse in die Bahnen einer umfassenden Reformbewegung zu lenken.

Abschied von Konrad Adenauer

In den Abendstunden des 22. April 1967 legte ein Schnellboot der Bundesmarine am Kölner Rheinufer in der Nähe des Domes an und nahm einen fahnenbedeckten Sarg an Deck. Er barg den Leib Konrad Adenauers, der am 19. April 1967 im 92. Lebensjahr gestorben war. Glocken läuteten, es wurde Salut geschossen, eine Staffel Düsenjäger flog über die Domstadt hinweg. Damit begann Adenauers letzte Fahrt rheinaufwärts nach Rhöndorf. Um an den Trauerfeierlichkeiten teilzunehmen, waren Staatsmänner aus 54 Nationen angereist, unter ihnen Männer, die sich sonst aus dem Weg gingen, beispielsweise General de Gaulle und sein amerikanischer Widerpart: Präsident Johnson. Im Übereifer legte der greise Bundespräsident Lübke die Hände der beiden ineinander und seine beschwörend darauf. Eines der vielen Bilder, die von diesem Ereignis rund um die Welt gingen ... Mitten unter den trauernden Bürgern war Ben Gurion, Adenauers Freund und Partner beim Werk der Aussöhnung mit Israel.
Kern des außenpolitischen Wirkens Adenauers war und blieb vor allem, daß er die traditionelle Schaukelpolitik Deutschlands zwischen Ost und West zugunsten der Einbindung in den freien Westen aufgab. Doch auch ihm war klar gewesen, daß Frieden und Sicherheit der Deutschen von einer Verständigung mit dem Osten abhingen.

Neue Akzente in der Deutschlandpolitik: »Wandel durch Annäherung«

Nachdem die SED mit dem Mauerbau ihr Land abgeriegelt hatte, mußten sich die Menschen in der DDR mit dem Regime arrangieren. Zwar hieß dies nicht, daß sie das aufgezwungene System bejahten. Aber es stabilisierte sich fortan wirtschaftlich und auch politisch. Allmählich entstand so etwas wie ein Staatsbewußtsein, das sich besonders im Stolz auf die zu »Weltniveau« angetriebenen Sportler artiku-

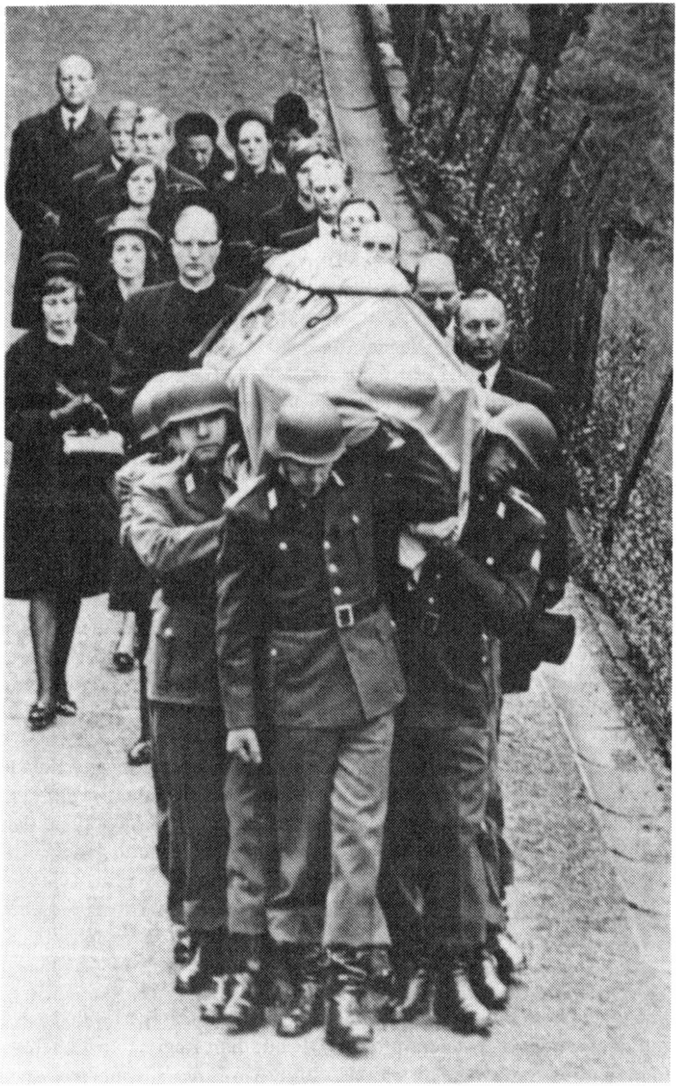

Das Ende einer Ära. *Millionen trauerten, als Adenauer starb, dessen politische Größe selbst seine Gegner anerkannten. Adenauers Sarg auf dem Weg vom Rhöndorfer Haus zum Friedhof, 22. April 1967.*

Deutsche Geschichte 1963–1982

15. 10. 1963	Bundeskanzler Konrad Adenauer tritt zurück, Nachfolger Prof. Ludwig Erhard (CDU)
12. 6. 1964	Beistandspakt zwischen der Sowjetunion und der DDR
19. 9. 1965	Bundestagswahlen: Mehrheit von CDU/CSU und FDP
1. 12. 1966	Bildung einer »Großen Koalition« aus CDU/CSU und SPD, Kurt Georg Kiesinger (CDU) Bundeskanzler
2. 6. 1967	Student Benno Ohnesorg bei Anti-Schah-Demonstration in Berlin von der Polizei erschossen
9. 4. 1968	Neue Verfassung der DDR
30. 5. 1968	Bundestag verabschiedet Notstandsverfassung
28. 9. 1969	Bundestagswahlen: Mehrheit für SPD und FDP, Willy Brandt (SPD) Kanzler der sozialliberalen Koalition
28. 11. 1969	Bonn unterzeichnet Atomwaffensperrvertrag
12. 8. 1970	»Moskauer Vertrag« zwischen der Bundesrepublik und der Sowjetunion unterzeichnet
7. 12. 1970	»Warschauer Vertrag« zwischen der Bundesrepublik und der Volksrepublik Polen unterzeichnet
3. 5. 1971	Erich Honecker stürzt mit sowjetischer Rückendeckung Walter Ulbricht und wird sein Nachfolger als Parteichef der SED, 1976 auch als Staatsratsoberhaupt der DDR
3. 9. 1971	Viermächte-Abkommen über Berlin unterzeichnet
28. 1. 1972	»Extremistenbeschluß«
19. 11. 1972	Bundestagswahlen: Sieg der sozialliberalen Koalition
21. 12. 1972	Vertrag über die Grundlagen der Beziehungen zwischen der Bundesrepublik und der DDR unterzeichnet
18. 9. 1973	Bundesrepublik und DDR in der UNO
16. 5. 1974	Helmut Schmidt (SPD) Kanzler als Nachfolger des zurückgetretenen Willy Brandt (SPD)
7. 10. 1974	Änderung der DDR-Verfassung: Alle Hinweise auf die deutsche Nation werden gestrichen
1. 8. 1975	Unterzeichnung der Schlußakte der Konferenz für Sicherheit und Zusammenarbeit in Europa (KSZE) in Helsinki
3. 10. 1976	Bundestagswahlen: Bestätigung der sozialliberalen Koalition
12. 12. 1979	»Doppelbeschluß« der NATO
5. 10. 1979	Bundestagswahlen: geschwächte Mehrheit SPD/FDP
1. 10. 1982	»Konstruktives Mißtrauensvotum« gegen Helmut Schmidt (SPD); Helmut Kohl (CDU) Bundeskanzler einer Koalition von CDU/CSU und FDP

lierte. Früher und klarer als andernorts erkannte die in Westberlin regierende SPD die Gefahr eines Auseinanderlebens der Deutschen in Ost und West. In einem Referat vor der Evangelischen Akademie in Tutzing am 15. Juli 1963 forderte Egon Bahr, der Pressesprecher des Berliner Regierenden Bürgermeisters Willy Brandt, eine neue Deutschlandpolitik. Er versprach nicht weniger als Adenauer, nämlich die Überwindung der deutschen Teilung, die allerdings nicht – oder zumindest nicht in greifbaren Zeiträumen – durch eine Ausweitung der Bundesrepublik nach Osten, sondern durch kleine, praktische Schritte der Verständigung zwischen beiden deutschen Staaten herbeigeführt werden sollte. Sein Versprechen einer »Vermenschlichung« der kommunistischen Herrschaft verspottete Ulbricht später als »Aggression auf Filzlatschen«. Die weitere Entwicklung mußte zeigen, ob Bahrs Zielsetzung eines »Wandels durch Annäherung« überhaupt einen Partner auf der Gegenseite besaß oder im Gegenteil nicht eine noch stärkere Abkapselung des SED-Regimes zur Folge haben mußte.

Klimawechsel in der Ostpolitik: »Entspannung«

Auf Drängen der westlichen Verbündeten hatte sich bereits die Regierung Erhard zu einer Entspannungsgeste durchgerungen. Eine »Friedensnote« vom 24. März 1966 enthielt den Vorschlag, mit den osteuropäischen Staaten förmliche »Gewaltverzichtserklärungen« auszutauschen. Die DDR blieb allerdings unerwähnt. Moskau antwortete nicht einmal auf die Note. In ihrer Regierungserklärung vom 12. April 1967 bekannte sich die »Große Koalition« zur »Entspannungspolitik«. Die Devise lautete: »Menschliche Erleichterungen durch Annäherung beider deutscher Staaten«.

Unter Außenminister Willy Brandt zog Egon Bahr als Chef des Planungsstabes in das Auswärtige Amt ein. In einem Antwortschreiben nahm Willi Stoph, der Ministerratsvorsitzende der DDR, das Verhandlungsangebot an und machte die Anerkennung der DDR und die Aufgabe des »Alleinvertretungsanspruchs der Bundesrepublik« zur Vorbedingung. Auch wenn der Schriftwechsel zunächst ohne konkrete Schritte blieb, so wurde doch ein Klimawechsel eingeleitet.

Bereits 1967 nahm Bonn volle diplomatische Beziehungen zu Rumänien auf, ein Jahr später wurden wieder Botschafter mit Titos Jugoslawien ausgetauscht. Ostpolitik war mit diesen als »Abweichler« im »Warschauer Pakt« verpönten Staaten aber nicht zu machen.

Einen schweren Rückschlag erlitt die »Entspannung« in Mitteleuropa, als am 21. August 1968 Panzer des »Warschauer Pakts« in Prag einrollten und Dubčeks Experiment eines »Sozialismus mit menschlichem Antlitz« (»Prager Frühling«) jäh beendeten. Aber die weltpolitische Großwetterlage schlug rasch wieder um. Die Sowjets hofften auf technologische Hilfe des Westens bei den angestrebten Wirtschaftsreformen und konnten sich, als sich Russen und Chinesen harte Gefechte am Ussuri lieferten, nichts weniger leisten als die Verschärfung des Ost-West-Konfliktes. Während Sozialdemokraten und Teile der FDP die Chance für einen ostpolitischen Aufbruch sahen, zog sich die CDU/CSU auf ihre ursprüngliche Position zurück, durch eine abwartende Politik die deutsche Frage »offenzuhalten«.

»Machtwechsel«: Beginn der sozialliberalen Koalition

Am 5. Mai 1969 traf sich die Bundesversammlung in West-Berlin, um einen Nachfolger für den zweiten Bundespräsidenten Heinrich Lübke (CDU) zu wählen. Zehn Jahre hatte der bescheidene, redliche Sauerländer die Republik repräsentiert, vor allem gegenüber der »Dritten Welt«, die er gerne bereiste, um ihre Sorgen und Nöte den Deutschen näherzubringen. Zuletzt war Lübke, als Nazi beschimpft, gesundheitlich geschwächt und vereinsamt, Zielscheibe peinlicher Satiren. Zum Teil galt deren Angriff der Staatsmacht, die der Bundespräsident verkörpert, aber dies machte Lübkes Lage nicht besser. Angesichts dieser Autoritätskrise schien Gustav Heinemann, Kandidat der SPD, der »Mann der Stunde« zu sein. Bürgerlich, nüchtern im Auftreten, auch in der Auffassung von Staatsämtern, ein Verfechter von Zivilcourage und Freiheitsrechten, fand er Anklang bei der kritischen Jugend. Auch die FDP unterstützte überraschend den Sozialdemokraten, der mit einer äußerst knappen Mehrheit Gerhard Schröder (CDU), zuletzt Verteidigungsminister, besiegte. Heinemann selbst sprach von einem »Stück Machtwechsel«. Zum erstenmal seit Friedrich Ebert war wieder ein Sozialdemokrat Staatsoberhaupt.

Unter ihrem neuen Parteivorsitzenden (seit 1968) Walter Scheel hatte sich die FDP, als kleine Oppositionspartei praktisch zur Ohnmacht verdammt, ein fortschrittliches Image zugelegt und kritische Intellektuelle wie den Soziologen Ralf Dahrendorf in ihre Reihen geholt. Der konservative Flügel hielt still, zumindest so lange, bis die Konsequenz dieses – auch programmatisch fundierten – »sozialliberalen« Kurses offensichtlich wurde: das Regierungsbündnis mit der SPD, das durch das Zusammenspiel bei der Bundespräsidentenwahl zwar vorgezeich-

Innerdeutsche Gespräche im Zeichen weltweiter Entspannung: *Treffen der beiden deutschen Regierungschefs, Willy Brandt und Willi Stoph, in Erfurt am 19. März 1970, Anlaß für weitgespannte Hoffnungen aller Deutschen.*

net, aber noch keineswegs besiegelt war. Dazwischen lagen die Bundestagswahlen vom 28. September 1969, die der SPD einige Prozentpunkte mehr, der CDU/CSU eineinhalb Punkte weniger, der FDP aber eine schwere Niederlage einbrachten. Die beiden Unionsparteien blieben stärkste Fraktion, doch Bundeskanzler Kurt Georg Kiesinger hielt sich vergeblich für Koalitionsverhandlungen bereit. Am 21. Oktober 1969 wählte der Deutsche Bundestag mit der SPD/FDP-Regierungsmehrheit Willy Brandt zum vierten Bundeskanzler. Vizekanzler und Außenminister wurde Walter Scheel.

Brandts Vorgänger Kurt Georg Kiesinger, ein erklärter Schwabe, der wegen seines kultivierten Umgangs mit der Macht treffend als »wandelnder Vermittlungsausschuß« charakterisiert wurde, hatte sich auch in Bonn in der Rolle des Landesvaters gefallen, der er von 1958 bis 1966 als Ministerpräsident von Baden-Württemberg auch tatsächlich gewesen war. Willy Brandt (siehe Porträt S. 135) war aus anderem, härterem Holz geschnitzt. Wie kaum ein anderer deutscher Staatsmann band er die Hoffnungen der Menschen an seine Person. Wenn die SPD nun nach 39 Jahren (letzter SPD-Reichskanzler Hermann Müller 1928–1930) erstmals wieder die Regierungsspitze stellte, so war dies auch ein Kapitel Vergangenheitsbewältigung der Deutschen. Damit hätte Hitler, so meinte Brandt, den Krieg endgültig verloren.

Reformpolitik der sozialliberalen Regierung

Das Schlagwort, unter dem die neue Koalition ihre Regierungsarbeit in Angriff nahm, hieß »Mehr Demokratie wagen«. Neue Formen der Bürgerbeteiligung und politischen Planung, wegweisende Gesetzgebungswerke und eine umfassende Erneuerung der Institutionen sollten das Vertrauen insbesondere der kritischen Jugend in die Demokratie stärken. Reformen also in allen Bereichen. Beispielsweise in der Arbeitswelt. Durch die Änderung des »Betriebsverfassungsgesetzes« wurden den Beschäftigten mehr Rechte im Betrieb gesichert. Betriebsräte waren fortan für alle Firmen mit mehr als fünf Beschäftigten vorgesehen. Auch jugendliche Arbeitnehmer konnten Vertreter wählen. In rund 500 deutschen Unternehmen mit mehr als 2000 Beschäftigten bestimmen seit dem 1. Juli 1976 Arbeitnehmervertreter über die Unternehmensentscheidungen mit. Die Gewerkschaften verlangten aber vergeblich die Parität (= uneingeschränkte Gleichberechtigung) zwischen den Vertretern von Kapital und Arbeit. Zwar sitzen in den Aufsichtsräten, die u. a. Manager einstellen und die Leitung der Firma (den Vorstand) kontrollieren, genauso viele Arbeitnehmervertreter wie Firmeneigentümer, Aktionäre oder Bankenvertreter. Bei Stimmgleichheit liegt die Entscheidung aber bei der Arbeitgeberseite. In Bergbau, Eisen- und Stahlindustrie blieb allerdings die seit 1951 und 1956 verankerte Montanmitbestimmung in Kraft. Hier entscheidet im Streitfall ein zusätzliches, von beiden Seiten gemeinsam gewähltes Mitglied, also ein neutraler Mann.
Das wohl größte Reformprojekt der sozialliberalen Ära war die »Bildungsreform« , durch die »Bildung als allgemeines Bürgerrecht«, also unabhängig von sozialer Herkunft, verwirklicht werden sollte. Vorderhand ging es um die Öffnung der weiterführenden Schulen und Universitäten für alle Volksschichten. Von 1967 bis 1979 verdoppelte sich der Anteil der Arbeiterkinder an Hochschulen von 7 Prozent auf 14 Prozent. Unter dem Vorzeichen der »Emanzipation« wurden auch neue Inhalte in das Bildungswesen hineingetragen.
Wenn trotz vieler Programme vom Kindergarten bis zur Erwachsenenbildung der große Wurf nicht gelingen mochte, lag dies nicht allein an der Kulturhoheit der Länder, die jeder »Reform von oben« entgegen-

stand. Viele der fortschrittlichen Entwürfe, von der »Gesamtschule« bis zur »Reformierten Oberstufe«, gerieten zu Reizwörtern einer erregten öffentlichen Diskussion, die zeitweise Kulturkampfzüge annahm. Angesichts von Jugendarbeitslosigkeit, »Numerus clausus« und »Akademikerschwemme« wurde in den ausgehenden siebziger Jahren deutlich, daß eine vornehmlich quantitative Ausweitung des Bildungssystems nicht nur soziale Ungerechtigkeit beseitigt, sondern auch neue soziale Konflikte schafft.

Viele der als »Jahrhundertwerk« angekündigten Reformvorhaben kamen nicht über das Stadium von Parteitagsbeschlüssen hinaus. Dies gilt vor allem für die Vermögenspolitik und die Steuerreform.

Wenn sich das Reformpotential der sozialliberalen Koalition so rasch erschöpfte, lag dies nicht allein an der Finanzkrise im Gefolge des Ölschocks und weltweiter Wirtschaftsschwierigkeiten, die viele kostspielige Projekte zum Scheitern verurteilten, sondern auch an einer »Tendenzwende«, in der die Bewahrung des Erreichten wieder den Vorrang vor stürmischen Erneuerungen erhielt. Die Partei dieser »Wende« war die FDP, die frühzeitig in die Rolle eines »Bremsers« der vom linken Flügel der SPD mit dem Mut des Don Quichotte verfochtenen permanenten Reform schlüpfte. Experimentierfreudig blieb die Koalition jedoch auf dem ebenfalls umstrittenen Gebiet der Rechtspolitik. Gegen den erbitterten Widerstand der Konservativen wurde der Schwangerschaftsabbruch legalisiert, im Scheidungsrecht das Zerrüttungsprinzip eingeführt und eine Vielzahl weiterer Liberalisierungen durchgesetzt.

Die neue Ostpolitik

Als Willy Brandt und Walter Scheel 1969 die Regierung übernahmen, war in der Regierungserklärung zum erstenmal von »zwei deutschen Staaten« die Rede. Deutlicher ließ sich die Abkehr von der ursprünglichen Adenauerschen Konzeption einer »Politik der Stärke« und Nichtanerkennung der DDR nicht formulieren. Zwar kam nach den Worten Brandts eine völkerrechtliche Anerkennung der DDR nicht in Betracht. Auch wenn zwei deutsche Staaten in Deutschland existierten, seien sie doch füreinander nicht Ausland. Mit der Begründung, daß alles versucht werden müsse, ein weiteres Auseinanderleben der deutschen Nation zu vermeiden, bot Brandt aber der DDR Verhandlungen an, die über ein geregeltes »Nebeneinander« zu einem »Miteinander« führen sollten. Weit stärker, als dies in der großen Debatte der frühen siebziger Jahre sichtbar wurde, stand die neue Ostpolitik in der Konti-

Bessere Beziehungen zur Sowjetunion. *Besuch des Generalsekretärs der KPdSU, Leonid Breschnew, in Bonn am 18.–22. Mai 1973. Von links: Rut Brandt, Leonid Breschnew, Bundeskanzler Willy Brandt.*

nuität ihrer unmittelbaren Vorgänger. Bereits Gerhard Schröder, Außenminister unter Kanzler Erhard, hatte hartnäckig, wenn auch ohne durchschlagenden Erfolg, nach neuen Wegen der Verständigung mit den osteuropäischen Staaten gesucht und zu diesem Zweck die »Hallstein-Doktrin«, also den Alleinvertretungsanspruch, vorsichtig ausgehöhlt. Der erste Schritt zur Anerkennung der Staatlichkeit der DDR war vollzogen, als die »Große Koalition« direkte Verhandlungen zwischen den Regierungschefs der »beiden Teile Deutschlands« ins Auge faßte. Angesichts des von Hitler angezettelten Krieges und der gerade gegenüber den Polen von Nazi-Deutschland begangenen Verbrechen gab es zudem keine ernstzunehmende Gruppe, die den Anspruch auf die ehemaligen Ostgebiete anders als moralisch-rechtlich erhob. Eine politische Lösung der Oder-Neiße-Grenzfrage lag also gewissermaßen in der Luft; sie wurde auch von beiden Kirchen gefordert. Schließlich fügte sich die neue Ostpolitik in einen weltpolitischen Entspannungskurs ein, dem sich keine Bundesregierung auf Dauer entziehen konnte. Trotzdem war die Initiative der Regierung Brandt/Scheel natürlich ein mutiger Schritt. Er konnte nur Anerkennung finden, wenn auch die Gegenseite ihrerseits die »Realitäten«, also die wirkliche politische Lage in Mitteleuropa, respektierte. Zum Beispiel die Bindung West-Berlins an die Bundesrepublik. Noch immer war ja Berlin ein weltpolitischer Krisenherd. Jegliche Bundespräsenz in West-Berlin wurde vom Osten mit Protesten und Schikanen auf den Zufahrtswegen bekämpft. Es gab keine von allen Siegermächten anerkannte Regelung des zivilen Zugangs. Allerdings wollten Brandt und Scheel den Ausgleich mit dem Osten nicht allein aus dem Zusammenhang von Leistung und Gegenleistung sehen. Ihrer Ansicht nach war durch Konzessionen nichts zu verlieren, was der Bundesrepublik wirklich gehörte. Ein Vierteljahrhundert nach der Kapitulation Hitler-Deutschlands ging es darum, Abschied von den Illusionen der Adenauer-Ära zu nehmen und – auch gegenüber dem Westen – Klarheit über die Ziele der deutschen Politik zu schaffen. Tatsächlich hatte die Entspannungsoffensive eine beispiellose Aufwertung der deutschen Außenpolitik zur Folge. Für zwei oder drei Jahre schien es, als sei das Deutschlandproblem ein Brennpunkt der Weltpolitik.

Die Verträge mit Moskau und Warschau

Im Januar 1970 begannen Verhandlungen über den Abschluß eines deutsch-sowjetischen »Gewaltverzichtsabkommens«. Egon Bahr, Staatssekretär im Bundeskanzleramt, deutscher Verhandlungsführer, immer ein bißchen geheimnistuerisch wie jeder Diplomat, mußte erleben, daß eine Flut von Indiskretionen den Fortgang der Gespräche gefährdete. In der Hauptsache wurde die Grenzfrage verhandelt, wobei die Sowjets auf eine endgültige Festschreibung drängten, während sich die Bundesrepublik die Option einer Veränderung offenhalten mußte, um nicht gegen das Wiedervereinigungsgebot des Grundgesetzes zu verstoßen. Zuletzt saß Außenminister Scheel seinem sowjetischen Amtskollegen Andrej Gromyko gegenüber, einem hartgesottenen Diplomaten. Scheel, als »rheinische Frohnatur« unterschätzt und immer etwas im Schatten Brandts, konnte seinen Ruf als politisches Leichtgewicht abschütteln. Es verhandelte mit Erfolg. Am 12. August unterzeichneten Brandt und Scheel den Vertrag.
Fünfzehn Jahre nach Adenauers schwieriger, noch von den Schatten der Vergangenheit verdüsterten Moskau-Mission war wieder ein Bonner Regierungschef in das Zentrum der kommunistischen Welt gereist. Diesmal war viel von Zusammenarbeit und Aussöhnung die Rede, vor allem von wirtschaftlicher Kooperation. Daher hatte sich auch die

Gewaltverzicht und Zusammenarbeit. *Höhepunkt der Entspannungspolitik: Unterzeichnung des »Moskauer Vertrages« am 12. August 1970 durch Willy Brandt und den Vorsitzenden des Ministerrates, Alexej Kosygin.*

deutsche Industrie auf die Seite der neuen Ostpolitik geschlagen. Die Kernaussage des »Moskauer Vertrages« enthält der dritte Artikel: Die vertragschließenden Seiten, heißt es, »betrachten heute und künftig die Grenzen aller Staaten in Europa als unverletzlich, wie sie am Tage der Unterzeichnung dieses Vertrages verlaufen, einschließlich der Oder-Neiße-Linie, die die Westgrenze der Volksrepublik Polen bildet, und der Grenze zwischen der Bundesrepublik Deutschland und der Deutschen Demokratischen Republik«. Diese Anerkennung der Nachkriegsgrenzen galt der Sowjetunion als Bestätigung ihrer Eroberungen während des Zweiten Weltkrieges und ihrer Führungsrolle in Osteuropa. Aus deutscher Sicht wurde auf eine gewaltsame Grenzänderung verzichtet, eine friedliche Revision aber nicht ausgeschlossen. In einem »Brief zur deutschen Einheit« an seinen sowjetischen Amtskollegen Gromyko erklärte der deutsche Außenminister, »daß dieser Vertrag nicht im Widerspruch zu dem politischen Ziel der Bundesrepublik Deutschland steht, auf einen Zustand des Friedens in Europa hinzuwirken, in dem das deutsche Volk in freier Selbstbestimmung seine Einheit wiedererlangt«. Ferner tauschten Bundesregierung und Westmächte einen Notenwechsel mit der Feststellung aus, daß nach Ansicht der Vertragspartner, also auch der Sowjetunion, die Frage der Rechte und Verantwortlichkeiten der vier Mächte in bezug auf Deutschland als Ganzes und Berlin »nicht berührt« würden. Damit stand der »Moskauer Vertrag« nach Auffassung der Bundesregierung nicht in Widerspruch zum Wiedervereinigungsgebot und dem Friedensvertragsvorbehalt.

Am 7. Dezember 1970 unterzeichneten Brandt und Scheel in Warschau den »Deutsch-polnischen Vertrag«. Auch hier findet sich die Formel von der »Unverletzlichkeit« (aber nicht »Endgültigkeit«) der Oder-Neiße-Grenze und der Verzicht auf Gebietsansprüche. Die Verhandlungen verliefen noch schwieriger als mit den Russen. Erst nach 1975, als Bundeskanzler Schmidt eine Milliarde Mark als Kredit einräumte, konnte das Problem der Umsiedelung ausreisewilliger deutschstämmiger Polen befriedigend gelöst werden.

Auch mit der Tschechoslowakei und weiteren Ostblock-Staaten wurden diplomatische Beziehungen aufgenommen. In den Verhandlungen mit Prag ging es vor allem um die Frage, ab wann das der Tschechoslowakei aufgezwungene »Münchner Abkommen« von 1938 über die Abtretung der sudetendeutschen Gebiete ungültig sein sollte: von Anfang an oder später? Letzteren Standpunkt mußte Bonn vertreten, weil sonst Hoheitsakte deutscher Behörden und Gerichte anfechtbar und eine Flut von Schadensersatzansprüchen einklagbar waren. »Das Münchner Abkommen« wurde als »nichtig« bezeichnet.

Die Alliierten schlossen am 3. September 1971 das »Vier-Mächte-Abkommen« über Berlin. Vor der Unterzeichnung des »Moskauer Vertrages« hatte Außenminister Scheel dessen Inkrafttreten von einer befriedigenden Berlin-Regelung abhängig gemacht. Damit wurden erstmals die Bindungen West-Berlins an die Bundesrepublik von der Sowjetunion anerkannt.

Das Abkommen führte zu verbindlichen Regelungen für die Verbindungswege, zu Reisemöglichkeiten für West-Berliner nach Ost-Berlin und in die DDR sowie weiteren praktischen Vereinbarungen, durch die sich die Lage der Stadt beruhigte.

Anläßlich der Unterzeichnung des »Warschauer Vertrages« kam es zu einer besonders gefühlsbeladenen Szene. Vor dem Denkmal für die Gefallenen des Aufstandes im Warschauer Getto kniete der deutsche Bundeskanzler nieder. Glaubhaft wie kaum ein anderer deutscher Politiker verkörperte Brandt, der als Emigrant mit der Geschichte der Hitlerjahre nichts zu tun hatte, den Willen zur Aussöhnung. Im Oktober 1971 erhielt er den Friedensnobelpreis.

Opposition gegen die Ostpolitik: Das gescheiterte Mißtrauensvotum

Nach zwanzig Jahren fiel der CDU/CSU der Abschied von der Regierungsmacht schwer. Viele Unionspolitiker waren nicht bereit, die ihnen zugefallene Oppositionsrolle zu akzeptieren. Ihre Hoffnung auf eine rasche Rückgewinnung der Regierung richtete sich auf Rainer Barzel, den intelligenten, redegewandten Fraktionsvorsitzenden (seit 1971 CDU-Parteivorsitzender), dem man auch heikle Missionen zutraute. Vorderhand ging es darum, durch »Überläufer«, vor allem aus dem konservativen Flügel der FDP, die ohnehin knappe Regierungsmehrheit von 12 Stimmen in eine Mehrheit für einen CDU-Kanzler umzukehren. Allerdings konnte diese Operation nur mit Zustimmung außerhalb des Parlaments rechnen, wenn der Wechsel ausreichend legitimiert wurde. Diesen Rechtfertigungsgrund bot die leidenschaftliche Opposition gegen die neue Ostpolitik. Die Union war überzeugt, sie würde sehr viel mehr erreicht haben, wenn sie an Stelle von Brandt und Scheel die Verhandlungen geführt hätte, jedenfalls sei überstürzt und schlampig verhandelt worden. Was die Grenzregelungen anging, so verwies die Opposition mit Recht darauf, daß sie entgegen der Bonner Interpretation im Osten als endgültig betrachtet wurden. Damit aber, so hieß es, sei das Ziel der Wiedervereinigung ausgehöhlt.
Während ein Teil der CDU/CSU nicht den Ansatz, sondern die Modalitäten des Vertragswerkes angriffen, gab es in ihren Reihen auch kompromißlose Gegner, die jede Hinnahme des Status quo als Kapitulation vor sowjetischem Machtstreben bekämpften und vielfach moralisch argumentierten. Die kommunistischen Unrechtssysteme waren für sie keine gleichberechtigten Partner.
Im Frühjahr 1972 betrug die Mehrheit der SPD/FDP nur noch vier Stimmen, am 23. April, dem Tag des großen Wahlerfolges der CDU in Baden-Württemberg, konnte sich Rainer Barzel der Unterstützung von zwei weiteren FDP-Abgeordneten sicher sein, ein dritter wechselte sogar über. Damit schien Barzel eine Kanzlermehrheit sicher. Am nächsten Tag brachte die CDU/CSU ihren Antrag auf ein konstruktives Mißtrauensvotum nach Art. 67 des Grundgesetzes ein. Am 27. April 1972 entschied der Bundestag in geheimer Abstimmung. Als das Ergebnis vorzeitig im Plenarsaal durchsickerte, konnte Rainer Barzel nur den Kopf schütteln. 247 Abgeordnete hatten für ihn gestimmt, zehn gegen ihn, drei hatten sich der Stimme enthalten. Der Rest, d. h. fast alle Abgeordneten der SPD/FDP hatten die Abstimmung boykottiert, um den »Abtrünnigen« den Gang zur Urne noch schwerer zu machen. Demnach mußten mindestens zwei CDU/CSU-Abgeordnete gegen

Stürzt Kanzler Willy Brandt durch ein konstruktives Mißtrauensvotum?
7000 Menschen demonstrieren ihre Solidarität am 26. April 1972 auf der Hamburger Moorweide. Bei der Abstimmung einen Tag später fehlten dem Gegenkandidaten Rainer Barzel zwei Stimmen zur Mehrheit.

Barzel gestimmt haben, – einer von beiden gab sich später zu erkennen. Nach seiner Aussage wurde er mit 50 000 Mark bestochen, aber bis heute ist sein Fall nicht genau geklärt.
Am folgenden Tag zeigte sich, daß Brandt und damit seine Ostpolitik auch ohne Mehrheit waren. Um die Ratifizierung der Ostverträge nicht zu gefährden, suchte die Regierung eine Verständigung mit der Opposition, die in der Form einer »Gemeinsamen Entschließung« gefunden wurde. Danach bekräftigte der Bundestag einmütig die von der Union im Vertragswerk vermißten Positionen, ohne allerdings diese zum unumstritten völkerrechtlich gültigen Bestandteil machen zu können. Bei der Abstimmung über die Verträge enthielt sich die Mehrheit der CDU/CSU der Stimme. Dieser Kompromiß »verwässerte« natürlich die Position der CDU/CSU, so daß sie einen schweren Stand hatte, als der Bundestag auf dem Umweg über die Vertrauensfrage nach Art. 68 vorzeitig aufgelöst wurde: Die Regierung rief die Neuwahlen zum Plebiszit über die Ostpolitik aus.

Verhandlungen und Verträge mit der DDR

In diesen Anfangsjahren der sozialliberalen Koalition lagen hochfliegende Erwartungen, Verunsicherung und Ernüchterung zeitlich eng beieinander. Dies wurde bereits im Frühjahr deutlich, als Willy Brandt als erster Regierungschef der Bundesrepublik den Sperrgürtel durchfuhr. Sein Reiseziel war Erfurt, wo er am 19. März 1970 mit dem DDR-Ministerpräsidenten Willi Stoph zusammentraf. Als ihn die Menschen vor dem Konferenzgebäude mit Sprechchören aufforderten, sich am Fenster zu zeigen, gab der Bundeskanzler nur zögernd nach und beschwor durch eine wortlose Geste Mäßigung, ja Schweigen; alle Beteiligten spürten, daß jede spontane Sympathiekundgebung die SED-Führung zu rigoroser Abgrenzung zwang. Am 21. Mai kam Willi Stoph, begleitet von Protesten und Störaktionen der Entspannungsgegner, zum Gegenbesuch nach Kassel.
Mit einem Schlag wurde gerade durch diese Treffen deutlich, wie weit man in Wirklichkeit auseinander war, nicht nur in Modalitäten, auch in der Zielsetzung. Der DDR ging es vor allem um eine internationale Anerkennung auf dem Weg einer raschen Aufnahme diplomatischer Beziehungen, während Bonn über die Wahrung der Einheit der deutschen Nation reden wollte und den Austausch von Bevollmächtigten (nicht Botschaftern) nur als Schlußstein konkreter Entspannungsschritte sah. Beide Seiten vereinbarten in Kassel eine »Denkpause«.
Am 26. Mai 1972 wurde der erste völkerrechtsverbindliche Vertrag zwischen den beiden deutschen Staaten unterzeichnet. Der »Verkehrsvertrag« regelte technische Einzelheiten des innerdeutschen Verkehrs und erleichterte u. a. die Ausreise von DDR-Bürgern in dringenden Familienangelegenheiten. Mit menschlichen Erleichterungen konnte sich jeder identifizieren. Wieder geriet die Ostpolitik in einen Stimmungsaufschwung, der auch nicht abflaute, als die Bundesrepublik im »Grundlagenvertrag« der DDR die lange bestrittene Souveränität zubilligte. In dem Vertrag wird der Wille bekundet, normale gutnachbarliche Beziehungen auf der Grundlage der Gleichberechtigung und Unverletzlichkeit der Grenzen zu entwickeln. Bonn sprach also die Anerkennung der bisherigen »Zonengrenze« als Staatsgrenze der DDR aus, verzichtete auf den »Alleinvertretungsanspruch« und vereinbarte zusätzlich die gleichzeitige Aufnahme beider deutscher Staaten in die Vereinten Nationen, die dann im September 1973 erfolgte. Damit waren die letzten Hürden einer internationalen Präsenz der DDR aus dem Weg geräumt. Gleichzeitig enthielt der Vertrag aber auch Formulierungen, die der Bonner Konstruktion »besonderer Beziehungen« entgegenkamen. Beispielsweise hält die Präambel einen Dissenz, »darun-

ter zur nationalen Frage«, ausdrücklich fest. Beide deutschen Staaten tauschten »ständige Vertretungen« (nicht Botschafter) aus. Vor allem sagte der Vertrag nichts über die Frage der Staatsbürgerschaft aus. Damit galt weiterhin der Grundsatz, wonach jeder Deutsche, auch ein DDR-Bürger, den diplomatischen Schutz und die Rechte eines Bundesbürgers beanspruchen konnte.

Wie schon bei den Verträgen mit Moskau und Warschau bekräftigten Notenwechsel die rechtlichen Vorbehalte. Der Bundestag stimmte mit der Regierungsmehrheit am 11. Mai 1973 dem Vertrag zu. Das von der bayerischen Staatsregierung angerufene Bundesverfassungsgericht erklärte das Vertragswerk für vereinbar mit dem Grundgesetz, fixierte aber eine Reihe von Positionen, u. a. die Auffassung, daß das Deutsche Reich völkerrechtlich fortbestehe und mit der Bundesrepublik teilidentisch sei. Bei der Grenze zur DDR handele es sich um eine Staatsgrenze, ähnlich der zwischen Bundesländern.

Die DDR nahm dieses Schiedswort der Verfassungshüter zum Anlaß, ihrerseits in der Verfassung von 1974 alle Erwähnungen einer einheitlichen Nation zu streichen.

Im Urteil vieler Bürger aber zählte vorrangig, daß sich die DDR jetzt vertraglich zu einer »Normalisierung« auch in »praktischen und humanitären Fragen« verpflichtete. In der Folgezeit kam es zu Regelungen in vielen solchen Punkten, z. B. zum »kleinen Grenzverkehr« und zahlreichen weiteren Erleichterungen, so daß sich der Besucherverkehr – vor allem von West nach Ost – zunächst sprunghaft erhöhte. Aber auch Rückschläge waren zu verzeichnen. Schließlich wurde an der Grenze und Mauer weiter auf Flüchtlinge geschossen.

Als der »Grundlagenvertrag« am 8. November 1972 veröffentlicht wurde, war der Bundestag aufgelöst, der Wahlkampf in der Schlußphase. Da verschaffte die überraschende, vielversprechende Einigung mit der DDR natürlich den Regierungsparteien Rückenwind. Am 19. November verdrängte die SPD die Union als stärkste Partei, auch die FDP gewann eine solide Basis.

Die Union mußte sich jetzt endgültig auf eine Opposition ohne Liebäugeln mit wechselnder Mehrheit einrichten. Diese Aufgabe übernahm Helmut Kohl, der im Juni 1973 den erfolglosen Barzel als CDU-Vorsitzender ablöste.

Als die Bundesrepublik gegründet wurde, war Kohl erst 19 Jahre alt, aber bereits im Startfeld einer Karriere in der CDU seiner pfälzischen Heimat, die er 1969 als Ministerpräsident von Rheinland-Pfalz mit Bravour abschloß. In der Union sprach man Kohl nicht nur vollen Einsatz und Solidität zu, sondern auch menschliche Ausstrahlungskraft. Tatsächlich gelang es ihm, die CDU zu einer modernen Partei zu machen, die neue Mitglieder und Wähler mobilisierte. Aber auch bei der Wahl 1976 verfehlte die Union – diesmal knapp – die Regierungsmacht. 1980 fiel ihr Kanzlerkandidat Franz Josef Strauß durch. Die Niederlage des CSU-Vorsitzenden eröffnete Kohl die Chance, seinen längst dornigen Weg in die Kanzlerschaft unbeirrt fortzusetzen.

Folgen der Ölkrise
Probleme der Regierungen Brandt und Schmidt

An vier autofreien Sonntagen im November und Dezember 1973 gehörten die Straßen den Fußgängern und Radfahrern. Leere, verlassene Autobahnen zogen sich wie Relikte einer anderen Zeit durch die Landschaft. In vielen Amtsstuben und Wohnzimmern wurde es ungemütlich. Gedrosselte Heizungen, Fahrverbote und Geschwindigkeitsbegrenzungen machten mit einem Schlag deutlich, wie weit die Abhängigkeit der mächtigen Industrienationen von den Erdölimporten fortgeschritten war. Als die arabischen Staaten den Ölpreis und zum Teil auch den Ölboykott als politische Macht und als Waffe gegen die europäischen Staaten, die Israel ihre politische Unterstützung aufkündigen sollten, entdeckten, geriet die Weltwirtschaft in die tiefste Depression seit 1929. In der »Organisation Erdölexportierender Staaten« (OPEC) war ein schlagkräftiges Instrument geschaffen worden, durch das die Preisschraube immer fester angezogen werden konnte, solange kein Ölstaat aus dem Kartell ausbrach. Von 1973 bis 1974 stieg der Preis für 1 Barrel (= 159 Liter) Rohöl von 2,70 auf 9,76 Dollar, also um mehr als das Dreifache; 1982 lag er bei über 30 Dollar. Auch in der Bundesrepublik waren die Folgen bald zu spüren. Die Wachstumsrate des Bruttosozialprodukts stagnierte bei 0,4 Prozent (1974) und fiel um 3,4 Prozent (1975), gleichzeitig erreichte die Inflationsrate mit jeweils 7 Prozent einen Nachkriegsrekord. Bereits vor dem Konjunktureinbruch wuchs die Zahl der Arbeitslosen an. Im Jahre 1974 waren mehr als 1 Million Männer und Frauen arbeitslos, Ende 1982 – nach einem zwischenzeitlichen Rückgang – bereits beinahe 2 Millionen.
Irritiert und nicht selten ratlos beobachtete man, wie durch die Krise die bisherige Konjunkturpolitik ins Wanken geriet. Vor die Frage gestellt, welchem der beiden Ziele Priorität eingeräumt werden sollte, der Erhaltung der Preisstabilität oder der Vollbeschäftigung, entschied sich die Regierung Brandt/Scheel zunächst gegen eine Nachfragedämpfung. Schließlich hätte eine solche Politik Zurückhaltung bei öffentlichen Ausgaben und damit das Ende vieler Reformen gefordert, mit denen die Koalition angetreten war. Bereits 1971 trat der sozialde-

mokratische Finanzminister Alex Möller, ein Jahr später sein Nachfolger Karl Schiller zurück, weil die Kabinettsrunde die Staatsverschuldung in die Höhe trieb. Damals waren die Kassen der öffentlichen Haushalte noch nicht leer und die Wachstumseuphorie ungebrochen. Aber die Hoffnung, mit mehr Nachfrage von Staat und Verbraucher so viel wirtschaftliches Wachstum zu erzeugen, daß aus den Steuereinnahmen die Kredite zurückbezahlt werden konnten, ging nicht in Erfüllung. Als im Gefolge des Ölschocks neue Ausgabenprogramme notwendig waren, um die Konjunktur anzukurbeln und die Arbeitslosigkeit einzudämmen, band der Schuldendienst bereits gewaltige Mittel. Allein der Bund steigerte seine Verschuldung von etwa 45 Milliarden Mark (1969) auf rund 300 Milliarden Mark (1982). Die Schere zwischen Staatsverschuldung und Wachstum öffnete sich bedrohlich.
Obwohl die Krise bereits in vollem Gang war, setzte der Gewerkschaftsboß Kluncker durch Streiks eine elfprozentige Lohn- und Gehaltserhöhung im öffentlichen Dienst durch. Klunckers Triumph war Brandts persönliche Niederlage, der zuvor einen zweistelligen Tarif kategorisch abgelehnt hatte. Überhaupt war jetzt viel von Führungsschwäche und Erschöpfung nach dem Sieg die Rede, wenn über Brandts persönliches Schicksal spekuliert wurde. Auch Herbert Wehner, der SPD-Fraktionsvorsitzende, griff früh und in einer Brandt demütigenden Weise in diese Debatte ein. Die Zeit spektakulärer Erfolge in der Entspannung war ohnehin vorbei. Desto mehr mußte es den Kanzler verletzen, daß ihn der »Kalte Krieg« in Gestalt einer schäbigen Agentengeschichte einholte: Am 24. April 1974 wurde sein Persönlicher Referent Guillaume festgenommen. Obgleich bereits im Mai 1973 vom Verfassungsschutz als DDR-Spion enttarnt, waren dem Hauptmann geheime Staatspapiere in die Hände geraten. Mit seinem Rücktritt übernahm der Bundeskanzler am 6. Mai 1974 persönlich die politische Verantwortung für den Spionagefall. Der Vergleich zum Verhalten des amerikanischen Präsidenten Richard Nixon drängte sich auf, der in dem ungleich ernsteren Watergate-Skandal seine Beteiligung vertuschen wollte und später mit Schimpf und Schande aus dem Weißen Haus gejagt wurde. Brandts Abgang wahrte die Würde.
Unvermutet, wenn auch nicht unverhofft, fiel jetzt die Kanzlerschaft dem fünf Jahre jüngeren Helmut Schmidt zu. Als Kriegsteilnehmer hatte Schmidt, zuletzt Oberleutnant und Batteriechef, in der Wehrmacht des »Dritten Reichs« gedient und war dann nach dem Krieg – wie viele aus seiner Generation – in die Sozialdemokratie eingetreten, um seinem Engagement für ein demokratisches Deutschland Ausdruck zu verleihen. Als Bundestagsabgeordneter erwarb er sich den Ruf eines intelligenten, bissigen Redners, seit der Hamburger Flutka-

tastrophe im Februar 1962, deren Abwehr er als Innensenator leitete, den eines Krisenmanagers. Seit 1969 verwaltete er das Verteidigungs-, Finanz- und (zeitweise) Wirtschaftsressort. Er besaß also Regierungserfahrung. Vor allem beim linken Flügel der SPD wurde Schmidt oft als ein auf das »Machbare« fixierter, kalter Technokrat geschmäht. In Wirklichkeit war es wohl eher so, daß die krisenhafte Zuspitzung vor allem der Weltwirtschaft pragmatisches Handeln nahelegte und wenig Spielraum für politische Utopien ließ. Insofern war der als »Weltökonom« auch international anerkannte Wirtschaftsfachmann Schmidt näher am Puls seiner Zeit als viele seiner Kritiker. Vizekanzler und Außenminister wurde der bisherige Innenminister Hans-Dietrich Genscher. Walter Scheel wechselte am 1. Juli 1974 in die Villa Hammerschmidt. Das Bundespräsidentenamt gewann nun volkstümlichen Charakter, denn der heitere, weltmännische Scheel umgab sich – einschließlich Frack, Cut oder Smoking – gerne mit republikanischem Glanz. 1979 folgte ihm der Konservative Karl Carstens (CDU) nach. In diesen Jahren erschütterte ein neues Phänomen die Bundesrepublik: Der Terrorismus wurde zur bittersten Anfechtung der Kanzlerschaft Schmidts.

Die Terrorszene

Die Geschichte des Terrorismus in der Bundesrepublik begann, als in einer Aprilnacht des Jahres 1968 in der Frankfurter Innenstadt zwei Kaufhäuser in Brand gesteckt wurden. Die Täter, unter ihnen die Studentin Gudrun Ensslin und ihr Freund Andreas Baader, wollten damit gegen den »Konsumterror« und den Vietnam-Krieg protestieren. Die Verteidigung der beiden übernahm der Berliner Rechtsanwalt Horst Mahler. Ulrike Meinhof schrieb über den Prozeß in der Hamburger Zeitschrift »Konkret«. Sie rechtfertigte publizistisch die Tat der Angeklagten. Am 14. Mai 1970 wurde Andreas Baader aus der Haft mit Waffengewalt befreit; dabei wurde ein unbeteiligter alter Mann lebensgefährlich verletzt. Die führende Rolle bei dieser Aktion spielten Ulrike Meinhof und Horst Mahler. Damit begann der Aufbau der »Rote Armee Fraktion«, einer bewaffneten Untergrundorganisation, die sich ihre Fertigkeiten im Umgang mit Waffen und Sprengstoff in Lagern palästinensischer Freischärler aneignete und nach dem Vorbild der lateinamerikanischen Stadtguerilla operierte. Demnach sollten Banküberfälle, Bombenanschläge und Entführungen das Machtgefüge des Staates so weit erschüttern, daß die angeblich unterdrückten Massen zum »Befreiungskampf« ermutigt würden. Es war ein bunt zusammengewürfelter Haufen, der sich hier zusammenfand, versprengte APO-Aktivisten, sozialrevolutionäre Schwärmer und unpolitische Mitläufer, geeint durch den Haß auf das kapitalistische System, das sie pauschal für alle Ungerechtigkeiten in Staat und Gesellschaft verantwortlich machten, teilweise auch für ihre ganz persönlichen Probleme, die sie in die neue Gruppenbindung mitschleppten. Auffällig viele Mädchen aus gutbürgerlichen Kreisen schlossen sich dieser Fluchtbewegung an. Die politischen Ziele, für die zu kämpfen die RAF oder die ebenfalls 1970 entstandene »Bewegung 2. Juni« glaubte, fanden in der Bundesrepublik keinen Widerhall und absolut keine Grundlage. Aber die Gewalttäter, isoliert und gejagt, waren zu dieser Einsicht nicht mehr fähig. Um im Untergrund zu überleben und den Zusammenhalt der Gruppen zu erzwingen, wurden die Aktionen immer brutaler. Die Terroristen wurden zu Gefangenen ihrer politischen Verblendung. Später rückte eine Generation nach, die keine politischen Wurzeln mehr besaß, so daß es immer schwerer fiel, ihren Weg rational nachzuvollziehen.

Bereits seit dem Sommer 1970 überzogen Serien von Brand- und Sprengstoffanschlägen die Bundesrepublik, die sich gegen Richter, hohe amerikanische Militärs und Politiker, die Repräsentanten des »Systems« also, aber auch viele zufällig Beteiligte richteten. Überraschenderweise brachte die Verhaftung der führenden Köpfe, u. a. Baader, Ensslin, Meinhof, Meins und Raspe, im Sommer 1972 keine Erleichterung. Der »harte Kern« leistete aus den Haftanstalten Generalstabsarbeit, einzelne Anwälte organisierten Unterstützungs- und Verteidigungskomitees, um Sympathisanten und Aktivisten zu rekrutieren. Aus Protest gegen ihre sogenannte »Isolationshaft« traten die Baader-Meinhof-Häftlinge auf einen Schlag in verschiedenen Haftanstalten in den Hungerstreik. Als Holger Meins am 9. November 1974 trotz Zwangsernährung an den Folgen eines Hungerstreiks starb, wurde behauptet, er sei ermordet worden. Einen Tag später fiel der Berliner Kammergerichtspräsident von Drenkmann einem Entführungsversuch zum Opfer. Im Februar 1975 geriet Peter Lorenz, der Berliner CDU-Vorsitzende, in die Hände von Terroristen, die auf diese Weise die Freilassung inhaftierter »Genossen« erzwangen. Als zwei Monate später ein Überfall auf die deutsche Botschaft in Stockholm diese Erpressung zum Muster nahm, blieb die Bundesregierung hart. Eine versehentlich ausgelöste Sprengstoffexplosion, bei der zwei Terroristen getötet wurden, beendete den Überfall.

Längst waren deutsche Terroristen im Ausland, umgekehrt internationale Gruppen in der Bundesrepublik aktiv, vielfach miteinander in Kontakt. Am 5. September 1972 wurden die als »heitere Spiele« ange-

Scheußlichkeit des politischen Terrors. *Oben: Das von Terroristen zerschossene Auto des Arbeitgeberpräsidenten Hanns Martin Schleyer am 5. September 1977 in Köln-Braunsfeld. – Unten: Foto des entführten und später ermordeten Schleyer, von den Terroristen aufgenommen und an die Pariser Zeitung »Libération« zur Veröffentlichung gesandt.*

kündigten XX. Olympischen Spiele jäh unterbrochen, als ein Anschlag palästinensischer Terroristen auf die israelische Mannschaft bei einem Befreiungsversuch durch Polizeieinheiten in einem Blutbad mit 17 Toten endete. Im Mai 1976 erhängte sich Ulrike Meinhof in ihrer Zelle in Stuttgart-Stammheim. Ihr Selbstmord konnte als Zeichen psychischer Erschöpfung gewertet werden, zumal die Spannungen innerhalb der Gruppe immer zermürbender wurden; vielleicht auch als Zeichen politischer Resignation. Ihre fanatischen Anhänger sprachen von Mord. Am 7. April 1977 fielen Generalbundesanwalt Siegfried Buback, sein Fahrer und ein Sicherheitsbeamter einem Racheakt des »Kommandos Ulrike Meinhof« zum Opfer. Als Jürgen Ponto, Vorstandsvorsitzender der Deutschen Bank, der ihm gut bekannten Susanne Albrecht am 30. Juli 1977 die Eingangspforte seines Hauses öffnete, drangen in ihrer Begleitung Terroristen ein. Ponto wurde nach einem fehlgeschlagenen Entführungsversuch erschossen. Am 5. September 1977 wurde der Arbeitgeberpräsident Hanns Martin Schleyer entführt, sein Fahrer und drei Begleiter bei dem Überfall ermordet. Im Gegensatz zur Lorenz-Entführung spielte die Bundesregierung, die im Krisenstab mit der Opposition zusammenarbeitete, diesmal auf Zeitgewinn. Sechs Wochen später, am 13. Oktober, entführten palästinensische Terroristen die Lufthansa-Maschine »Landshut« von Mallorca nach Mogadischu, um den erpresserischen Forderungen der Schleyer-Entführer Nachdruck zu verleihen, die eine Freilassung aller führenden Köpfe erzwingen wollten. Nachdem die GSG 9, eine Antiterrorgruppe des Bundesgrenzschutzes, die Geiseln fünf Tage später befreite, begingen nach den umfangreichen Untersuchungen Gudrun Ensslin, Andreas Baader und Jan-Carl Raspe in Stuttgart-Stammheim Selbstmord, wobei sich Raspe und Baader so erschossen, daß ihre Tat als Mord erscheinen konnte. Durch dieses Märtyrerspiel sollten wahrscheinlich neue Racheakte provoziert werden. Der Gruppenselbstmord in Stammheim beendete zugleich das Leben von Hanns Martin Schleyer, der am 19. Oktober in Mülhausen/Frankreich ermordet im Kofferraum eines PKW aufgefunden wurde. Die verantwortlichen Politiker hatten diese Konsequenz in Kauf genommen. Ihre Entscheidung wäre glaubwürdiger gewesen, wenn es nicht zu Fahndungspannen und dem Skandal gekommen wäre, daß einsitzende Terroristen über Pistolen verfügten. Die Terroristen mußten erkennen, daß der Staat nicht beliebig erpreßbar war, sondern entschlossen, im Notfall die Sicherheit der Gesellschaft und die Staatsautorität als höherwertiger einzustufen als ein einzelnes Menschenleben. Ein bitterer, aber notwendiger Akt der Staatsräson. Zu einem erneuten Aufflammen terroristischer Mordanschläge auf führende Repräsentanten aus Wirtschaft und Politik kam es in der zweiten Hälfte der achtziger Jahre. So ermordeten RAF-Terroristen den Industriellen Ernst Zimmermann (1. 2. 1985), den Siemens-Manager Karl-Heinz Beckurts und seinen Fahrer (9. 7. 1986), den Diplomaten Gerold von Braunmühl (10. 10. 1986). Weitere RAF-Opfer wurden am 30. 11. 1989 der Vorstandssprecher der Deutschen Bank Alfred Herrhausen sowie am 1. 4. 1991 Treuhandchef Detlef Rohwedder. Am 27. 3. 1993 kam es zu einem Bombenanschlag der RAF auf einen Gefängnis-Neubau im hessischen Weiterstadt, bei dem ein erheblicher Sachschaden entstand. – Doch anders als noch in den siebziger Jahren konnten die Anschläge den Staat nicht in seinen Grundfesten erschüttern.

Die Diskussion über die Frage, wie der Staat den Terrorismus bekämpfen kann, ohne seine liberalen Grundprinzipien in Frage zu stellen, ist keineswegs abgeschlossen. Die Kritiker einer ausufernden Anti-Terror-Gesetzgebung befürchten, daß jede überzogene Reaktion den Rechtsstaat dem Zerrbild näherrückt, das Extremisten von ihm zeichnen, um ihn zu bekämpfen. Demgegenüber machen Verfechter eines »starken Staates« geltend, daß gerade eine freiheitliche Demokratie keine Skrupel besitzen dürfe, alle polizeilichen und rechtlichen Maßnahmen auszuschöpfen, um ihre Ordnung zu schützen.

1972 verständigten sich Bund und Länder auf den sogenannten »Extremistenbeschluß«. In den öffentlichen Dienst darf danach nur eingestellt werden, wer »Gewähr dafür bietet, daß er jederzeit für die freiheitlich-demokratische Grundordnung« eintritt. Jeder Einzelfall ist darauf zu prüfen, ob verfassungsfeindliche Aktivitäten vorliegen oder die Mitgliedschaft in einer extremistischen Organisation Zweifel an der Verfassungstreue begründet. Bis 1976 wurden beinahe eine halbe Million Bewerber überprüft und 430 abgelehnt. Diese Überprüfungspraxis, die von ihren Gegnern als »Gesinnungsschnüffelei« und »Berufsverbot« bekämpft wurde, war auch im Ausland heftig umstritten. Der Bund und einige Länder verzichteten deshalb auf die Regelanfrage beim Verfassungsschutz.

Trotz aller Befürchtungen blieb der Extremismus eine Randerscheinung. Nachdem die erhoffte Solidarisierung der Massen ausblieb, versuchten linksextremistische Organisationen, die 1968 gegründete DKP (»Deutsche Kommunistische Partei«) oder die an verschiedenen kommunistischen Modellen orientierten K-Gruppen, andere kritisch eingestellte Strömungen, z. B. die Anti-Atomkraft- oder Friedensbewegung, zu unterwandern, um dort militante Potentiale zu bilden.

Seit die Ende der sechziger Jahre erfolgreiche NPD in die Bedeutungslosigkeit einer winzigen, auch ideell ausgezehrten Splitterpartei absank, wuchs in kleinen, aggressiven neonazistischen Gruppen eine neue Gefahr heran. Ihr auf das Führerprinzip ausgerichtetes Gruppenleben, die Lagerromantik ihrer konspirativen Treffen, bei denen in Uniformen mit Waffen »Wehrsport« getrieben wird, ziehen vor allem junge Menschen an, auf die Kategorien von Befehl und Gehorsam oder Freund und Feind eine ungebrochene Faszination ausüben, weil sie diese auch als Protest gegen ihre Umwelt verstehen. Wie weit angesichts einer aggressiven Ausländerdiffamierung und verbreiteten Verharmlosung des »Dritten Reiches« der Kreis derer zu ziehen ist, die mit neonazistischen Ideen sympathisieren, ohne sich offen zu ihnen zu bekennen, bleibt eine beunruhigende Frage. Ernüchtert mußte eine durch die Ausstrahlung der amerikanischen TV-Serie »Holocaust« aufgerüttelte Öffentlichkeit feststellen, daß trotz des Schreckens noch immer organisierter Terror in Deutschland einen Nährboden besitzt. Rechtsextremisten drangen im August 1980 in ein Ausländerwohnheim in Hamburg ein und ermordeten vietnamesische Flüchtlinge. Auf dem Münchener Oktoberfest 1980 zündete Gundolf Köhler, ein Mitglied der »Wehrsportgruppe Hoffmann«, frühzeitig eine Sprengbombe, die ihn und 12 Besucher tötete und über 200 Menschen verletzte. 1983 wurden Rechtsradikale als Verantwortliche der Bombenanschläge auf amerikanische Armeeangehörige dingfest gemacht. Zu verstärkten rechtsextremistischen Ausschreitungen insbesondere gegen Ausländer kam es seit 1990. Dabei verübten meist jugendliche (Rechts)radikale Brand- und Mordanschläge (z. B. in Rostock, Hünxe, Hoyerswerda, Mölln und Solingen). Für den verstärkten Fremdenhaß, besonders in Ostdeutschland, werden Orientierungsverluste – insbesondere junger Menschen – nach dem Zusammenbruch der DDR, sowie Furcht vor wirtschaftlicher und sozialer Deklassierung (steigende Arbeitslosigkeit) verantwortlich gemacht (siehe auch »Die Wiedervereinigung«).

Die europäische Einigung: Zwei Schritte voran, einer zurück

Nachdem 1969 mit General de Gaulle der Staatsmann die Bühne verließ, der die allgemeine europäische Integration blockierte, allerdings auch als »Sündenbock« für nationale Egoismen der anderen herhalten konnte, waren die Europäer zum Handeln aufgefordert. Die Gipfelkonferenz der EG-Staats- und Regierungschefs in Den Haag beschloß am 1./2. Dezember 1972 die volle »Wirtschafts- und Währungsunion«, also auch eine gemeinsame Europawährung, bis 1980 stufenweise zu verwirklichen. Allerdings stellte die Weltwährungskrise von 1971 mit ihren für die Mitgliedsländer unterschiedlichen Folgen dieses Vorhaben in Frage. 1978 schlossen sich die EG-Länder (mit Ausnahme Großbritanniens) zum »Europäischen Währungssystem« (EWS) zusammen, das feste, aber durch Auf- und Abwertung verschiebbare Wechselkurse garantiert. Auf dem Gipfel in Den Haag wurde auch der Beitritt Englands, Irlands, Dänemarks und Norwegens (das diesen Schritt nicht vollzog) beschlossen. Die heftigen inneren Auseinandersetzungen, unter denen diese neuen Partner den Beitritt vollzogen, gaben freilich einen Vorgeschmack auf künftige Zerreißproben. Die »Gemeinschaft der Neun« wurde 1981 durch den Beitritt Griechenlands nach Süden erweitert, 1986 traten Portugal und Spanien bei. Wenn es um die Bereitschaft zur politischen Integration ging, dann bildete stets die Souveränitätsfrage die Nagelprobe. Eher halbherzig fiel unter diesem Aspekt der sonst mutige, 1976 in Paris gefaßte Beschluß aus, Mehrheitsentscheidungen in dem neuen »Europäischen Rat«, der Konferenz der Staats- und Regierungschefs, zu tolerieren und das Europäische Parlament direkt *wählen* zu lassen. Halbherzig deshalb, weil das *neugewählte* Parlament die Hypothek des alten, von den Länderparlamenten *delegierten* übernahm: Seine Kompetenzen und Kontrollrechte gegenüber Kommission und Ministerrat sind stark eingeschränkt, nicht vergleichbar mit einer Volksvertretung in einer parlamentarischen Demokratie.

Entspannung in der Krise: »NATO-Doppelbeschluß« und »Friedensbewegung«

Nachdem die Sowjetunion den nuklearen Vorsprung der USA aufgeholt hatte, mußte die NATO ihre militärstrategische Konzeption ändern. Die Strategie des massiven Vergeltungsschlages, also die Drohung mit atomarer Vernichtung, wurde durch die Strategie der flexiblen Erwiderung ersetzt. Ihr wesentlicher Gedanke ist es, daß der Gegner nie genau kalkulieren kann, welche Mittel der Westen einem Angriff entgegenstellen wird. Voraussetzung ist die gesicherte Fähigkeit, nach einem atomaren Überraschungsangriff (»Erstschlag«) trotzdem noch einen Gegenschlag (»Zweitschlag«) mit Atomwaffen führen zu können. Etwa seit 1964 verfügte die UdSSR ebenfalls über eine gesicherte Zweitschlagkapazität, so daß sich die strategischen Potentiale beider Seiten gewissermaßen neutralisierten. Man sprach von einem »nuklearen Patt«. Die Schlußfolgerung drängte sich auf, daß eine Festschreibung dieses »Gleichgewichts des Schreckens« – auf möglichst niedrigem, kontrollierbarem Niveau – eine kriegerische Auseinandersetzung auf globalstrategischer Ebene so gut wie ausschließen

mußte. Deshalb kam es zu Gesprächen zwischen den Supermächten über die Begrenzung strategischer Waffen (SALT), die 1972 SALT I, eine erste Vereinbarung über die Begrenzung von Abwehrsystemen, zum Ergebnis hatte.
Neue Gefahren für den Weltfrieden entstanden, weil sich im Schatten des (in SALT verhandelten) globalstrategischen Patts eine »Grauzone« entwickeln konnte, in der sich die Sowjetunion mit Mittelstreckenwaffen, den »Backfire-Bombern« und vor allem den »SS-20-Raketen«, die Option auf einen punktuellen, auf europäische Ziele gerichteten nuklearen Erstschlag offenhalten konnte. Bei den westeuropäischen Verbündeten der USA tauchte die Befürchtung auf, daß die Sowjetunion dieses eurostrategische Potential bewußt aufbaue, um einen Keil zwischen Westeuropa und seine atlantische Schutzmacht zu treiben.
Am 12. Dezember 1979 beschloß der NATO-Rat, ab Ende 1983 neue atomare Mittelstreckenwaffen, Pershing-II-Raketen und Marschflugkörper (»Cruise Missiles«), in Europa, vor allem in der Bundesrepublik, zu stationieren. Damit sollte die durch die Vorrüstung der UdSSR entstandene Abschreckungslücke geschlossen und die Strategie der flexiblen Erwiderung gerettet werden. Gekoppelt wurde dieser Beschluß mit dem Angebot an die Sowjetunion, über neue Rüstungskontrollen zu verhandeln, deren Zweck ein vollständiger Verzicht beider Seiten auf Mittelstreckenwaffen (»Null-Lösung«) sein sollte (»Doppelbeschluß«).
Im Herbst 1981 zogen 300000 Menschen, unter ihnen viele Jugendliche, zu einem Sternmarsch nach Bonn, um gegen den NATO-Nachrüstungsbeschluß zu demonstrieren. Auch Ostern 1982, als der amerikanische Präsident Reagan Bonn besuchte, kam es zu einer bewegenden Friedenskundgebung. Nur wenige Tage nach dem Nachrüstungsbeschluß, Weihnachten 1979, besetzten sowjetische Truppen Afghanistan. Aus amerikanischer Sicht ging es den Sowjets langfristig um den Zugriff auf die für den Westen lebenswichtigen Ölzufahrtswege zum Persischen Golf, letztlich um die Weltrevolution. Gewaltige Rüstungsanstrengungen, der Boykott der Olympischen Spiele in Moskau, Sanktionen, zuletzt gegen das russische Erdgasgeschäft mit den Europäern, sollten die moralische und militärische Überlegenheit der USA demonstrieren. Von dem vielzitierten »Geist von Helsinki« war fortan wenig zu spüren: In der finnischen Hauptstadt war am 1. August 1975 nach mehrjährigen Gesprächen die Schlußakte der »Konferenz für Sicherheit und Zusammenarbeit in Europa« (KSZE) unterzeichnet worden. Diese umfaßte ursprünglich 35 europäische Staaten sowie die USA und Kanada. 1992 waren alle Staaten Europas Teilnehmer der

um neue Aufgaben erweiterten KSZE. Die Schlußakte besiegelte den territorialen Status quo in Europa, kam also dem sowjetischen Machtstreben entgegen, enthielt aber auch ein Bekenntnis zu den Menschenrechten. Unter Berufung auf die KSZE stellten Bürger in den Ostblockstaaten Ausreiseanträge oder gründeten Bürgerkomitees, um Freiheitsrechte einzuklagen. Im August 1980 legten die Beschäftigten der Danziger Lenin-Werft die Arbeit nieder, bildeten ein überbetriebliches Streikkomitee und erzwangen, getragen von der Unterstützung breiter Massen und auch der katholischen Kirche, die Zulassung freier Gewerkschaften und den Sturz des Parteichefs Gierek. Die Verhängung des Kriegsrechts und Verhaftung führender Gewerkschaftler der »Solidarność« beendeten im Dezember 1981 dieses Experiment einer polnischen Reformbewegung.
Die Polenkrise und die verschärften Ost-West-Spannungen im Gefolge des Afghanistan-Debakels bestärkten die SED in ihrem Abgrenzungskurs. Dieser manifestierte sich in Repressalien gegen oppositionelle Künstler und Intellektuelle, Verhaftungen und Ausbürgerungen. Nach außen machte SED-Chef Honecker Fortschritte in der Entspannung jetzt von Maximalforderungen abhängig: Anerkennung einer Staatsbürgerschaft der DDR und Aufnahme voller diplomatischer Beziehungen durch Botschafteraustausch. Durch eine Erhöhung des Mindestumtauschsatzes für Westbesucher von 13 auf 25 DM pro Tag erreichte die SED auf »kaltem Weg«, daß die Zahl der Westbesucher von 3,2 Millionen (1978) auf 2,1 Millionen (1981) zurückging. Der Grund war die Angst vor westlichen Einflüssen auf die DDR-Bewohner.

Die »Angst der Deutschen«: Umweltzerstörung, Arbeitslosigkeit, Krise des Sozialstaates

Der Schock, den die Ölkrise bei der Bevölkerung auslöste, ist heute fast vergessen. Aber die Probleme, die damals unter dem Schlagwort »Grenzen des Wachstums«, dem Titel eines Forschungsberichts des »Club of Rome« von 1972, erstmals ins Bewußtsein vieler Menschen drangen, gewannen seither an Brisanz. Dies macht nicht zuletzt die wachsende »Ökologie-Bewegung« deutlich, die aus dem Bürgerzorn über die Umweltzerstörung erwuchs. Um trotz steigender Ölpreise und der zu erwartenden Erschöpfung der Erdölvorkommen im Welthandel die Nase vorne zu haben und die Arbeitsplätze zu sichern, setzte die Bundesregierung nach der Ölkrise verstärkt auf Spitzentechnologie, insbesondere Kernenergie. Auch im Ausbau der Infrastruktur, z. B. von Verkehrswegen oder Flughäfen, spiegelte sich diese Priorität des wirtschaftlichen Wachstums. Die tiefsitzende Befürchtung, daß die wirtschaftliche Nutzung der Kernenergie zu noch nicht – oder überhaupt nicht – absehbaren Sicherheitsrisiken führe, organisierte sich in Bürgerinitiativen, die durch Verfügungen, Bauplatzbesetzungen und Demonstrationen den Bau oder die Inbetriebnahme von Kernkraftwerken zu verhindern suchten. Wiederholt kam es zu blutigen Zusammenstößen zwischen Polizei und Demonstranten. Aus dem Bewußtsein der Gefährdung von Natur und Umwelt durch Industrieanlagen und Verkehrswege engagierten sich Millionen Bürger im Naturschutz und der ökologischen Bewegung. Indem diese »Grünen« und »Alternativen« den Schritt zur Gründung einer Partei vollzogen, wurde die Ökologie mit einem Schlag zu einem politischen Thema. Obgleich viele der Entwürfe recht konfus und auch widersprüchlich scheinen, ging die Hoffnung ihrer Gegner nicht auf, daß sich die Öko-Partei als »Einpunktpartei« politisch nicht lange behaupten würde.

Angst ist ein schlechter Ratgeber, wenn es um die Bewältigung von Problemen geht. »Die Angst der Deutschen«, Thema einer »Spiegel«-Serie, wurde zu Beginn der achtziger Jahre jedoch zu einem empirisch belegbaren Faktum. Die Friedensdiskussion spielte dabei ebenso eine Rolle wie die »Anti-Atomkraft-Bewegung«. Zu den existentiellen Fragen, die viele Menschen bedrängten, zählte auch das Problem der Dauerarbeitslosigkeit. Diese war nicht allein Folge eines weltweiten Konjunktureinbruchs, der Investitionsschwäche deutscher Unternehmen oder ihrer Wettbewerbsnachteile gegenüber den »Niedriglohnländern« oder Industrienationen mit niedriger Sozialquote wie Japan. Die Arbeitslosigkeit war – wenn auch nicht allein – ebenso Folge der Rationalisierung. Durch neuartige Automaten und Computer in Fertigung und Verwaltung, elektronische »Jobkiller« wie Industrieroboter oder Schreibautomaten, gingen Hunderttausende von Arbeitsplätzen für immer verloren. Gleichzeitig blieben technische Neuerungen, die zu einem Nachfrageboom auf Massenmärkten führen konnten (wie einst Auto und Fernsehen) aus oder trafen auf einen immer rascher übersättigten, von Importen überschwemmten Markt (wie Videogeräte). Besonders hart betroffen von der Arbeitslosigkeit waren Jugendliche, weil die Zahl der Betriebe und damit der Ausbildungsstätten im Zuge der Unternehmenskonzentration zurückging, gleichzeitig aber besonders geburtenstarke Jahrgänge in Lehre und Berufsleben drängten.

Durch die Verschuldung des Staates und die Arbeitslosigkeit geriet auch der Sozialstaat ins Gerede. Von 1970 bis 1981 verdoppelte sich (nominal) das Volkseinkommen von 533 auf 1188 Milliarden Mark, gleichzeitig stiegen die Sozialausgaben von 174 auf 484 Milliarden

Wechsel im Kanzleramt. *Schmidt räumt seinen Stuhl für den Kanzler der neuen christlichliberalen Koalition (CDU/CSU und F.D.P.): Helmut Kohl, der am 1. Oktober 1982 durch ein Mißtrauensvotum die alte Regierung stürzte.*

Mark, also um das Dreifache. Heute wird bereits ein Viertel aller Einkommen über das Sozialbudget verteilt.

Wie groß trotz aller Anstrengungen Not und Bedürftigkeit in der Bundesrepublik blieben, mag die Zahl der Haushalte erhellen, deren Monatseinkommen unter den Bedarfssätzen der Sozialhilfe, d. h. im Bundesdurchschnitt 235 Mark monatlich, lagen. Sie betrug schon 1974 2 Millionen, d. h. etwa 5,7 Millionen Bundesbürger.

Arbeitslosigkeit, Staatsverschuldung und das Anwachsen der »Grünen«, die das Wählerpotential der sozialliberalen Koalition dezimierten, bildeten das Szenario für den Bruch der SPD/FDP-Koalition im Spätsommer 1982 in der Mitte der Legislaturperiode, der von dem FDP-Vorsitzenden Genscher langfristig angestrebt und von Bundeskanzler Schmidt dann vorzeitig herbeigeführt wurde, so daß sich über die Umstände – je nach Parteipräferenz – trefflich streiten läßt. Nutznießer des Koalitionsdebakels waren die Union und ihr Kanzlerkandidat Helmut Kohl. Für sie wurde die Dreizehn zur Glückszahl. Fast genau auf den Tag dreizehn Jahre nach der Wahlnacht vom 28. September 1969, in der Brandt und Scheel die SPD/FDP-Koalition aus der Taufe hoben, am 1. Oktober 1982, einem Freitag, wurde Helmut Schmidt im Parlament durch die Wahl Helmut Kohls zum sechsten Bundeskanzler gestürzt. Für Kohl stimmten die CDU/CSU und der größere Teil der über diese Frage gespaltenen FDP-Fraktion.

Politik der Regierung Kohl/Genscher bis 1989

Baldige Neuwahlen sollten nach dem Willen von CDU/CSU und FDP dem Regierungswechsel das Mandat des Wählers verschaffen. Eine gescheiterte Vertrauensfrage des Bundeskanzlers eröffnete hierzu den Weg. Das Wahlergebnis vom März 1983 bedeutete eine eindrucksvolle Bestätigung der Regierungsparteien (CDU/CSU 48,8 %, FDP 7 %). Verlierer waren die SPD (38,2 %) und ihr Kanzlerkandidat Hans-Jochen Vogel. Erstmals zogen die Grünen (5,6 %) in den Bundestag ein. Und auch die Bundestagswahlen von 1987 und 1990 gewann die christlichliberale Koalition, vor allem weil ihr die Mehrheit der Bundesbürger einen Kompetenzvorsprung in der Wirtschaftspolitik zusprach.

Wirtschaftsaufschwung

Tatsächlich gelang es der Regierung Kohl, begünstigt durch die Weltkonjunktur, die wirtschaftliche Stagnation zu überwinden. Das erste Jahrzehnt der christlichliberalen Koalition fiel zeitlich mit dem längsten Aufschwung der Nachkriegsgeschichte zusammen. Und nicht nur die Wachstumsrate beeindruckte, auch die Preisstabilität. Nach dem Motto »Leistung soll sich wieder lohnen« setzte sich seit dem Regierungswechsel ein neuer Wirtschaftsliberalismus durch. Begünstigt wurden die Unternehmen und die Besserverdienenden, die durch eine Steuerreform entlastet wurden. Von 1982 bis 1986 betrieb die Regierung mit Erfolg den Abbau der staatlichen Defizite. Aber trotz Optimismus und Aufbruchstimmung blieb die Zahl der Arbeitslosen die achtziger Jahre hindurch über der Zweimillionengrenze. Die Regierungsparteien lehnten eine Politik des Schuldenmachens ab und gerieten so in einen schroffen Gegensatz zu den Gewerkschaften, die Arbeitsmarktprogramme und eine Arbeitszeitverkürzung auf ihre Fahnen geschrieben hatten. Die achtziger Jahre zerstörten die Illusion, daß die 1973 verlorengegangene Vollbeschäftigung durch Wirtschaftswachstum zurückgewonnen werden konnte und konfrontierten viele Millionen mit der Massenarbeitslosigkeit, auch als Folge neuer Techniken,

Einzug der Grünen in den Bundestag im März 1983. *In der Mitte des Plenums zwischen SPD und CDU/CSU die Grünen-Politikerinnen Petra Kelly und Marieluise Beck-Oberdorf zu Beginn der konstituierenden Sitzung des Bundestages.*

die menschliche Arbeitskraft zunehmend ersetzten. Zwar konnte die Sozialversicherung die schlimmsten Folgen der Massenarbeitslosigkeit abfangen. Kritiker sprachen von einer »Zweidrittelgesellschaft«, in der zwei Drittel gut verdienen und sichere Arbeitsplätze haben, während das übrige Drittel über ein geringes Einkommen oder Sozialhilfe verfügt bzw. von Dauerarbeitslosigkeit betroffen ist.

Die Grünen auf der politischen Bühne

Mit dem Einzug der Grünen in den Bundestag erhielt die Bonner Bühne eine neue Farbe. Die Grünen verstanden sich als prinzipielle Alternative zu den Bonner Parteien, gerieten aber bald in einen Dauerzwist zwischen »Realpolitikern« und »Fundamentalisten«. Dabei ging es um die Frage, inwieweit die Partei einen Kompromiß mit dem bestehenden politischen System schließen konnte, ohne ihren Charakter als Protestbewegung aufzugeben. Die »Realpolitiker« plädierten für ein Bündnis mit der SPD, das sie um den Preis der Parteikrise auch in einigen Länderparlamenten (Hessen, Niedersachsen und Berlin) und in vielen Kommunen praktizierten. 1985 wurde Joschka Fischer erster grüner Umweltminister einer Rot-Grünen Koalition in Hessen.

Die Republikaner

Erstmals seit den kurzfristigen Erfolgen der NPD Ende der sechziger Jahre gelangte im Jahr 1989 wieder eine Rechtspartei in ein Landesparlament. Die Wahlen zum Berliner Abgeordnetenhaus bestritt Franz Schönhuber, Ex-Mitglied der CSU, mit populistischen Parolen gegen »die da oben in Bonn« und einem ausländerfeindlichen Wahlspot, in dem Bilder von türkischen Kindern mit der Melodie »Spiel mir das Lied vom Tod« untermalt wurden. Der Ursprung der Republikaner lag in dem handfesten Krach, den der Alleingang von Franz Josef Strauß bei der Bewilligung eines Milliardenkredits für die DDR (1983) in Teilen der CSU auslöste. Aus Protest gegen die »Ein-Mann-Diktatur« ihres Vorsitzenden gründeten 1983 die ehemaligen CSU-Abgeordneten Franz Handlos und Ekkehard Voigt gemeinsam mit Schönhuber die Partei »rechts von der Mitte«. Von ihr wurden alle Themen besetzt, die sich entweder zur Agitation gegen die etablierten Parteien oder zur Schürung von sozialen Ängsten und Ausländerfeindlichkeit eigneten. Die Republikaner, die 1989 mit sechs Abgeordneten in das Europäische Parlament einzogen, galten vor der Wiedervereinigung als reine Protestpartei, die zwar von Rechtsextremisten durchsetzt war, aber nicht als nachweislich verfassungsfeindlich bezeichnet werden konnte.

Krise der Parteiendemokratie?

Eine Vielzahl von politischen Skandalen erschütterte in den achtziger Jahren die Republik und lieferten den Nährboden für die ausufernde Politikverdrossenheit und die Krise der Parteiendemokratie. Ende 1983 entließ Verteidigungsminister Manfred Wörner den Vier-Sterne-General und stellvertretenden NATO-Oberbefehlshaber Günter Kießling. Aber die angeblichen homosexuellen Kontakte, die den Chef der Hardthöhe zu diesem Schritt veranlaßten, erwiesen sich als Verleumdung. Allzu leichtfertig hatte Wörner einer Rufmordkampagne Glauben geschenkt. Erst eine öffentliche Protestwelle verhinderte 1984 ein Gesetz, mit dem sich die Regierungsparteien selbst vor der Anschuldigung amnestieren wollten, illegal und an der Steuer vorbei Parteispenden aus der Wirtschaft kassiert zu haben. Wegen ihrer Verstrickung in die sog. Flick-Spendenaffäre mußten der CDU-Bundestagspräsident Rainer Barzel und der FDP-Wirtschaftsminister Otto Graf Lambsdorff zurücktreten. Geld aus Steuerhinterziehungen war bis Anfang der achtziger Jahre in die Kassen aller Bonner Parteien, auch der SPD, gewandert. 1987 folgte die brisanteste politische Affäre: Uwe Barschel, Ministerpräsident von Schleswig-Holstein, hatte seinen Pressereferenten Pfeiffer nach dessen Geständnis damit beauftragt, das Privatleben des SPD-Politikers Björn Engholm auszuspionieren. Als Teil des schmutzigen Machtkampfes sollte Pfeiffer dem Oppositionsführer in einem anonymen Telefonanruf suggerieren, er hätte Aids. Uwe Barschel, der völlig unglaubwürdig war und alle Ämter verlor, wollte mit seinem Ehrenwort alle Vorwürfe wegwischen. Das Drama endete mit dem Freitod des Politikers. Stern-Reporter fanden ihn leblos in der Badewanne eines Genfer Hotelzimmers. – Sechs Jahre später, am 3. Mai 1993, stürzt Björn Engholm über einen bis dahin verschwiegenen »Fehler«: den Untersuchungsausschuß nicht darüber informiert zu haben, daß er von den Aktionen Barschels eine Woche früher als bisher angegeben erfahren habe. Er legt sämtliche Parteifunktionen – neben dem SPD-Vorsitz auch die Kanzlerkandidatur 1994 – und auch das Amt des Ministerpräsidenten von Schleswig-Holstein nieder.

Die Ära Richard von Weizsäcker

Allzu leicht versperrte das Medienspektakel, das jede Politiker-Affäre begleitete, den Blick darauf, daß die politische Kultur der achtziger Jahre auch hoffnungsvolle Zeichen aufwies. Dazu zählte der Umstand, daß die Politiker selbst durch Untersuchungsausschüsse dazu beitrugen, Skandale grell auszuleuchten. Dazu ist auch das Phänomen zu rechnen, daß niemals zuvor in der bundesrepublikanischen Geschichte so viele Menschen von ihren Bürgerrechten aktiv Gebrauch machten und in friedlichen Demonstrationen gegen Umweltzerstörung und Wettrüsten protestierten. Als ein »Gewissen der Nation« fungierte der Bundespräsident Richard von Weizsäcker, der sich in seiner ersten Amtszeit (seit 1984) so großes Ansehen erwarb, daß er 1989 auch mit den Stimmen der SPD wiedergewählt wurde. Mit sicherem und weltläufigem Auftreten strahlte Weizsäcker eine natürliche Würde aus und ließ die Menschen spüren, daß sein Amtsverständnis ethisch, ja religiös verwurzelt war. In seiner berühmten Rede zur 40jährigen Wiederkehr der deutschen Kapitulation am 8. Mai 1985 setzte er sich nachdenklich und kritisch mit der NS-Zeit und dem Umgang der Deutschen mit ihrer Vergangenheit auseinander. Richard von Weizsäcker (* 1920), Sproß einer berühmten Politiker- und Gelehrtenfamilie, Soldat in Hitlers Wehrmacht, war als Jurist in der freien Wirtschaft tätig und engagierte sich an führender Stelle in der Evangelischen Kirche. Seit 1950 CDU-Mitglied, wurde er 1969 Bundestagsabgeordneter und von 1981 bis 1984 Regierender Bürgermeister von Berlin.

Friedensbewegung und Nachrüstung

In der Außen- und Sicherheitspolitik gab es nach dem Regierungswechsel keine gravierenden Kursänderungen. Kontinuität verkörperte bereits die Person des Bundesaußenministers: Als er im Mai 1992 zurücktrat, blickte Hans-Dietrich Genscher auf 18 Jahre an der Spitze des Auswärtigen Amtes zurück. Die sozialliberale Koalition hatte die Weichen für die Ostpolitik gestellt und zuletzt gegen den linken Flügel der SPD den NATO-Doppelbeschluß herbeigeführt (siehe Seite 280). Die christlichliberale Koalition führte diese Politik mit dem Anspruch weiter, die östlichen Einschüchterungsversuche abzuwehren und durch eine entschiedene Haltung zum NATO-Bündnis die Sowjetunion doch noch zum Einlenken zu zwingen: auch um den Preis innenpolitischer Konfrontationen. Während einer »Aktionswoche« der Friedensbewegung demonstrierten im Oktober 1983 ca. 1,5 Millionen Menschen gegen die NATO-Nachrüstung, und 150 000 bildeten eine 108 Kilometer lange Menschenkette zwischen Stuttgart und Neu-Ulm. Die Friedensbewegung lehnte sich gegen die Vorstellung auf, Frieden könne nur auf Abschreckung beruhen. Der zwangsläufig damit verbundene Rüstungswettlauf, der vor allem die Bundesrepublik zu einem Arsenal von Nuklearwaffen machte, erhöhte ihrer Meinung nach die Gefahr eines Krieges in Europa. Nicht ein »Gleichgewicht des Schreckens«, sondern allein Abrüstung sichere den Frieden. Tatsächlich wurden die von der Friedensbewegung gezeichneten Szenarios einer wachsenden Kriegsgefahr und atomaren Selbstvernichtung von politischen Entwicklungen überrollt, die jedoch keiner vorhersagen konnte. Zu den Einsichten, aus denen der Generalsekretär der KPdSU Michail Gorbatschow seine Reformpolitik ins Werk setzte, zählte das Eingeständnis, daß der Einmarsch der sowjetischen Truppen in Afghanistan und die Stationierung der atomaren SS-20-Raketen in Europa Fehlentscheidungen Moskaus waren. Das alle Kräfte aufzehrende Wettrüsten militarisierte das Sowjetsystem und raubte jeder Umgestaltung (Perestroika) der Verhältnisse die ökonomische Basis. Im Dezember 1987 unterzeichneten Generalsekretär Gorbatschow und US-Präsident

Deutsche Geschichte 1983–1989

6. 3. 1983	Vorgezogene Bundestagswahl; Fortsetzung der Koalition von CDU, CSU und FDP; die Grünen erstmals im Bundestag
22. 11. 1983	Dt. Bundestag stimmt mehrheitlich dem Nachrüstungsbeschluß zu. Beginn der Aufstellung amerikanischer Pershing-II-Raketen
23. 5. 1984	Richard von Weizsäcker zum Bundespräsidenten gewählt (Wiederwahl 23. 5. 1989)
1. 2. 1985	RAF-Terroristen ermorden den Industriellen E. Zimmermann
ab 26. 4. 1986	Nach Reaktorkatastrophe von Tschernobyl (UdSSR) stark erhöhte radioaktive Wasser-, Boden- und Luftbelastung in großen Gebieten der Bundesrepublik, der DDR und Österreichs
1986	Weitere RAF-Opfer: Siemens-Manager K.-H. Beckurts und Fahrer (9. 7.) und der Diplomat G. v. Braunmühl (10. 10.)
25. 1. 1987	Bundestagswahl; Fortsetzung der Koalition
7. 9. 1987	Offizieller Besuch Honeckers in der Bundesrepublik
11. 10. 1987	In einem Genfer Hotel wird der ehem. Ministerpräsident von Schleswig-Holstein, Uwe Barschel, tot aufgefunden
17. 1. 1988	Demonstration von Oppositionellen in Ost-Berlin
3. 10. 1988	Tod des bayerischen Ministerpräsidenten, CSU-Vorsitzenden und ehem. Bundesministers Franz Josef Strauß
12.-15. 6. 1989	M. Gorbatschow, Präsident der Sowjetunion, wird bei Besuch der Bundesrepublik begeistert begrüßt
11. 9. 1989	Ungarn öffnet die Grenze zu Österreich; Beginn einer Massenflucht von DDR-Bürgern
6. 10. 1989	Zum 40. Jahrestag der DDR-Gründung kommt Gorbatschow nach Ost-Berlin; er fordert DDR zu Reformen auf
9. 10. 1989	Massendemonstration gegen die SED in Leipzig
18. 10. 1989	Honecker wird vom Politbüro gestürzt; Nachfolger in allen Ämtern: Egon Krenz
9. 11. 1989	DDR öffnet ihre Grenzen zur Bundesrepublik
30. 11. 1989	RAF-Terroristen ermorden Bankier A. Herrhausen
3. 12. 1989	Rücktritt der gesamten SED-Führung

Reagan in Washington das INF-Abkommen über die Beseitigung von atomaren Mittelstreckenraketen. Zum ersten Mal in der Nachkriegsgeschichte wurden Waffen verschrottet. In der Folgezeit konnten, noch bevor sich mit dem Zerfall des sowjetischen Imperiums die Blöcke auflösten, weitere Abrüstungsverhandlungen geführt werden. Die Regierung Kohl/Genscher erblickte darin eine Bestätigung ihrer Außen- und Verteidigungspolitik.

Europäische Visionen

Der Bundeskanzler, der als unbeirrbarer Europäer auftrat, hatte die Vollendung des Gemeinsamen Marktes zum unverrückbaren Ziel erklärt. Mit der Unterzeichnung der Einheitlichen Europäischen Akte (EEA) durch die Staats- und Regierungschefs der EG im Dezember 1985, der ersten großen Revision des EG-Gründungsvertrages, wurde die Verwirklichung des freien EG-Binnenmarktes bis 1992 und die Ausweitung der Rechte des Europäischen Parlaments beschlossen. Die Bundesregierung setzte sich für die Errichtung einer Wirtschafts- und Währungsunion und ein europäisches Zentralbanksystem ein. Gemeinsam mit dem französischen Staatspräsidenten François Mitterrand verfolgte Helmut Kohl die Idee einer politischen Union Europas. Damit erhielt die Vision eines geeinten Europas neuen Schwung.

Deutsch-deutsche Annäherungen

Alle Hoffnungen der Menschen in Ost und West, daß sich der Pragmatismus auszahlen werde, mit dem Helmut Kohl die von seinen Vorgängern Brandt und Schmidt praktizierte deutsch-deutsche Annäherung fortsetzte, wurden auf eine harte Probe gestellt. Zwar wurde die Mauer durchlässiger, denn die DDR erlaubte inzwischen mehr Bürgern Reisen in den Westen und erklärte sich zur praktischen Zusammenarbeit u.a. im Umweltschutz bereit. Nachdem im Juni 1983 die Bundesregierung die Bürgschaft für einen von Franz Josef Strauß »eingefädelten« 1-Milliarde-Kredit übernommen hatte, ließ Honecker die Selbstschußanlagen an der innerdeutschen Grenze abbauen. Das hochverschuldete SED-Regime wurde immer abhängiger von den Milliarden aus dem Westen. Franz Josef Strauß und andere sahen hierin einen Hebel für erfolgreiche Verhandlungen mit Honecker. Rückschläge und Enttäuschungen blieben aber nicht aus, zuletzt anläßlich des mit allen protokollarischen Ehren inszenierten Staatsbesuchs des Partei- und Staatschefs der DDR in Bonn (September 1987). Erich Honecker ließ die – eher zaghaften – Rückfragen seiner Bonner Gesprächspartner nach Schießbefehl und politischer Unterdrückung unbeantwortet. Wer die Bilder von Honeckers Bonn-Besuch im Ausland sah, mußte den Eindruck gewinnen, daß sich die Deutschen nun mit ihrer Doppelstaatlichkeit abgefunden hatten.

Nach Tschernobyl: Umweltpolitik

Die Umweltzerstörung war zwar zu Beginn der achtziger Jahre weit fortgeschritten. Das öffentliche Bewußtsein für Umweltgefahren hatte sich jedoch unter dem Einfluß der Ökologiebewegung geschärft. Alarmierende Fakten über das Waldsterben, das sich seit langem auf den kahlen Bergkuppen des Oberharz und Erzgebirge beobachten ließ, machten 1983 Schlagzeilen. Nach einer Erhebung des Bonner Bundeslandwirtschaftsministeriums waren 34 Prozent des deutschen Waldes krank. Als Ursache galten die Industrie- und Autoabgase, die auch für Klimaveränderungen, Schäden an Bauwerken und vor allem für Erkrankungen der Atemwege und der Lunge bei Kleinkindern verantwortlich gemacht wurden. Aus Protest gegen die Bonner Umweltpolitik kletterten 1984 Mitglieder der Umweltschutzorganisation »Greenpeace« auf den 300 Meter hohen Schornstein des niedersächsischen Kohlekraftwerks Buschhaus und entfalteten ein Transparent mit der Aufschrift: »So nicht!« Gegen ein rein quantitatives wirtschaftliches Wachstum setzten die Umweltschützer die Idee eines qualitativen Wachstums, das auf der Einführung umweltverträglicher Technologien beruhte. Unter dem Eindruck der Umweltgefahren förderte die Bundesregierung die Erforschung alternativer Technologien. Gegen den anfänglichen Widerstand der Industrie wurden der Katalysator und das bleifreie Benzin für Autos eingeführt. An einem Frühlingstag des Jahres 1986 ereignete sich die größte Katastrophe in der Geschichte der Kernenergie. In Tschernobyl bei Kiew explodierte ein sowjetischer Reaktor und überzog große Teile Europas mit einer atomaren Wolke. Radioaktivität regnete auch über der Bundesrepublik nieder und verseuchte Lebensmittel. Ende Oktober 1984 stand über Basel eine ätzende Giftwolke, Folge eines Großbrandes in einem Chemiewerk. Mit dem Löschwasser floß das Gift in den Rhein. Nach Tschernobyl hatte die Bundesregierung ein »Ministerium für Umwelt, Naturschutz und Reaktorsicherheit« eingerichtet. Während aber die SPD den Ausstieg aus der Atomenergie beschloß, erklärten die Regierungsparteien, daß die Nutzung der Kernenergie bei entsprechenden Sicherheitsmaßnahmen zu verantworten sei. Nach anhaltenden Protesten der Kernenergiegegner fiel 1988 die Entscheidung für den Abbruch der Bauarbeiten an der Wiederaufbereitungsanlage für atomare Brennstoffe (WAA) im oberpfälzischen Wackersdorf.

Am Vorabend der Wiedervereinigung

Zu den herausragendsten Eigenschaften Helmut Kohls, die selbst seine politischen Gegner anerkannten, zählte sein Pragmatismus und sein ausgeprägter Sinn für den Machterhalt. So konnte er die Popularitätstiefs, Wahlschlappen und innerparteilichen Attacken überstehen, die seine Kanzlerschaft zwar nicht ernsthaft bedrohten, aber doch jeden übertriebenen Glanzes entkleideten. Im Jahr 1988 war der Mann gestorben, der als der eigentliche Herausforderer des Kanzlers galt: Franz Josef Strauß. Der Tod des 73jährigen CSU-Vorsitzenden und bayerischen Ministerpräsidenten wurde von vielen als Zäsur empfunden. Strauß war ein brillanter Redner und ein gewiefter Taktiker, vor allem aber ein ruheloser Motor deutscher Politik. Er hat das politische Leben der zweiten deutschen Demokratie wie kaum ein anderer geprägt und mitgestaltet. Als politische Erfolge Helmut Kohls galten vor der Wende vornehmlich der wirtschaftliche Aufschwung, die Durchsetzung des NATO-Doppelbeschlusses und der Ausbau der Europäischen Gemeinschaft. In der europäischen Einigung sah Helmut Kohl seine große Mission. Mit mehr Regierungsjahren auf dem Konto als alle seine Vorgänger außer Konrad Adenauer und Helmut Schmidt, ging Helmut Kohl in das ereignisreiche Jahr 1989, das mit dem Zusammenbruch des SED-Regimes und der Möglichkeit der Wiedervereinigung zur Sternstunde seiner Kanzlerschaft wurde (siehe »Die Wiedervereinigung«).

Literatur

Baring, Arnulf: Machtwechsel – Die Ära Brandt/Scheel, Stuttgart 1982
Bender, Peter: Neue Ostpolitik. Vom Mauerbau bis zum Moskauer Vertrag (Deutsche Geschichte der neuesten Zeit), München 1986
Benz, Wolfgang: Deutschland seit 1945, München 1990
Borowsky, Peter: Deutschland 1970–1976, Hannover 1980
Ellwein, Thomas: Krisen und Reformen. Die Bundesrepublik seit den sechziger Jahren, München 1989
Geschichte der Bundesrepublik Deutschland in fünf Bänden, hrsg. von Karl Dietrich Bracher, Theodor Eschenburg, Joachim C. Fest, Eberhard Jäckel, Stuttgart 1987
Hillgruber, Andreas: Deutsche Geschichte 1945–1972, Frankfurt a. M. 1974
Löwenthal, Richard/Schwarz, Hans-Peter (Hrsg.): Die zweite Republik. 25 Jahre Bundesrepublik Deutschland – eine Bilanz, Stuttgart 1974

KARL RÖMER

Die Wiedervereinigung

Alltag der Teilung – Krise der DDR – Ungarn öffnet die Grenzen – Leipziger Montagsdemonstrationen – Der Sturz Honeckers – Die Mauer fällt – DDR-Bürger wollen die Einheit – Kohls Plan – Abdankung der SED – Freie Wahlen in der DDR – Die Siegermächte stimmen zu – Der 3. Oktober 1990 – Ungelöste Probleme im Osten – Das Erbe des Unrechtsstaates – Bewährungsprobe der Demokratie.

Die Wiedervereinigung Deutschlands vollzog sich 1989/90 in atemberaubendem Tempo. Den Miterlebenden erschien sie wie ein Wunder. Schon aus geringem zeitlichem Abstand wird deutlich, daß sie in einen welthistorischen Prozeß eingebunden war: den Niedergang und Zusammenbruch des Kommunismus. Der Anstoß zur Wiedervereinigung kam aus dem Osten, aus der DDR. Verwirklicht wurde sie in Form des »Beitritts« der DDR zur Bundesrepublik. War die Bundesrepublik darauf vorbereitet? Was dachte man im Westen über die Teilung Deutschlands?

Die Teilung aus westdeutscher Sicht

Die offizielle Position war klar. Sie ergab sich aus einem Satz in der Präambel des Grundgesetzes: »Das gesamte Deutsche Volk bleibt aufgefordert, die Einheit und Freiheit Deutschlands zu vollenden.« Bekräftigt, aber zugleich relativiert wurde dieser Verfassungsauftrag in dem »Brief zur deutschen Einheit«, den die Regierung Brandt/Scheel 1970 beim Abschluß des Moskauer Vertrages an die Sowjetregierung richtete: Ziel der Bundesrepublik sei es, »auf einen Zustand des Friedens in Europa hinzuwirken, in dem das deutsche Volk in freier Selbstbestimmung seine Einheit wiedererlangt«. Die Wiedervereinigung wurde also von einem Abbau der Konfrontation zwischen den Machtblöcken in Europa abhängig gemacht, das heißt, sie wurde für erstrebenswert erklärt, aber in eine nebelhafte Ferne gerückt. Im Verhältnis zur DDR strebte man ein »geregeltes Nebeneinander« an, das die Teilung nicht aufheben, aber ihre Härten mildern sollte. Die Regierung Kohl/Genscher setzte diese Politik geradlinig fort. Entschiedener als ihre sozialliberalen Vorgängerinnen betonte sie jedoch das Recht des deutschen Volkes auf Selbstbestimmung. »Wir finden uns mit der Teilung unseres Vaterlandes nicht ab«, erklärte Bundeskanzler Helmut Kohl Ende 1988, fügte aber hinzu: »Wir haben freilich nach wie vor keinen Grund zu der Annahme, daß eine Lösung der deutschen Frage nahegerückt ist.«

In der öffentlichen Diskussion wurde dieser offizielle Standpunkt schon seit den siebziger Jahren in Frage gestellt. Das »Offenhalten« der deutschen Frage durch Beharren auf Rechtspositionen sei wirklichkeitsfremd, erklärten namhafte Publizisten und Wissenschaftler. Viele von ihnen zweifelten aber nicht nur an der Möglichkeit, sondern sogar an der Wünschbarkeit der Wiedervereinigung. Das begründeten sie auf verschiedene Weise. Ein Schlüsselwort hieß »Stabilität«: Der Friede sei gefährdet, wenn am Status quo in Europa gerüttelt werde, und ein entscheidender Bestandteil des Status quo sei die deutsche Teilung. Bei manchen paarte sich diese politische Begründung mit einem umgekehrten Nationalismus, der den Deutschen (natürlich mit Ausnahme des jeweiligen Schreibers) schlechthin die Friedensfähigkeit absprach. So schrieb z.B. Heiner Bremer, Chefredakteur der Illustrierten »Stern«: »Ein dauerhafter Friede auf unserem Kontinent setzt, da sich der deutsche Nationalcharakter wohl doch nicht ändert, die deutsche Teilung geradezu voraus.« Andere argumentierten auf moralischer Ebene: Die Teilung Deutschlands sei die gerechte Strafe für die Entfesselung des Zweiten Weltkriegs und die vom nationalsozialistischen Regime begangenen Greueltaten. Dieses (ganz unhistorische) »Auschwitz-Argument« führte vor allem der Schriftsteller Günter Grass ins Feld. Eine dritte Begründung lautete, die DDR habe sich gewandelt, sie sei nicht mehr totalitär, ihre Bevölkerung akzeptiere den Staat und wünsche keine Wiedervereinigung. Oft kam eine abstrakte Sympathie für den Sozialismus hinzu, unter dessen Regime man zwar selbst nicht leben mochte, in dem man aber letztlich doch die bessere Gesellschaftsordnung sah. In der Mehrzahl der Medien wurde es Brauch, möglichst positiv über die DDR zu berichten und negative Seiten zu verharmlosen. »Das Grau weicht überall freundlicheren Farben«, schrieb Theo Sommer, Chefredakteur der »Zeit«, 1986 nach einem Besuch in der DDR, und der Westberliner Politologe Eckart Krippendorff nannte die Mauer, an der über siebzig Menschen einen grausamen Tod gefunden hatten, »eine bunte Touristenattraktion«.

Dieser Meinungswandel beeinflußte auch die großen Parteien, am stärksten die SPD. Für sie gewann in den achtziger Jahren die Sicherung von Frieden und Stabilität Vorrang vor allen anderen Zielen: »Die Frage der Nation hat sich nicht erledigt, aber sie ist den Erfor-

Notwendige Erinnerung. *An der innerdeutschen Grenze wiesen Plakate darauf hin, daß Deutschland hier nicht zu Ende war. Viele Westdeutsche hatten es bereits vergessen.*

dernissen des Friedens untergeordnet«, hieß es in ihrem Programmentwurf von 1989. Das bedeutete: Um des Friedens willen müssen die Deutschen die staatliche Teilung ihres Landes hinnehmen. Egon Bahr sagte 1988, wer die Wiedervereinigung als vordringlichste Aufgabe der Politik hinstelle, betreibe »politische Umweltverschmutzung«, und Willy Brandt meinte, die Hoffnung auf Wiedervereinigung sei zur »Lebenslüge der zweiten deutschen Republik« geworden.
In dem Maße, wie man die deutsche Zweistaatlichkeit als unvermeidlich, ja begrüßenswert ansah, geriet der Unrechtscharakter des SED-Regimes aus dem Blickfeld. In einem zusammen mit der SED erarbeiteten Papier »Der Streit der Ideologien und die gemeinsame Sicherheit« erkannte die SPD 1987 ausdrücklich die Existenzberechtigung des in der DDR bestehenden Systems an. Schon 1984 hatte die SPD-Bundestagsfraktion die Auflösung der »Erfassungsstelle« in Salzgitter verlangt, die Unrechtshandlungen von DDR-Staatsorganen registrierte, und 1988/89 stellten sechs von der SPD regierte Bundesländer ihre Zahlungen an diese Einrichtung ein.

Die CDU hielt demgegenüber an den offiziellen Grundpositionen der Deutschlandpolitik fest. Als sehr bedeutsam sollte sich erweisen, daß die von ihr geführte Regierung die Forderung Ostberlins, eine besondere DDR-Staatsbürgerschaft anzuerkennen, DDR-Bewohner also wie Ausländer zu behandeln, beharrlich zurückwies. Aber dem allgemeinen Meinungsklima konnte auch sie sich nicht entziehen. Bekenntnisse zur deutschen Einheit waren für sie mehr oder weniger Pflichtübungen, das eigentliche Interesse galt ganz anderen Problemen der Innen- und Außenpolitik. Der »Forschungsbeirat für die Wiedervereinigung«, den die sozialliberale Regierung 1975 aufgelöst hatte, wurde nicht reaktiviert. CDU-Politiker legten nicht weniger als ihre SPD-Kollegen Wert auf Fototermine mit Erich Honecker, und Helmut Kohl empfing den SED-Chef 1987 mit allen protokollarischen Ehren als Staatsgast in Bonn. Im gleichen Jahr führte die CDU ihren Wahlkampf unter der Losung »Weiter so, Deutschland!«, als ob es die Teilung nicht gäbe. Die Bundesorgane richteten sich in der provisorischen Hauptstadt Bonn auf Dauer ein. 1988 wurde mit dem Bau eines neuen Bundestages begonnen, und 1989 legte man den Grundstein zu einem Spezialmuseum für die Geschichte der Bundesrepublik.

Und wie dachte die westdeutsche Bevölkerung? In ihrer großen Mehrheit hatte sie sich längst mit der Teilung abgefunden. Meinungsumfragen belegten es: Mitte der achtziger Jahre meinten 58 Prozent der Befragten, man solle die Wiedervereinigung nicht mehr fordern, sondern alles der Zeit überlassen. Nur sieben Prozent glaubten, daß sie die Wiedervereinigung noch erleben würden, und nicht einmal ein halbes Prozent hielt sie für das wichtigste Problem, mit dem sich die Politik befassen müsse. Von den jungen Leuten unter 25 Jahren betrachteten 40 Prozent die DDR als Ausland. Aber auch für die meisten anderen war sie ein fernes, fremdes Land, viel weniger vertraut als Österreich oder Spanien. Das zeigte sich am alltäglichen Sprachgebrauch: Wer »Deutschland« sagte, meinte damit in aller Regel Westdeutschland. Journalisten und Politiker redeten und schrieben nicht anders. Im Sportbericht der Zeitung konnte man lesen, daß Drechsler (DDR) Erster und Hirsch (Deutschland) Neunter im Weitsprung geworden war. Und wenn ein Abgeordneter die Nöte der deutschen Landwirtschaft beklagte, hatte er sicher nicht die LPG-Bauern in Mecklenburg vor Augen.

Kurz gesagt: Der größere, reichere, glücklichere Teil des deutschen Volkes hatte den kleineren, ärmeren, unglücklicheren Teil weitgehend vergessen. Altbundespräsident Walter Scheel traf die herrschende Stimmung, als er am 17. Juni 1986 in einer Gedenkrede zum »Tag der deutschen Einheit« sagte: »Die Teilung hat uns viele Schmerzen bereitet. Schmerzt sie uns noch?«

Anfänge der Opposition in der DDR

In der DDR gab es weder Meinungsumfragen noch eine öffentliche Diskussion über politische Grundprobleme. Veröffentlicht wurde einzig die offizielle Meinung der SED-Führung. Was Deutschland betraf, stand diese Meinung unverrückbar fest: Es gibt keine deutsche Frage, die Teilung ist endgültig, die Bundesrepublik ist für die DDR ganz normales Ausland wie Argentinien oder Pakistan. Das »Neue Deutschland«, die führende SED-Zeitung, brachte Meldungen aus der Bundesrepublik grundsätzlich auf Seite 7, die Auslandsnachrichten vorbehalten war. Die SED leugnete sogar den Fortbestand der deutschen Nation und behauptete, in der DDR entwickle sich eine neue, sozialistische Nation. Die Staatshymne wurde seit den siebziger Jahren nur noch gespielt, nicht mehr gesungen, weil im Text die Worte »Deutschland, einig Vaterland« vorkamen. Die Berliner Mauer, erklärte Honecker im Januar 1989, werde »in 50 Jahren und auch in 100 Jahren noch bestehen bleiben, wenn die dazu vorhandenen Gründe noch nicht beseitigt sind«.

Was die Menschen dachten, konnte man zwar nicht erfragen, aber aus ihrem Verhalten schließen. Auf Wiedervereinigung hoffte vermutlich kaum jemand, das lag außerhalb jeder realistischen Erwartung. Aber fast alle blickten gebannt auf »den Westen«. Das bundesdeutsche Fernsehen war die wichtigste Informationsquelle der DDR-Bürger. Ihre eigene Situation, vor allem die wirtschaftliche, maßen sie an den Verhältnissen in der Bundesrepublik. Das machte sie unempfänglich für die Propagandathese von der »sozialistischen Nation«. Von einem gleichgültigen Verhältnis zum anderen Teil Deutschlands, wie es im Westen so verbreitet war, konnte keine Rede sein.

Das bedeutet nicht, daß die Bürger der DDR in ständiger Konfrontation mit dem Staat gelebt hätten. Die meisten hatten sich arrangiert, so gut es ging. Sie zollten dem Regime die unvermeidlichen Lippendienste und gingen im übrigen ihren privaten Interessen nach. Die ideologiegeladene Hektik früherer Jahre war einer gemächlichen Gangart gewichen – »es geht seinen sozialistischen Gang«, hieß die stehende Redensart. Zwar gab es nach wie vor ständig Kampagnen und Aufrufe zum sozialistischen Wettbewerb, zur Erfüllung und Übererfüllung der Pläne, aber sie waren zum Ritual erstarrt, das nicht einmal mehr seine Urheber ernst nahmen. Die Arbeitsmoral in den Betrieben war auf einem Tiefstand, überall breitete sich Schlendrian aus.

Krisensymptome waren seit Mitte der achtziger Jahre nicht mehr zu übersehen. Die Versorgung hatte sich zusehends verschlechtert; heute gab es dies nicht, morgen jenes. Verschleierte Preiserhöhungen waren an der Tagesordnung. Überall fehlte es an Ersatzteilen. Die Lieferfrist für den Kleinwagen »Trabant« betrug fünfzehn Jahre. Ganze Stadtviertel verfielen, weil seit Jahrzehnten nichts für die Erhaltung der Häuser getan worden war. Die Umweltverschmutzung in den Industriegebieten war katastrophal. Die Kluft zwischen der tristen Realität und den täglichen Erfolgsmeldungen in den Medien wurde immer breiter.

Mindestens ebensosehr wie unter den Versorgungsmängeln litten die Menschen unter dem Eingesperrtsein. Zwar erteilte die DDR seit 1986 großzügiger als zuvor die Erlaubnis zu »Westreisen«; so durften 1988 über eine Million Bürger, die noch nicht das Rentenalter erreicht hatten, die Bundesrepublik besuchen. Aber die Genehmigungen wurden willkürlich gewährt oder verweigert, und die Mehrheit mußte zu Hause bleiben. Reisen ins nichtsozialistische Ausland waren wenigen Privilegierten vorbehalten. Übrigens hatten die vermehrten Reisen in die Bundesrepublik nicht die erhoffte Ventilwirkung; im Gegenteil, die Kenntnis westdeutscher Zustände aus eigener Anschauung steigerte die Unzufriedenheit.

Immer mehr Bürger entschlossen sich, die DDR auf Dauer zu verlassen. Sie beantragten Entlassung aus der Staatsbürgerschaft und ständige Übersiedlung in die Bundesrepublik. Solche Anträge wurden in der Regel mit schweren Schikanen beantwortet – oft mit dem Verlust des Arbeitsplatzes –, nach jahrelangem Warten mitunter aber doch genehmigt. Es gab Orte, in denen jeder zehnte Einwohner einen Ausreiseantrag gestellt hatte.

Die Mißstimmung reichte weit in die Mitgliedschaft und das Funktionärskorps der SED hinein. Neben der allgemeinen Misere gab es dafür besondere Gründe. Seit Mitte der achtziger Jahre waren in der Sowjetunion große Veränderungen im Gange. Michail Gorbatschow, der neue Generalsekretär der KPdSU, hatte begonnen, das in Immobilismus erstarrte Staats- und Wirtschaftssystem zu reformieren. Was besonders elektrisierend wirkte, war die neue Offenheit (»Glasnost«), mit der jetzt Kritik an Mißständen und sogar am System selbst geübt wurde. Viele SED-Genossen hatten diese Reformansätze hoffnungsvoll begrüßt. Sie mußten aber feststellen, daß ihre eigene Parteiführung von Reformen nichts wissen wollte und plötzlich auf Distanz zur Sowjetunion ging, die jahrzehntelang das unantastbare Vorbild gewesen war. Kurt Hager, das für Ideologie zuständige Politbüromitglied, erklärte im April 1987 in einem Interview: »Würden Sie, wenn Ihr Nachbar seine Wohnung neu tapeziert, sich verpflichtet fühlen, Ihre Wohnung ebenfalls neu zu tapezieren?« In so flapsiger Form äußerte die SED-Führung ihre Abneigung gegen Gorbatschows Politik nur

Ostberlin, Januar 1988. *Der traditionelle Massenaufmarsch der SED zu Ehren von Karl Liebknecht und Rosa Lusxemburg, bei dem erstmals oppositionelle Gruppen öffentlich in Erscheinung traten.*

einmal, in der Sache blieb sie dabei und erklärte wiederholt, daß die sowjetischen Methoden nicht auf andere sozialistische Länder übertragbar seien. Gleichzeitig mußte sie aber ihre unwandelbare Verbundenheit mit der Sowjetunion betonen, von der sie schließlich abhängig war. Dieses Dilemma zwang sie zum Lavieren, die bisher klare Parteilinie wurde undeutlich. Es entstand ein gewisser Spielraum für abweichende Meinungen in der Partei und – was noch wichtiger war – für erste Regungen einer Opposition gegen das Regime.

Kleine Untergrundgruppen entstanden, die sich kritisch mit der SED-Politik auseinandersetzten. Sie warfen dem Regime vor allem Verletzung der Menschen- und Bürgerrechte, Umweltzerstörung und Militarismus vor. In ihren Anschauungen standen sie den grün-alternativen Bewegungen Westdeutschlands nahe. Die meisten Angehörigen dieser Gruppen wollten den Sozialismus nicht abschaffen, sondern reformieren, demokratisieren, menschlicher machen. Unter schwierigsten Bedingungen brachten sie kleine illegale Publikationen heraus. Hier und da wurden sie von evangelischen Geistlichen unterstützt, die ihnen in

Kirchen und Gemeindehäusern ein schützendes Dach boten. Die Kirchenleitungen verhielten sich jedoch eher reserviert. Der Staatssicherheitsdienst (im Volksmund »Stasi« genannt), die gefürchtete Geheimpolizei der DDR, schlug gelegentlich hart zu und verhaftete »Rädelsführer«. Meist beschränkte er sich aber auf minutiöse Beobachtung der Gruppen. Wie genau er über sie Bescheid wußte, sollte sich später herausstellen.
Einen ersten, weltweit beachteten öffentlichen Auftritt hatte die Opposition im Januar 1988 bei der traditionellen SED-Demonstration zu Ehren von Karl Liebknecht und Rosa Luxemburg. Einige Dutzend Oppositionelle mischten sich unter die Demonstranten und zeigten Transparente mit Rosa Luxemburgs bekanntem Ausspruch »Freiheit ist immer Freiheit der Andersdenkenden«. Sie wurden sofort verhaftet; einige erhielten Gefängnisstrafen, andere wurden ausgebürgert und mußten die DDR verlassen.
Eine neue Dimension gewann die oppositionelle Bewegung bei den Kommunalwahlen im Mai 1989. Es handelte sich um die üblichen Scheinwahlen, denen früher niemand Beachtung geschenkt hatte. Diesmal jedoch verfolgten mutige Bürger die Stimmenzählung genau und stellten Widersprüche zu den amtlichen Ergebnissen fest. Offiziell wurden 98,85 Prozent Ja-Stimmen verkündet; in Wirklichkeit hatte es in manchen Stimmbezirken bis zu 15 Prozent Gegenstimmen gegeben. Bei den Behörden gingen zahlreiche Proteste gegen die Wahlfälschung ein; sie wurden brüsk zurückgewiesen. Die Empörung über diese doppelte Verhöhnung trug dazu bei, das politische Klima in den nächsten Monaten zu erhitzen.

Massenflucht und Massendemonstrationen

Die Moskauer Reformer empfanden die Existenz des eng an die Sowjetunion gebundenen Ostblocks politisch wie ökonomisch zunehmend als Belastung. Deshalb wurde die Blockdisziplin gelockert. Hatten die Satellitenstaaten bisher alle Wendungen der sowjetischen Politik mitvollziehen müssen, so gewährte Gorbatschow ihnen nunmehr die »Freiheit der Wahl«. Dabei hoffte er, daß sich in den Parteiführungen der einzelnen Länder Kräfte durchsetzen würden, die seinen Reformideen aufgeschlossen gegenüberstanden. Außer in Polen und Ungarn war das jedoch nicht der Fall. Das Politbüro der SED stand mit seiner starrsinnigen Ablehnung nicht allein.
Als besonders reformfreudig erwies sich Ungarn. Dort begann schon im Mai 1988 eine politische Umwälzung großen Stils. Der langjährige

Parteichef János Kádár wurde entmachtet, die neue Parteiführung legalisierte einen sich entwickelnden Pluralismus und verzichtete im Februar 1989 auf ihr Machtmonopol. Um ein Zeichen zu setzen, daß man sich dem Westen öffnen wolle, begann Ungarn im Mai 1989 mit dem Abbau der Sperranlagen an der Grenze zu Österreich. Als Außenminister Gyula Horn und sein österreichischer Kollege Alois Mock am 27. Juni gemeinsam ein Stück Stacheldraht durchschnitten, ahnte niemand, daß sie die erste Bresche in die Berliner Mauer schlugen.
Ungarn war ein beliebtes Reiseland für DDR-Bürger, eines der wenigen, die sie visumfrei besuchen konnten. Tausende hielten sich im Lande auf, als der Stacheldraht abgebaut wurde. Obwohl an der Grenze nach wie vor strenge Kontrollen stattfanden, wagten nicht wenige den Versuch, nach Westen zu entkommen, und einigen hundert glückte es. Daraufhin setzte ein gewaltiger Zustrom von DDR-Bürgern nach Ungarn ein. Viele von ihnen suchten die bundesdeutsche Botschaft in Budapest auf, um von dort aus ihre Ausreise zu erzwingen. Bald war der Andrang so groß, daß die Botschaft geschlossen werden mußte. Für die Ausreisewilligen wurden Auffanglager eingerichtet. Anfang September warteten dort 6500 Menschen. Da entschloß sich die ungarische Regierung zu einem kühnen Schritt. Am 11. September suspendierte sie ein Abkommen mit der DDR von 1969, das sie verpflichtete, Flüchtlinge zurückzuschicken, und erlaubte allen die Ausreise. Bis Ende des Monats gelangten auf diesem Weg über 25 000 Personen in die Bundesrepublik. Da Bonn stets an der einheitlichen deutschen Staatsbürgerschaft festgehalten hatte, waren sie ohne Formalität sofort Bundesbürger.
Die DDR reagierte hilflos. Ihre diplomatischen Proteste wies Ungarn kühl zurück. Die SED-Blätter sprachen von »Abwerbung«, »Menschenhandel« und »generalstabsmäßig vorbereiteten Aktionen der BRD«. Daß es um Flüchtlinge ging, konnte man nur Nebensätzen entnehmen. Ungarn blieb nicht der einzige Fluchtweg. Tausende DDR-Bürger drängten sich auf dem Gelände der bundesdeutschen Botschaften in Prag und Warschau. Solche »Botschaftsbesetzungen« hatte es, wenn auch in kleinerem Umfang, schon früher gegeben. Damals waren die Flüchtlinge mit der Zusage, in absehbarer Zeit ihre Ausreise zu gestatten, zur Rückkehr in die DDR bewogen worden. Diesmal fehlten Vertrauen und Geduld, die Menschen ließen sich auf Verhandlungen nicht mehr ein. Am 30. September gab die Ostberliner Regierung, wohl auf sowjetisches Drängen, endlich nach: Die Flüchtlinge – mehr als 6000 – durften in die Bundesrepublik ausreisen, aber nicht direkt, sondern in Sonderzügen, die über DDR-Gebiet führen, wo man ihnen ihre Personalausweise abnahm. In den nächsten Tagen füllten sich die Bot-

Endlich am Ziel. *Flüchtlinge aus der DDR erreichen nach Durchquerung der Tschechoslowakei den Grenzübergang Schirnding in Oberfranken.*

schaften sofort wieder mit Fluchtwilligen. Ihnen wurde am 4. Oktober die Ausreise auf dem gleichen Wege gestattet. Unterwegs versuchten DDR-Bürger auf die Züge aufzuspringen. In Dresden kam es vor dem Hauptbahnhof, wo sich eine große Menschenmenge versammelt hatte, zu brutalen Übergriffen der Polizei. Am gleichen Tag setzte die DDR den visumfreien Reiseverkehr in die Tschechoslowakei aus.

Immerhin gab die SED-Presse nun zu, daß die Ausreisenden aus eigenem Antrieb das Land verließen. »Man sollte ihnen keine Träne nachweinen«, hieß es in einem Artikel des »Neuen Deutschland«. Wie später bekannt wurde, hatte Honecker persönlich diesen Satz in den Text eingefügt.

Im Lande nahm die Gärung zu. Es trat ein, was in vorrevolutionären Situationen zu geschehen pflegt: Die Menschen verloren ihre Angst. Am 19. September beantragte erstmals eine oppositionelle Gruppe, das »Neue Forum«, beim Innenminister ihre offizielle Zulassung. Der Antrag wurde prompt abgelehnt, woraufhin die Gruppe eine gerichtliche Überprüfung verlangte – etwas bisher Undenkbares in der DDR.

Schrittmacher der oppositionellen Bewegung wurde Leipzig. In der Nikolaikirche fanden schon seit Jahren jeden Montag »Friedensgebete« statt, die mit der Zeit zum Treffpunkt der Ausreisewilligen und der Oppositionellen wurden. Seit dem Spätsommer 1989 war die Kirche jeden Montag überfüllt. Nach der Andacht gingen die Gruppen mit ihrer Forderung nach Meinungs- und Reisefreiheit auf die Straße. Obwohl sich Polizei und Staatssicherheit auf die Demonstranten stürzten, ihnen die Transparente entrissen und viele festnahmen, wurde die Zahl der Teilnehmer von Montag zu Montag größer. Am 25. September zogen 5000 Menschen durch die Straßen, am 2. Oktober waren es bereits 20 000. Im Lauf dieser einen Woche vollzog sich ein entscheidender Wandel: Beim ersten Mal skandierte die Menge »Wir wollen raus!«, beim zweiten Mal »Wir bleiben hier!« Das bedeutete: Hier im Lande muß sich etwas ändern!
Demonstrationen und Massenversammlungen fanden auch in anderen Städten statt. Weitere Oppositionsgruppen, darunter »Demokratischer Aufbruch« und »Demokratie Jetzt«, traten an die Öffentlichkeit. Auch »staatstragende« Kräfte fanden jetzt kritische Worte. Manfred Gerlach, Vorsitzender der »Blockpartei« LDP und stellvertretender Vorsitzender des Staatsrates, forderte in öffentlicher Rede Reformen nach dem Vorbild Gorbatschows. Die Berliner Organisation des Schriftstellerverbandes verlangte einen »demokratischen Dialog auf allen Ebenen«. Sogar SED-Funktionäre mahnten vorsichtig Veränderungen an. Aber das Politbüro schien nichts zu hören.

Palastrevolution

Die Hauptverantwortung für den Zustand, in dem sich die DDR 1989 befand, trug der 77jährige Erich Honecker. 1971 hatte er mit sowjetischer Hilfe seinen Vorgänger und Förderer Walter Ulbricht gestürzt und stand seither an der Spitze der SED, seit 1976 mit dem Titel Generalsekretär. Als Vorsitzender des Staatsrates war er zugleich Staatsoberhaupt, als Vorsitzender des Nationalen Verteidigungsrates Oberbefehlshaber der Streitkräfte. Seine Machtfülle war die eines Diktators. Zwar trat das oberste Führungsorgan der Partei (und damit des Staates), das Politbüro mit seinen 21 Mitgliedern und 5 Kandidaten, jeden Dienstag zu einer Sitzung zusammen, aber alle wesentlichen Entscheidungen traf Honecker allein. Mit einigen Politbüromitgliedern pflog er etwas engeren Umgang: dem Staatssicherheitsminister Erich Mielke, dem Wirtschaftssekretär Günter Mittag und dem für Medien zuständigen Joachim Herrmann. Als »Kronprinz« galt der

52jährige Egon Krenz, doch gab ihm Honecker mehr als einmal zu verstehen, daß er sich in dieser Rolle nicht allzu sicher fühlen möge. Private Kontakte zwischen den Politbüromitgliedern gab es kaum – »Erich Honecker ist zu mißtrauisch«, sagte einer von ihnen.

Die Massenflucht, das wachsende Selbstbewußtsein der Opposition und die katastrophale Wirtschaftslage spielten in den Sitzungen des Politbüros keine Rolle. Honecker wollte nichts davon hören, er war ganz mit den Vorbereitungen für den 40. Jahrestag der Gründung der DDR am 7. Oktober 1989 beschäftigt. Einige Mitglieder des Politbüros, zunächst vor allem Krenz und der Berliner Parteisekretär Günter Schabowski, hatten sich vorsichtig darüber verständigt, daß es so nicht weitergehen könne. Zumindest müsse sich die Partei mit einer Erklärung an das Volk wenden, vielleicht sei aber auch ein Wechsel an der Spitze notwendig. Vor dem Festtag konnte allerdings nichts unternommen werden.

Das Jubiläum wurde mit großem Gepränge begangen. Honeckers Festrede war eine einzige Erfolgsbilanz; über die Krise der DDR verlor er kein Wort. Gorbatschow, der als Ehrengast anwesend war, enthielt sich direkter Kritik an der Politik seines Gastgebers, gab aber deutlich zu verstehen, daß er einen Kurswechsel für lebenswichtig hielt. Vor Journalisten tat er den berühmt gewordenen Ausspruch: »Wer zu spät kommt, den bestraft das Leben!« Wo er in der Öffentlichkeit erschien, wurde er mit begeisterten »Gorbi«-Rufen begrüßt, was Honecker tief verstimmte. Am Abend des 7. Oktober kam es in Berlin zu den bisher größten Protestdemonstrationen. Sie wurden brutal niedergeknüppelt; Hunderte von Demonstranten wurden festgenommen und in der Haft mißhandelt.

Nach diesen Erfahrungen sah jedermann mit Bangen der nächsten Leipziger Montagsdemonstration am 9. Oktober entgegen. Würde es eine »chinesische Lösung« geben? Vier Monate zuvor war in Peking auf dem Tiananmen-Platz die Demokratiebewegung von Panzern niedergewalzt worden, und die SED-Führung hatte dazu Beifall geklatscht. Ein Riesenaufgebot von Polizei, Staatssicherheit und Betriebskampfgruppen stand in Leipzig bereit; die Truppen des Militärbezirks waren in erhöhte Gefechtsbereitschaft versetzt worden. Doch es geschah ein Wunder: 70 000 Menschen zogen auf den Ringstraßen rund um die Innenstadt und blieben unbehelligt. Wem das Verdienst an diesem friedlichen Ausgang zukommt, ist bis heute nicht geklärt. Ein Aufruf zur Gewaltlosigkeit, den sechs Leipziger Persönlichkeiten, darunter der Gewandhauskapellmeister Kurt Masur, an die Bevölkerung und die Staatsorgane richteten, mag dazu beigetragen haben; entscheidend war aber wohl, daß die sowjetische Besatzungsmacht, an-

ders als beim Juniaufstand 1953, nicht bereit war, zugunsten des Regimes einzugreifen. Die Losung, die diesmal in Sprechchören gerufen wurde, lautete »Wir sind das Volk!« Mit dem Verzicht, gewaltsam gegen das Volk vorzugehen, begann die Abdankung der SED.
Die Verschwörer in der Parteiführung erkannten, daß sie jetzt handeln mußten. Zunächst erreichten sie, daß das Politbüro eine Erklärung beschloß, in der erstmals – wenn auch in einen Wust optimistischer Phrasen gehüllt – selbstkritisch auf die Massenflucht und die Mißstände im Land eingegangen wurde. Honecker stimmte nur widerwillig zu und blieb in seinen öffentlichen Äußerungen dabei, daß an allen Schwierigkeiten nur der »Klassenfeind« schuld sei. Krenz und Schabowski arbeiteten nun zielstrebig auf seinen Sturz hin. Sie gewannen mehrere Mitglieder des Politbüros für ihren Plan. In der nächsten Sitzung, am 17. Oktober, stellte Ministerpräsident Willi Stoph, als ob es sich um eine Routinesache handle, den Antrag, die Genossen Honecker, Mittag und Herrmann von ihren Funktionen zu entbinden. Alle Mitglieder ergriffen nacheinander das Wort, niemand setzte sich für den Generalsekretär ein. Es zeigte sich, daß alle Bescheid gewußt hatten, wie es wirklich um die DDR stand. Als abgestimmt wurde, zollten die drei Angeklagten dem Parteiritual der »monolithischen Geschlossenheit« ihren Tribut und stimmten mit allen anderen für ihre Absetzung.
Am nächsten Tag folgte das Zentralkomitee (ZK), formal das eigentliche Beschlußorgan, gehorsam den Vorschlägen des Politbüros. Honecker durfte selbst seinen »Rücktritt« mit Gesundheitsrücksichten begründen und Krenz als Nachfolger in allen seinen Ämtern vorschlagen. Krenz wurde denn auch zum Generalsekretär gewählt und wenig später von der Volkskammer in die beiden Staatsämter eingesetzt.

Die Mauer fällt

Die neue Führung blieb nur sieben Wochen im Amt. Sie gewann nie Autorität und Glaubwürdigkeit und wurde nie Herrin der Lage, sondern lief der Entwicklung hinterher und sanktionierte, was sie nicht verhindern konnte. Personell repräsentierte sie den »Status quo minus drei«, wie es Schabowski später ausdrückte; »das war zuwenig, um uns als ein Unternehmen konsequenter Erneuerung auszuweisen«. Auch programmatisch hatte sie nichts zu bieten, was ihr jetzt noch Sympathien beim Volk hätte verschaffen können. Es zeigte sich, daß die Verschwörer kein durchdachtes Konzept für die Zeit nach Honecker hatten. Krenz bekannte sich in seiner ersten Rede zu einer »Politik von Kontinuität und Erneuerung«, versprach mehr Offenheit und Rechtsstaatlichkeit, beharrte aber auf dem Machtmonopol der Partei. Die Antwort gaben 300 000 Leipziger bei der Montagsdemonstration am 23. Oktober und fast eine Million Berliner auf dem Alexanderplatz am 4. November. Viele Sprechchöre und Transparente richteten sich diesmal ausdrücklich gegen Krenz, und eine Hauptforderung lautete »Freie Wahlen!« Besonders anrührend war ein Transparent, das eine ältere Frau mit sich führte: »Daß ich das noch erleben darf!«

Sofort nach seinem Amtsantritt ließ Krenz eine ungeschminkte Analyse der volkswirtschaftlichen Situation ausarbeiten. Das Ergebnis war niederschmetternd: Die DDR stand vor dem Bankrott, sie hatte seit langem über ihre Verhältnisse gelebt. Die Auslandsverschuldung war seit 1970 auf das 25fache gestiegen, die Exporterlöse reichten nicht mehr aus, um Zinsen und Tilgung zu bezahlen. Ein weiterer Anstieg der Verschuldung war nur zu stoppen, wenn der Lebensstandard der Bevölkerung sofort um 30 Prozent gesenkt wurde. Diese Tatsachen waren so schockierend, daß das Politbüro beschloß, sie der nächsten Plenartagung des ZK nur »in ausgewogener Form« mitzuteilen. Die Bevölkerung erfuhr selbstverständlich gar nichts, obwohl Krenz soeben noch erklärt hatte, die Gesellschaft brauche den »wissenden, gut informierten Bürger«. So kam es, daß selbst in oppositionellen Kreisen die Wirtschaftslage noch monatelang viel zu günstig beurteilt wurde.

Das ZK-Plenum tagte vom 8. bis 10. November. Es wählte ein neues, verkleinertes Politbüro. Krenz wurde im Amt bestätigt. Elf Mitglieder des alten Politbüros schieden aus, ein paar neue Gesichter kamen hinzu. Der wichtigste Zugang war Hans Modrow, bisher Erster Bezirkssekretär in Dresden. Er stand in dem Ruf, besonders reformgeneigt zu sein, und wurde offenbar in Moskauer Führungskreisen geschätzt, was ihm die Antipathie Honeckers eingetragen hatte. Das Plenum schlug Modrow als neuen Ministerpräsidenten anstelle des tags zuvor zurückgetretenen Stoph vor. Und es verabschiedete ein »Aktionsprogramm«, das ein paar Wochen früher sensationell gewirkt hätte, denn es sah freie und geheime Wahlen, kommunale Selbstverwaltung, eine Verfassungsgerichtsbarkeit, ein gewisses Maß an Pressefreiheit und eine umfassende Wirtschaftsreform vor. Aber kaum jemand nahm Notiz davon, weil etwas völlig Unglaubliches geschehen war: Die Berliner Mauer war geöffnet worden.

Am 1. November hatte die Regierung sich gezwungen gesehen, den visumfreien Reiseverkehr in die Tschechoslowakei wieder zuzulassen. Erneut hatten Tausende von DDR-Bürgern Zuflucht in der bundesdeutschen Prager Botschaft gesucht. Daraufhin erlaubte die DDR allen ausreisewilligen Bürgern, die Tschechoslowakei ohne Formalitäten in Richtung Bundesrepublik zu verlassen. In den nächsten Tagen

Öffnung der Grenzen. *Oben: Ostberliner aus dem Bezirk Treptow betreten über einen neuen Grenzübergang den Westberliner Bezirk Neukölln und werden von ihren Nachbarn herzlich begrüßt. –*
Unten: Eine 60 Kilometer lange Schlange von »Trabis« und »Wartburgs« am bayerischen Grenzübergang Rudolphstein.

machten 40 000 Menschen davon Gebrauch. Der Prager Parteiführung, die sich selbst einer immer energischer auftretenden Opposition gegenübersah, mißfiel dieser Flüchtlingstransit durch ihr Land, und sie drohte, ihre Grenze zur DDR zu schließen. Nun war das Berliner Politbüro am Ende seines Lateins. Es beschloß, im Vorgriff auf ein geplantes Reisegesetz sofort das uneingeschränkte Recht auf dauernde oder vorübergehende Ausreise zu gewähren, und zwar an allen Übergangsstellen, sowohl an der innerdeutschen Grenze wie an der innerstädtischen Grenze in Berlin. Visa sollten kurzfristig von den zuständigen Polizeidienststellen erteilt werden. Schabowski verlas eine entsprechende Mitteilung am Abend des 9. November eher beiläufig in einer Pressekonferenz. Offenbar wußte er nicht, daß die Anordnung noch nicht den ordentlichen Dienstweg von der Regierung bis zu den Grenzposten zurückgelegt hatte; sie sollte erst am folgenden Tag in Kraft treten.

Niemand von den Beteiligten hatte sich vorstellen können, was nun geschah. Die Neuigkeit verbreitete sich in Windeseile, und Zehntausende von Ostberlinern setzten sich unverzüglich in Richtung Mauer in Bewegung. Die verwirrten Grenzposten verweigerten zunächst den Durchlaß, an den Übergangsstellen bildeten sich riesige Menschentrauben, und es erschollen Sprechchöre: »Wir kommen wieder!« Schließlich wurden die Tore geöffnet, teils auf eine inzwischen ergangene Weisung von Krenz, teils auch auf eigene Verantwortung der leitenden Offiziere.

Es war eine Nacht überströmender Freude. Verwandte und Freunde sahen sich nach Jahrzehnten wieder, wildfremde Menschen fielen einander um den Hals, junge Leute betraten zum ersten Mal eine der berühmtesten Straßen ihrer Stadt, den Kurfürstendamm, den sie bisher nur vom Hörensagen kannten. Tränen flossen und Sektkorken knallten. In den folgenden Tagen und Wochen gab es eine Völkerwanderung von Ost nach West. Die DDR-Behörden stellten innerhalb von drei Tagen 4,3 Millionen Visa für Reisen in den Westen aus. Westberlin war von Besuchern aus dem Ostsektor und aus allen Teilen der DDR überschwemmt. An den Grenzübergangsstellen in die Bundesrepublik bildeten sich kilometerlange Autoschlangen. In aller Eile wurden neue Straßenübergänge geöffnet. In Berlin wurden dazu Breschen in die Mauer geschlagen.

Scharfblickende Zuschauer begriffen, was dies alles bedeutete. Julij Kwizinskij, der damalige sowjetische Botschafter in Bonn, erinnert sich: »Ich konnte fast körperlich spüren, daß die Wiedervereinigung bereits Tatsache war, die DDR im Grunde nicht mehr bestand und es keinen Weg zurück gab.«

»Wir sind ein Volk!«

Nach der Öffnung der innerdeutschen Grenze änderten die Massendemonstrationen innerhalb weniger Wochen ihr Gesicht. Die Angriffe auf die SED wurden schärfer und entschiedener; vor allem aber wurde ein ganz neues Ziel proklamiert: die Wiedervereinigung Deutschlands. Statt »Wir sind das Volk!« ertönte nun immer öfter »Wir sind *ein* Volk!«, und noch häufiger skandierte die Menge die verpönte Zeile aus der DDR-Hymne, »Deutschland, einig Vaterland«. Überall tauchten schwarzrotgoldene Fahnen ohne DDR-Emblem auf. Durch die oppositionelle Bewegung ging ein Riß. Die Gründer des Neuen Forums und der anderen Gruppen, zumeist Intellektuelle, sahen in der »bürgerlich-kapitalistischen« Bundesrepublik kein nachahmenswertes Vorbild; sie wollten eine andere, bessere DDR, einen geläuterten Sozialismus oder einen »dritten Weg«. Solange nichts anderes erreichbar schien, konnten ihnen die meisten Gegner des SED-Regimes – und das war die Mehrheit der Bevölkerung – zustimmen. Mit dem Fall der Mauer eröffneten sich jedoch ganz andere Perspektiven, und man fing an, das bisher Undenkbare zu denken. Von ihren Ausflügen in den Westen kehrten Millionen mit der Überzeugung zurück, daß nicht eine Reform der DDR notwendig sei, sondern ihre Abschaffung. Ein Aufruf »Für unser Land«, in dem Intellektuelle aus dem Reformflügel der SED und den Bürgerbewegungen beschwörend für den Erhalt der DDR als »sozialistische Alternative zur Bundesrepublik« eintraten, verhallte wirkungslos; zusätzlich wurde er dadurch kompromittiert, daß Krenz und Modrow ihn mitunterzeichneten.
Zur totalen Abkehr von der DDR trug auch die neugewonnene Freiheit des Wortes bei, von der die bisher gegängelten Journalisten rasch Gebrauch zu machen lernten. Jeder Tag brachte neue Enthüllungen: über Mißwirtschaft, Umweltzerstörung, dunkle Waffengeschäfte des Staates und das allgegenwärtige Spitzelsystem der Stasi. Was aber die Massenstimmung zum Sieden brachte, waren Berichte über Amtsmißbrauch und Privilegienwirtschaft im Kreis der Parteiführung. Man erfuhr, daß Politbüromitglieder westliche Luxuswaren in unbegrenzter Menge beziehen konnten, daß ihnen »Sonderjagdgebiete« zur Verfügung standen und daß sie auf Staatskosten für ihre Kinder Häuser bauen ließen. Wandlitz, der Name der streng abgeschirmten komfortablen Wohnsiedlung des Politbüros nördlich von Berlin, wurde zum Schlagwort für die Korruption der herrschenden Clique.
Besonders erbittert reagierten die einfachen Mitglieder der SED, die jahrzehntelang angehalten worden waren, den »führenden Genossen« blind zu vertrauen. Sie forderten eine Generalabrechnung auf einem

Leipzig, 11. Dezember 1989. *Bei der Montagsdemonstration überwiegen diesmal Plakate und Transparente, die die Wiedervereinigung Deutschlands fordern.*

außerordentlichen Parteitag. Die Führung wollte zunächst nur eine weniger gewichtige Parteikonferenz zugestehen, geriet aber derart unter Druck der Mitgliedschaft, daß sie den Parteitag für Mitte Dezember einberief, mit einer Tagesordnung, die Krenz als Hauptredner vorsah. Jetzt nahm die Entwicklung ein rasendes Tempo an, dem Politbüro glitt alles aus den Händen. Am 1. Dezember strich die Volkskammer den Verfassungspassus, der die führende Rolle der SED im Staat festlegte – die Partei stimmte ihrer eigenen Entmachtung zu. Am 2. Dezember wurde Krenz ausgepfiffen, als er vor dem Parteihaus zu Genossen sprechen wollte. Am Tag darauf traten ZK und Politbüro geschlossen zurück, nachdem sie rasch noch Honecker und elf weitere Mitglieder der alten Führung aus der Partei ausgeschlossen hatten. Krenz legte wenige Tage später auch seine Staatsämter nieder. Ein Ausschuß, als dessen Kopf bald der Rechtsanwalt Gregor Gysi hervortrat, übernahm vorläufig die Leitung der Partei. Der Parteitag trat am 8. Dezember zusammen. Er distanzierte sich scharf von der »stalinistischen Vergangenheit«, lehnte aber die von einigen Delegierten geforderte Auflösung der Partei ab – hauptsächlich wohl, um ihr riesiges Vermögen zu retten. Der Parteiname SED erhielt den Zusatz PDS (»Partei des demokratischen Sozialismus«). Zum Vorsitzenden (den diskreditierten Titel »Generalsekretär« ließ man fallen) wurde Gysi gewählt. Einer seiner Stellvertreter wurde Ministerpräsident Modrow – der einzige in der neuen Führung, der schon vor der Wende hohe Parteiämter bekleidet hatte. Mit Nachdruck bekannte sich der Parteitag zur Eigenständigkeit der DDR.

Kohls Zehnpunkteplan

Die dramatischen Vorgänge in der DDR erschütterten die westdeutsche Öffentlichkeit. Wider alles Erwarten war in der deutschen Frage etwas in Bewegung gekommen. Anfangs reagierte man in Bonn sehr vorsichtig. Regierung und Opposition versicherten einhellig, daß niemand an einer »Destabilisierung« der DDR interessiert sei. Wenn das Wort »Wiedervereinigung« fiel, dann zunächst fast nur in negativer Form: Man warnte vor »Wiedervereinigungsgerede«. Erich Böhme, Chefredakteur des »Spiegel«, begann einen Artikel mit den Worten: »Ich möchte nicht wiedervereinigt werden.« Vereinzelt gab es aber auch schon andere Stimmen. So revidierte Willy Brandt seine früheren Ansichten und bemerkte, die Zeit der kleinen Schritte in der Deutschlandpolitik sei vorbei, und am Tag nach der Maueröffnung fand er die bewegenden Worte: »Jetzt wächst zusammen, was zusammengehört.« Hingegen erklärte sein Parteifreund Walter Momper bei der gleichen Gelegenheit, dies sei nicht der Tag der Wiedervereinigung, sondern des Wiedersehens, und im Westberliner Abgeordnetenhaus lehnte die Mehrheit aus SPD und Alternativer Liste eine Resolution ab, in der die deutsche Einheit als Ziel erwähnt wurde. Noch Ende November sagte die grüne Abgeordnete Jutta Oesterle-Schwerin im Bundestag, sie habe Angst vor der Wiedervereinigung, und es gebe »keinen einzigen vernünftigen Grund, der für eine Wiedervereinigung spricht«.
Die Bundesregierung verfolgte den Umschwung der Massenstimmung in der DDR genau, hielt sich aber aus außenpolitischen Gründen mit Äußerungen zur Wiedervereinigungsfrage längere Zeit zurück. Einem Vertrauten sagte der Kanzler, »die Menschen in der DDR müßten die Drängenden sein; Bonn dürfe die Entwicklung nur flankieren«. Am 28. November sah Kohl die Zeit gekommen, an die Öffentlichkeit zu gehen. Er unterbreitete dem Bundestag einen Zehnpunkteplan, der vorsah, von praktischen Sofortmaßnahmen über eine Vertragsgemeinschaft der beiden deutschen Staaten und konföderative Strukturen

schließlich zu einer bundesstaatlichen Ordnung zu gelangen, das heißt, zu einem wiedervereinigten Deutschland. Welche Zeiträume er sich für diese Entwicklung vorstellte, ließ er offen, und nachdrücklich betonte er, daß sie in einen gesamteuropäischen Prozeß eingebettet bleiben müsse. Es war ihm sehr darum zu tun, Befürchtungen vor einem deutschen »Alleingang« zu zerstreuen.

Reaktionen im Ausland

Besorgnisse und Widerstand gab es in der Tat. Am schroffsten war die Ablehnung in Moskau. Gorbatschow versicherte Krenz und Modrow wiederholt, die Sowjetunion stehe fest an der Seite der DDR und sehe in ihr einen wichtigen Garanten für Frieden und Stabilität in Europa. Am 9. Dezember erklärte er vor dem ZK der KPdSU: »Wir unterstreichen mit aller Entschiedenheit, daß wir die DDR nicht im Stich lassen... Es muß von den nach dem Krieg entstandenen Realitäten ausgegangen werden, zu denen die Existenz zweier souveräner deutscher Staaten gehört.« Demonstrativ nahm die Sowjetunion ihre Siegerrechte in Anspruch und erreichte, daß sich erstmals seit 18 Jahren die Botschafter der vier Mächte im Berliner Kontrollratsgebäude zu einer Konferenz trafen. Allerdings hielt sich Gorbatschow eine Hintertür offen: Bei anderen Gelegenheiten sagte er, über die Zukunft Europas werde letztlich »die Geschichte« entscheiden. Und wie man später erfuhr, war im sowjetischen Außenministerium schon 1987 darüber nachgedacht worden, ob die Teilung Deutschlands auf Dauer Bestand haben könne. Die Kehrtwendung, die die sowjetische Politik wenig später machte, war nicht ganz unvorbereitet.
Eindeutig positiv war die Haltung der USA. Präsident George Bush erklärte schon im Oktober: »Ich teile die Sorge mancher europäischer Länder über das wiedervereinigte Deutschland nicht«, und Botschafter Vernon Walters meinte gleich nach dem Fall der Mauer, wer sich gegen die Wiedervereinigung ausspreche, werde politisch hinweggefegt werden. Kurz darauf erklärte sich die US-Regierung offiziell für das deutsche Selbstbestimmungsrecht und die Wiedervereinigung. Ihr Einverständnis knüpfte sie an zwei Bedingungen: Das vereinte Deutschland müsse Mitglied der NATO bleiben und die Oder-Neiße-Linie als endgültige deutsch-polnische Grenze anerkennen. Die zweite Bedingung erschien leicht erfüllbar, die erste aber damals kaum.
Die europäischen Verbündeten der Bundesrepublik, Frankreich und Großbritannien, standen dem Gedanken der deutschen Einheit sehr reserviert gegenüber und fügten sich nur widerstrebend in das Unver-

meidliche. Sie fürchteten die Übermacht eines größeren Deutschlands in Europa und wünschten keine Veränderung des bequemen Status quo mit seinen festgefügten, berechenbaren Machtblöcken. Präsident François Mitterrand bestritt nicht das Selbstbestimmungsrecht der Deutschen, bezeichnete aber eine Wiedervereinigung als »nicht aktuell«; sie könne nur das Ergebnis eines längeren politischen Prozesses unter Mitwirkung der vier Siegermächte sein. Bald nach dem Fall der Mauer traf er sich mit Gorbatschow in Kiew, um die neue Lage zu erörtern, und Ende Dezember stattete er der DDR einen Staatsbesuch ab, wo er als Gastgeber nur noch den LDP-Vorsitzenden Gerlach antraf, der die Repräsentationspflichten des zurückgetretenen Krenz übernommen hatte.

Noch abweisender war die britische Premierministerin Margaret Thatcher. Ende Januar 1990 schickte sie ihren Außenminister nach Ostberlin, wo er sich für intensivere bilaterale Beziehungen zwischen Großbritannien und der DDR aussprach. Mitte Februar erklärte sie, Deutschland könne nur dann vereinigt werden, wenn alle 35 Unterzeichnerstaaten der KSZE-Schlußakte von 1975 zustimmten. Und Ende März lud sie mehrere Historiker zu einem Gespräch ein und bat sie um Aufschluß, welche Gefahren von einem vereinten Deutschland aufgrund des deutschen Nationalcharakters drohen könnten.

Ähnliche Besorgnisse wurden in Westeuropa von zahlreichen Politikern und Journalisten geäußert (und von deutschen Gegnern der Wiedervereinigung gern aufgegriffen). Dabei fielen irreführende Schlagworte wie »Großdeutschland« und »Viertes Reich«. Diese »veröffentlichte Meinung« stimmte nicht mit der öffentlichen Meinung überein. Umfragen zeigten, daß in den meisten Nachbarländern die »einfachen Leute« nichts gegen die deutsche Wiedervereinigung hatten, sie vielmehr begrüßten, weil sie einem unnatürlichen Zustand ein Ende machte. Die Furcht vor Deutschland, soweit sie vorhanden war, wurde durch die neuen Perspektiven nicht vermehrt, sondern vermindert.

Die Regierung Modrow

Hans Modrow war am 13. November von der Volkskammer zum Ministerpräsidenten der DDR gewählt worden. Er war von Korruptionsvorwürfen unbelastet, und seine asketische Erscheinung wirkte auf viele vertrauenerweckend. Seine Regierungserklärung vom 17. November, in der er eine »demokratische Erneuerung« ankündigte, blieb allerdings in den meisten Punkten recht vage, besonders was die vorgesehene Wirtschaftsreform betraf. An der sozialistischen Planwirtschaft hielt er ausdrücklich fest. Auch die Zusammensetzung seines Kabinetts versprach keinen grundlegenden Neubeginn. Zwar durften die vier »Blockparteien« 11 der 28 Minister stellen, während es bisher immer nur vier gewesen waren; aber etliche der 17 SED-Minister hatten schon der vorigen Regierung angehört oder waren einfach die nachgerückten Stellvertreter ihrer Vorgänger. Das verhaßte Ministerium für Staatssicherheit hatte man in »Amt für Nationale Sicherheit« umgetauft. Modrow distanzierte sich scharf von der alten Partei- und Staatsführung. Die »führende Rolle« einer Partei kam in seiner Rede nicht mehr vor, und sein Kabinett bezeichnete er als »Koalitionsregierung« – ein in der DDR bis dahin unbekanntes Fremdwort.

Im Verhältnis zur Bundesrepublik sprach sich Modrow für eine weit über alle bisherigen Verträge hinausgehende »Vertragsgemeinschaft« aus. Diesen Vorschlag griff Kohl in seinem Zehnpunkteplan auf. Am 19. Dezember reiste er zu Gesprächen mit Modrow nach Dresden. Man einigte sich auf verschiedene praktische Maßnahmen; so durften Bundesbürger ab sofort visumfrei und ohne Zwangsumtausch die DDR besuchen. Die Vertragsgemeinschaft wurde für das Frühjahr 1990 in Aussicht genommen; Verhandlungen der Fachminister sollten sie vorbereiten. Vor Zehntausenden von Dresdnern, die ihm zujubelten, hielt Kohl eine Rede, in der er den Willen zur deutschen Einheit bekräftigte, aber zu Augenmaß und Rücksicht auf die Nachbarn mahnte. Von seinem Besuch nahm er die Gewißheit mit, daß die Wiedervereinigung schneller kommen werde, als man bisher gedacht hatte.

Inzwischen war in der DDR ein ganz neues politisches Organ ins Leben getreten. »Aus tiefer Sorge um unser in eine Krise geratenes Land, seine Eigenständigkeit und seine dauerhafte Entwicklung« traten am 7. Dezember in Ostberlin Vertreter der oppositionellen Gruppen und der »etablierten« Parteien und Organisationen zusammen und bildeten einen »Runden Tisch«. Vorbilder waren die gleichnamigen Gremien, die in Polen und Ungarn beim Demokratisierungsprozeß eine große Rolle gespielt hatten. Der Runde Tisch wollte keine Nebenregierung sein, »keine verbindlichen Entscheidungen treffen«, und er wurde von der Regierung zunächst auch nicht sonderlich ernst genommen. Immerhin erhob er sogleich zwei bedeutsame Forderungen: Auflösung des Amtes für Nationale Sicherheit unter ziviler Kontrolle und Abhaltung freier und geheimer Volkskammerwahlen am 6. Mai 1990.

Der Wahltermin wurde widerspruchslos akzeptiert, doch in der Frage der Stasi-Nachfolge machte die Regierung Winkelzüge. Sie beschloß zwar die Auflösung des Amtes, kündigte aber gleichzeitig die Errichtung eines Organs für »Verfassungsschutz« an, was nur auf einen wei-

Der »Runde Tisch«. *Erste Sitzung des neugebildeten Gremiums. Im Vordergrund (sitzend, mit Blick zur Kamera) der amtierende Staatsratsvorsitzende Manfred Gerlach.*

teren Namenswechsel hinauslief. Als Begründung mußten angeblich zunehmende neonazistische Umtriebe herhalten, und sehr gelegen tauchten antisowjetische Schmierereien am sowjetischen Ehrenmal in Berlin-Treptow auf. Der sonst sehr maßvolle Runde Tisch ließ sich nicht beirren; er blieb bei seiner Forderung und wurde von aufgebrachten Demonstranten unterstützt. Modrow mußte zurückweichen. Am 12. Januar 1990 erklärte er vor der Volkskammer, vor den Wahlen werde kein neues Sicherheitsorgan geschaffen.

Dieser Rückzug war ein Schwächezeichen und spiegelte die Veränderung der Lage wider. Die DDR stand vor dem wirtschaftlichen Zusammenbruch. Der Strom der Übersiedler (von »Flüchtlingen« konnte man seit dem Fall der Mauer nicht mehr sprechen) hielt unvermindert an: 1989 hatten 343 000 Menschen die DDR verlassen, Ende Januar 1990 waren es bereits wieder 58 000. In vielen Betrieben und Verwaltungen gab es keinen geordneten Arbeitsablauf mehr. Mit der Funktionsfähigkeit der Wirtschaft schwand auch die staatliche Autorität dahin. Am 15. Januar stürmte eine wütende Menge die Stasi-Zentrale

in der Berliner Normannenstraße. Innerhalb weniger Wochen hatten sich die Machtverhältnisse umgekehrt: Modrow mußte den Runden Tisch um Kooperation bitten. In gegenseitigem Einvernehmen wurde der Wahltermin auf den 18. März vorverlegt. Acht Vertreter oppositioneller Gruppen erklärten sich bereit, als Minister ohne Geschäftsbereich in die Regierung einzutreten. Und noch etwas war im Laufe des Monats Januar geschehen: Praktisch alle Gruppen und Parteien einschließlich der SED (die sich jetzt nur noch PDS nannte) waren auf den Kurs der Wiedervereinigung eingeschwenkt, wenn auch mit unterschiedlichen Vorstellungen über das Wie und Wann.
Auch in Moskau hatte man inzwischen erkannt, daß der Strom des Geschehens nicht aufzuhalten war. Am 30. Januar war Modrow bei Gorbatschow und erfuhr von ihm, »daß die Vereinigung der Deutschen niemals von niemandem prinzipiell in Zweifel gezogen wird«. Alle Beteiligten müßten jetzt »verantwortungsvoll handeln«. Damit war der Ministerpräsident autorisiert, zwei Tage später zu erklären: »Die Wiedervereinigung der beiden deutschen Staaten rückt auf die Tagesordnung.« Er übernahm Kohls Stufenplan mit den Schritten Vertragsgemeinschaft – Konföderation – Bundesstaat, allerdings mit der Maßgabe, daß das vereinigte Deutschland neutral sein müsse. Wenig später bemerkte er jedoch, dies sei »nur eine Überlegung«. Deutete sich hier schon ein weiterer Meinungswechsel der Sowjetführung an? Als Kohl und Genscher am 10. Februar bei Gorbatschow in Moskau vorsprachen, erklärte er ihnen noch deutlicher, als er es Modrow gegenüber getan hatte, daß es Sache der Deutschen sei, den Zeitpunkt und den Weg ihrer Vereinigung selbst zu bestimmen. Die Frage nach dem militärischen Status Gesamtdeutschlands blieb zwar noch offen, aber der Weg zur Wiedervereinigung war frei.

Freie Wahlen in der DDR

Am 5. Februar wurden die acht neuen Minister vereidigt, damit hatte die DDR eine »Regierung der nationalen Verantwortung«. Eine Woche darauf reiste Modrow mit einer großen Regierungsdelegation nach Bonn. Kurz zuvor hatte die Bundesregierung vorgeschlagen, Verhandlungen über die Gründung einer Wirtschafts- und Währungsunion aufzunehmen, und dies war das Hauptthema des Treffens. Es war inzwischen auch zum Hauptthema der unvermindert anhaltenden Demonstrationen in der DDR geworden, denn eine der häufigsten Losungen lautete jetzt: »Kommt die D-Mark, bleiben wir; kommt sie nicht, gehn wir zu ihr!« Die D-Mark war in der DDR schon seit langem die inoffizielle Zweitwährung, eigentlich sogar die Währung erster Klasse; die offizielle Währung, die Mark der DDR, nannte man verächtlich »Alu-Chip«. Das Ergebnis der Bonner Gespräche war mager. Man vereinbarte die Bildung einer Expertenkommission zur Vorbereitung der Wirtschafts- und Währungsunion. Sein eigentliches Ziel, für das sich besonders der Runde Tisch stark gemacht hatte, erreichte Modrow nicht: die Gewährung eines ungebundenen »Solidarbeitrags« von 10 bis 15 Milliarden DM. Die Bundesregierung lehnte es ab, der nicht durch Wahlen legitimierten Regierung Modrow, die die angekündigte Wirtschaftsreform verschleppte und noch immer sozialistischen Illusionen anhing, finanziell den Rücken zu stärken. Erst mit einer frei gewählten Regierung wollte sie ernsthaft verhandeln.

Der Wahlkampf war bereits in vollem Gange. Innerhalb weniger Wochen entstand unter starkem westdeutschem Einfluß ein ganz neues Parteiensystem. Die SPD in der DDR war eine Neugründung, da die alte SPD 1946 durch Zwangsvereinigung mit der KPD in der SED aufgegangen war. Die neue Partei, die sich anfangs eher den oppositionellen Bürgerbewegungen verwandt fühlte, wurde schon früh von der West-SPD unterstützt. Die vier Blockparteien CDU, LDP, NDPD und DBD, jahrzehntelang treue Stützen des SED-Regimes, hatten sich seit Dezember 1989 nach und nach aus der Vormundschaft der SED gelöst und ihre kompromittierten Führungen ausgewechselt, während die mittleren und unteren Funktionäre größtenteils im Amt blieben. Die bundesdeutschen Regierungsparteien CDU und FDP zögerten zunächst, mit den »Blockflöten«, wie sie der Volksmund nannte, zusammenzugehen, doch die Notwendigkeiten des Wahlkampfes ließen sie ihre Bedenken überwinden. Unter Mitwirkung des Kanzlers bildete die Ost-CDU mit der DSU – einer konservativen Neugründung, die von der bayerischen CSU gefördert wurde – und der Bürgerbewegung »Demokratischer Aufbruch« ein Wahlbündnis »Allianz für Deutschland«, in dem die Parteien ihre Eigenständigkeit behielten. Analog schloß sich die LDP mit zwei neuen liberalen Gruppen zum »Bund Freier Demokraten« zusammen. West-CDU und FDP übernahmen die Patenschaft über ihre Schwesterparteien in der DDR. NDPD und DBD hatten kein westliches Gegenstück und fanden deshalb wenig Beachtung. Die drei Bürgerbewegungen »Neues Forum«, »Demokratie Jetzt« und »Initiative Frieden und Menschenrechte« bildeten einen Wahlverbund »Bündnis 90«. Insgesamt kandidierten 24 Parteien, Gruppen und Listenverbindungen für Sitze in der Volkskammer. Es galt ein reines Verhältniswahlrecht ohne Sperrklausel.

Das wichtigste Wahlkampfthema war das Tempo der Wiedervereinigung, die jetzt nur noch von kleinen linken Randgruppen strikt abgelehnt wurde. Für einen schrittweisen Vereinigungsprozeß im Einklang mit der europäischen Einigung war die PDS, und auch die Bürgerbewegungen sträubten sich gegen einen »Anschluß«. Die Allianz trat für den schnellen Weg zur Einheit ein, sie forderte den Beitritt der DDR zur Bundesrepublik, der nach Artikel 23 des Grundgesetzes ohne weiteres möglich war. Die SPD schwankte; sie neigte mehr zum langsameren Weg über eine neue gesamtdeutsche Verfassung nach Artikel 146, wollte aber auch das kürzere Verfahren nicht ausschließen. In der Wirtschaftspolitik sprachen sich fast alle Parteien für eine sozial und ökologisch geprägte Marktwirtschaft aus, aber mit unterschiedlicher Akzentsetzung. Die Allianz verlangte die sofortige Einführung der D-Mark; die SPD hatte gewisse Bedenken gegen die Währungsunion; die Bürgerbewegungen wollten die »sozialen Errungenschaften« der DDR bewahren, vor allem das garantierte Recht auf Arbeit; und nach Meinung der PDS sollte das »Volkseigentum« die vorherrschende Eigentumsform bleiben.

Die ersten, freilich nicht sehr zuverlässigen Meinungsumfragen ließen einen sicheren Sieg der SPD erwarten, für den auch historische und soziale Gründe zu sprechen schienen: Sachsen und Thüringen waren immer »rote« Hochburgen gewesen, und der Arbeiteranteil an der Bevölkerung war sehr hoch, während es kaum einen Mittelstand gab. Um so größer war die Überraschung am Wahlabend: Die Allianz errang einen triumphalen Sieg mit 48,1 % der Stimmen, wovon allein auf die CDU 40,8 % entfielen. Die SPD erhielt nur wenig mehr als die Hälfte, nämlich 21,9 %. Die PDS wurde mit 16,4 % drittstärkste Partei, während das Bündnis 90 gerade 2,9 % erreichte. Die Gründe für dieses Ergebnis waren nicht schwer zu finden. Die Mehrheit der Bevölkerung wählte die Parteien, die für die Vereinigung ohne Wenn und Aber waren, für die rasche Herbeiführung »westlicher« Zustände. Der Garant dieser Politik war Bundeskanzler Kohl, der in seinen Wahlreden Optimismus und Zuversicht ausstrahlte. Freilich machte er dabei unkluge Voraussagen, die ihm später oft vorgehalten wurden, etwa die, daß die DDR nach einer »Übergangszeit« (die sich natürlich niemand lang vorstellte) ein »blühendes Land« sein werde. Bei der SPD hörten die Wähler vor allem Vorbehalte und Zweideutigkeiten heraus. Der designierte Kanzlerkandidat Oskar Lafontaine machte den Eindruck, daß ihm die Wiedervereinigung keine Herzenssache sei, hatte er doch erst unlängst erklärt, soziale Gerechtigkeit sei wichtiger als staatliche Einheit. Schließlich wurde die SPD auch – zu Unrecht – in die Nähe des verhaßten »real existierenden Sozialismus« gerückt, von dem man nichts mehr wissen wollte. Daß die PDS, die nur oberflächlich gewendete SED, immerhin ein Sechstel der Wähler für sich gewinnen konnte

– in Ostberlin sogar fast ein Drittel -, erklärt sich vor allem aus der hohen Zahl der Funktionäre und Nutznießer des alten Regimes. Es mag sein, daß manche auch deshalb für sie stimmten, weil sie Angst vor dem unbekannten Neuen hatten und sich lieber an das bekannte Alte hielten.

War es eine Revolution?

Für die im Bündnis 90 zusammengeschlossenen Bürgerbewegungen war die Volkskammerwahl vom 18. März eine große Enttäuschung: Sie errangen nur zwölf Mandate. Aus ihren Kreisen und von sympathisierenden Beobachtern vernahm man die Klage, die »Revolutionäre der ersten Stunde« hätten ihre Schuldigkeit getan und würden nun beiseite gedrängt. Dieser Vorwurf ist unberechtigt. Der Mut derer, die die ersten illegalen Gruppen gründeten und mit Reformforderungen auf die Straße gingen, als es noch unberechenbar gefährlich war, verdient größte Bewunderung. Aber im Grunde hatten die Bürgerbewegungen ihre Rolle schon nach dem Fall der Mauer ausgespielt.
Hier ist ein Rückblick auf die Ereignisse notwendig, die zum Ende des SED-Regimes führten. Man hat sich angewöhnt, von einer »friedlichen Revolution« zu sprechen. Gibt es so etwas – ist Revolution nicht ihrem Wesen nach unfriedlich und gewaltsam? War es überhaupt eine Revolution?
Ursachen und Verlauf der Umwälzung in der DDR sind nur zu verstehen, wenn man das ganze »sozialistische Lager« ins Auge faßt. Der Zerfall des kommunistischen Herrschaftssystems begann 1981 in Polen, als die Sowjetunion nicht militärisch gegen die Volksbewegung eingriff und die unabhängige Gewerkschaftsbewegung »Solidarność« zwar verboten, aber nicht vernichtet wurde. Mit Gorbatschows Machtantritt gewann der Prozeß an Tempo und Intensität. Eines folgte aus dem anderen: Ohne Perestroika keine radikalen Reformen in Ungarn, ohne diese Reformen keine Öffnung der Grenze zu Österreich, ohne Grenzöffnung keine Massenflucht von DDR-Bürgern, ohne Massenflucht keine Massendemonstrationen in Leipzig und Berlin.
Am frühesten und am stärksten wurde das Regime von den Zehntausenden erschüttert, die in der DDR keine Zukunft für sich sahen und ihr den Rücken kehrten, sobald sich eine Möglichkeit dazu bot. Die Fluchtbewegung schwächte das Regime so, daß es die Demonstrationen dulden mußte, und sie erzwang schließlich die Öffnung der innerdeutschen Grenze. Nach dem Fall der Mauer ebbte sie nicht etwa ab, sondern schwoll gewaltig an. Die Flüchtenden, aber auch die meisten Bleibenden wollten keine DDR mehr.

Die Bürgerrechtler wollten Meinungsfreiheit und Rechtssicherheit; sie träumten von einer menschlichen, solidarischen Gesellschaft, aber sie wollten die DDR nicht beseitigen. Manchen von ihnen war schon die Reisewelle nach der Maueröffnung nicht geheuer: Sie sahen ihre Mitbürger ungern den Verlockungen der kapitalistischen Konsumgesellschaft des Westens ausgesetzt. Revolutionäre im herkömmlichen Sinne streben nach der Macht im Staat – die Bürgerrechtler taten es nicht. »Ich will nicht Regierung sein«, sagte Bärbel Bohley, eine Mitgründerin des Neuen Forums, im Dezember 1989. »Ich will nicht Macht über Menschen ausüben. Wir sind und bleiben Opposition. Die SED hat die Verantwortung für die Probleme in der DDR. Sie muß die Probleme selbst lösen.« Bei dieser Haltung blieben die meisten Bürgerrechtler bis zum Schluß. Ihre Vertreter am Runden Tisch wollten nicht mitregieren, sie ließen das Modrow-Kabinett in der Mehrzahl der Fälle schalten und walten. Ihr größter Erfolg war, daß sie die Weiterführung der Stasi unter anderem Namen verhinderten. Mit großem Einsatz arbeiteten sie auch an der Auflösung des Stasi-Apparats, aber da zeigte sich bereits, daß ihnen die Machtmittel fehlten, um sich gegen die alten SED-Kader durchzusetzen, die unter Modrow und auch noch unter seinem Nachfolger weiteramtierten. Zum schlechten Abschneiden der Bürgerrechtler bei den Wahlen trug auch bei, daß sie keine Partei sein wollten. Eine straffe Parteiorganisation widersprach ihrer Vorstellung von einer basisdemokratischen, nach allen Seiten offenen Bewegung. Westdeutsche Journalisten und Politiker nannten die Bürgerrechtler herablassend eine »Laienspielschar«. Das war töricht und ungerecht. Wie sollte jemand nach vierzig Jahren SED-Herrschaft unbelastet und zugleich ein versierter Berufpolitiker sein? Wer sich dem Regime konsequent ferngehalten hatte, war namenlos und hatte nie eine Möglichkeit gehabt, irgendwelche Fertigkeiten im politischen und administrativen Handwerk zu erwerben. Im Gegensatz zur Novemberrevolution von 1918 standen 1989 keine erfahrenen oppositionellen Parlamentarier, Kommunalpolitiker oder Gewerkschaftler bereit, die den alten Amtsinhabern mit Selbstbewußtsein und Sachkenntnis gegenübertreten konnten. Bezeichnenderweise waren unter den neuen Politikern der DDR ungewöhnlich viele evangelische Geistliche: Sie waren die einzigen, die unter der SED-Herrschaft Gelegenheit gehabt hatten, sich in der Kunst der freien öffentlichen Rede zu üben.

Bisher war von den oppositionellen Kräften die Rede. Wie stand es um die Herrschenden? War ihr Abgang ein gewaltsam herbeigeführter Sturz? Das war er sicher nicht. Die Umwälzung verlief völlig gewaltlos. Keinem Funktionär, ob hoch oder niedrig, wurde ein Haar gekrümmt. Das Ende der SED-Herrschaft wird oft als »Implosion« bezeichnet;

ein einfacheres Wort ist »Abdankung«. Die Parteimachthaber in der DDR waren tief verunsichert. Sie wußten, daß sie nicht wie bisher weiterregieren konnten, und sie wußten auch, daß die Sowjetunion weder willens noch imstande war, sie militärisch zu schützen. So genügte ein verhältnismäßig geringer Druck von unten, um sie zur Abdankung zu zwingen, wobei sich der Abdankungsprozeß dank der Gutmütigkeit der Opposition über Monate hinzog. Ähnlich verliefen die Dinge in den anderen Ostblockstaaten, mit der einzigen Ausnahme Rumäniens, wo Blut floß. Ein berühmtes Diktum Lenins lautet: »Erst dann, wenn die ›Unterschichten‹ das Alte nicht mehr wollen und die ›Oberschichten‹ in der alten Weise nicht mehr können, erst dann kann die Revolution siegen.« In diesem weitgefaßten Sinne war das, was 1989/90 in der DDR geschah, eine Revolution.

Die Regierung de Maizière

Die neue Volkskammer konstituierte sich am 5. April. Zur Präsidentin wurde die Ärztin Sabine Bergmann-Pohl (CDU) gewählt. Das Parlament beschloß zwei Verfassungsänderungen: Die Präambel, wonach die DDR »ein sozialistischer Staat der Arbeiter und Bauern« war, wurde gestrichen, und der Staatsrat wurde abgeschafft. Staatsoberhaupt sollte künftig wie in den Anfangsjahren der DDR ein Präsident sein. Bis zu seiner Wahl – zu der es nicht mehr kam – sollte die Volkskammerpräsidentin seine Aufgaben wahrnehmen.

Verhandlungen zwischen den Parteien hatten sofort nach der Wahl begonnen. Sie gestalteten sich schwierig, weil die SPD zunächst eine Regierungsteilnahme ablehnte. Schließlich wurde aber eine Regierung der großen Koalition aus den drei Allianzparteien, dem liberalen Parteienbündnis und der SPD gebildet. Ministerpräsident wurde der Rechtsanwalt Lothar de Maizière, der 1989 den Vorsitz der CDU in der DDR übernommen und in der Regierung Modrow das Amt eines stellvertretenden Ministerpräsidenten bekleidet hatte. In seiner Regierungserklärung vom 19. April nannte er als Ziel die schnelle Herstellung der Einheit Deutschlands, die aufgrund des Artikels 23 des Grundgesetzes vertraglich zu vereinbaren sei. Mit den Worten »Teilung kann nur durch Teilen überwunden werden« appellierte er an die Solidarität der Westdeutschen.

Bei der Vereidigung des Kabinetts kam es zu einem Eklat. De Maizière weigerte sich, den Eid auf die noch geltende sozialistische Verfassung abzulegen. Er wurde deswegen von der PDS, die sich zur Hüterin des Rechtsstaates aufwarf, aber auch vom Bündnis 90 scharf angegriffen.

Nach hitziger Debatte kam ein Kompromiß zustande: die Regierung wurde auf »Recht und Gesetze der DDR« vereidigt. Der Vorgang war bezeichnend für die Halbherzigkeit der Umwälzung in der DDR. Es hätte nahegelegen, die Verfassung, die nie etwas anderes gewesen war als ein Feigenblatt vor der Alleinherrschaft des Politbüros, kurzerhand für nichtig zu erklären, ja es hätte einer solchen Erklärung nicht einmal bedurft; im November 1918 hatte ja auch niemand nach dem Verbleib der Verfassung des Kaiserreiches gefragt. Aber de Maizière und die meisten der neuen Politiker waren ängstlich auf Legalität und Kontinuität bedacht. So mußte sich die Volkskammer in den folgenden Wochen noch mehrmals mit dem staatsrechtlichen Erbe des SED-Staates befassen. In einem besonderen Gesetz wurden Rechtsgrundsätze, die sich auf die sozialistische Staatsordnung bezogen, außer Kraft gesetzt. Auch war ein spezieller Beschluß erforderlich, damit das Staatswappen der DDR – Ährenkranz mit Hammer und Zirkel – von allen öffentlichen Gebäuden entfernt werden konnte. Was sich nicht einfach durch Gesetz aus der Welt schaffen ließ, war das Personal der Diktatur. Auf allen wichtigen und auch auf den meisten untergeordneten Posten in Verwaltung, Justiz, Polizei, Militär und Wirtschaft saßen SED-Mitglieder. Auf ihre Dienste war die junge Demokratie angewiesen.

Von einer besonders abscheulichen Hinterlassenschaft des Regimes kamen in diesen Tagen die ersten Zipfel zum Vorschein. Es waren die Stasi-Akten. Ihr riesenhafter Umfang und ihr teuflischer Charakter wurden erst später deutlich.

Währungsunion und Einigungsvertrag

Der Wille zur Wiedervereinigung ging von der Bevölkerung der DDR aus, und das Tempo wurde von ihr bestimmt, vor allem von den Übersiedlern: In den zweieinhalb Monaten von Jahresbeginn bis zur Volkskammerwahl waren nochmals über 140 000 Bürger nach Westen gegangen. Nun aber, wo es galt, die konkreten Formen der Vereinigung festzulegen, ging die Initiative an den Westen über. In den jetzt folgenden Vertragsverhandlungen dominierte eindeutig die Bundesregierung. Bundesinnenminister Wolfgang Schäuble kennzeichnete später seine Position am Verhandlungstisch so: »Meine stehende Rede war: Liebe Leute, es handelt sich um einen Beitritt der DDR zur Bundesrepublik, nicht um die umgekehrte Veranstaltung ... Wir tun alles für euch. Ihr seid herzlich willkommen ... Aber hier findet nicht die Vereinigung zweier gleicher Staaten statt.«

Zunächst stand die Währungsunion auf der Tagesordnung, die von der Bundesregierung schon Anfang Februar angeboten worden war. Die Bundesbank stand diesem Vorhaben skeptisch gegenüber. Sie hätte eine allmähliche Zusammenführung der beiden deutschen Wirtschaftsgebiete vorgezogen, mußte sich jedoch dem politischen Druck fügen, der von Bonn, vor allem aber von der DDR-Bevölkerung ausging, die der schnellen Einführung der D-Mark entgegenfieberte. Anfang April wurde durch eine Indiskretion bekannt, daß die Bundesbank empfohlen hatte, die DDR-Mark grundsätzlich im Verhältnis 2:1 gegen D-Mark umzutauschen. Das sollte auch für Löhne und Renten gelten; nur Sparguthaben bis zu 2000 Mark sollten 1:1 umgestellt werden. Ein Aufschrei der Empörung war die Antwort aus der DDR. Eine Halbierung der ohnehin niedrigen Einkommen mit der Aussicht auf steigende Preise – so hatte man sich die wirtschaftliche Vereinigung nicht vorgestellt. Rein ökonomisch war der Vorschlag der Bundesbank sicher vernünftig – wahrscheinlich wäre sogar ein noch niedrigerer Kurs geboten gewesen –, aber menschlich war er unzumutbar und politisch nicht zu verwirklichen. So fand man folgende Lösung: Löhne, Renten und Mieten wurden 1:1 umgestellt, ebenso Bank- und Sparguthaben bis zu 2000, 4000 und 6000 Mark, gestaffelt nach dem Alter des Inhabers, alle übrigen Forderungen und Verbindlichkeiten 2:1. Am 18. Mai unterzeichneten die Finanzminister Theo Waigel für die Bundesrepublik und Walter Rombach für die DDR den Vertrag. Am 1. Juli trat die Währungsunion in Kraft.

Von der Bevölkerung wurde die »harte Mark« begeistert begrüßt. Vor den Umtauschstellen bildeten sich lange Schlangen, jeder wollte schnellstens in den Besitz des begehrten Geldes gelangen, und so mancher gab sich der Illusion hin, mit der Einführung der D-Mark werde die DDR automatisch auf westliches Wohlstandsniveau gehoben. Über mögliche negative Auswirkungen machte man sich vorerst wenig Gedanken, obwohl es nicht an warnenden Stimmen fehlte, die darauf hinwiesen, daß die »Schocktherapie« des plötzlichen Übergangs von der Kommando- zur Marktwirtschaft zwangsläufig Härten mit sich bringe. Optimistisch war auch die Stimmung der Bundesregierung. Sie war sich darüber im klaren, daß der Aufbau in der DDR große Anstrengungen erfordern würde, aber sie vertraute auf die privatwirtschaftliche Initiative, der man nur eine Chance zur freien Entfaltung zu geben brauche. Steuererhöhungen zur Finanzierung der Einheit seien nicht nötig, ja schädlich; der Kanzler lehnte sie wiederholt entschieden ab.

Unmittelbar nach der Währungsumstellung begannen die Verhandlungen über den Einigungsvertrag. Verhandlungsführer auf westlicher

Seite war Wolfgang Schäuble, auf östlicher der Staatssekretär Günther Krause. Durch den Vertrag wurde der Beitritt der DDR – genauer: der wiedererstandenen Länder auf dem Gebiet der DDR – zur Bundesrepublik Deutschland vollzogen. Der Vertrag regelte im einzelnen die mit der Herstellung der staatlichen Einheit verbundenen Rechts-, Finanz- und Vermögensfragen. Was die Rechtsangleichung betraf, war Schäuble dafür, zunächst nur grundlegende Fragen zu regeln und in minder wichtigen Bereichen das DDR-Recht vorerst beizubehalten. Er setzte sich aber nicht gegen die Bonner Ministerialbürokratie durch, die die sofortige Übernahme des gesamten Bundesrechts für notwendig hielt. So wurde der Vertrag zu einem Meisterstück juristischer Präzisionsarbeit, das im Bulletin der Bundesregierung 244 großformatige Seiten füllt und Tausende von Details behandelt. Ein beliebiges Beispiel: Der Vertrag räumte den Behörden der Ex-DDR bis Ende 1992 das Recht ein, für Papageien und Sittiche eine von den Paragraphen 2 und 3 der Psittakose-Verordnung abweichende Kennzeichnung zuzulassen. Das ist nur grotesk, aber insgesamt erwies sich die übergangslose Einführung eines komplizierten, in vierzig Jahren gewachsenen Rechtssystems als Hemmnis beim Neuaufbau, denn es verwirrte die Bürger und die ohnehin überforderten Behörden.

Die Länder der alten Bundesrepublik nahmen starken Einfluß auf die Vertragsverhandlungen. Vor allem ging es ihnen darum, ihren Anteil an den finanziellen Lasten der Einheit möglichst gering zu halten. Die vier größten Länder, Nordrhein-Westfalen, Bayern, Baden-Württemberg und Niedersachsen, sicherten sich durch eine Grundgesetzänderung je einen zusätzlichen Sitz im Bundesrat. Nordrhein-Westfalen setzte durch, daß Berlin zwar zur Hauptstadt erklärt, die Frage des Parlaments- und Regierungssitzes aber offengelassen wurde.

In der DDR hatte das Regime 1952 die Länder aufgelöst und durch eine Bezirksgliederung ersetzt. Gleich nach der Wende war in der Bevölkerung der Wunsch nach Wiederherstellung des alten Zustandes laut geworden – die landsmannschaftliche Verbundenheit war noch nicht erloschen. Am 22. Juli beschloß die Volkskammer ein Gesetz, durch das die Länder Brandenburg, Mecklenburg-Vorpommern, Sachsen, Sachsen-Anhalt und Thüringen wiederhergestellt wurden. Landtagswahlen wurden auf den 14. Oktober angesetzt.

Die letzten Schritte zur Einheit waren in der DDR von Turbulenzen begleitet, die nicht im einzelnen geschildert werden müssen. Nacheinander verließen die Liberalen und die Sozialdemokraten die Regierungskoalition. Es gab Streit um den Beitrittstermin sowie den Wahltermin und das Wahlverfahren für die ersten gesamtdeutschen Bundestagswahlen. In den frühen Morgenstunden des 23. August beschloß die

Der Einigungsvertrag. *Nach der Vertragsunterzeichnung am 31. August 1990 tauschen die Unterhändler Wolfgang Schäuble (links) und Günther Krause die Urkunden aus; zwischen ihnen Ministerpräsident Lothar de Maizière.*

Volkskammer endlich nach einer vielstündigen Debatte, den Beitritt am 3. Oktober zu vollziehen. 294 Abgeordnete stimmten dafür, 62 dagegen, 7 enthielten sich der Stimme. Der Einigungsvertrag wurde am 31. August von den Verhandlungsführern Schäuble und Krause unterzeichnet und drei Wochen später von der Volkskammer, dem Bundestag und dem Bundesrat ratifiziert.

Zwei plus vier

Die Wiedervereinigung Deutschlands war nicht nur eine deutsche Angelegenheit. Von den Besorgnissen und dem anfänglichen Widerstand anderer Staaten war schon die Rede. Nachdem Gorbatschow am 10. Februar Zeitpunkt und Weg der Vereinigung zur Sache der Deutschen erklärt hatte, war die Bahn frei für Verhandlungen zwischen den vier Siegermächten und den beiden deutschen Staaten über die äußeren Aspekte der deutschen Einheit. Dafür bürgerte sich die Kurzformel

»Zwei plus vier« ein. Die Sowjetunion sträubte sich zunächst noch gegen den Beitritt der DDR nach Artikel 23 des Grundgesetzes, gab aber ihren Widerstand bald auf. Strittig waren vor allem zwei Fragen: die polnische Westgrenze und der militärische Status Gesamtdeutschlands. Die Bundesregierung hatte immer den Standpunkt vertreten, daß erst eine gesamtdeutsche Regierung und ein gesamtdeutsches Parlament bindende Verträge über die deutsch-polnische Grenze abschließen könnten. Polen hingegen, das einem größeren Deutschland ohnehin mißtrauisch entgegensah, zumal sich einige Politiker der Regierungskoalition zweideutig zur Grenzfrage äußerten, verlangte einen Vertragsabschluß noch vor der Vereinigung. Ein Kompromiß wurde gefunden: Bundestag und Volkskammer verabschiedeten gleichlautende Erklärungen über die Endgültigkeit der Oder-Neiße-Grenze; der Grenzvertrag selbst wurde dann wenige Wochen nach der Vereinigung geschlossen. Bundesaußenminister Hans-Dietrich Genscher trug viel dazu bei, Besorgnisse bei den Nachbarn zu zerstreuen, indem er unermüdlich wiederholte, das vereinigte Deutschland werde die Bundesrepublik, die DDR und ganz Berlin umfassen – »nicht weniger, aber auch nicht mehr«.

Die künftige internationale Stellung Deutschlands war Gegenstand zahlloser diplomatischer Gespräche, in denen die schließlich erreichte Lösung vorbereitet wurde. Die Sowjetunion scheute lange vor einer Festlegung zurück. Eine Minderung ihrer Großmachtrolle war für sie schwer hinnehmbar. Einmal machte sie sogar den Vorschlag, die alliierten Vorbehaltsrechte nach der Vereinigung Deutschlands noch fünf Jahre lang aufrechtzuerhalten. Einiges sprach aus ihrer Sicht freilich auch für eine NATO-Mitgliedschaft Deutschlands: Es war dann wenigstens in eine feste Organisation eingebunden, zudem war die NATO nach dem Ende der sowjetisch-amerikanischen Konfrontation nicht mehr das Schreckbild von ehedem. Für sein Zögern hatte Gorbatschow auch innenpolitische Gründe: Er mußte Rücksicht auf seine konservativen Widersacher in der Parteiführung nehmen. Ein Parteitag im Juli, auf dem er mit großer Mehrheit zum Generalsekretär wiedergewählt wurde, stärkte ihm den Rücken, und dies ermöglichte endlich den Durchbruch. Am 15. und 16. Juli war Kohl mit mehreren Ministern in der Sowjetunion. Die entscheidenden Gespräche wurden in dem kleinen Ort Archys im Kaukasus geführt. Gorbatschow erklärte sich damit einverstanden, daß Deutschland mit der Vereinigung seine volle Souveränität erhielt, also auch die Freiheit, einem beliebigen Bündnis anzugehören.

Auf dieser Grundlage unterzeichneten die Außenminister der vier Mächte und der zwei deutschen Staaten am 13. September in Moskau

Durchbruch im Kaukasus. *Michail Gorbatschow und Helmut Kohl bei einem Spaziergang in Archys, wo die entscheidenden Vereinbarungen getroffen wurden. Im Hintergrund Raissa Gorbatschowa.*

den »Vertrag über die abschließende Regelung in bezug auf Deutschland«, kurz »Zwei-plus-vier-Vertrag« genannt: Die Siegerrechte der vier Mächte erloschen; die bestehenden Grenzen wurden als endgültig bestätigt; Deutschland verpflichtete sich, innerhalb von drei bis vier Jahren seine Streitkräfte auf 370 000 Mann zu reduzieren; die Sowjetunion verpflichtete sich zum Abzug ihrer Truppen aus Deutschland bis Ende 1994. Verträge, die etwas später unterzeichnet wurden, aber zu diesem Zeitpunkt schon fertiggestellt waren, regelten Modalitäten des Aufenthalts und des Abzugs der sowjetischen Truppen. Deutschland sagte der Sowjetunion Beihilfen von insgesamt 12 Milliarden DM zu. Der Hauptteil des Geldes sollte zum Bau von Wohnungen für die heimkehrenden Sowjetsoldaten verwendet werden. Dieser finanzielle Aspekt erleichterte es Gorbatschow zweifellos, über seinen Schatten zu springen und der NATO-Mitgliedschaft Deutschlands zuzustimmen.
Daß die deutsche Einheit auf friedlichem Wege mit Zustimmung aller Nachbarn verwirklicht werden konnte, wurde allgemein, auch von der Opposition, als großer Erfolg des Bundeskanzlers anerkannt. Er hatte

die Lage richtig eingeschätzt und die Gunst der Stunde genutzt. Ob ein paar Monate später noch ein Zwei-plus-vier-Vertrag zustande gekommen wäre, ist ungewiß, denn da stand die Welt schon im Banne des Golfkrieges, und wenig später brach die Sowjetunion auseinander. Als im August 1991 der reaktionäre Putsch in Moskau zu gelingen schien, erklärte selbst der Schriftsteller Stefan Heym, der sonst kein gutes Haar am Kanzler ließ, ein einziges Mal habe Kohl richtig und entschlossen gehandelt.

Beitritt und Bundestagswahl

Am 2. Oktober 1990 um Mitternacht wurde vor dem Reichstagsgebäude in Berlin die schwarzrotgoldene Flagge gehißt. Eine unübersehbare Menschenmenge feierte die Wiedervereinigung – nicht so überschwenglich wie den Fall der Mauer ein knappes Jahr zuvor, aber doch in freudiger Stimmung. Von nationalistischen Ausbrüchen war nichts zu spüren; der Gewinn der Fußball-Weltmeisterschaft im Juli hatte mehr spontane Begeisterung ausgelöst. Der 3. Oktober war im Einigungsvertrag zum Nationalfeiertag erklärt worden. Vielerorts fanden Volksfeste statt.

Freilich war die Freude nicht ungeteilt. Wer schon immer gegen die Wiedervereinigung gewesen war, kritisierte jetzt die Art ihres Vollzugs. Der Philosoph Jürgen Habermas, der sich nach eigenem Bekunden dreieinhalb Jahrzehnte lang nicht für die DDR interessiert hatte (»deren Geschichte war nicht unsere Geschichte«), vermißte am Vereinigungsvorgang eine »eigene demokratische Dynamik«. Der Publizist Erich Kuby beklagte die »Gewaltmethoden«, mit denen die Einheit »in einem politischen Blitzkrieg herbeigezwungen« worden sei. Die meisten dieser Kritiker gebrauchten das Wort »Anschluß«, stellten also den Beitritt der DDR zur Bundesrepublik auf eine Stufe mit der von Hitler gewaltsam herbeigeführten Annexion Österreichs. Hier muß wiederholt werden: Die Wiedervereinigung begann mit der Öffnung der Mauer, zu der sich das SED-Regime durch die Massenflucht gezwungen sah. Die DDR konnte nur mit hermetisch abgeriegelten Grenzen existieren; Freizügigkeit in ganz Deutschland bedeutete ihr Ende. Ein langsamer, »schonender« Übergang zur Einheit wäre, wenn überhaupt, nur bei erneuter Schließung der Grenzen möglich gewesen – und das war das letzte, was die Bevölkerung der DDR wünschte; sie war es ja, die zur Eile drängte. Von Überrumpelung durch »Bonn« kann also nicht die Rede sein. Eine ganz andere Frage ist die, auf welche Weise in den folgenden Monaten die bundesdeutsche Rechts- und

***Das Fest der Einheit.** Hunderttausende feiern in der Nacht vom 2. zum 3. Oktober 1990 in Berlin vor dem Reichstag und am Brandenburger Tor den Vollzug der deutschen Wiedervereinigung.*

Wirtschaftsordnung in der bisherigen DDR eingeführt wurde. Hier hätte sicherlich mit mehr Sensibilität und Überlegung mancher Schaden vermieden werden können.
Gleich nach den Feierlichkeiten begann der Wahlkampf. Die ersten gesamtdeutschen Bundestagswahlen waren auf den 2. Dezember angesetzt. Vorher wählten die »neuen« Länder (von denen einige auf eine viel längere Geschichte zurückblickten als manches westdeutsche Land) ihre Landtage. In vier von ihnen wurde die CDU stärkste Partei, nur in Brandenburg siegte die SPD. Der Regierungs-, Verwaltungs- und Justizapparat der Länder mußte fast aus dem Nichts aufgebaut werden. Das konnte nur mit westlicher Hilfe geschehen. Einige tausend westdeutsche Beamte und Richter gingen auf Zeit oder für immer in den Osten Deutschlands, und westdeutsche Politiker übernahmen hohe Staatsämter.

Die meisten Parteien hatten sich schon vor dem 3. Oktober eine gesamtdeutsche Organisation gegeben. Die Parteien der Regierungskoalition, CDU, CSU und FDP, feierten die Wiedervereinigung als ihren Erfolg und versicherten immer wieder, die Wirtschaftskraft der Bundesrepublik reiche völlig aus, den Aufschwung im Osten zu finanzieren; deshalb seien Steuererhöhungen nicht erforderlich. Das mochte Wunschdenken sein, es kam aber auch der Grundstimmung der Wähler in der alten Bundesrepublik entgegen: 80 % der Westdeutschen begrüßten die Wiedervereinigung, aber ebenso viele lehnten es ab, dafür persönliche Opfer zu bringen. Schon die Hunderttausende Übersiedler waren von vielen Westdeutschen als Bedrohung ihres Wohlstandes empfunden worden. Die SPD ging von dem gleichen Meinungsbild aus. Sie forderte von der Regierung genaue Angaben über die Kosten der Einheit und bezichtigte sie der »Steuerlüge«. Ihr Spitzenkandidat Lafontaine prophezeite den Zusammenbruch der DDR-Wirtschaft und Millionen von Arbeitslosen, womit er recht behielt; er sagte aber den ehemaligen DDR-Bürgern nicht oder nicht deutlich genug, daß sie im vereinigten Deutschland willkommen seien. Die westdeutschen Grünen (sie hatten sich noch nicht mit ihrem östlichen Pendant vereinigt) führten den Wahlkampf vornehmlich mit ökologischen Themen: Sie warnten vor den Gefahren des Ozonlochs.

Die Parteien der Regierungskoalition gewannen eine komfortable Mehrheit, wobei aber die Partei des Kanzlers im Augenblick seines größten Triumphes ihren gewohnten Stimmenanteil nur geringfügig übertraf. Die FDP schnitt gut ab, was sie hauptsächlich dem großen Ansehen von Außenminister Genscher zu verdanken hatte; die SPD erzielte ihr schlechtestes Ergebnis seit dreißig Jahren; die westdeutschen Grünen scheiterten an der Fünfprozentklausel. Aufgrund einer Entscheidung des Bundesverfassungsgerichts galt bei dieser Wahl die bisherige DDR als eigenes Wahlgebiet; so konnten die PDS und die Listenverbindung Bündnis 90/Grüne einige Abgeordnete in den Bundestag entsenden.

Obwohl der Kanzler eine rasche Regierungsbildung ankündigte, zogen sich die Koalitionsverhandlungen quälend lange hin. Erst am 18. Januar 1991 wurde das neue Kabinett vereidigt. Nur drei Politiker aus den östlichen Ländern gehörten ihm an, und nur einer von ihnen, Günther Krause, erhielt ein wichtiges Ministerium, das für Verkehr. Im Präsidium des Bundestages saß kein Abgeordneter aus dem Osten. Beobachter mochten den Eindruck gewinnen, die Aufregungen der großen historischen Wende hätten sich gelegt, in Bonn betrachte man die Probleme der Wiedervereinigung als gelöst, und nun gehe alles wieder seinen gewohnten Gang.

Der Aufschwung bleibt aus

In der DDR war die Hochstimmung, die nach dem Anbruch des »D-Mark-Zeitalters« geherrscht hatte, bald verflogen. Sehr schnell zeigte sich, daß die Erzeugnisse der »volkseigenen« Wirtschaft, die nun mit der neuen harten Währung bezahlt werden mußten, nicht mehr absetzbar waren, weder bei den bisherigen Haupthandelspartnern, den Ostblockländern, noch bei westlichen Firmen, die bisher DDR-Produkte gern zu Dumpingpreisen abgenommen hatten. Sogar im Lande selbst ging der Absatz einheimischer Produkte schlagartig zurück: Die Bevölkerung war zumindest vorübergehend völlig auf westliche Waren fixiert, was der westdeutschen Wirtschaft gewaltige Umsatzsteigerungen und den westdeutschen Ländern ansehnliche Steuermehreinnahmen einbrachte. Die DDR-Industrie war unter den Bedingungen des freien Marktes nicht konkurrenzfähig. Ihre Produktivität betrug etwa ein Drittel der westdeutschen. Der Maschinenpark war größtenteils veraltet und verrottet, und die Betriebe beschäftigten zuviel Personal, da Entlassungen nach DDR-Recht praktisch verboten waren. So kam es schon in der zweiten Jahreshälfte 1990 zu Betriebsschließungen, und es gab erstmals in der DDR offizielle Arbeitslose.
Im Westen hielt man diese Schwierigkeiten für vorübergehend. Man vertraute auf die »Kräfte des Marktes« und hoffte auf Investoren. Noch vor der Währungsumstellung hatte Kohl gesagt: »Es gibt Tausende von Unternehmen, vom großen Multi bis zum kleinen Handwerker, die sozusagen in den Startlöchern sitzen und sagen, wir gehen sofort in die DDR, sobald die Bedingungen dafür gegeben sind.« Aber wie sich herausstellte, waren die Bedingungen nicht ohne weiteres gegeben. Oft fehlte es an den einfachsten Voraussetzungen, zum Beispiel an Telefonanschlüssen. Als größtes Hemmnis für die Investoren erwies sich eine Festlegung des Einigungsvertrages, wonach von der DDR enteignetes Grundeigentum grundsätzlich an die ehemaligen Eigentümer oder ihre Erben zurückzugeben war. Die Opposition und viele Sachverständige hatten vor dieser Regelung gewarnt und nicht Rückgabe, sondern Entschädigung empfohlen, denn solange die Eigentumsfrage nicht geklärt war, konnte ein potentieller Investor nicht tätig werden. Binnen kurzem wurden über zwei Millionen Rückgabeansprüche angemeldet. Ihre Bearbeitung war äußerst langwierig, da die zuständigen Ämter erst aufgebaut und die erforderlichen Dokumente mühsam herangeschafft werden mußten. Um das Verfahren zu beschleunigen, wurden die gesetzlichen Bestimmungen in kurzer Zeit zweimal geändert, blieben aber immer noch schwer handhabbar. Auch das komplizierte bundesdeutsche Bau- und Planungsrecht behinderte

rasche Entscheidungen. Abschreckend auf Investoren wirkte schließlich der zu rasche Anstig der Löhne ohne entsprechende Steigerung der Produktivität. 1992 waren im Durchschnitt bereits 70 % des westdeutschen Lohnniveaus erreicht. Allerdings hatten sich zu diesem Zeitpunkt auch die meisten Preise dem westlichen Standard angeglichen. Ein Teil des vereinten Deutschlands konnte nicht auf Dauer ein »Billiglohnland« sein.

Investiert wurde trotz all dieser Probleme. Die öffentlich-rechtliche Treuhandanstalt, die das ehemalige »Volkseigentum« verwaltete, konnte Tausende von Betrieben an Privatunternehmer verkaufen. Produktionsstätten wurden modernisiert oder neu errichtet. Überall in den Städten sah man Baugerüste. Auch die öffentliche Hand leistete ihren Beitrag, z.B. im Straßenbau und beim Ausbau des Telefonnetzes. Riesige Summen an öffentlichen Mitteln, jährlich etwa 160 Milliarden DM, wurden von West nach Ost transferiert. Allerdings handelte es sich dabei überwiegend um Haushaltsmittel für die Länder und Gemeinden sowie um Sozialleistungen wie Arbeitslosengeld und Renten, die unmittelbar in den Konsum gingen und so zu einem recht beträchtlichen Teil in den Westen zurückflossen, aus dem die Waren kamen. Nur ein kleiner Teil der Mittel diente investiven Zwecken. Alles in allem reichten die privaten und öffentlichen Investitionen nicht aus, einen sich selbst tragenden Aufschwung in Gang zu setzen. Mit 20 % der Bevölkerung trug die ehemalige DDR gerade 7 % zum deutschen Bruttosozialprodukt bei. Die Betriebsschließungen gingen weiter, manche Landstriche waren industriell schon völlig verödet. Als 1992 eine wirtschaftliche Flaute einsetzte, verschlimmerte sich die Lage noch mehr. Große westdeutsche Konzerne strichen Investitionsvorhaben oder stellten sie zurück. Ende 1992 gab es fast drei Millionen Menschen, die ihren Arbeitsplatz verloren hatten; von ihnen waren 1,1 Millionen registrierte Arbeitslose, während die anderen im Vorruhestand waren oder an staatlich geförderten Arbeitsbeschaffungs- und Weiterbildungsprogrammen teilnahmen. Die Bundesregierung, die bisher strikt auf Privatisierung gesetzt hatte, erkannte, daß die Marktkräfte allein nicht ausreichten. Sie änderte ihren Kurs und beschloß, die »industriellen Kerne« der ehemaligen DDR zu erhalten und unrentable Betriebe mit staatlicher Hilfe zu sanieren.

Der Umbau einer sozialistischen Kommandowirtschaft in eine soziale Marktwirtschaft ist ein Unterfangen ohne historisches Vorbild. Niemand konnte die Fülle der Probleme vorhersehen, und erst recht hatte niemand ein Patentrezept zu ihrer Lösung. Irrtümer waren unvermeidlich. Unstreitig war aber, daß dieser Umbau eine gesamtdeutsche Aufgabe war. Die Teilung Deutschlands und alles, was daraus in der so-

Verrottete Betriebe, verseuchte Umwelt. *Beispielhaft für viele DDR-Betriebe: Eine Karbidfabrik im Raum Halle-Merseburg, für die nur noch der Abriß in Frage kam.*

wjetischen Besatzungszone folgte, war ein Ergebnis des verlorenen Krieges. Für die Kriegsfolgen hatten aber alle Deutschen einzustehen, nicht nur die Bewohner des betroffenen Landesteiles. Es war ein verhängnisvoller Fehler des Kanzlers, daß er dies den Westdeutschen nicht klar genug sagte und daß er nicht wagte, ihnen für die gesamtdeutsche Gemeinschaftsaufgabe materielle Einschränkungen zuzumuten, von wirklichen Opfern ganz zu schweigen. Ein »Solidaritätszuschlag« von 7,5% auf die Lohn- und Einkommensteuer, der nur ein Jahr lang erhoben wurde, war alles. Die Mittel, die zur Unterstützung der Haushalte der neuen Länder erforderlich waren, wurden durch Kreditaufnahme aufgebracht. An »Besitzstände« wurde nicht gerührt. Weder beim Bund noch bei den Ländern und Gemeinden gab es einschneidende Einsparungen. Bezeichnend war eine Losung, mit der die Gewerkschaft der öffentlich Bediensteten 1992 ihren Kampf um höhere Löhne und Gehälter führte: »Einheit hin, Einheit her, mehr Prozente müssen her!« In der einsetzenden Rezession wurde immer öfter die Forderung laut, Investitionen im Osten dürften nicht zu Lasten von

Arbeitsplätzen im Westen gehen. Als Bund und Länder Anfang 1993 einen »Solidarpakt« zur Finanzierung der Einheit schlossen, der neue Steuererhöhungen und den Abbau von Subventionen vorsah, erschien dies niemandem als der notwendige »große Wurf«.

Noch keine »innere Einheit«

Wahrung des Besitzstandes wurde allenthalben großgeschrieben. Im Prinzip war jedermann dafür, die wiedergewonnene Einheit auch dadurch zu dokumentieren, daß man einige wichtige Bundesbehörden und -gerichte in die neuen Länder verlegte. Jede einzelne der in Frage kommenden Institutionen fand jedoch triftige Gründe, für sich selbst die Übersiedlung abzulehnen. Ein erbitterter Streit entbrannte um die Frage des Parlaments- und Regierungssitzes, die der Einigungsvertrag ausdrücklich offengelassen hatte. In den vergangenen vierzig Jahren hatte niemand öffentlich daran gezweifelt, daß Berlin wieder alle Hauptstadtfunktionen übernehmen würde, falls es je zur Wiedervereinigung käme. Dies sah auch ein Bundestagsbeschluß von 1949 vor. Nun aber erhoben sich viele Stimmen für den Verbleib in Bonn. Politische, historische, finanzielle, soziale und moralische Argumente aller Art wurden gegen Berlin ins Feld geführt. Der Kanzler hielt sich lange bedeckt, tat die Frage als nicht so wichtig ab und sprach sich erst sehr spät für Berlin aus. Am 20. Juni 1991 entschied der Bundestag mit knapper Mehrheit zugunsten Berlins. Aber nachfolgende Beschlüsse der Bundesregierung liefen faktisch auf eine Aufgabenteilung zwischen Bonn und Berlin hinaus, und der Umzug selbst verzögerte sich unabsehbar. Politiker und Beamte waren nicht bereit, Unbequemlichkeiten in Kauf zu nehmen; sie verlangten für ihre Unterbringung mindestens den gleichen Komfort wie in Bonn. Ein rascher Umzug mit Mut zur Improvisation hätte für das, was man die »innere Einheit« Deutschlands nannte, viel bedeutet; die Chance wurde vertan.

Von der inneren Einheit schien Deutschland 1992 tatsächlich weiter entfernt als im Jahr der Vereinigung. 1990 hatten sich von den Bewohnern der DDR 66 % mehr als Deutsche und 28 % mehr als DDR-Bürger gefühlt; Ende 1992 fühlten sich nur noch 45 % mehr als Deutsche und 54 % mehr als Bürger der ehemaligen DDR. Ursache dieses Stimmungswandels war in erster Linie die bedrückende Wirtschaftslage, vor allem die Arbeitslosigkeit. Aber hinzu kam das Gefühl, aus den gewohnten Lebensverhältnissen herausgerissen zu sein. Im Osten wurde alles anders, während im Westen alles beim alten blieb. (Mit einer einzigen Ausnahme: Von dem neuen System der Postleitzahlen,

Enttäuschung *über nichterfüllte Hoffnungen bekunden 30 000 Berliner am ersten Jahrestag der Millionendemonstration vom 4. November 1989 auf dem Alexanderplatz.*

das die Bundespost einführte, waren Ost und West gleichermaßen betroffen.) In hundert Dingen des täglichen Lebens, sei es die Müllabfuhr, sei es die Krankenversicherung, mußten die Ostdeutschen umlernen. Und noch etwas: Die DDR war ein Zwangs- und Obrigkeitsstaat gewesen, der seine Untertanen bevormundete und demütigte, aber zugleich auf bescheidenem Niveau ein Sozialstaat, der ihnen eine gewisse Geborgenheit gab. Der garantierte Arbeitsplatz, die niedrige Miete, die billige Fahrkarte, die betriebseigene Poliklinik – das und manches andere erschien vielen Ostdeutschen, vor allem älteren Menschen, wie ein verlorenes Glück, während sie das, worüber sie jahrzehntelang gemurrt hatten – Mangelwirtschaft, Verfall, Unfreiheit –, rasch vergaßen. Manche mochten auch die Marktwirtschaft zuerst in unerfreulichen Vertretern – allzu geschäftstüchtigen Händlern und skrupellosen Spekulanten – kennengelernt haben. So stellte sich eine gewisse DDR-Nostalgie ein. Zwar wünschte man sich nicht die SED und die Mauer zurück, aber 1992 erklärten immerhin 48 % der Ostdeutschen, die allgemeine Lage sei schlechter als vor der Wende. Hier gab es indes eine interessante Diskrepanz: Ihre persönliche Lage bezeichneten nur 13 % als schlecht oder sehr schlecht.
Im Westen war die anfängliche Freude über die Wiedervereinigung der Sorge gewichen – der Sorge um das eigene Wohlergehen. 1992 meinten 72 % der Westdeutschen, die Transferleistungen für den Osten gefährdeten Wohlstand und Wirtschaft im Westen. Im übrigen waren die neuen Bundesländer dem Westen noch immer so fremd wie früher die DDR: Die Hälfte der befragten Westdeutschen gab zu, kein sonderliches Interesse für den Osten Deutschlands zu haben.
1989 hatten die Demonstranten in der DDR gerufen: »Wir sind ein Volk!«, und in Westdeutschland hatte man freudig zugestimmt. Drei Jahre später gab es immer noch ein »Hüben« und ein »Drüben«. Im Westen war das Klischee vom faulen, undankbaren, konsumsüchtigen »Ossi« verbreitet, im Osten das vom eiskalten, arroganten, profitgierigen »Wessi«. Der begeisternden Losung von 1989 war noch keine Wirklichkeit gefolgt.

Das schreckliche Erbe

Von allen Einrichtungen der DDR war keine so verhaßt und gefürchtet wie der Staatssicherheitsdienst, die »Stasi«. Schon bei den ersten Demonstrationen im Herbst 1989 erschienen Transparente mit Parolen wie »Rechtssicherheit statt Staatssicherheit!« und »Stasi in den Tagebau!«. Die monströsen Ausmaße dieses Unterdrückungs- und Über-

gierte zeigten ihre Karten. »Stimmenthaltungen?« Vier Delegierte meldeten sich. »Das Parteistatut ist gegen 21 Stimmen bei 4 Enthaltungen angenommen.« Mich beeindruckte dieses Ergebnis sehr. In Komsomolversammlungen und anschließend in der KPD hatte ich bei politischen Fragen niemals Gegenstimmen gesehen. »Die SED wird doch etwas anderes als das, was ich bisher erlebt habe«, dachte ich befriedigt. Noch konnte ich nicht ahnen: es war das erste, aber gleichzeitig auch das letzte Mal in der Geschichte der SED, daß auf einem Parteitag Delegierte gegen einen Vorschlag der Leitung stimmten. Inzwischen hatte Ulbricht den Vorsitz übernommen. Laut, mit seinem typischen sächsischen Akzent, las er den Beschluß zur Vereinigung vor:
»Am 19. und 20. April 1946 haben der 40. Parteitag der Sozialdemokratischen Partei Deutschlands und der 15. Parteitag der Kommunistischen Partei Deutschlands übereinstimmend die Vereinigung beider Arbeiterparteien beschlossen. Die Sozialdemokratische Partei Deutschlands und die Kommunistische Partei Deutschlands konstituieren sich nunmehr als Sozialistische Einheitspartei Deutschlands.«

Mit freundlicher Genehmigung des Verlages Kiepenheuer u. Witsch, Köln. Aus: Wolfgang Leonhard: Die Revolution entläßt ihre Kinder. Köln/Berlin 1955/1981

wachungsapparates, der das Ziel hatte, alle Lebensbereiche der DDR-Gesellschaft unter seine Kontrolle zu bringen, wurden erst nach dem Ende der SED-Herrschaft allmählich bekannt. Die Stasi hatte 85 000 hauptamtliche Angestellte mit militärischen Dienstgraden und wahrscheinlich 180 000 »inoffizielle Mitarbeiter« (IM), das waren Menschen aus allen Bevölkerungsschichten, die sich freiwillig oder unter Druck verpflichtet hatten, ihre Mitbürger zu bespitzeln.

Auf Befehl von Wolfgang Schwanitz, dem zuständigen Minister der Regierung Modrow, begann die Stasi im November 1989 mit der Vernichtung ihrer Akten. In manchen Orten griffen Bürgerkomitees ein und stoppten den Reißwolf, doch an vielen Stellen arbeitete der Apparat unkontrolliert weiter. Ende Februar 1990 stimmte sogar der Runde Tisch einem Beschluß der Regierung Modrow zu, alle elektronischen Datenträger des Stasi-Ministeriums zu zerstören. Der Aktenbestand war indes so riesig, daß mindestens 180 000 laufende Meter übrigblieben, darunter sechs Millionen Personendossiers. Gegen teils interessierte, teils wohlmeinende Vorschläge, einen »Schlußstrich« zu ziehen und alle Akten zu vernichten, setzten sich diejenigen durch, die für schonungslose Aufdeckung der Wahrheit eintraten; hier erwarben sich die Bürgerrechtler, die zumeist Opfer der Stasi waren, ein großes Verdienst. Durch Bundesgesetz wurde Ende 1991 in Berlin eine Behörde zur Verwahrung und Erschließung der Stasi-Akten geschaffen, nach ihrem ersten Leiter, dem Pfarrer und Bürgerrechtler Joachim Gauck, meist abgekürzt »Gauck-Behörde« genannt. Stasi-Opfer erhielten das Recht auf Einsicht in ihre Akten.

Erschreckendes kam ans Licht. Frühere Oppositionelle fanden in den Aktenordnern Kopien ihres gesamten Briefwechsels über Jahre hin. Sie stellten fest, daß sie von Dutzenden von IM umgeben gewesen waren, die jeden ihrer Schritte beobachtet und weitergemeldet hatten. Es gab Fälle, in denen jemand vom besten Freund, vom eigenen Bruder, ja vom eigenen Ehepartner bespitzelt worden war. Einige der kleinen oppositionellen Gruppen hatten zur Hälfte aus Spitzeln bestanden. Auch prominente Persönlichkeiten waren unter den IM. Auffallend war, daß fast jeder eine IM-Tätigkeit so lange leugnete, bis ihm unwiderlegliche Beweise vorgelegt wurden – und mancher leugnete selbst dann noch.

Die Enthüllungen über die IM erregten großes Aufsehen und waren Gegenstand leidenschaftlicher Debatten. Darüber vergaß man beinahe ihre Auftraggeber. Die Stasi-Offiziere, die Spitzel auf Oppositionelle angesetzt, »Maßnahmepläne« zur Zersetzung ihres Familienlebens entworfen, Verhaftungen angeordnet und brutale Verhöre geführt hatten, blieben lange Zeit unbehelligt; allenfalls lud man sie als Zeugen oder Sachverständige vor. Auf das erste Strafurteil mußte man bis An-

Unbelehrbar. *Erich Honecker vor dem Berliner Landgericht. Frei von Einsicht und Schuldbewußtsein grüßt er Sympathisanten im Publikum mit erhobener Faust.*

fang 1993 warten. Es betraf vier Stasi-Offiziere aus Magdeburg, die in ihrem Bezirk die Verantwortung dafür trugen, daß Telefongespräche überwacht und D-Mark-Beträge aus Postsendungen entnommen wurden. Bei drei der vier Verurteilten wurden die verhängten Freiheitsstrafen zur Bewährung ausgesetzt. Den Opfern der Stasi war schwer begreiflich zu machen, daß die Gesetze anscheinend wenig brauchbare Handhaben gegen ihre Peiniger boten. So hatten sie sich den ersehnten Rechtsstaat nicht vorgesellt.

Tatsächlich schien der Rechtsstaat außerstande zu sein, gebührend mit der DDR-Vergangenheit abzurechnen. Es ging ja nicht nur um die Stasi, die nach ihrem Selbstverständnis lediglich »Schild und Schwert der Partei« war. Über allem stand die SED. Sie hatte vierzig Jahre lang unumschränkt geherrscht, und niemand bestritt, daß es ein Unrechtsregime gewesen war. Aber nur ein kleiner Teil des Unrechts galt als »justitiabel«. Gerade die schlimmsten Verbrechen des Regimes – das Einsperren einer ganzen Bevölkerung, der man elementare Menschenrechte verweigerte und Lebenschancen vorenthielt – blieben ungesühnt. Ein paar hohe Funktionäre wurden wegen finanzieller Unregelmäßigkeiten belangt. Grenzsoldaten, die Flüchtende erschossen hatten, erhielten verhältnismäßig milde Freiheitsstrafen. Im Herbst 1992 kamen sechs der höchsten Machthaber vor Gericht, unter ihnen Honecker, der nach seinem Sturz erst in einem evangelischen Pfarrhaus, dann in sowjetischer Obhut, schließlich in der chilenischen Botschaft in Moskau gelebt hatte, bevor er ausgeliefert wurde. Einziger Anklagepunkt war die gemeinsame Verantwortung für den Schießbefehl, der die Tötung von Flüchtlingen an der innerdeutschen Grenze zur Pflicht machte. Zwei der durchweg betagten Angeklagten schieden bald krankheitshalber aus, und nach acht Wochen wurde auch das Verfahren gegen Honecker auf juristisch fragwürdige Weise unter Berufung auf seine Menschenwürde eingestellt. Er durfte, was er Millionen seiner Untertanen verweigert hatte: ins westliche Ausland zu seinen Angehörigen reisen.

Hier zeigte sich das Dilemma der »friedlichen Revolution« von 1989. Ihre Gewaltlosigkeit wurde allgemein bewundert. Es gab kein Revolutionstribunal, keine Lynchjustiz, keinen »kurzen Prozeß«; kein großer oder kleiner Funktionär bezog auch nur Prügel; kein schikanöser Vorgesetzter wurde aus dem Amt gejagt. Die Auseinandersetzung mit den Untaten des Willkürregimes überließ man dem Rechtsstaat, aber dessen Regeln sind offenbar für eine solche Aufgabe nicht gemacht. Besondere Staatsanwaltschaften zur Verfolgung der »Regierungskriminalität« der DDR sind eingerichtet worden, und sicher wird es zu weiteren Prozessen und Urteilen kommen; aber Unzufriedenheit und Enttäuschung werden bleiben.

Ein anderes Land in einer anderen Welt

Die Wiedervereinigung hat Deutschland verändert. Für die Ostdeutschen ist das eine tägliche Erfahrung, die Westdeutschen müssen es noch lernen. Mit seinen 80 Millionen Einwohnern ist Deutschland nächst Rußland der volkreichste Staat Europas. Es hat seine Souveränität wiedererlangt und ist voll verantwortlich für sein Schicksal. Aber auch die Welt ist anders geworden. Mit dem Zusammenbruch des Kommunismus ist die übersichtliche Teilung der nördlichen Halbkugel in zwei Machtblöcke verschwunden. Der Kalte Krieg ist zu Ende, der große Zusammenprall der Supermächte droht nicht mehr, dafür züngeln überall kleine Konflikte, die sich leicht zu grausamen Kriegen auswachsen können, wie ein Blick auf das ehemalige Jugoslawien und die ehemalige Sowjetunion zeigt.

In dieser veränderten Welt muß das vereinigte Deutschland seinen Platz finden. Die alte Bundesrepublik konnte unter Hinweis auf die deutsche Teilung eine Sonderstellung einnehmen und sich manchen internationalen Verwicklungen entziehen. Jetzt erwartet man von Deutschland ein stärkeres Engagement, z.B. die Teilnahme an friedenssichernden Maßnahmen der Vereinten Nationen. Soll es, darf es dabei auch militärische Mittel einsetzen? Darüber ist ein leidenschaftlicher Parteienstreit entbrannt.

Keinen Parteienstreit gibt es in der Europapolitik. Der Vertrag von Maastricht, der den Ausbau der EG zu einer politischen und Währungsunion vorsieht, wurde 1992 vom Bundestag mit überwältigender Mehrheit gebilligt. Aber hier tut sich eine Diskrepanz zwischen den Parteien und ihren Wählern auf: Zwei Drittel aller Deutschen betrachten die Unionspläne eher mit Skepsis und Sorge.

Weit oben auf der innenpolitischen Tagesordnung steht das Asylantenproblem. Seit den späten achtziger Jahren sind die Zahlen der Asylbewerber sprunghaft gestiegen: 1989 kamen 121 000, 1990: 193 000, 1991: 256 000, und 1992 waren es 438 000. Weniger als 5% sind politisch Verfolgte, die ein grundgesetzlich verbrieftes Recht auf Asyl haben; die weitaus meisten sind sogenannte Armutsflüchtlinge, die im wohlhabenden Deutschland mit seinen umfassenden Sozialgesetzen ein besseres Leben zu finden hoffen als in ihrer Heimat. Über die Frage, wie die Zuwanderung eingeschränkt und gesteuert werden könnte, ist zwischen den Parteien jahrelang ergebnislos diskutiert worden, obwohl eine große Mehrheit der Bevölkerung eine Lösung seit langem für notwendig hält. Ob ein Kompromiß, der 1993 Gesetzesform erhielt, wirklich tragfähig ist, muß sich erst zeigen.

Das Asylantenproblem war nicht die Ursache, aber doch einer der Auslöser einer Welle rechtsextremer Gewalttätigkeit, die Anfang der neunziger Jahre plötzlich losbrach. Mit erschreckender Brutalität gingen Gruppen von Jugendlichen, die Nazi-Embleme trugen und Nazi-Parolen riefen, gegen Asylbewerber und andere Ausländer vor. Mordopfer waren zu beklagen. Manche ausländischen Beobachter sahen in diesen Vorgängen eine Wiedergeburt der Hitlerbewegung, doch die Deutschen wandten sich in der Überzahl mit Abscheu gegen die Gewalttäter, und der Staat griff nach einer kurzen Phase der Ratlosigkeit energisch gegen sie durch.

Die riesigen Aufgaben im Osten und all die anderen Probleme treffen Deutschland in einer ungünstigen Wirtschaftslage, die zu schmerzhaften Kürzungen der öffentlichen Ausgaben zwingt. Ein kraftvolles Handeln der Verantwortlichen wäre das Gebot der Stunde. Doch in der Bevölkerung wächst der Eindruck, daß sich die Tätigkeit der Parteien in taktischen Manövern erschöpft und sie sich gegenseitig blokkieren. Ein Gefühl der »Politikverdrossenheit« breitet sich aus. Man hat die parlamentarische Demokratie der alten Bundesrepublik manchmal eine »Schönwetterdemokratie« genannt. Jetzt, in der schärferen Luft, die das veränderte Land und die veränderte Welt durchweht, steht sie vor ihrer größten Bewährungsprobe.

Literatur

Gauck, Joachim: Die Stasi-Akten. Das unheimliche Erbe der DDR, Reinbek 1991

Gransow, Volker/Jarausch, Konrad H. (Hrsg.): Die deutsche Vereinigung. Dokumente, Köln 1991

Jesse, Eckhard/Mitter, Armin (Hrsg.): Die Gestaltung der deutschen Einheit, Bonn/Berlin 1992

Joas, Hans/Kohli, Martin: Der Zusammenbruch der DDR. Soziologische Analysen, Frankfurt a. M. 1993

Kohl, Helmut: Bilanzen und Perspektiven. Regierungspolitik 1989–1991, 2 Bände, Bonn 1992

Krenz, Egon: Wenn Mauern fallen, Wien 1990

Löw, Konrad (Hrsg.): Ursachen und Verlauf der deutschen Revolution 1989, Berlin 1991

Schabowski, Günter: Der Absturz, Berlin 1991

Schäuble, Wolfgang: Der Vertrag. Wie ich über die deutsche Einheit verhandelte, Stuttgart 1991

Teltschik, Horst: 329 Tage. Innenansichten der Einigung, Berlin 1991

Thaysen, Uwe: Der Runde Tisch, Opladen 1990

Sach- und Namensregister

Kursiv gesetzte Ziffern verweisen auf Abbildungen